JN423860

국어과 창의·인성 교육

이론과 실천 탐구

초등편

국어과 창의·인성 교육
이론과 실천 탐구 — 초등편

2013년 8월 16일 초판 1쇄 찍음
2013년 8월 19일 초판 1쇄 펴냄

지은이 박인기·우한용·박창균·이지영
펴낸이 윤철호
펴낸곳 (주)사회평론

편집 김태균·김천희·고하영·온현정
표지 디자인 김진운
본문 디자인 디자인 시
마케팅 박현이·전준구

등록번호 제10-876호(1993년 10월 6일)
전화 02-326-1182(영업), 02-326-1185(편집)
팩스 02-326-1626
주소 서울시 마포구 성산동 114-10
이메일 editor@sapyoung.com

ISBN 978-89-6435-684-5 93710

책값은 뒤표지에 있습니다.
사전 동의 없는 무단 전재 및 복제를 금합니다.
잘못 만들어진 책은 바꾸어 드립니다.

〈저작권 안내문〉
이 서적 내에 사용된 일부 작품은 SACK를 통해 ADAGP와 저작권 계약을 맺은 것입니다.
저작권법에 의하여 한국 내에서 보호를 받는 저작물이므로 무단 전재 및 복제를 금합니다.

국어과 창의·인성 교육

이론과 실천 탐구

초등편

박인기·우한용·박창균·이지영 지음

머리말

창의성 교육과 인성 교육은 '사람의 가치'를 중심에 두는 교육이다. 창의와 인성은 '사람의 가치'를 드높이게 하는 '자질'이다. 그리고 이들 모두는 고등 수준의 정신 내지는 태도로 구성되어 있다. 그렇기 때문에 인간 교육의 핵심 가치를 실현하는 부문이 된다. 그런데 이들이 국어과 교육과 연결될 때, 그 정체를 따지기가 쉽지 않다. 특히 창의의 개념과 창의가 작용하는 영역은 그 맥락이 넓고 다채롭다. 창의를 논리화, 구조화하려는 순간 창의의 본질은 슬며시 빠져 나간다. 마치 첫사랑 같기도 하여 구하면 아득히 먼 데 있는 것 같고, 느끼면 이미 내 곁에서 슬며시 사라진 행복에 비견해도 좋으리라. 창의와 인성이 광대무변의 교육적 광맥을 지닌 것처럼 그것을 언어로 접근하는 양태도 다양한 가능성을 가지고 있다. 국어과 창의의 정체를 너무 좁게 잡을 필요는 없다고 본다. 어떤 창의 현상도 언어의 작용, 언어의 매개 없이 드러내거나 사유하기는 어렵기 때문이다.

오늘날 인간 발달에서 창의는 중핵 요소이다. 창의성이 발달됨으로써 그 사람이 가진 잠재된 능력의 여러 요소들도 함께 계발된다. 인지와 사고를 발달시켜 가는 과정에서 창의는 그 사람의 지적 역동성과 개성을 키워주고, 다양한 문제해결 능력을 키워준다. 또한 창의는 개인에게는 지적 자존감을 길러주고, 사회적으로는 정신적 활력과 생산성을 높여준다. 미래 사회에서 절실히 요청되는 능력이다.

인성은 사람의 사람다움을 아름답게 드러내는 자질이다. 개인의 행복은 물론이고, 공동체와 사회의 건강도 개인의 인성을 토대로 형성된다. 범람하는 사회적 병리 현상들도 인성 교육의 실종에서 온다는 지적을 받는다.

창의와 인성 각각의 교육 가치는 강조되어 왔으나 이 양자를 함께 묶어서 유기적 관련하에 다루어 보려는 시도는 그리 많지 않았다. 그간의 교육 경험에서, 창의와 인성은 그 각각의 가치에도 불구하고 서로에게 부정적인 간섭 작용을 한다는 오해를 받아 왔다. 이렇게 된 데에는 창의성 교육을, 사고이든 행동이든 학습이든 가치이든 그것이 보편적인 것에서 무조건 이탈하여 '튀는 모드'로 가는 것으로 몰고 온 행태와 무관하지 않다. 반성이 필요한 대목이다. 또 인성 교육 또한 사람의 가치와 내면 본질을 궁구하고 그 행위들을 성찰하게 하는 쪽보다는 '결과적 규범'을 강조함으로써, 성찰 자체를 도외시한 풍토가 없지 않았음을 되돌아보게 된다. 창의를 가르치는 동안 인성 교육의 훼손을 염려하고, 인성을 강조하는 동안 창의가 억압되는 현상을 목도할 수 있었던 것도 사실이다. 창의와 인성을 교육적으로 상호성이 강한 것으로 보고, 교육 실천에서 이들 양자의 통합적 상승효과를 높이기 위한 시도는 그래서 필요하다. 다만 이렇게 하기 위한 방법과 과정의 정합성은 꾸준히 탐색하여 계속 정교화되어야 할 것이다. 이 책은 그런 문제 인식을 바탕으로 기획되었다.

창의성 교육과 인성 교육의 가치는 1차 교육과정 시기 이후 오늘에 이르기까지 모든 교육과정의 시기에 강조되어 왔다. 교육의 가치 면에서나 교육의 내용 면에서 이들만큼 보편성을 띠는 것도 없었다. 그러나 이들이 선언적으로는 중시되면서도, 교실 현장에서 실제로 얼마나 비중 있게 다루어 왔는지에 대해서는 의문을 가지지 않을 수 없다. 이들이 교과의 구체적 내용과 과업으로 녹아들지 못하고 교육과정 일반론에서만 운위되는 경우가 많았다. 즉 교과와는 상관없는 별개의 영역으로 인식되는 경우가 많았다.

이렇게 된 데에는 여러 가지 이유가 있을 것이다. 우리 교육이 그 철학과 목표를 지향함에 있어서 이상과 구경(究竟)을 추구하지 못하고 지나치게 눈앞의 현실에 함몰되거나 그것이 빚어내는 질곡에서 벗어나지 못했다는 점, 그래서 자기교정의 힘과 각성이 부족했다는 지적이 따갑다. 그 연장선상에서 고질적인 주입식 지식 교육의 풍토를 지적하기도 한다. 교육의 지향과 교과의 존재가 잘 호응하지 못하는 점을 지적하기도 한다. 교과 쪽에서 보면 지식을 지식으로만 가르치려고 한 점은 없었는지 반성을 요한다. 그 지식에 내재하고 그 지식에 작용하는 창의나 덕성을 잘 수렴해내지 못한 측면은 없었는지 되돌아보게 된다.

무엇보다도 창의성과 인성을 학교교육의 어떤 시공(時空)에서 기획하고 운영하고 평가해 줄 것인지에 대한 실제적 인식이 필요하다. 학교 교육과정이 실제로 이루어지는 현장의 대부분은 교과 수업이 이루어지는 교실이다. 창의성 교육과 인성 교육이 교과교육과는 별개의 영역인 것처럼 인식되고 설계되는 상황에서는 이들 교육이 교실 현장을 중심으로 뿌리 내리기는 어렵다. 이들 교육이 특별한 교육이 아니라 학교의 일상적 교육과정 운영과 교과 수업 속에 자연스럽게 녹아드는 경지가 바람직한 것이라 할 수 있기 때문이다. 이 책은 그런 인식하에서 국어과 교육이 추구할 수 있는 창의성과 인성 교육의 가능성과 그 구체적 내용과 방법의 실체를 드러내 보이려는 시도에서 기획된 것이다.

오늘날 교육에서 강조하는 창의나·인성이 갑자기 하늘에서 떨어지듯 새롭게 생겨난 내용과 가치는 아니라고 본다. 이것 역시 우리가 이전에 가르쳐 왔던 지식과 경험, 그 안에 있거나 그것들과 떨어질 수 없는 관련을 가지고 있는 것이다. 교과가 지식을 가르치고 경험을 제공하는 관점과 방법에 대한 새로운 발상과 노력을 한다면 얼마든지 새로운 경지를 열어갈 수 있는 것이다. 그런 점에서도 창의와 인성을 교과와 별개의 영역으로만 접근하려는 것은 현실에 부합하지 못한다 할 수 있다. 창의와 인성을 국어교과 내의 과업으로 인식하고 지도하려는 노력은 국어교과가 자신의 생태에 조응하여 바람직하게 진화해 나가는 과정으로 볼 수도 있을 것이다. 따라서 창의와 인성은 국어교과의 본질과 교육 목표의 범주 안에서 재조명되고, 다시 그 안에서 국어교과에서의 창의와 인성의 범위(scope)와 내용계열(sequence)을 지속적으로 재개념화해 나가야 할 것이다.

창의와 인성도 교육의 내용이 되자면, 교육 내용의 범위와 계열을 구축해야 한다. 그러나 창의성 교육과 인성 교육에서 이것만큼 유동적이고 불확정적인 것도 없다. 그 내용의 맥은 참으로 광대무변이라 할 만하다. 특히 창의성 교육은 그러하다. 이 점을 승인하지 않으면 창의성 교육은 위축되거나 그 의미가 감소될 수밖에 없다. 국어과 교육에서도 이 점은 마찬가지이다. 그러나 생각을 바꾸어서 보면 창의성 교육의 경계와 층위가 넓고 그 맥락이 다양하다는 것은 일상의 언어사용과 언어경험을 익히고 발달시키는 국어과 교육으로서는 긍정적 이점을 가지기도 한다. 인성 교육도 마찬가지이다. 전통적으로 인성의 자질을 '신언서판(身言書判)'에서 구해 왔는데, 이것이야말로 언어와 사고에서 인성 교육의 단서를 마련하는 인식론이라 할 수 있다. 또 인성이 태도의 문제라고 볼 때, 그 앞에 놓이는 그 사람의 인식, 그 인식에 관여하는 그 사람의 언어를 생각하지 않을 수 없다. 언어와 인식과 태도는 인성 발달에 순환적으로 작용한다. 이 책은 그런 점에서 언어와 인성의 관련을 드러내고 그것을 구체적 활동으로 개발하였다.

이 책은 학교 교실 현장의 구체적 국어과 수업을 전제로, 그것에 실제로 도움을 줄 수 있는 활동과 방법과 자료를 제공해 주는 데 주안을 두고 만들어졌다. 창의와 인성, 특히 창의를 길러주는 교육적 방법에서 특별한 수업모형 등의 수업 공학적 체제를 활용하는 것이 바람직한가 하는 문제는 아직도 많은 논의가 필요한 부분이다. 그럼에도 불구하고 이 책에서는 창의와 인성을 길러주는 수업의 모형들을 제공하였다. 이는 창의와 인성을 접근하기 어려운 불가해한 것으로만 생각하는 동안, 이를 실제로 다룰 수 있는 구체적 접근을 놓칠 수 있음을 감안한 것이다. 다만 여기에 제안되는 모형과 전략들을 절대시하는 것은 창의성 교육의 본질에 부합되지 않는 것이라 할 수 있다. 현장에서 활용하고 적용하는 동안 그야말로 '지금 여기'의 생태에 맞게 꾸준히 변용하고 진화시켜 나감으로써 창의성 교육의 본령을 감당할 수 있기를 기대해 본다.

이 책은 국어과 교육에서 창의와 인성을 길러 줄 수 있는 가능성을 다면적으로 시도하였다. 그 중에서도 내러티브와 연관된 국어과 제재들을 더 중점적으로 다루었다. 이는 내러티브 제재들이 창의 · 인성 요소들을 교수 · 학습의 활동으로 연결시키는 데 많은 이점을 지니고 있다는 연구결과들을 반영한 것이다. 내러티브는 상상력과 구성력을 길러주는 데에 가장 적합하다. 상상력은 경험한 세계로부터 경험하지 아니한 세계를 만들어 내는 능력이다. 상상력은 한 사람이 가지고 있는 이질적인 경험들을 하나의 통일된 세계로 구성해 내는 능력이다. 그렇기 때문에 내러티브는 경험을 총체적으로 구성하게 하는 기제를 가진다.

내러티브를 이해하고 생산하는 과정에는 반드시 어떤 가치가 작용한다. 그리고 그것을 구사하는 사람의 개성이 작용한다. 그렇기 때문에 창의성과 인성의 요소가 자연스럽게 발현되는 것이다. 또한 국어과에서의 내러티브는 학생들의 경험과 언어를 창의적으로 결합시키는 데 유용하다. 내러티브가 다루게 되는 경험이란 파편적인 것이 아니라, 총체성을 띤 것이며, 그것을 반영하는 언어 또한 현실 문제들을 삶의 총체 속에서 표현한다. 따라서 내러티브는 학생들로 하여금 '관계적 사고'로 통찰하게 하고, 문제발견과 문제해결의 표현에 다가가게 한다. 그렇기 때문에 내러티브 경험은 학생들로 하여금 창의를 자극하고, 인성의 가치(사람의 가치, 사람으로서의 가치)를 들여다보게 하는 것이다.

이 책은 내러티브 이외의 영역에서도 국어과가 주목해야 하는 창의 요소를 두루 넓게 주목하였다. 특히 초등학교 과정에서는 일반 언어기능 영역에서도 유창성과 독창성을 드러낼 수 있는 부분이 많다는 것을 교실 현장이 주목할 수 있도록 하였다. 언어 운용에서 창의의 태도를 길러주는 것이 중요함을 강조하였다. 국어의 현상이나 규범 등을 암기가 아니라, 의미 있는 탐구의 과정이 되도록 교수·학습을 설계하는 것만으로도 창의가 살아날 수 있을 것이다. 언어 창의를 가르치는 국어과 수업의 요체는 그 수업 자체가 얼마나 창의적으로 기획되고 창의적인 방법으로 전개되느냐 하는 것과 무관하지 않으리라고 본다. 저자들은 그런 인식을 이 책의 독자들과 공유하고 싶었다. 그리고 그런 인식을 돕는 아이디어와 활동들을 제공하려고 노력하였다.

이 책은 2010년 교육부 연구과제로 수행한 '국어과 창의·인성 교육 프로그램 개발'의 연구진들이 그 연구 성과를 바탕으로 국어과 교실 현장에서 활용할 수 있는 창의·인성 교육의 다양한 가능성과 교수·학습 활동 아이디어를 구체화하기 위해 저술하였다. 3년 가까운 기간 동안 창의성과 인성의 문제들을 국어과 수업 중심으로 들여다보고, 교실 현장의 문제들을 수렴하는 데에 공력을 들인 셈이다. 그 과정에서 자문해 주시고 도움을 주신 많은 분들에게 고마움을 전한다. 출판 사정이 어려운데도 매우 꼼꼼한 기획 편집 과정을 거쳐 이 책이 세상으로 나오게 해 주신 '사회평론'사에도 고마움을 전하지 않을 수 없다.

국어과에서 창의·인성 교육을 교과 정체에 맞게 수행하는 문제는 더 많은 논의와 검증을 통하여 자리를 잡아가게 될 것이다. 저자들의 의욕에 비하여 부족하고 놓친 점들이 적지 않다. 국어과 창의·인성 교육도 현재로서는 일종의 진행형 과업이므로 이 분야 연구자들의 관심과 질정을 구한다. 관심과 비판에 의지하여 조금 더 완전한 경지로 나아가야 하는 책무가 저자들에게 놓여 있다.

2013년 6월

저자들 씀

차례

1부

국어과 교육과 창의·인성 교육의 본질

1장 국어과 창의·인성 교육의 개념과 특성

1. 언어·창의·인성 사이의 상호성

인간을 인간답게 하는 요건 가운데 하나가 언어라는 점은 누구나 수긍하는 사실이다. 인간이 언어를 운용하는 가운데 창의성 자질이 잘 드러난다는 점 또한 널리 인정받는다. 이는 촘스키(Noam Chomsky, 1928~)가 '언어 능력'이 생득적임을 설파한 이래 통념으로 받아들여지고 있다. 이 생득적 요인인 언어 능력에 어떤 사고력 교육이나 창의 환경이 호응되어야 할지가 국어교육의 관심 사항이다. 국어교육은 인간의 언어 운용에 대한 폭넓은 주제를 다루고 있기 때문에 창의, 창의성, 창의적 사고[1] 등을 포괄하게 된다.

또한 언어를 통해서 인성의 도야와 문화 가치에 입문할 수 있음은 여러 사례를 통해 입증되기도 했다. 많은 교양 교육의 중심에 언어와 언어적 산물들이 인간과 연관된 사항으로 고려되고 있다는 점에서 언어와 인성, 언어와 창의성 등의 관계가 밀접함을 알 수 있다.

1 용어에 대한 명확한 규정이 필요하다. 창의, 창의성, 창의적 등의 용어가 이 책의 핵심어이다. 창의나 창의성은 영어의 creativity에 해당한다. 창의적이라는 관형어는 creative에 해당하는데 창의나 창의성의 과정, 그리고 그 결과의 속성 등을 가리키는 용어로 쓸 것이다. 창의와 창의성은 같은 의미로 쓰되 글의 맥락에 따라 적절성을 고려해서 선별해 쓰기로 한다.

요컨대 언어는 창의의 자질과 인성 도야의 기제를 내재하고 있다. 오늘의 국어교육에서 언어와 창의성, 인성을 어떻게 연관짓고 실천해갈 수 있는지가 과제이다.

국어교육의 영역에서 창의성과 인성을 조화롭게 길러줄 수 있는 기획과 실천은 언어와 창의와 인성이 하나의 교육 현상으로서 그 가치와 효과를 발휘할 수 있음을 전제한다. 이는 언어와 창의와 인성 사이에는 서로의 자질과 작용을 도울 수 있는 상호성이 풍부하게 내재되어 있다는 것을 의미한다. 이 상호성을 더 면밀하게 통찰함으로써 국어과 창의·인성 교육의 원리를 모색하고 그 실천의 구체적 기획이 가능하다. 현재로서는 국어교육과 창의성, 인성의 연관성을 고려하는 안목이 부족한 게 사실이다.

그간 창의성 교육은 선언적인 차원에서 강조되었으나 실천적 시도와 시행의 과정을 평가하고 환류(還流, 피드백)하는 경험을 국어과 교육이 의도적이고 지속적으로 쌓아오지는 못했다. 인성 교육 또한 학교 교육과정의 중요한 영역이기는 했으나 국어과 교육의 목표와 내용으로 자리잡지는 못했다. 특히 창의와 인성을 상호성 있는 교육 내용으로 접근한 적은 없었다. 창의·인성의 상호작용에 대해서는 한계와 가능성을 국어과 내에서 국어과의 특성에 비추어서 다시 짚어보아야 할 것이다. 이런 기획과 실천을 국어과 교육이 미래 지향의 커리큘럼 혁신(curriculum innovation) 차원에서 추동하기 위해서라도 언어와 창의와 인성 사이에 서로의 자질과 작용을 도울 수 있는 상호성에 대한 관심을 강화해야 한다.

이들 문제를 들여다보기 위해서 여기에서는 다음 세 가지 국면에 대한 인식을 강조하고자 한다. 이는 국어과 창의·인성 교육의 범위(scope)와 내용 계열(sequence)이 이전의 고정관념이나 이전의 교육과정 관습에서 벗어나야 한다는 인식이기도 하다.

첫째, 언어를 가르친다고 할 경우 그 언어의 범주를 좀 더 확산적으로 인식할 필요가 있다. 언어를 도구적으로 보는 관점에서 벗어나 좀 더 유연하게 언어의 범주를 상정해야 한다. 특히 문학 언어의 창의성 자질에 대한 인식을 새롭게 각성할 필요가 있다고 본다.

둘째, 국어과 창의가 언어 운용 과정에서 발현되는 측면, 즉 언어 운용상의 창의에 집중되는 측면을 주목해야 한다. 언어 운용이란 언어가 ① 도구적 기능으로 운용되는 차원, ② 문학예술의 창작으로 운용되는 차원, ③ 문화적 코드로 운용되는 차원 등에 이르기까지 중층적(重層的) 모습을 보인다. 창의와 관련해서 기존의 국어과 창의 연구는 인지(cognition), 기능(skill), 전략(strategy) 등의 층위에 집중되었던 면이 있다. 이럴 경우 정의적 영역(affective domain)이나 상상력(imagination) 차원 등에서 기대할 수 있는 보다 심화된 창의의 층위를 놓칠 수 있다. 아울러 문학 언어와 실용 언어 사이의 경직된 장벽을 무너뜨리는 발상도 중요하다.

셋째, 국어과에서 창의와 인성이 만날 수 있는 매우 유용한 가능태로서 내러티브(narrative), 즉 서사(敍事)[2]의 생성·수용·소통 등을 중시하고 이를 새롭게 조명할 필요가 있다. 사실 그간의 국어과 교육은 내러티브를 문학 교육의 하위 영역으로 고정시키고, 그것을 매우 경직된 방식으로 운용해온 면이 없지 않다. 내러티브를 문학 교육 안에서 다루는 방식도 편협했다. 이를테면 내러티브의 형식과 구조를 익히는 데 치중해 내러티브가 발현하는 창의 자질 자체를 살려낼 틈이 없었다. 내러티브가 작용하는 현상 전반을 인간의 심리, 사회, 문화 등에 대응해 살피면서 내러티브를 만들고 향유하고 활용하는 지점으로 나아가는 내러티브 교육을 하지 못했다.

내러티브는 생성과 소통 등의 과정에서 자연스럽게 인간의 반성 기제(reflective thinking process)를 환기하는 작용을 한다. 문학 내러티브가 갖는 문학 작품으로 무르익은 형상화의 기제이든, 일반 경험 내러티브가 가지는 해석적 기제이든 모두 반성적 사고를 불러온다.[3] 내러티브는 기본적으로 어떤 인간에 대한 이야기이기 때문에 수용자의 경험에 대한 반성을 촉구하는 측면이 있기 때문이다. 이것들이 인성 교육의 자질과 밀접하게 연계되는 이유는 내러티브를 통해 자신의 삶을 성찰하는 계기가 되기 때문이다. 오늘날 윤리 교육의 실천적 자료들이 대부분 내러티브에 의존하고 교육활동의 구체적 모습이 스토리텔링의 방식을 취한다는 점이 이를 입증한다.

요컨대 이상에서 제시하는 국어과 창의·인성 교육의 기본 착안점은 이것들을 담보할 국어과 내용(지식)들이 더 확산적으로 마련되어야 한다는 점에 있다. 그 확산의 발상은 국어과에 이때껏 없었던 새로운 내용(교과, 지식, 문화) 영역을 국어과로 가져와야 한다는 것

2 일정한 구조와 주제를 담고 있는 이야기를 서사라고 한다. 서사(敍事, narrative)는 이야기, 서술, 서사물, 서사체 등의 용어와 의미에서 중첩되는 경우가 있다. 맥락에 따라 의미에 다소간 변이가 예상된다. 그리고 맥락에 따라 '서사'와 '내러티브'라는 용어를 혼용할 것이다.

3 개인이 생활 경험을 기록한 경험 내러티브를 객관적 기억의 산물로 보는 것은 인간의 기억 작용, 특히 그 기억을 어떤 내러티브로 표현하는 행위의 본질을 제대로 이해하지 못한 것이라 할 수 있다. '모든 기억은 해석된 기억이다'라는 말은 기억이 내적·외적 상황으로 빚어지는 일종의 가소성(可塑性)을 지닌 것임을 보여준다. 기억은 변화하기 쉬우며, 상상과 왜곡, 전위, 압축, 상징화, 작화 등의 작용을 통해 재구성된다고 보는 것이 일반적이다(엘리자베스 로프터스, 『우리 기억은 진짜 기억일까』, 정준형 옮김, 도솔, 2008 참조).

을 의미하지는 않는다. 또 그것을 다른 지식 분야(교과)[4]가 국어과에 내어줄 리도 없다. 그럼에도 불구하고 국어과 내부 영역들을 더 확산·확충해야 한다는 것은 무엇을 뜻하는가. 이는 다음 두 가지 함의를 가진다.

첫째, 국어교과에서 국어과 내의 기능 범주나 문법·문학 범주의 바깥 경계를 더 확장해보자는 것을 의미한다. 동시에 이들 국어과 각 하위 범주들 간의 상호성과 상호작용을 강화하고자 하는 의미를 갖는다. 상호성에 의한 결합과 호응은 창의적 사고 기법의 일곱 가지 격률을 줄여서 말하는 스캠퍼(SCAMPER)[5]에서도 '결합(combine)의 사고 기법'으로 강조되고 있다. 국어교과 자체에서 창의 교육에 다가가려고 노력할 때 국어과 각 하위 범주들 간의 상호성 극대화는 매우 중요한 부분이라 할 수 있다.

둘째, 기왕의 국어과 교육 '내용'과 '방법'에 질적인 정교화를 기함으로써 교육 교과의 성격과 기능을 확충한다는 의미이다. 예컨대 문법 영역의 교육 내용과 교육 방법은 창의성 신장을 위해 얼마나 전략적 고려를 하고 있는가, 문학 교육에서 시를 가르치면서 텍스트들을 주제 중심 내용으로 재구성하고 학습 방법에서 수용 주체의 경험과 감수성을 중요하게 고려하는 것은 인성 교육 요소를 살려내는 데 얼마나 기여하고 있는가 등의 문제 인식을 들 수 있다. 이들과 같은 문제 인식이 국어과 교육 내용과 방법에 질적인 정교화, 즉 국어과 교육 내용의 확충에 관여하는 이슈들이라 할 수 있다.

이상의 논의를 바탕으로 국어과에서 창의성과 인성이 어떤 국면으로 전개될 수 있는지를 살펴보기로 한다.

4 여기서는 매우 일반적 의미로 '지식(knowledge)'이라는 말을 사용했다. 이때의 '지식'은 때로 교과와 동등한 가치를 지니는 말로 쓰이기도 한다. 교육과정 프레임으로 말하면 그 교과의 '교육 내용'이라고도 할 수 있다.

5 스캠퍼(SCAMPER)는 오스본(Alex Osborn)의 브레인스토밍 기술을 에벌리(Bob Eberle)가 보완·진화시킨 이론으로, 일곱 가지 창의적 사고 기법을 나타낸다. 창의적 사고는 결국 문제와 대안을 다른 관점에서 생각하도록 하는 것이다. 스캠퍼는 그런 사고 과정을 자극하는 활동의 앞 글자를 조합한 단어이다. S=Substitute(대체하기 사고 기법), C=Combine(결합하기 사고 기법), A=Adapt(적용하기 사고 기법), M=Modify(변형하기 사고 기법), P=Put to Other Use(다른 활용법으로 쓰기), E=Eliminate(제거하기 사고 기법), R=Rearrange/Reverse(재배열/역전환하기 사고 기법).

1) 국어교육에서 언어가 운용되는 범주 확장하기

국어교육을 언어 교육이라고 할 경우 언어 능력을 길러주는 교육, 이른바 언어 기능의 교육으로 한정하기 쉽다. 이러한 오해를 없게 하려면 언어의 범주를 다시 규정할 필요가 있다. 우리가 지향하는 언어 교육은 '언어적 존재로서 인간의 총체적인 언어 운용' 범주를 언어 교육(혹은 국어교육)에 포함하여 좀더 포괄적으로 수행하는 교육이다. 단순한 의사소통의 도구를 넘어서는 범주(또는 층위)에 있는 언어에 주목하고, 그런 범주의 언어를 창의·인성의 측면에서 어떻게 규정하고, 그것의 교육적 가치를 어떻게 재구성할지 모색해야 할 것이다. 현재의 국어교육에서 규정하는 의사소통의 개념을 기능(skill)이나 전략(strategy) 차원을 넘어서는 데로 확장시켜야 한다. 의사소통은 실용적 기능의 차원 이외에도 교육, 문화, 의식(儀式), 예술 등 다양한 형태로 운용된다. 그렇기 때문에 의사소통의 개념을 극대로 확장해야 한다. 텍스트 간, 개인적 주관 간의 정서적 공감과 개인과 집단의 정체성 형성, 개인과 공동체의 미래에 대한 비전 마련 등을 모두 소통의 개념에 포괄해야 한다. 인간이 운용하는 언어의 실상이 그렇기 때문이다.

언어는 일차적으로 그것을 운용하는 인간의 존재증명을 가능하게 하는 핵심 요건이다. 말을 할 줄 안다는 것은 ① 자기가 누구인가 하는 자기 인식, ② 자신에 대한 이해와 남에 대한 이해를 가능하게 해주는 삶의 상호 연관성, ③ 자신의 의지를 남의 의지와 겨루면서 삶(일)을 실천하는 것 등에 골고루 연관성을 지닌다. 언어는 이 세 가지 층위 모두에 작용한다. 즉, 인간은 언어로써 기억을 유지하고 관리하고 소통한다. 특히 서사의 언어가 인간 삶에서 가지는 의의는 매우 크다. 인간이 자신의 존재와 삶을 경험의 서사로써 운영하고 자신이 살고 있는 현실의 총체를 경험 서사와 병행하는 문학 서사로써 공유하고 소통한다는 것은, 인간이 지닌 창의 본질과 인성적 본질을 동시에 추구할 수 있음을 보여주는 사례라 할 수 있다.

인간의 기억과 체험이 가지는 의미 작용은 언어에 의해 성립한다. '체험'과 '기억'과 '기억의 표상'은 모두 언어에 의해 그 실체를 드러내고 그들 간의 질서를 구현한다. '기억'이 '기억의 표상'에 이르는 것은 일종의 해석이다. 여기에는 언어의 개입이 반드시 필요하다. 기억을 바깥으로 의미화해 드러내는 '기억 표상'에는 이미 미래를 향하는 어떤 의미나 기대가 해석되어 있다고 할 수 있다. 후설(Edmund Husserl, 1859~1938)은 "모든 기억은 기대(Erwartung)의 지향들을 포함한다. 그리고 이 기대의 지향들의 충족은 현재(Gegenwart)로 이끈다"라고 말하면서, "회상은 기대는 아니지만 미래에로 향하는 하나의 지평(Horizont)을 갖고 있다. 즉, '회상된 것의 미래'로 향한 하나의 지평을 갖고 있다"고 강조한다.[6] 개인이나 공동체가 언어로 서사를 만들고 그 서사를 공유하고 그 서사로부터 어떤 가치나 기대를 만드는 것이 언어로써 창의를 생성하는 개인적 기반이며 동시에 사회·문화적 축이 됨을 엿볼 수 있다. 그리고 이 기대나 가치에는 인간다움의 자질이 어떤 방식으로든 녹아 있게 마련인데, 이를 인성 교육이라는 프레임으로 접근해볼 수 있으리라 본다. 이런 접근과 발상을 국어교육 또는 문학 교육의 범주로 인식하지 못한 것이 우리의 실정이다.

인간은 자신에 대한 언어적 질문과 그에 대한 답으로 자기 인식을 형성하고, 그 바탕 위에서 자신의 존재감(정체성)을 쌓아간다. 자신이 누구인지 질문하는 일을 계속하지 않는다면 자아 개념이 형성되지 못한다. 따라서 정체성이 갖추어진 인격체로서 자신의 상을 형성할 수 없다. 자기 인식은 정서와 이성(논리)을 동시에 포괄한다. 삶을 논리적으로 이해하기 위해서는 대상에 대한 명확한 규정과 그 규정들 사이의 관계에 대한 인식이 있어야 한다. 이는 이성과 논리가 지배하는 영역인데, 언어로 표현되는 이치 탐구가 이 영역에 해당한다. 언어 행위는 실천을 동반한다. 약속을 하고 약속을 이행하는 것이 언어적 실천의 적실한 예이다. 이처럼 언어 운용 영역은 ① 자기 인식, ② 관계로서의 세계 이해, ③ 의지의 실천 등으로 구체화된다.

한편 언어가 삶의 실제를 반영하는 형상화의 영역에서 빚어지는 언어적 결과물에 주목해볼 수도 있다. 언어로 하는 일은 헤아리기 어려울 정도로 많다. 사랑하고 기도하는 행동도 언어를 통하지 않고는 불가능하다. 일을 모색하고 실천하고 반성하는 과정에 언어가 반드시 작용한다. 자연과 인간에서 느끼는 감동을 표현하는 데도 언어가 매개되어야 한다. 이러한 영역의 언어를 예술 언어 혹은 문학 언어라 한다.[7]

언어는 인간관계를 규정하고 인간관계를 맺어가는 실제적인 일부터 예술적 실천에 이

6 에드먼트 후설, 이종훈 역, 『시간의식』, 한길사, 1996, 125-126쪽.

7 문학 언어나 예술 언어가 따로 있는 게 아니라 언어의 폭넓은 운용 가운데 문학과 예술을 가능하게 하는 범주의 언어를 특화해서 문학 언어라 한다. 이는 실체로 드러나는 것이라기보다는 문학(예술)에 동원되는 언어의 속성을 가리키는 것으로 이해할 필요가 있다.

르기까지 골고루 작용한다. 국어교육의 범주는 이처럼 넓은 언어의 영역을 포괄한다. 다만 내용과 함께 언어 운용 방식을 동시에 다룬다는 점에 유념해야 한다. 즉, 언어는 지식(내용)을 형성하고 표현하고 수용하고 소통하는 데 관여한다. 예컨대 양자역학의 내용은 물리학의 영역이다. 그러나 그 내용을 말이나 글로 설명하고 다른 학문과 소통을 도모하는 일은 언어를 통하지 않고는 다른 방법이 없다.

2) 언어 운용과 언어 형식의 창의성

언어의 어떤 국면에 강조점을 두는가 하는 문제는 교육과정의 변화에 따라 달라졌다. 제5차 교육과정 이후 국어과 교육이 사고력을 중시하는 방향으로 옮겨가면서 국어과 교육에서 언어 형식에 대한 비중이 상대적으로 약화되었다.[8] 이는 '언어 형식'을 '사고력'에 대척되는 것으로 인식하는 데서 비롯된 것으로 보인다. 언어 형식을 발화의 고착된 구조로만 보려는 경직된 형식주의 관점에 머물러 있기 때문이라 할 수 있다. 언어 형식을 창의적 언어 활동의 양태로 보는 관점으로 전환할 필요가 있다. 언어(언어적 삶)가 자신을 둘러싸고 있는 환경에 적응하는 과정에서 자연스럽게 발양되는 언어의 작용과 성과를 어떤 프레임으로 형식화하는 것, 그것을 언어 형식으로 보려는 안목이 절실하다.

대부분의 언어 형식은 언어 사회의 여러 현상을 반영해 생겨난다. 그런 점에서 언중에게 오래 통용되는 언어 형식은 문화이며 제도이다. 디지털 기술 혁명에 의해 소통 환경이 급속도로 달라지면서 다양한 언어 형식이 각기 그 나름의 기능적·문화적·소통적 가치를 반영하면서 새로 생겨나기도 하고 소멸하기도 한다. 이런 현상 속에는 국어교육이 통찰해야 할 창의성 교육과 인성 교육의 가능성, 그리고 이들 양자가 강한 상호성을 발휘할 수 있는 교육적 가능성이 잠재해 있다.

언어 형식은 그 자체로는 가치중립적이다. 그러나 국어교육이 주목해야 할 언어 형식들에는 가치 판단이 개재한다. 수많은 언어 형식 가운데 바람직한 언어 문화를 담보하는

8 대표적으로 제7차 교육과정은 학습자의 창의적 국어 사용 능력 향상을 중시하고 의미 있는 학습 경험을 강조했다. 또한 교육 내용으로 경험적·실천적 현상에 기반을 두는 내용을 선정하고, 실제적인 국어 사용 상황에서 언어적 문제 해결력이 신장되는 데 중점을 두었다(교육부 고시 제1997-15 국어과 교육과정 참조).

언어 형식들을 교육 내용으로 선정하고 적용하는 절차를 거치기 때문이다. 이런 노력이 순조롭게 이루어지면 개인 차원의 창의성이나 인성이든 사회·문화 차원의 창의성이나 인성이든 이를 잘 수행하고 계발하는 과업을 국어교육이 더 많이 감당해야 한다는 요구가 증대할 것이다. 이는 달리 보면 국어교육의 환경이 달라지는 것을 의미하는데, 국어과 교육과정의 역동성이 제고되길 요구하는 것이기도 하다. 요컨대 언어가 고정되어 있는 기호나 기호 체계가 아니라 살아 있어서 늘 작용하는 양태로 운용되기 때문에 언어 형식은 그때그때 언어의 존재 방식을 드러내는 것이기도 하다는 점, 따라서 언어 형식은 일종의 문화로서 소통되고 소구된다는 점 등을 국어교육에서 충분히 인정해야 한다. 이렇듯 언어 형식의 실체와 효과를 모색하는 것이 국어과 창의 교육의 한 입지가 되어야 한다. 이는 국어 교과에 대한 수요를 새롭게 확충하고 국어교육 내용이 사회적으로나 문화적으로 더 의미 있는 소통 자질을 확충해나가는 것을 의미한다.

국어과 교육 내용에서 발현되기를 바라는 창의성(인성)은 그것을 담아내는 언어 형식의 창의를 함께 요청한다. 우리는 언어 형식에 대한 창의를 국어과 교육에서 각성된 목표로서 추구해본 적이 별로 없다. 국어과에서 인성 교육을 추구할 때도 여기에 합당한 언어 형식을 궁구할 필요가 있다. 창의나 인성에 부합하는 어떤 언어 형식이 마련된다면 그것은 단순히 문종(스피치) 양식이 아니라 창의를 고양하는 언어 문화 또는 인성을 고양하는 언어 문화의 구체적 실천 패턴을 구축하는 일이 될 것이다.

문학의 형식을 비롯한 언어의 형식들은 그것이 담론의 형식이든 표현의 형식이든 언어를 실천하는 방식이라는 점에서, 그것이 지니는 역동성과 창의성을 주목해야 한다. 언어 형식은 이데올로기적 의의를 부여받는 것이기 때문에 형식은 결코 내용의 장식이 아니라 담론 구성의 요소로서 내용(이념)과 더불어 상호 등가적인 것이 된다. 그러므로 형식은 하나의 세계관이자 입장이며 그 담론을 잉태시킨 삶에 대한 태도라고 할 수 있다.[9] 이렇게 본다면 언어 형식은 그 형식을 만들어내거나 운용하는 과정에서 빚어지는 창의 자질을 형식 측면에서 구체화하고 있다고 해야 한다.

언어와 미디어가 복잡한 상호성을 띠어가는 현대 디지털 기술 사회에서는 국어과 창의성이 언어 운용의 형식면에서 두드러지는데, 이런 성향을 가장 잘 보여주는 것이 복합

9 김준오, 『문학사와 장르』, 문학과지성사, 2000 참조.

양식 문식성으로 텍스트를 만들거나 소통하는 대목이다. '복합 양식 문식성'이란 다양한 미디어의 발달에 따라 요구되는 문식성(리터러시)으로 다양한 언어와 기호가 복합적으로 어우러져 의미를 구성하는 '복합 양식 텍스트(multimodal text)'의 이해를 포함한다는 사회기호학 이론을 바탕으로 '리터러시'의 개념을 확장한 것이다. 여기서 '양식(modes)'이란 말, 글, 이미지, 몸짓, 음악 등을 통해 의미를 만들어내는 문화적 방식을 뜻한다.[10]

이처럼 언어 운용에서도 새로운 아이디어는 새로운 언어 형식을 요구한다. 거꾸로 말하면, 언어가 새로워지면 그 내용 또한 새롭게 된다는 뜻이다.[11] 새로운 언어 형식을 요청하는 마당은 개인의 차원과 사회의 차원으로 나눌 수 있고, 이는 다시 실용의 차원과 예술의 차원을 상정할 수 있다. 이들 차원을 종합하면 아래와 같은 네 가지 언어 형식의 발생 국면이 생겨나는데, 이들 각 국면마다 각기 새롭고 적절한 창의(인성) 교육의 내용과 방법을 구안할 수 있도록 해야 한다.

언어 형식의 발생 국면

	개인의 차원	사회의 차원
실용의 차원	제1국면 지시 전달의 효율성과 적절성을 보여주는 개성적인 자기 표현의 언어 형식	제2국면 사회·문화 현상을 선도적으로 반영하고 미래 지향적으로 창출하는 복합적 표현의 언어 형식
예술의 차원	제3국면 심미적인 자아를 새롭게 표현하고 확충할 수 있는 예술적인 언어 형식	제4국면 언어 예술의 새로운 장르들 또는 복합 장르 성격의 언어 형식

문학 작품을 창작하는 과정에서 구현되는 언어의 변용은 언어적 창의의 가장 높은 심급을 보여준다. 이때 언어는 창작하는 문학 작품의 일부일 수도 전체일 수도 있다. 작품 전체인 경우 창의는 예술적 창작에 가까운 창의가 된다. 작품의 일부로서 언어는 예술 창의와 실용 창의의 자질을 모두 발휘한다. 이처럼 창작 과정은 어떤 언어가 지니고 있던 기존

10 정현선, 「미디어와 교육의 관계를 바라보는 몇 가지 관점과 연구과제」(2012. 4. 14 한국어린이미디어학회 학술대회)에서 재인용. (Evans 엮음, 2011: 47)

11 흔히 내용이 달라지면 표현 또한 달라져야 한다는 이야기를 하기 위해 "새 술은 새 부대에 담아야 한다"(누가복음 5장 38절)는 말을 자주 인용한다. 이때의 부대(負袋)는 양가죽으로 만든 부대이다. '새 부대'의 형식으로 나무로 만든 술통을 생각해도 상관이 없을 것이다.

의 의미를 새롭게 변화시킨다.

언어(텍스트)에서 의미는 그 언어(텍스트)의 내적인 형식과 밀접한 연관을 가진다. 언어 형식의 새로움에 눈 뜨는 것도 언어 창의를 습득해나가는 중요한 과정이 된다. 문학사에서 이런 예를 들 수 있다. 시인 서정주는 「국화 옆에서」라는 시에서 국화를 '누님'으로 비유하고 있다. 그런데 서정주가 그 시를 쓰기 이전에는 사람들 사이에 통념처럼 '국화'의 기본적인 의미는 선비, 절조, 충성심, 감사함 등으로 설정되어 있었다. 시인 서정주는 「국화 옆에서」를 창작함으로써 국화의 의미를 새롭고도 달리 보았다. 이를테면 인고의 삶을 겪어냄으로써 삶의 원숙한 경지에 든 누님의 모습으로 보았다. 이처럼 '국화'라는 대상을 파악하는 방법이 달랐기 때문에 국화라는 대상을 언어로 형상화하는 방법이 달라진 것이다. 문학사적으로 보면 국화가 '누님'이라는 다른 의미를 지닐 수 있게 한 것이다. 대상을 어떻게 인식하느냐 하는 것도 패러다임 변화라고 할 수 있는데, 여기에서 언어 운용의 창의성이 드러난다.

언어의 창의적 운용은 여기에 그치지 않는다. 새로운 조어법으로 창의성이 나타나기도 한다. 예를 들면 '가치롭다'는 말은 가치가 있다는 것을 넘어 가치가 충분히 배어든 상태를 느끼게 하거나 또는 해당 가치의 타당함이 주는 그 가치의 합목적성 같은 것을 느끼게 하며, 나아가서 바람직한 가치를 모색하게 하는 뜻으로 쓰인다. 이전에는 가치의 유무만 생각하던 운용 방법에서 가치에 대한 지향과 태도를 표현할 수 있는 언어 형식이 새로 만들어진 것이다. 그리고 조어법상 새롭다, 향기롭다, 지혜롭다, 상서롭다, 명예롭다, 자유롭다, 가소롭다 등에 새로운 어휘 항목이 하나 더 추가된 것이다. 이처럼 기존의 문법 형식에 새로운 어휘소를 추가해 새로운 말을 만들어내는 일은 창의성의 발현 양상 가운데 하나이다.

앞에서 서정주 시에 나오는 누님으로 비유된 '국화'를 예로 들었지만, 비유의 참신성은 언어적 창의성 발현의 대표적인 사례를 보여준다. 은유는 이질적인 대상의 결합을 통해 새로운 의미를 발견해내는 언어적 장치이며 그런 점에서 이 또한 언어 형식의 일종이라 할 수 있다.[12] 비유를 은유의 형태로 하느냐 직유의 형태로 하느냐는 그리 문제가 되지 않는다. 대상을 바라보는 시각과 사고의 형식이 달라지는 것이 중요하다.

은유의 중요성을 인식한 선구자는 아리스토텔레스(Aristoteles, BC 384~322)였다. 아리스토텔레스에 따르면 은유, 즉 넓은 의미의 비유를 잘 구사하는 것은 천재의 징후라 한

12 한국기호학회 편, 『은유와 환유』, 문학과지성사, 1999.

다. 현대 영재 교육 이론이나 창의성 이론에서 영재의 사고 특성 가운데 가장 중요한 것이 바로 '창의성'이다. 언어 영재 판별 도구가 창의성 검사 도구와 흡사한 것이 이를 입증한다.[13] 비유적 능력은 창의 능력과 높은 상관도를 보인다. 은유를 서정 장르의 고유한 방법으로 인식하는 작시법이 문학적 언어 운용의 전범으로 부각되는 것은 그러한 까닭이다. 은유는 발상의 새로움은 물론 대상의 속성을 언어로 나타내는 데 크게 기여한다. 가슴 두근거리게 솟아나는 사랑의 감정을 '사랑의 불꽃'이라 한다면 사랑의 속성 가운데 열기, 뜨거움 등을 적실하게 떠올리게 된다.

언어 단위를 가장 크게 설정할 수 있는 것이 이야기이다.[14] 이야기는 단어, 문장, 단락 등의 단위 구조를 넘어서는 것이기 때문에 이보다 더 넓고 큰 단위 구조인 '텍스트'라는 말로 쓰기도 한다. 일반화해 말하면, 이야기는 그 자체로 독립적이고 완결된 형식의 구조와 의미를 가지고 있다. 한 편의 동화나 민담은 물론 소설을 이처럼 구조화된 이야기라고 할 수 있다. 이야기는 어떤 사건의 진행과 결과를 서술한 서사이다.

그런데 서사를 구성하는 방식은 시대마다 차이를 보인다. 언어적 창의성은 서사를 구성하는 방식에서도 나타난다. 조선 시대의 소설 대부분은 이른바 '행복한 결말' 구조로 되어 있다.[15] 성실하게 노력하고 당대의 이념을 따라 잘 살면, 즉 부모에게 효도하고 나라에 충성하며 삼강오륜을 잘 실천하면 삶의 결말이 행복에 이른다는 당대의 이념이 그런 형식으로 표현된 것이다.

그런데 근대로 내려오면서 그러한 이념은 무너진다. 세계가 변하고 아울러 삶의 방식이 달라진다. 당대의 이념이라고 할 수 있는 시대정신과 개인이 살아가는 삶의 방식이 달라진 것이다. 그래서 근대 소설에서는 행복한 결말이 거의 없다. 그리고 전부터 전해오는 이야기를 비틀어 풍자를 하기도 한다. 「열녀춘향수절가」라는 제목은 춘향을 열녀로 규정하고 이야기를 시작한다. 그런데 근대적인 삶의 조건에서 보면 춘향이 반드시 열녀이고 수절해 정절을 지켰을까 하는 의문을 가질 수 있다. 그래서 춘향전의 판본은 늘 달리 생산될

13 우한용 외, 『언어·문학 영재교육의 가능성 탐구』, 한우리북스, 2010.

14 이야기라는 용어는 스토리, 내러티브 등으로 번역할 수 있는데, 여기서는 완결성을 지닌 텍스트를 뜻하는 것으로 사용한다.

15 행복한 결말을 소설의 가치평가와 연관짓는 것은 무리가 있다. 당대의 세계관과 사유방식이 문학의 형식으로 표현될 때 그러한 미적 형식을 갖추었다고 보는 것이 적절할 것이다(서인석, 「고전소설의 결말구조와 그 세계관」, 서울대학교 석사논문, 1984).

수 있고 이야기의 가닥이 이전의 서사와 다른 형태로 전개될 수 있다. 이런 점에서 서사는 창의성 발현의 가능성을 매우 풍부하게 내재하고 있는 언어의 구조물이다.

판본이 다양하게 변이되고 확장되는 데에 따라 인성 탐구의 가능성에도 훨씬 더 실제적이고 탐구적인 요소가 보강된다. 인성 교육을 자기 주도적으로 수행할 수 있는 교육적 활동 공간이 보다 더 열리고 유연해진다. 이렇듯 서사는 인성 교육의 국면에서 활동의 역동성과 학습자 반응의 진정성을 이끌어내는 잠재력을 지니고 있다. 이는 창의·인성[16] 교육과 관련해 국어과가 지니고 있는 질료로서의 서사 언어가 보여주는 강점이라 할 만하다.

서사를 창의적으로 구성하는 예는 풍자 양식의 문학에서 잘 드러난다. 문학에서 서사의 구성은 이중적이다. 하나는 자연적 시간의 흐름을 따라 전개되는 사건들이 있는데, 그 사건 자체가 하나의 서사를 이룬다. 다른 하나는 그러한 사건들 속에 살아가는 인간들이 자기 시각으로 사건(세상)을 바라보고 엮어내는 서사가 있다. 일제강점기에 살았던 사람들에게 해방은 민족의 절절한 염원이었다. 해방이 되었다. 잃었던 빛의 회복, 즉 '광복'으로 표상되는 '해방'에 이의를 제기할 사람이 없음은 물론, 만일 그런 사람이 있다면 지탄의 대상이 될 것이 명약관화하다. 그런데 채만식은 그의 소설 「논이야기」에서 해방이 되었을 때 만세 부르지 않기를 잘 했다는 주인공의 대사를 통해 해방이라는 사건의 일반적 서사를 전혀 다른 방향에서 의미를 부여하고 있다. 이는 일제강점기와 해방기의 혼란을 살아낸 사람들의 현실적인 기대를 무너뜨리는 일들이 발생하는 가운데 일어난 새로운 서사이다. 이 새로움이 바로 문학 서사의 풍부한 창의 자질을 보여주는 것이라 할 수 있다.

3) 창의성과 인성의 상호성

창의성과 인성은 각기 고유한 정신 및 사고 영역을 가지고 있다. 창의성은 정신 및 사고의 새로움과 고유함에 바탕을 둔 것이고, 인성은 사람이라면 마땅히 갖추어야 할 보편적 덕성을 기반으로 하는 것이다. 이들 양자는 각각 독창성과 보편성을 기반으로 하기 때문에

16 '창의·인성'이라는 용어는 창의성과 인성을 결합해 교육을 설계하고 실천하는 구도 안에서 두 용어를 아울러 표현하는 방식이다.

그 본질이 반드시 공유되는 것은 아니다. 특히 이 양자가 특정의 개인에게서 자질로 나타날 때는 두 요소를 모두 갖추기가 쉽지 않다.

그러나 창의 자질과 인성 자질을 대립적인 것으로 보는 견해는 경계해야 할 사항이다. 어떤 사람을 평가해서 말할 때 '머리는 좋은데 인간성이 부족하다' 하는 경우를 자주 보게 된다. 이때의 머리는 지적인 측면을, 인간성은 인성적 측면을 가리킨다. 그런데 지력을 갖추어야 도덕적 판단을 올바로 할 수 있고 합리적인 방법으로 실천할 수 있다는 점에서 보면 이러한 속언은 어불성설임을 알 수 있다. 창의성과 인성, 이 양자가 내적으로 상당한 상호성을 가지고 있음을 교육적으로 강조하고 실천해나가야 할 것이다. 그래야 창의성과 인성이 하나의 인격체 안에서 통합을 이룰 것이며 이를 교육의 장으로 이끌어들일 때 무리가 없을 것이다.

창의성의 발현에는 사회적 맥락의 작용을 고려해야 한다. 이는 인간의 존재조건이 개인적 실존의 차원과 사회적 교섭의 차원을 동시에 포함하는 것과 유사한 점이기도 한다. 칙센트미하이(Mihaly Chickszentimihalyi, 1934~)는 창의성을 개인의 특성으로만 국한하지 않고 사회적·문화적 체계 속에서 보려고 했다. 그는 창의성을 이루는 세 가지 구성요소를 영역, 현장, 개인으로 규정한다.[17] ① 일련의 상징적 규칙과 절차로 이루어진 '영역.' 수학, 과학, 예술 등이 창의성을 규정하는 영역이 된다. ② 영역으로 가는 길목에서 문지기 역할을 하는 사람들로 구성된 활동 '현장.' 누구라도 그 현장에 소속되어야 창의성을 발휘할 수 있게 된다. 문학을 예로 들면 문학을 가르치는 교사, 작품을 평가하는 평론가, 문학인들 사이에서 그 작품을 수용하는가 여부를 논의하는 사람들이 어떤 사람의 문학 활동이 창의적인지 여부를 결정한다. ③ 개인. "창의성은 어떤 사람이 음악, 공학, 수학과 같은 주어진 영역의 상징을 사용해서 새로운 사고나 새로운 양식을 발전시키면, 적절한 현장이 그러한 새로움을 선택해서 관련 영역에 포함시킬 때 가능해진다."[18] 이러한 작업을 하는 주체인 사람이 창의성을 규정하는 주요 요인이다. 따라서 "창의적인 사람이란 한 영역을 변화시키거나 새로운 영역을 만들어내는 사고나 행위를 하는 사람을 지칭한다."[19] 칙센트미하이는 어떤 영역도 소속 현장으로부터의 대내외적인 승인이 있어야 변화가 가능하다고

17 미하이 칙센트미하이, 노혜숙 역, 『창의성의 즐거움』, 더난출판사, 2003, 30-33쪽.

18 위의 책, 31쪽.

19 위의 책, 33쪽.

결론을 내리는데, 이는 창의성 발현이 사회적 조건에 매여 있음을 설명하는 것이다.

이러한 인식의 틀은 창의와 인성의 상호성을 사람·현장·문화의 차원에서 보다 통합적으로 볼 수 있게 해준다. 우리에게는 조상에게 물려받은 창의성을 가진 인재들이 있고, 현재의 지식정보화사회는 창의성의 가치가 극대화될 것이기 때문에 이를 준비해야 하는 현장의 과제가 있다. 다만 문화적으로 창의성이 발현될 수 있도록 다양성이 인정되고 자연스럽게 받아들여지는 분위기가 이루어진다면 창의성 발현의 요건이 갖추어져 있다 해도 좋을 것이다. 그렇다면 국어과에서의 창의·인성 교육에서는 언어 활동의 사회성에 대한 배려가 보다 커져야 하며 아울러 문학 텍스트를 통해 창의의 문화적 국면을 충실히 반영할 필요가 있다.

창의성의 기본은 새로움에 있다. "기존 영역을 변화시키거나 기존의 영역으로부터 새로운 변화를 만드는 행위나 사고, 또는 작품"[20] 등을 창의성으로 규정하는 것은 새로움에 중점을 둔 것이다. 반면 세상을 움직이는 규준, 규범, 질서, 풍속 등은 새로움보다는 기존 규범의 유지를 전제한다. 그래야 삶의 안정성이 확보되기 때문이다. 이런 규율은 어떤 선을 정하고 사람들이 거기에 수렴되기를 강요한다. 조선시대에 삼강오륜이라든지 인의예지(仁義禮智), 효제충신(孝悌忠信) 등은 누구나 따라야 하는 삶의 준칙으로 제시되었다.[21] 그 가운데는 여필종부(女必從夫)라는 항목이 포함된다. 여자는 마땅히 지아비를 따라야 하며, 지아비가 세상을 뜨면 지아비의 지위로 가정을 이끌어가는 아들을 따라야 한다는 규범이다. 이러한 규범을 묵수(墨守)하면서 살아가자면 자아를 버려야 하는 경우가 생기고, 인간적인 자아를 내세우지 못함으로써 개성이 말살되는 비극에 처하기도 한다. 그러한 상황을 타개해 변화하는 데 필요한 것이 창의성이다.

자아를 세워나가는 데는 창의성과 인성이 함께 개입한다. 서사가 인간적 가치 실현과 연관된다는 점을 생각해보면 이 점은 쉽게 이해가 된다. 다음과 같은 가상의 상황을 생각해보자. 삶을 창의적으로 이끌어간다는 게 무엇인지를 보기 위한 하나의 내러티브(스토리

20 칙센트미하이, 앞의 책, 33쪽.

21 인의예지는 인간이면 누구나 가지고 있는 네 가지 도덕적 마음가짐이다(四端). 인은 측은지심(惻隱之心)에서, 의는 수오지심(羞惡之心)에서, 예는 사양지심(辭讓之心)에서, 지는 시비지심(是非之心)에서 나온다(『孟子』, 「公孫丑篇」). 『관자(管子)』의 「목민편(牧民篇)」에는 나라를 버티게 하는 네 가지 덕목이 나온다. 예의염치(禮義廉恥)가 그것으로 사유(四維)라고도 한다. 후에 여기에다 효제충신(孝悌忠信) 네 덕목을 합쳐 팔덕(八德)이라 했다. 사유(四維)가 나라를 떠받치는 데 필요한 덕목이라면 팔덕(八德)은 인간관계에서 지켜야 할 덕목인 셈이다. 곧 사유팔덕은 인간으로서 지녀야 할 기본 도덕률이다.

텔링)이다. 결혼한 지 10년이 되는 젊은 내외가 있었다. 아내는 아직 삼십이 안 된 나이다. 원인을 알 수 없는 병으로 남편이 일찍 죽었다. 큰아들은 겨우 열 살, 작은아들은 여덟 살이었다. 이 청상(靑孀)은 열 살배기 아들을 따라 수절하면서 살아가야 하는가 아니면 적절한 사람을 만나 개가해야 하는가라는 가치판단의 기로에 서게 된다. 여필종부의 덕목을 묵수한다면 두 아들을 기르면서 혼자 살아야 한다. 그런데 남편이 남겨준 재산이 아무것도 없다. 이럴 때 어떻게 자아 실현을 하면서 아들을 길러낼 수 있을지 난감한 처지가 된다.

마침 이웃동네에 과거에 낙방을 거듭하다가 혼기를 놓친 총각이 있어 사람을 구한다는 이야기가 들려온다. 매파(媒婆)를 두어 둘이 만나 가정을 꾸리기로 약속하고 결혼을 한다. 이후의 삶이 어떻게 진행되었는지는 독자가 상상해볼 일이다. 다만 자신이 처한 상황을 아무런 인식과 비판 없이 그대로 따라가서는 자아 실현이 불가능하다는 점은 분명하다. 상황에 대한 분명한 인식과 상황을 타개할 수 있는 방법을 모색하는 일이 창의성의 한 속성이다. 서사는 국어과의 주요 내용 질료이면서 언어적 텍스트로 존재한다. 서사는 창의와 인성의 요소를 수용자가 그 텍스트 안으로 들어와서 향유하도록 이끌기 때문이다.

창의성은 남을 이해하는 데서도 드러난다. 성찰을 강조하는 저간의 학문 추세로 본다면 창의성이야말로 성찰의 핵심 요건이 된다. 역지사지(易地思之)는 창의성이 인성으로 전환되는 인식구조를 보여주는 사례이다. 입각점을 달리해서 본다는 것은 이전과 달리 본다는 점에서 창의적 발상이라 할 수 있다. 교육의 장에서 일어나는 일을 예로 든다면, 교사가 학생의 자리에서 볼 수 있어야 학생에 대한 배려가 가능해지고 교육 행위에 대한 성찰도 가능해진다. 병원에서 의사는 환자의 관점에서 바라볼 수 있어야 환자에 대한 배려가 가능하다.

창의성은 인간이 추구해야 할 가치의 모색에서도 커다란 역할을 한다. 인간이 추구하는 가치는 세계를 어떻게 바라보는가에 따라 달라진다. 세계를 바라보는 방식을 다른 말로 세계관이라 한다. 세계관의 차이는 세계를 구성하는 서사를 달리 만든다. 낭만적 세계관을 지닌 사람은 천국의 이미지를 서사화하는 방향으로 나아간다. 이에 비해 비극적 세계관을 가진 사람은 디스토피아를 앞세워 세계상을 구성한다.

이상에서 살펴본 것처럼 창의성과 인성의 관계는 밀착되어 있다. 언어적 존재로서 자신의 삶을 영위하려면 상황에 대한 창의적 적응이 필요하고 상황을 변화시킬 필요가 있으며, 그것이 개인의 자아 성취와 연관된다는 인식이 분명해야 한다. 아울러 창의성은 자아의 실현을 가로막는 규범을 새로운 변화의 원동력으로 삼기도 한다. 이런 사항이 모두 국어과 영역에 포함되는지 다시 성찰할 필요가 있다. 그러나 분명한 것은 이러한 창의성이 국어과 영역의 중요한 자리를 차지하는 내러티브와 연관된다는 점이다.

2. 국어과 창의성 교육의 본질과 의의

1) 국어과에서 창의성의 개념

국어과에서 교과 전체와 관련해 창의성 개념을 본격적으로 논의한 것은 2000년대 이후부터이다. 제6차 교육과정기에 '창의적 국어 사용'을 선언적으로 표명하면서 '창의' 문제가 제기되었다. 이후 창의를 언어 사용의 차원, 특히 국어과 교육과정의 교육 내용 차원에서 구체화한 것은 제7차 교육과정기에 들어서이다. 이 교육과정에서는 구체적인 성취기준에 창의 자질들이 포함되도록 구성되었다.

창의 또는 창의성은 원래 범교과적 또는 탈경계적 자질을 지닌다. 이는 창의가 기능 통합적이고 관계 확장적인 사고와 행동 능력 및 태도를 바탕으로 하기 때문이다. 따라서 먼저 교과 범주를 명료하게 해놓고 그 틀에 맞추어 창의를 설명하려는 노력은 창의의 총체를 온전하게 교과가 포착하거나 반영하는 것을 방해하는 측면이 있다. 그만큼 창의의 속성과 작용은 사고, 능력, 태도, 환경, 문화 등의 차원에 중층적으로 펼쳐져 있어서 쉽사리 논리화하기 힘들고, 교과가 구축해놓은 교과 내적 내용 질서와 잘 호응되지 않는 면모를 지니고 있다. 그런가 하면 창의는 인지와 정의 및 성격(기질) 등의 차원에서 서로 교차되면서 창의 고유의 형질을 형성하고 발현하는 측면이 있어서 또 다른 중층의 양태를 드러낸다. 요컨대 창의(성)는 그 범주나 작용의 막연함을 인정하는 데서 올바른 접근이 가능하다. 창의의 실체와 원리를 정밀하게 규정할수록 창의의 중요한 자질들은 논의에서 빠져나가는 난관에 봉착하게 된다. 이는 창의적 사고를 논리적 사고나 비판적 사고 등과 비교해보면 쉽게 이해할 수 있다. 시인들의 시적 발상이 논리적으로 설명되지 않는 이유가 여기 있다.

창의성의 개념적 모호함, 경계이월적 속성, 범교과적 특징 등은 국어과 교육에서 더욱 두드러진다. 이는 언어의 기능과 작용이 인간의 폭넓은 사고 작용, 인간이 광범한 지식 범주에 모두 관여하는 데서 오는 어려움이다. 즉, 언어적 창의의 특별한 자질을 달리 초점화하기 어려운 것은 언어를 총체적으로 설명하는 일의 간단치 않음과 맞물려 있다. 이런 점은 '언어 창의'를 '과학 창의'나 '미술 창의' 등과 비교해보면 쉽게 이해가 된다. 그만큼 언어 창의는 보편적이다.[22]

국어적 창의를 국어 능력 가운데 특별한 능력으로 보지 않고, 일반 국어 능력의 심화 정도로 보려는 경향은 국어과의 고유 특성을 희석시킨다는 지적이 있다.[23] 국어과의 특성상 창의의 특별한 내용을 한정하는 것은 어렵다. 그러나 국어과 창의성의 개념과 범주를 선명하게 하는 일은 논의의 합리성을 위해 필요하다. 이것이 현실 교육과정의 내용 요소로 들어오는 경우 교육과정 실천을 위해서 필요하다. 이를 염두에 두고서 국어과 창의성을 규정하려는 국어교육 내의 논의를 정리해볼 필요가 있다.[24]

국어과에서 창의성에 대한 언급은 1990년대에 시작된다. 즉, 국어과에서의 창의성은 "기존의 관념이나 사고의 틀을 벗어나 지식의 범위를 확대하려는 가능성 확장의 가치를 지니며, 어떤 문제에 대해서 만족스럽고도 독창적인 방법으로 해결하는 능력"[25]으로 규정했다. 이는 국어과적 정체성보다는 창의성 일반의 개념을 그대로 수용한 것으로 보이며, 창의성을 능력 측면에서 규정한 특징을 지닌다. 2000년대에 들어와 창의성과 연관된 연구가 활성화되었다. 주로 국어과의 창의력이 언어 운용의 창의성을 비탕으로 한다는 견해가 표명되었는데, 최인자, 김창원 등의 논의를 들 수 있다. 최인자의 논의는 창의성의 문화적 측면을 고려하고 있다는 점에서 주목을 요한다. 최인자는 "창의력을 개인의 능동적이고 자율적인 사유 활동으로만 볼 것이 아니라, 개인의 의식을 구성하는 현실적 사회 문화의 압력을 인정하고, 이를 반성 비판하는 상태로 나아가는, 그래서 비판적 활동의 발전적 형태로 보는 차원까지 나아가야 한다"[26]고 주장했다. 이는 언어적 창의 활동이 가져야 할 정

22 김은성은 국어과 창의의 보편성을 이렇게 말한다. "국어과 창의성은 기발하거나 천재적인 그 무엇이기보다는 모든 국어 활동의 단계에서 일어날 수 있는 보편적인 것이다." 김은성, 「국어과 창의성 교육의 기본 개념」, 『국어교육』, 113집, 한국어교육학회, 2004.

23 김미혜, 「국어적 창의성의 구성 요소에 관한 연구」, 『국어교육학연구』, 제20집, 국어교육학회, 2004.

24 신명선, 「국어적 창의성의 개념정립에 대한 연구」, 『국어교육학연구』, 제35집, 국어교육학회, 2009, 304쪽에서 재인용.

25 신헌재, 「창의력 사고 신장과 국어과 교육」, 『국어교육』, 73호, 한국국어교육연구회, 1991.

신적 심급을 사회문화적 현실에 대응하는 비판적 상상력의 능력과 태도 차원까지 확장한 개념이라는 점에서 우리가 추구하는 창의성 논의와 상당히 근접해 있다. 이러한 논의는 김재봉의 논의와 연계된다. 그는 창의성을 "대상과 상황과 목적에 맞게 국어를 바르고 정확하게 사용하여 서로가 효율적으로 의사소통하여 바람직한 국어문화를 형성하는 것"[27] 으로 보았다.

국어적 창의성을 문제해결 능력과 연관시킨 논의는 이경화, 김국태 등의 예에서 확인되는데,[28] 이는 당시의 국어 능력 규정의 경향과 맥을 같이한다고 할 수 있다. 이는 다시 국어의 이해와 표현에 나타나는 창의성 혹은 창의력으로 전이되는 경향을 보인다. 논의의 심도보다는 국어과 교육과정 내용 영역과 연관된 논의라는 점에서 논의의 진전을 보기 어렵다.

이상의 관점들을 종합하면서 국어과 창의성에 대한 의미와 그것의 교육적 중요성을 국어교육 내부에서 어떻게 인식해왔는지 정리해 본다면, 다음의 지적이 참고가 된다.[29]

첫째, 국어적 창의성을 '일반적 창의성' 내지 '창의적 사고'와 동일시하려는 관점이 있다. 이는 사고력 이론을 기조로 창의성 문제에 접근하는 것으로 창의성을 고차적인 사고 기능으로 보려거나[30] 인지적으로는 발생하는 문제를 해결해가는 과정으로서 듣고 말하고 읽고 쓰는 기능의 고급적 측면이 창의성이라 했다.[31] 이러한 언급은 창의성의 본질을 지적하기보다는 국어 능력의 수준을 창의성과 동일시한 점에서 한계가 있어 보인다.

둘째, 국어적 창의성을 생득적 언어 생성 능력으로 보려는 관점을 들 수 있다. 이는 교육에 의하지 않고도 내재적으로 생겨나는 언어 능력으로서, 학습자가 배우지 않은 언어를 생산하는 능력 그 자체를 창의성이라 보았다. 의도적이고 계획적인 교육의 역할이 매우 제한된다는 문제점을 들 수 있다. 이는 과도한 보편론으로 촘스키류의 언어 능력이라는 개념

26 최인자, 「창의력을 위한 문제 중심의 교수·학습 방법론」, 『국어교육학연구』, 제10집, 국어교육학회, 2000, 292쪽.

27 김재봉, 「창의적 국어 사용과 논증 문화」, 『한국초등국어교육』, 한국초등국어교육학회, 2002, 109-150쪽.

28 이경화, 「창의성 신장을 위한 국어과 교수·학습 분석」, 『청람어문교육』, 26호, 청람어문교육학회, 2003, 21-57쪽; 김국태, 「창의적 언어사용 능력 탐색」, 『청람어문교육』, 28호, 청람어문교육학회, 2004, 133-159쪽.

29 정혜승, 「국어과 창의성 계발을 위한 교재구성 방안 연구」, 『한국초등국어교육』, 제2집, 한국초등국어교육학회, 2004.

30 이재승, 「국어과 언어활동과 창의성 증진」, 『창의성 개발 세미나 자료집』, 전북교육청, 2002.

31 노명완·정혜승·옥현진, 『창조적 지식 기반사회를 대비한 국어, 수학, 정보과학 교과 모형 개발: 교육공학적 체제 접근을 중심으로』, 이화여대 교육과학연구소, 2001.

을 과도하게 확대 적용한 흠이 있다.

셋째, 국어적 창의성을 특정한 담화 또는 텍스트 생산 능력으로 간주하는 입장이다. 이야기 과제를 부여해 내용의 참신성, 구성의 독창성, 형식에 부합하는 사고 표현의 기발함을 측정해 언어적 창의성의 자질로 삼으려 했다. 이는 창의성을 이야기나 시 같은 문학 텍스트 생산 능력으로 보고, 그 심미적 감수성이나 참신성을 언어 창의성의 주요 자질로 평가하려는 경향이 있다. 문학 중심의 창의성 논의로 기울 우려가 있긴 하지만, 우리가 추구하는 창의성의 본질 영역에 접근하는 논의라 할 만하다.

넷째, 언어 창의성을 언어 영재의 특성으로 보려는 입장이 있다. 이는 언어 창의의 구체적 자질을 포착하고 적용하는 데 일정하게 기여했으나, 학습자 일반의 보편적 창의 심급에 적용하기에는 한계가 있다.

다섯째, 국어적 문제를 해결하는 능력으로 보려는 관점이 있다. 이는 다분히 인지적 기능을 국어 능력의 핵심으로 보는 입지에서 구축된 개념이라 할 수 있다. 이러한 관점은 창의성 교육이 일반 영역에서 국어과 영역으로 특수화된다는 데 의의가 있다. 그러나 '국어 교과 차원의 문제'를 무엇으로 볼 것인가에 대해서는 인식의 편차가 크다. 국어 교과의 문제는 수학 교과 차원의 문제 또는 과학 교과 차원의 문제와 같은 수준에 있지 않기 때문이다.

이렇게 다양한 경향의 논의가 가능한 것은 창의성 개념의 범주가 넓고 범주들 사이의 경계가 유연하게 설정되어 있다는 점을 반증하기도 한다. 그러나 논의가 방만하게 전개되면 국어과에서의 창의성 교육 방향을 포착하는 데는 별로 도움이 안 된다. 국어과 영역의 창의성 논의로 범위를 좁히고 방법을 새로 모색할 필요가 있다.

국어과에서 다루는 '언어 창의'가 보편적인 능력이라는 것은 창의성 교육을 본격적 과제로 삼는 사람들에게는 어떤 함의를 가지는가 묻지 않을 수 없다. 언어 창의가 인간의 언어 생활 전반에 넓게 적용되어야 하는 것은 사실이다. 즉, 언어를 운용하는 보편적 상황에서 언어 창의가 작동할 수 있어야 한다. 따라서 언어 운용과 관련되는 어떤 소통 상황, 어떤 내용 상황에서도 언어 창의의 작용과 효용을 추구해야 하는 것이 과제로 부각된다. 그러나 이 또한 보편론의 함정에서 벗어나기 어려운 점이 있다. 국어 교과를 관습적으로 인식하고 있는, 또는 지금까지의 교육과정 전통 맥락에서 국어 교과를 인식하고 있는 사람들에게는 그 보편의 영역이 국어과 영역이 아니라는 느낌을 줄 수 있다. 즉, 그것이 과연 국어과가 다루어야 하는 부분인가 하는 문제를 불러일으킬 수 있다는 것이다. 국어적 창의의 고유한 정체성이 국어과의 전통과 그 고유성에 의해 익숙하게 인식되는 것이라면 이런 문제는 생기지 않을 것이다. 언어 운용의 영역이 넓고 언어가 관여하는 정신 영역이 광범하다는 것을 이해함으로써 국어과에서의 '언어 창의'에 대한 인식 변화를 추구해야 할 것이다.

국어과가 미래의 영역을 개척하고 새로운 교육 수요를 개발해나가려면, 그래서 국어 교과의 역동성을 확대하려면 그 낯설음을 적극 수용하고 더 넓은 경지로 나아가야 할 것이다. 일부에서는 현재의 국어과다움에 의해 '언어적 창의'를 제한하려는 경우도 있다.[32] 이는 현실 교육과정의 불안정한 내용 범주에 대한 기술적 우려를 표명한 것으로 보인다. 국어과에서 창의성 교육을 논하는 대부분의 경우 국어과 내용 범주가 현재의 안정성을 유지하는 것을 전제로 보편적 '창의 교육론'을 펴는 것으로 보인다. 그러나 '현재의 국어과다움'이 고정 불변의 것이 아니라면 그것이 과연 무엇인지, 어떤 가치를 보장하는 것인지를 깊게 논구할 필요가 있다. 아울러 '국어과다움의 미래형'에 대한 논의를 좀 더 깊게 해야 할 것이다. 물론 언어 창의의 정체성을 국어과 고유성에 의해 더 정밀하게 만들어나가는 활동도 마찬가지로 추구해야 할 것이다.

국어적 창의성 논의에 대한 비판적 검토들 중에 국어 능력과 국어적 창의 능력을 등치시키고 창의적 국어 능력의 가장 중요한 특성을 문제해결 능력이라는 점을 강조한 논의에 주목할 필요가 있다.[33] 흥미, 집착, 동기, 추진 의욕 같은 정서적 요인들을 창의 발현의 조건으로 강조한, 창의 교육 일반론에 과도하게 의존한 국어과 창의 교육론을 비판하면서 국어적 창의성의 본질을 더 뚜렷하고 정교하게 부각시키려 했는데, 필자는 창의적 국어 능력을 국어 능력의 일부로 보고, 문제해결 능력을 국어 능력의 특정 부면을 부각시킨 것으로, 그리고 정서를 발현 조건이 아닌 창의성의 일부로 보았다. 국어과 창의 교육론의 구체성을 강화한 것이라 할 수 있다.

정서 창의성은 타인의 정서 상태를 이해하고 이에 대처하며 자신의 정서를 긍정적으로 승화시킬 수 있는 능력이다. 국어과 창의성은 일정 부분 정서적이며, 일상적이고, 대인관계 지향적이며, 문화적이고 이데올로기적이라고 규정했다.[34] 이러한 개념을 인정한다면 국어과에서 창의와 인성의 상호성은 더 높아질 수 있다. 또한 기능적 문제해결을 넘어서서

32 김창원, 「창의성 중심의 국어과 교육과정 구성 방향」, 『국어교육학연구』, 제18집, 국어교육학회, 2003.

33 신명선, 앞의 글 참조.

34 신명선, 앞의 글 참조.

인간과 삶의 총체성을 중요하게 고려하는 방향으로 창의 개념이 진전될 수 있을 것이다. 또 국어과 창의성 교육이 인지 기능에 기반을 둔 문제해결력에 초점을 두면 '인간을 위한 창의'라는 철학적 기조를 놓치지는 않는지 성찰해야 한다. 창의성 자체의 개발에만 초점을 두지 말고, 창의를 통해 인간의 인식 대상에 대한 기존의 관점을 얼마나 확장시키는가 하는 점을 놓치지 말아야 한다는 인문학적 관점의 주장을 주목할 필요도 있다.[35] 국어과가 문학의 언어를 다루는 소이가 창의와 관련해 어떤 의미를 가져야 하는지가 이제부터 모색해야 하는 국어과 창의성 교육의 과업이기도 하다.

그런데 국어적 창의를 국어 교과가 발전적으로 수용하고 국어 교과의 잠재력으로 키워나가기 위해서는 다음 두 가지 입지가 상보적 관계에 있음을 주목해야 한다. ① 국어로 운용되는 보편적 영역과 보편적 상황에서 국어적 창의가 작동할 수 있어야 한다. ② 국어적 창의란 국어 운용에서 보편적으로 나타나는 것이 아니라 국어과의 고유한 정체성과 연관되는 것이다. 즉, 국어적 창의는 국어 교과의 고유성에 의해 특별하게 발현되는 것이어야 한다.

①은 국어 사용의 전 영역에서 국어 창의가 보편적으로 나타난다는 점을 강조한다. 이때의 보편적 나타남이란 바람직한 국어 사용의 수준이 확보되는 것을 말한다. 언어가 바람직하게 사용되었으면 그 자체로 일정한 창의 자질이 내적으로 발효된 것이라는 관점이다. 사용의 합리성, 상황성, 문제해결력, 유창성 등 창의 자질들이 무리 없이 구현되고 있음을 뜻한다. 이런 능력이 언중 일반에 보편화되어 갈 때 ②의 심급을 기대할 수 있다. 실제로 ②의 수준을 교육 내용으로 설정해 운용해보려고 하면 ①의 기반이 확실하게 구축되어 있어야 함을 발견할 수 있다. 따라서 ①과 ②를 지나치게 이분법적 대립항으로 파악하는 것은 국어 창의의 총체를 구축하는 데 유익하지 않다. 특히 국어 창의를 교육 실천의 문제로 볼 때는 더욱 그러하다. 이는 창의를 언어로써 또는 언어적 경험으로써 익혀나가는 학습자의 '학습 전체성'을 앞세울 때 특히 유의해야 할 점이다.

국어과에서의 창의 개념은 언어적 보편성을 바탕으로 하는 범주와 국어과 교육의 자질로 실현되는 특수성의 범주가 있다. 이를 두 범주가 서로 연관되어 유연성을 띠는 가운데 '언어 창의'가 규정되고 그 실천 맥락이 구체화되어야 할 것이다.

35 조하연, 「문학의 속성을 활용한 창의적 사고의 교육 방안 연구」, 『국어교육학연구』, 제16집, 국어교육학회, 2003.

2) 국어과 창의의 기본 토양: 창의 인식의 근원

국어 교과를 창의 교육의 입지에서 검토하고 가치화하는 일은 국어교육이 감당해야 할 기본 과업이다. 국어 교과에 이미 창의의 토양과 형질이 배어 있는 것을 인식하는 교수자(학습자)와 그렇지 못한 교수자(학습자)는 창의 지향의 태도나 국어 교육 인식의 출발점에서 큰 차이를 보이게 마련이다. 국어과 창의의 토양은 국어의 전통에서도 발견되고, 선인들이 국어를 다방면으로 운용해온 국어 문화의 차원에서도 발견할 수 있다.

국어의 창의 토양을 이해하는 데는 '훈민정음'이 만들어진 역사적 과정만큼 적절한 예가 달리 없을 듯하다. 훈민정음을 만든 동기에는 백성의 편의를 위한다는 민본주의(民本主義)가 깔려 있다. 훈민정음을 만들기 이전에는 백성에 대한 배려를 찾기 어렵다. 성(姓)조차 제대로 갖지 못했기 때문에 온갖 성이라는 뜻의 '백성(百姓)'으로 통칭되는 대상일 뿐이었다. 그 백성이 문자를 몰라 불편해하는 실정을 고려하는 그 자체가, 그러한 배려가 발상의 새로움, 즉 창의적 문제해결의 단초를 보여준다. 이는 세계관 차원에서 혁명에 해당하는 일이다. 절대군주인 왕과 존재조차 드러내지 못하는 백성 사이에 소통을 도모한다는 것은 수많은 위험을 무릅써야 하는 용단이 필요하다. 이러한 새로운 발상과 새로운 영역의 창조는 훈민정음의 제작 동기와 실천이 창의성에 바탕을 두고 있다는 점을 환기시킨다. 이러한 창의성은 곧 인간의 평등을 생각하게 하는 윤리와 연관된다. 이것은 창의성이 인성과 어떤 연관을 가지는가 하는 점을 설명하는 전범이다.

훈민정음은 잘 알려진 것처럼 그 제작자가 누구인지 명쾌하게 밝혀진, 세계에 둘도 없는 문자이다. 언어의 최소 단위라 할 수 있는 음소(音素, phoneme)를 표시할 수 있는 문자는 유사한 예를 찾기 어려운 독창성을 지니고 있다. 더구나 글자의 모양을 만드는 원리에 당대의 철학과 과학이 동시에 적용되었다는 점은 놀라운 일이다. 모음은 '천지인(天地人)' 삼재(三才)를 바탕으로 만들었는데, 이는 음양오행사상과 함께 동양 철학이 추구하는 세 가지 가장 중요한 요건이라는 점에서 철학적 발상을 담고 있다고 할 수 있다. 또한 자음을 표시하는 글자들은 발음기관의 모양을 본떴다는 것이 정설이다. 이는 당시 음운학(音韻學)의 성과가 문자 발명에 구현된 예라 할 수 있다. 사물 대상의 모양의 그리는 데서 발달해온 중국의 한자(漢字)와는 사뭇 다른 창의적 발상이다. 추상적 사유의 맨 꼭대기와 구체적인 대상의 속성을 결합시킨 예라 할 수 있다.

국어 운용의 구체적 텍스트에서 드러나는 창의성은 ① 발상법, ② 사례의 특이성, ③ 해석의 독자성 등으로 구체화된다. 발상법은 다른 말로 사고방식 또는 인식의 전략이라 할 수 있다. 언어를 구사하는 과정에 나타나는 발상법은 언어 과정 전체에 관여한다. 따라서 발상법에 나타나는 창의성의 언어적 표지를 찾기보다는 언어 과정 전체에 걸쳐 발상의 창의성을 찾아야 한다. 고시조 작품 가운데 예를 찾아보자.

> 물 아래 그림자 지니 다리 위에 중이 간다
> 저 중아 게 있거라 너 가는 데 물어 보자
> 막대로 흰 구름 가리키고 돌아 아니 보고 가노매라

글을 쓰자면 대상을 발견해야 한다. 이 작품에서 글로 다루는 대상은 다리를 건너가는 스님이다. 대상을 직접 드러내지 않고 그 대상의 그림자를 먼저 발견하고 그를 통해 대상에게 다가간다. 대상과 그림자 사이에 공간적 거리가 설정된다. 이러한 발상은 종장에 다른 형태로 변형되어 나타난다. 그림자를 통해 발견한 대상에게 던지는 물음이 진지하고 실제적인 내용은 아닐 것이다. 따라서 그러한 물음에 대한 대답 또한 진지할 수 없는지라 미적 거리를 유지할 수 있다. 거리를 유지하게 하는 방식으로 대답이 형상화된 것이, 막대기로 흰 구름 가리키며 가던 길을 유유히 가는 태도로 나타난다. 이러한 태도와 언어 운용은 일상 언어의 현장과는 거리를 유지하면서 새로운 영역을 구축했다는 점에서 창의적 언어 운용의 예라 할 수 있다.

일상적인 삶 가운데 특이한 사례를 발견하는 것도 창의성의 일단으로 이해된다. 사례의 특이성이 창의성을 나타내는 경우는 다음과 같은 예에서 확인할 수 있다.

> 바독이 검둥이 청삽사리(靑揷沙里) 중에 조 노랑 암캐 갓치 얄밉고 잣믜오랴
> 믜온 님 오게 되면 꼬리를 회회치며 반겨 내닷고 고은 임 오게 되면 두발을 벗띄듸고 코쌀을 찡그리며 무르락 나오락 캉캉 즛는 요 노랑 암캐
> 잇틋날 문밧긔 개 사옵새 외는 장사(匠事) 가거드란 찬찬 동혀 나여 쥬리라

미묘한 사랑의 맥락 속에 주인의 심정과는 반대 방향에서 얄밉게 행동하는 '노랑 암

캐'를 사례로 내세워 사랑하는 사람의 심리를 절묘하게 포착하고 있는 작품이다. 여기서 미운 님은 시적 화자와 일상적으로 늘 같이 지내는 사람일 것으로 짐작되는데, 익숙한 사람이니까 꼬리를 치며 반겨 내달은 것이다. 반면 고운 님은 몰래 사랑하는, 따라서 이따금 들르는 사람으로 보인다. 개로서는 익숙지 않은 낯선 사람이기에 짖으며 물려고 덤빌 것이다. 시적 화자의 사랑이 지향하는 방향과는 반대되는 개의 행동이 화자를 화나게 하는 상황을 만들어놓는다. 특이한 사례를 들어 공감을 일궈내는 작품이라는 점에서 사례의 특이성으로 드러나는 창의적 발상의 예로 볼 수 있다.

이 작품은 사설시조로 되어 있다. 이와 같은 내용을, 즉 발상과 소재와 태도를 정형적인 평시조 형식으로 그린다면 내용과 형식의 괴리 때문에 미적 형상화를 이루기 어려울 것은 물론이다. 사설시조 자체가 평시조에 대한 대립적 미의식에서 출발한 것이라는 점을 고려한다면, 이러한 속된(?) 사랑의 감정을 담아내기 위해서는 형식이 달라져야 한다. 이러한 형식의 일탈도 크게 보면 창의성이 구체화된 사례로 이해할 수 있다.

창의적 이해는 해석의 창의성과 연관되는 사항이다. 이는 대상에 대한 주체의 창의적 개입을 요구한다. 대상에 대한 주체의 개입은 산문 문학보다 시적인 양식에서 쉽게 발견된다. 서정 양식의 특징이 주체와 대상의 합일을 지향하는, 이른바 '대상의 자아화(自我化)'라는 특징을 잘 보여주기 때문이다.

> 청산(靑山)도 절로절로 녹수(綠水)도 절로절로
> 산(山)절로 수(水)절로 산수간(山水間)에 나도 절로절로
> 이중에 절로절로 자란 몸이 늙기도 절로절로

이 시조는 자연을 벗해 사는 삶의 가치를 독특한 운율로 형상화하고 있다. 자연과 인간이 아닌 둘의 조화와 동일시를 통해 자연으로서 인간 삶의 가치를 고양하고 있는 사례라 할 수 있다. 이는 자연 대상에 대한 해석의 결과를 형상화하고 있는 예라 할 만하다. 그러한 점에서 자연을 창의적으로 해석하고 있는 예에 해당한다. 이러한 예들은 문학 비평의 영역에서도 쉽게 발견된다. 문학 비평이 작품의 해석에 바탕을 둔 가치 평가라는 점에서 해석이 중요한 의미를 띠는 것은 물론이다. 『춘향전』의 주제를 사랑으로 볼 것인가, 정절로 볼 것인가, 사회구조의 변화에 따른 신분 상승의 계기를 포착한 작품으로 볼 것인가 하

는 문제는 해석의 문제로 귀결된다.

이러한 창의적 해석이 삶의 양태로 전화된다면 새로운 양식의 내러티브(서사)를 창출하게 된다. 아울러 이런 과정에 나타나는 창의성은 경험을 재구성한다. 그리고 경험의 재구성은 창작으로 구체화된다(창작을 통해 창의·인성의 교육 효과를 증대하는 문제는 뒤에 절을 달리해 다룰 것이다).

넓은 의미에서 창의적 언어 운용을 도모하는 것이 국어과 창의·인성 교육의 목표이다. 이는 구두 언어와 문자 언어 양 측면에서 드러난다. 아울러 발상 측면, 수행의 측면, 해석의 측면 등에 나타나는 창의·인성에 대한 면밀한 고찰과 실제 수행의 과정을 거치게 된다. 이는 교육적 실천의 과정에서 구체화된다.

3) 국어과 창의의 개념 확충: 국어과 창의와 내러티브의 관계 맺기

국어과 창의의 내용과 방법에서 서사의 위상을 새롭게 인식할 필요가 있다. 서사는 내용과 소통적 작용에서 인간 발달적 기제를 폭넓게 보여준다.[36] 서사의 창의적 기제와 장(場, le champ)의 발생 효과는 서사가 형성되고 소통되는 과정에서 발현된다. 서사의 소통 작용 중에서도 교육이 가장 직접적으로 그리고 체제적으로 감당하는 영역이 수업 공간이다. 서사를 문학 범주에 가두어두고 문학 교육의 제재 차원으로 고정시키는 관점으로는 서사의 국어 창의적 요소를 제대로 구현하기 어렵다.[37]

서사의 구체적 구현 양태가 스토리텔링이다. 서사의 교육적 실천으로 스토리텔링 활동을 주목하는 이유가 여기에 있다. 이 실천 과정에서 창의성 교육의 다양한 기획이 가능하다. 사회문화적 맥락에서 보면 스토리텔링은 인간의 심리적·사회적·문화적 행위이다. 동시에 인간의 소통적 활동으로 인식할 수 있다. 이렇게 함으로써 스토리텔링에 광범위하

36 구인환·우한용·박인기·최병우, 『문학교육론』 제6판, 삼지원, 2012, 73-88쪽.

37 국어적 창의를 다섯 범주로 구분하면서 그 가운데 한 범주로 문학 텍스트를 산출하는 것을 국어적 창의로 보려는 관점이 제시되었는데(정혜승, 「국어과 창의성 계발을 위한 교재구성 방안 연구」, 『한국초등국어교육』 24집, 2004), 이것이 물론 창의 발현의 교육적 포인트이긴 하지만, 창의를 이렇게 좁은 의미의 문예 창작 교육의 한 국면으로 규정하면 서사의 다양한 창의적 작용태를 놓치게 된다. 서사는 국어 기능 영역과도 매우 융통성 있게 교섭한다. 서사는 다른 교과와의 상호성도 매우 활발하다. 이 상호성의 공간 모두가 창의의 발양을 돕는 공간이라 할 수 있다.

게 내재된 교육의 가치와 그 효과를 밝혀낼 수 있다. 학습자의 일상 학습 환경과 경험 영역에 스토리텔링이 자연스럽게 삼투될 수 있게 하고, 그 상황 맥락에 맞는 자기 주도성 학습의 주체가 형성되는 것이 바람직하다. 이는 결국 학습자의 학습 창의와 연계되는 방향으로 발달을 지속시킬 수 있을 것으로 기대된다.

수업 공간에서 문학 교육의 내용으로 다루는 서사이든, 다른 교육적 전략으로 다루어지는 서사이든 그것의 구체적 실현 양태는 스토리텔링으로 귀결된다. 스토리텔링은 구체적 교육의 목표와 효과를 전제로 구체적 시간과 대상과 공간에서 특정 매체로 구체적 서사를 생산하여 실현하는 행위이다. 인식이 중요하다. 따라서 수업 공간에서 드러나는 서사의 여러 작용은 서사 일반의 원리로 조명될 수 있지만 스토리텔링으로 구명되는 것이 훨씬 더 현실적이고 창의 발양에 도움이 된다.[38] 이렇게 함으로써 서사가 작용하는 과정에서 '창의'의 구체적 발현과 작용을 함께 기대할 수 있다.

문학 서사 또는 문학 스토리텔링 활동은 이념이나 가치의 작용을 불러온다. 스토리텔링 과정에서 예술적 형상화를 통한 수용과 소통이 이루어짐으로써 이념과 가치를 심미적 사유(思惟)로서 경험하게 하는 특성을 보인다. 그러한 점에서 스토리텔링은 다른 어떤 교육 활동과도 차별성을 가진다. 바로 이 점 때문에 문학적 스토리텔링의 실현은 학습자에게 반성적 사고(reflective thinking)를 경험하게 한다. 인성적 가치가 가장 진정성 있게 실현되는 대목이라 할 수 있다. 스토리텔링은 비판적 사고를 동반한다는 점에서 또한 창의의 자질을 강하게 지닌다.

서사는 인간이 행하는 행동의 동기를 구체화하고 인간과 환경이 어떻게 교섭되는지를 그려내는 양식이다. 따라서 서사를 스토리텔링하는 순간 인간은 삶의 여러 조건을 복합적으로 생각해보게 된다. 이 과정에서 '복합적 생각'이 일어나게 되고 그것이 다시 '다원적 인식'을 불러들이게 된다. 이러한 다원적인 인식은 창의적 사고를 담보한다. 또한 삶의 여러 조건들을 인지하고, 그런 인지를 바탕으로 인간의 내적·외적 생태에 대한 관찰을 가능하게 한다. 사고의 유연성을 촉진시키는 효과를 가져온다.

오늘날 교육에서 다중 지능이 강조되고 있다.[39] 다중 지능 이론을 전개한 가드너

38 류수열 외, 『스토리텔링의 이해』, 글누림, 2007, 13-20쪽.

39 1983년 하버드 대학교의 가드너 교수는 『정신의 구조: 다중지능 이론(Frames of Mind: The Theory of Multiple Intelligences)』을 통해 새로운 접근을 시도했다.

(Howard Gardner, 1943~)는 기존의 문화가 지능을 너무 좁게 해석하고 있다고 전제하고, 인간의 지능은 일반 지능과 같은 단일한 능력이 아니라 다수의 능력이 지능을 구성하며, 이러한 능력들은 상대적 중요성에서 동일하다고 가정했다. 가드너는 IQ 점수가 함축하고 있는 의미보다 넓은 시각에서 인간의 잠재적 능력을 탐구했는데, 지능을 "문화 속에서 가치가 부여된 문제를 해결하거나 결과물을 창출하는 능력"[40]으로 정의했다. 지능이 복합적이고 다중적이라는 주장은 유기체로서 인간의 능력을 다양하게 평가하는 것으로써, 이전의 방식과는 다른 방식으로 인간의 능력을 규정하는 것이다.

이러한 주장에 대한 적극적인 호응은 학교 교육에서 실제로 수행하고 있는 인간 발달 과업이 과도하게 인지적 지능에 편중되어 있다는 점을 반증한다. 그것은 학교 교육이 제공하는 앎이 학습자의 삶과 유리된 채로 조직되어서 학습자의 인간 발달을 현실적으로 돕는 데 한계를 가진다는 반성을 촉구한다. 앎과 삶의 유리는 학생들에게는 동기가 사라진 앎을 강조한다. 이는 허상의 학습을 초래한다. 설령 앎의 진전이 있었다 하더라도 내가 습득한 앎이 가치 있는 것임을 느끼지 못하는 사태가 나타나며, 따라서 그 앎은 실제 일상생활 속에서 의미 있게 환기되지 않는다. 학교에서 배운 앎들끼리 전혀 관계를 맺지 못하고 파편처럼 떠돌아다니는 모습을 보인다. 이처럼 파편화된 지식의 습득은 윤리적 파탄을 연상하게까지 한다. 주체인 나는 사라지고 지식이 나를 지배하는 학습의 정황을 경험한다든지, 학생 개개인의 감수성이 발현되지 못하는 인지 및 정의 과정을 학교가 제공한다면 이는 의미 있는 교육이라 할 수 없다.

앎과 삶이 분리되지 않고 혼연 일체를 이루고 있었던 시절에는 스토리텔링 자체가 그대로 교육의 전체였다. 학습 과정에서 습득된 지식이 삶의 과정에 녹아들어 의미를 생산하는 과정을 경험했던 것이다. 그렇기 때문에 스토리텔링으로 구현되는 서사야말로 자기 삶의 경험의 총체성을 반영한다는 지적이 설득력을 얻는다. 그리고 그것은 학습 주체를 중심으로 앎을 총체화하도록 이끌어간다. 관계적 사고에 의해 세계와 경험을 연속성 있게 파악하는 것은 창의 활동의 핵심이다. 따라서 앎과 실천을 관계의 사고 속에서 일치시키려는 노력은 높은 윤리성을 스스로 지향하게 한다.

40 Howard Gardner, *Frames of Mind: The Theory of Multiple Intelligences*, Basic Books, 1983/1993, pp. 60-61.

서사나 스토리텔링이 국어과의 중요한 내용 질료이고 교육 방법의 중심 통로에 있다는 사실은 서사를 활용해 매우 폭넓은 창의·인성 교육의 확충을 국어과가 꾀할 수 있음을 보여준다. 그런데 이렇게 얻어내는 교육 효과들이 더러는 윤리 교과나 예술 교과, 또는 사회 교과의 영역과 상호성을 보이기도 한다. 바로 그런 점 때문에 이들 교육 효과들을 국어과 정체성에 맞지 않는다고 규정하는 것은 피상적인 사유의 결과이다. 국어과를 지나치게 도구 기능적 정체성으로 묶어둔 결과가 그렇게 나타난 것이라 할 수 있다. 도구 기능을 극도의 추상적 형식으로 학습하게 하는 국어교육이 미래 지향적인 국어 교과의 모습이 될 수 없다. 도구 기능의 형식을 배우는 것만으로 국어과의 정체성을 제한하면 그때 습득하는 도구 기능적 지식이나 경험은 파편적인 경험에 머무르게 된다. 기능을 위한 기능을 가르치는 데로 흘렀던 국어 학습 경험을 우리는 이미 제5차·제6차 교육과정기를 통해서 반성적으로 정리했다.

국어과에서 창의성의 요소를 의미 있게 확보하고 확산하는 데 스토리텔링의 가치를 깊이 검토할 필요가 있다. 스토리텔링은 수업의 활동 기제로 작용하면서 상징을 만들어내는 과정이며 동시에 상징을 풀어가는 경로라는 점에 주목해야 한다. 교육은 상징을 익히는 과정이고, 한 개인의 발달은 상징의 세계를 익히고 적응하는 과업들로 이루어진다. 언어적 상징이든, 사회문화적 상징이든, 미적 상징이든 그 상징을 습득하고 상징을 발신하는 자리로 나아가는 것이 교육의 전체 과정이라 할 수 있다. 좀 넓게 보면 상징을 학습하는 것은 국어과만의 전유물은 아니다. 과학과 교육에서 과학적 체계와 개념을 익히는 것은 자연 세계의 실체적 현상을 하나의 '인지적 체계로서의 상징'으로 습득하는 것이라 할 수 있다. 실제로 과학 법칙의 학습에서 얼마나 다양한 유추적 현실들이 스토리텔링의 방식으로 개입하는지를 보면 그 가능성을 쉽사리 발견할 수 있다.[41]

스토리텔링은 그것이 직접 체험의 재현이라 하더라도 언어로 또는 다른 매체로 번역되는 과정에서 현실에 대한 의미 있는 대리 체험을 가능하게 해준다. 의미 있는 모방임을 보여주는 구체적인 증거는 그 과정에서 스토리텔링 주체의 반성적 사고를 이끌어낸다는

41 서사가 발양하는 창의 자질이 국어교육을 포함해 교육 전반에 미칠 수 있음은 주지의 사실이다. 따라서 서사나 스토리텔링이 문학 교육에만 속한다는 고정 관념에서 교사나 학생 모두가 벗어나야 한다. 국어과 전 영역의 창의 발양 요소로 서사에 대해 다양한 생성과 전이와 변이를 시도할 수 있다. 이는 모두 창의 자질의 학습에 유용성을 지니며, 창의·인성 교육에서의 경험 서사는 문학 서사와 동등한 중요성을 지닌다.

데서 드러난다. 재현 혹은 반영의 힘은 현실을 어떤 방식으로든 각성하고 그 각성 안에 주체를 새롭게 인식하게 한다는 데 있다. 이는 소설 감상 과정에서만 발견되는 것은 아니다. 수학 수업에서 수의 집합이나 함수의 그래프를 그려내는 과정에서도 어떤 형식과 질서에 대해 인지적 각성을 하게 된다. 다만 그것이 명시적 구도로 주체에게 메타적으로 인지되지 않을 수는 있다. 따라서 스토리텔링은 그 수행의 자발성만 갖춘다면 무언가 되돌아보는 사고, 즉 도덕적 성찰을 그 안에 준비하고 있는 셈이다. 달리 말하면 스토리텔링은 내면 혹은 자아를 비추는 거울의 기능을 갖는다.

이 책에서는 국어과 창의·인성 교육의 내용 질료로서 '서사'의 중요성을 전략적인 측면에서 주목했다. 그뿐만 아니라 서사를 다양한 상황과 요구와 목적에 맞게 스토리텔링하는 것이 국어과 창의·인성 교육의 방법으로 중요한 지위를 점한다는 사실을 강조했다. 스토리텔링 과정에서 학생들은 창의와 인성 학습의 역동성과 자기 주도성이 강화되는 과정을 경험한다. 교사에게는 국어과 창의·인성 교육에서 '교수 방법의 창의'를 스스로 탐구하고 발견하게 하는 과정을 경험하도록 한다. 이 책은 이런 점을 전략적으로 주목하면서 국어과 창의·인성 교육의 실제를 개발하고 적용하고자 했다. 이 경우 국어과 교사들은 학생들에게 경험 서사이든 문학 서사이든, 서사를 자신의 필요에 의한 스토리텔링으로 구체화할 것을 제안해야 한다. 이 과정을 다양하고 역동적인 방법으로 지도해야 하는데, 이 단계에서 창의성과 인성에 대한 전문적 이해가 필요하다.

이는 국어 능력의 자연스러운 진화를 이끌어가다 보면 그 안에서 언어적 창의가 저절로 이루어진다는 관점보다는 다소 적극적인 관점이다. 국가 교육과정에서 교과별 창의·인성을 구체적 교육과정 내용으로 범주화하고 그 운영을 보다 적극적으로 강화해 이른바 교육과정 혁신(curriculum innovation)을 추구하는 맥락에서 택하게 된 관점이다. 이런 관점에 서면 다른 교과도 마찬가지이지만, 국어 교과는 창의 일반의 창의성 교육 연구 성과나 인성 교육 일반의 성과들을 좀 더 상호성 있게 조회하고 통섭할 필요가 있다. 이러한 과정을 통해 창의성 자체를 각 교과를 통해 배워야 하는 학습자의 입장에서 창의성과 인성의 동기를 강화할 수 있을 것이다.

3. 국어과 창의·인성 교육의 특성

언어는 그 속성이 다양하기 때문에 어떤 측면에 강조점을 두는가에 따라 교육의 양상도 달라진다. 국어교육에서도 언어와 사고의 관련에 주목하면서 언어의 논리성 또는 언어의 이해 및 생산 기능에 중점을 두기도 했고, 심리적·사회문화적 측면에서는 언어의 소통성을 강조했다. 또 실생활에서 운용되는 언어의 실용성과 규범성에 중점을 두기도 했다. 문학 언어는 문학 텍스트의 이해와 감상에 중점을 두어왔다. 그렇게 되면 학습자가 문학을 창작하는 언어적 수행은 무시되거나 약화되기 마련이다.

교육과정상의 강조점의 변화와 더불어 국어교육의 성격이 달리 규정되곤 했다. 그러나 이러한 과정에 대한 반성이 국어교육의 성격을 달라지게 했다. 그리고 달라진 국어교육의 성격은 창의성과 인성을 기르는 데 접근하고 있다고 생각된다. 여기에는 전제 사항이 있다. 국어과에서 창의성과 인성을 기르려면 일차적으로 학습자를 언어 운용의 주체로 규정해야 한다. 언어 운용의 주체를 강조하는 까닭은 언어 운용의 통합성을 고려하는 관점 때문이다. 언어 활동은 논리와 규범 내에 국한되지 않음은 물론 실생활에서 언어가 운용되고 나아가 예술적 수행의 과정으로 언어가 운용된다. 따라서 언어의 통합적 국면에 대한 고려가 선결되어야 언어의 본질에 맞는 논의가 가능하다. 이러한 전제 사항을 바탕으로 국어과에서 창의성과 인성을 살리는 교육이 이루어지려면 어떤 점에 유의할 것인지를 살펴보기로 한다.

언어 행위의 일차적 양상은 대상을 언어적으로 감수(感受)하는 데 있다. 대상을 언어로 감수하는 것은 대상을 명명하고, 명명한 것들의 관계를 파악하고, 파악된 관계를 해석하는 등의 절차를 거친다. 그런데 감수의 양상은 수용하는 대상의 속성에 따라 달라진다. 대상의 수용과 언어 형식 사이에는 긴밀한 관계가 설정되는 것이다. 과학 영역의 언어는 대체로 논리적인 감수가 특징적이다. 반면 예술적 대상에서는 정서적 감수가 특징이다. 그런데 정서적 수용은 주체의 태도에 변화를 가져오기 때문에 도덕적 실천에 영향을 미친다. 정서와 윤리가 상통하는 측면이 여기서 찾아진다. 따라서 정서 측면의 창의성은 곧 인성으로 전환될 가능성이 드러난다. 여기서 국어과 창의성이 인성과 연관되는 점을 확인하게 된다. 이렇게 본다면 국어과에서 발굴하고 육성할 수 있는 창의성은 언어의 논리성과 아울러 언어의 정서적 속성에 대한 적절한 배려가 반드시 동반되어야 한다. 이는 감수가 표현으로 전환되어야 하는 논리적 근거이기도 하다.

학습자를 언어 운용의 주체로 상정하는 것은 학습자가 자기 삶을 주도한다는 의미이다. 자기 삶을 주도한다는 것은 자신의 삶을 마름질하고, 실천하고, 이를 반성적으로 성찰하는 과정을 포함한다. 어떤 학생이 화가로 살아가기로 작정하고 생애를 계획한다고 하자. 화가로 살려면 그림을 공부하는 과정이 포함될 것은 물론이다. 그림을 공부하는 과정에 만나는 선생님, 동료들을 생각하게 될 것이고 실제로 그림을 그리는 과정을 생각하게 될 것이다. 그러한 과정을 글로 쓴다면 계획이 구체적이면 구체적일수록 논리성과 정서적 풍성함이 배어나게 마련이다. 이 지점에서 창의성은 각자의 개성과 의욕 여하에 따라 달리 드러날 것이다. 다만 계획의 구체성이 창의성을 이끌어내는 근원이라는 점은 강조해둘 필요가 있다.

삶을 계획하는 과정은 세계상을 구상하는 일과 다르지 않다. 세계상을 구상하는 작업은 자신이 그리는 세계를 증폭하고 확대하는 일이라고 말할 수 있다. 동네에서 작은 가게를 하나 차리고 평생을 살겠다는 세계상의 구상이 가능하다. 또한 의사가 되어 국내에서 일하다가 인생의 후반에는 아프리카에 가서 봉사하는 생활을 하겠다는 사람의 세계상도 있을 법하다. 이 둘을 비교하면 세계상의 크기가 다르다는 점을 쉽게 알 수 있다. 현실적으로야 가게도 있어야 하고 환경미화원의 존재가 무가치한 것은 아니다. 그러나 그 둘을 같은 세계상이라 하기는 어렵다. 세계상을 크게 그릴 수 있도록 그리고 그 실천을 위한 구체적 방법을 모색할 수 있도록 하는 데 언어적 풍성함이 확보될 것으로 본다. 큰 세계를 그리는 데 동원되는 언어가 자아의 확대를 가져올 것으로 기대할 수 있다. 그리고 그 과정에서 언어가 창의적으로 운용될 것도 아울러 기대된다. 이러한 과정을 국어과 교실에서 어떻게 구체화할 것인가는 다시 모색이 있어야 할 것이다.

언어는 삶의 실상을 반영하는 것은 물론 삶의 질을 향상하는 본질적인 요건이 된다. 언어 측면에서 본다면 일상의 모든 국면이 언어적으로 수행된다고 할 수 있다. 아침에 어떤 식사를 마련할 것인가, 어떤 차를 타고 출근할 것인가 등의 결정도 언어적으로 수행된다. 아침식사를 마련하는 데 머릿속에 돌아가는 여러 가지 생각은 겉으로 외현되지 않았다고 해도 언어적으로 구체화되고 결정되지 않는다면 행동으로 옮겨지지 않는다. 출근해서 어떤 일들이 전개될 것인가를 상상하는 것 또한 언어적으로 구성되는 구체적 심상들이다.

삶은 문제 상황의 연속이다. 구체적인 삶의 문제 상황에서 창의적인 대안을 제시하는 문제, 그러한 문제에 대한 평가, 스스로 문제를 발견하고 대안을 모색하는 과정에 주도적으로 임할 수 있는 능력은 결국 언어적으로 수행된다. 그 과정에서 창의성이 드러나려면 사고의 유창성과 함께 정서적 공감과 행동적 실천의 의지가 관여해야 한다. 그러한 점에서 국어과 교실에서 창의성을 길러주기 위해서는 구체성이 있는 사유를 유도해야 할 것으로 판단된다.

창의적 사고 가운데 하나가 상위 인지적(meta cognitive) 성찰 능력이다. 상위 인지적 성찰이 가능하려면 주체가 이중화되어야 한다. 주체가 이중화된다는 의미는 내가 다른 나를 설정하고 그 다른 내가 나를 바라보고 나를 대상으로 사유를 펼치는 것이다. 이 과정에서 나의 사유가 적절한지, 의미가 있는지 등을 따져볼 수 있게 되고, 내 사고의 방향을 달리 조정할 수 있게 된다. 이는 인성에서도 중요한 정신 능력이다. 다른 말로 하면 역지사지의 사고라 할 수 있다. 창의성과 관련해 상위 인지적 성찰 가능성을 키우기 위해서는 구체적 경험을 형식적 조작의 수준에서 처리하고, 사고에 대한 사고 또는 해석·비평적 사고의 체험이 축적되어야 한다. 아울러 상위 인지적 사고의 방법을 교육할 필요가 있다. 일을 끝내고 그 일의 목적, 진행 과정, 결과 등을 다시 살펴보는 것은 다음 일의 질적 수준 향상에 기여한다. 창의적 사고를 했는가, 그 과정은 적절한가 등을 검토하는 일이 필요하다.

결국 창의성은 자기 교육의 경지에 이르러서 그 자질이 극대화된다. 창의적 사고와 창의 능력과 창의 태도가 이상적으로 연합하는 지점이 자기 교육이다. 남과 똑같지 않은 가치 있는 삶을 영위하기 위해서는 창의적 사고와 창의적 실천, 창의적 성찰이 필수적 요건이다. 이는 자신의 삶에 대한 비평 의식과 연관되는 사항이다. 언어 운용을 통해 삶의 경험을 통합적으로 수행하고, 그 결과에 대한 성찰의 방법을 교실로 옮겨오려면 국어과 교실이 학습자들의 삶의 현장으로 전환되어야 한다. 언어와 실제의 삶이 호환되는 장면을 만들어주는 것이 국어과 창의 환경의 요건이다.

2장 국어과 교육과 창의·인성 교육의 기본 방향

1. 언어 경험 제공 차원의 국어과 창의·인성 교육

1) 삶의 구체성과 총체성을 지향하는 언어 경험

창의성이나 인성은 학습자에게 경험의 실제성과 구체성을 통해 학습되는 것이 바람직하다. 추상적 내용으로서의 창의·인성은 의미 있게 내면화되기 어렵다. 체험의 내용이 실제로 작동하면서 창의와 인성의 발현이 기대되기 때문이다. 그런데 실제성과 구체성의 체험은 고립적이거나 파편적이어서는 올바른 창의·인성 체험으로 나아가기 어렵다. 그래서 어떤 전체성을 지향하는 언어 경험의 제공이 필요하다.

국어과에서 구체적·실제적 삶의 총체를 자연스럽게 담고 있는 것이 내러티브이다. 내러티브의 본령은 아무래도 문학 작품이 되겠지만 문학 내러티브만 창의성 교육에 유효한 것은 아니다. 역사나 철학에서 만나게 되는 내러티브들도 창의성 계발에 얼마든지 동원할 수 있다. 또 실생활에서 생기는 체험 내러티브도 국어과 창의 교육의 중요한 학습 콘텐츠로 활용할 수 있다. 체험 내러티브들은 그것이 삶의 실체성을 담보한다는 데서 교육적 의미가 있다. 또한 체험 내러티브를 어떤 방향에서 인지적·정의적 발효로 연결할 수 있느냐에 따라서 문학 교육을 비롯해 윤리 교육, 예술 교육, 민주시민 교육 등의 영역과 융합 교육적 효과를 창출해갈 수 있을 것이다. 이러한 발상 자체가 국어교육의 가능태와 작용태를 새롭게 창출해가는 창의적 발상이라 할 수 있다.

인간의 삶에서 내러티브가 삼투되어 있지 않은 영역은 없다. 또한 내러티브는 인간 삶의 과정과 흔적을 구체적으로 반영한다. 따라서 개별 내러티브는 그 자체로 독립성을 가지면서 다른 내러티브와 매우 유연한 상호성을 발휘한다. 상호성이란 '관계의 생태'를 드러내는 것이다. 이러한 내러티브 경험을 교육과정에서 효과적으로 조직·제공해줌으로써 인간과 세계를 다면적으로 또는 중층적으로 해석하고 그 과정에서 우리가 살고 있는 세계나 각자의 경험들이 얼마나 관계적인 양상을 띠고 있는지를 발견하게 한다면, 이것이 곧 창의적 탐구 과정을 제공하는 것이 된다. 또 그러한 관계적 사고의 훈련 과정에서 상생과 배려의 인성적 태도를 기를 수 있음에 주목해야 하고, 문학을 포함한 여러 층위의 내러티브에 대한 개방적이고도 중층적(重層的) 독서와 해석과 탐구의 기제를 제공할 수 있어야 한다.

2) 언어적 문제해결의 경험 제공

문제해결력은 새로운 발상이나 전략을 필연적으로 요구한다는 점에서 창의적 능력의 핵심을 이루며, 주로 과학이나 수학 영역에서의 창의를 강조할 때 드러나는 부분이기도 하다. 과학이나 수학에서의 일반적 과업 자체가 문제를 발견하고 문제를 푸는 것이기 때문이다. 이 점은 국어과 교육의 형편과 반드시 일치하는 것은 아니다. 국어과 교육에서 문제해결력이라고 했을 때 무엇을 '문제'의 범주에 넣어야 할 것인지는 별도의 검토와 재개념화가 필요하다. 요컨대 문제해결 과정은 창의성 발양과 구현의 구체적이고도 실제적인 과정이다. 문제가 과업이라면 그것을 해결하는 과정은 '창의'이기 때문이다. 또 창의성 발양의 실천이 집중된 장면이 바로 문제해결의 장면이라 할 수 있다.

국어과에서의 문제해결은 어디까지나 '언어적 문제해결'이어야 한다. 언어적 문제해결은 구체적 언어 활동을 통해 나타나는데, 이 경우 언어 사용에 관여하는 '맥락'의 요소를 잘 연계해 이에 호응하는 언어적 경험을 제공해야 한다. 맥락을 고려하거나 살필 수 있는 능력은 문제의 외연을 살피는 능력이며 동시에 문제의 연속성 그리고 문제의 인과적 배경을 살필 수 있는 능력이다. 문제해결에 동원되는 수단으로서의 언어 행위는 고도의 전략적 행위이다. 그런 점에서 이를 창의성의 발현 대목으로 보고자 하는 것이다. 맥락을 고려하는 수준과 방식이 어떠한지에 따라 창의성의 자질이 얼마나 잘 발휘되었는지를 평가할 수 있다.

국어과에서의 언어적 문제해결은 자아 내적인 문제를 해결하는 차원과, 자아가 외부 세계에서 만나는 문제를 해결하는 차원으로 나누어 생각해볼 수 있다. 또 그와는 다른 준거로서 설명이나 논설 등 비문학 텍스트를 통해 접근할 수 있는 문제해결 상황과, 시나 소설, 희곡 등 문학 텍스트를 통해 접근할 수 있는 문제해결의 상황이 존재한다. 각종 토의·토론 상황에 동원할 수 있는 설명 논증 텍스트, 인성 심리 치료 등에 동원되는 문학 텍스트의 기능을 국어과 창의 교육의 새로운 가능태로 참조하고 개발해 나가야 할 것이다.

2. 사고력 함양 차원에서의 국어과 창의·인성 교육

1) 관계적 사고 증진을 통한 창의·인성 함양

관계적 사고는 인간이 구사하는 여러 범주의 사고 유형 가운데 하나이다. 흔히 '제비가 낮게 날면 날이 궂는다'고 한다. 제비가 나는 모습과 비가 오는 자연현상 사이의 관계를 찾아 말하는 것이다. 관계적 사고는 유추, 은유화, 재결합 등으로 구체화되며, 일반적으로 창의적 사고의 하위 범주로 간주된다. 관계적 사고는 A와 B를 어떤 관계적 구도 안에서 의미 연관성으로 맺어지게 하는 사고이다. 다시 말하자면 이제까지 A와 B가 전혀 관계없는 상태로 인식되거나 해석되어왔다는 것을 전제로 한다. 그러니까 처음으로 그 관계맺음을 만들어낸다는 점에서 발견적이고 창의적이라 할 수 있다. 그렇기 때문에 관계적 사고가 창의적 자질을 높게 띠는 것이다.

이때의 A나 B는 어떤 사상(事象)이 되어도 좋고 어떤 현상을 대입해도 상관이 없다. 경제 사정이 악화되면 주류 소비량이 늘어난다고 한다. 또는 같은 상황에서 여성들의 스커트 길이가 짧아진다고도 한다. 이 둘 사이에는 아무 연관이 없는 듯 보인다. 어떤 학자가 경제 형편과 패션의 모드 변화에 착안한다면 이것이 관계적 사고의 구체적 사례가 된다. 더 구체적으로는 어떤 질서나 체계가 되어도 좋고, 특정의 구조나 법칙 또는 특정의 지식이 되어도 좋고, 특정의 인물이나 사건이 되어도 좋다. 조선 개국의 필연성을 이야기하는 이방원의 '하여가'와 고려의 신하로 혁명을 인정할 수 없다는 정몽주의 '단심가'가 같은 시조 양식으로 되어 있다는 공통점의 지적과, 거기서 문제를 발견한다면 이 또한 관계적 사고의 사례가 된다.

이를 좀 더 국어과 교육의 차원으로 끌어들여온다면, A나 B는 외래어 사용 빈도와 직업 또는 계층의 문제와 같은 특정의 언어 현상이 될 수도 있고, 1930년대 서정시의 장형화로 설명되는 '장시'(長詩)의 출현과 같은 특정의 언어 장르가 될 수도 있다. 더 구체적으로는 특정의 언어 경험이 될 수도 있고 특정의 언어적 의식이나 언어적 표현이 될 수도 있다. 한국의 학술용어가 한자로 된 것이 많은데 중국과의 교류, 일본 식민지 체험과 어떤 연관성이 있는가 하는 문제는 관계적 사고를 요하는 사항이다.

국어과에서 발현될 수 있는 관계적 사고의 층위는 다양하다. 일상 언어 사용 과정에서 일어나는 경험과 경험의 관계를 발견하고 의미화하는 데서부터 문학 작품이 보여주는 여러 세계들 간의 관계를 하나의 의미망으로 경험하는 데 이르기까지 매우 다양하다. 삶의 맥락들을 총체적 관계의 망으로 보려는 노력을 관계적 사고의 특성으로 본다면 관계적 사고는 생태학적 인식론의 한 양상이라 할 수 있다. 여기서는 국어과 교육에서 관계적 사고를 경험할 수 있는 층위를 제시해본다.

첫째, 텍스트의 요소들이 어떻게 응집성(coherence)을 발휘하여 마침내 통일된 주제로 향하는가를 살피는 데도 관계적 사고가 필요하다. 요소와 요소가 어떤 관계 양상으로 하나의 텍스트 구조를 응집시키는지 이해하는 데 동원되는 층위가 관계적 사고이다.

둘째, 어떤 특정의 주제(topic/theme)하에 매우 다양한 장르의 집합이 형성되는 과정에서도 관계적 사고를 경험한다. 텍스트를 주제 중심으로 융합하거나 통합하는 경험을 제공할 때 자연스럽게 관계적 사고를 수행한다.

셋째, 잘 구조화된 문학 텍스트는 관계적 사고를 수반한 감상 과정을 필연적으로 요청한다. 일정한 현실 경험 소재로 상당한 시간적·공간적 배경을 수반하는 동화나 희곡 등은 관계로 구성된 세계와 삶을 그려낸 것이라 할 수 있다. 이런 관계들이 추상화되거나 비유로 되어 있는 것이 '우화' 장르이다.

넷째, 관계적 사고를 보다 일반화해서 말하면 모든 글쓰기 과정은 필연적으로 관계적 사고를 수반한다. 창의적인(독창적인) 글쓰기일수록 관계적 사고의 질이 강조된다. 학생들의 일상 경험에 명시적으로 또는 잠재적으로 숨어 있는 관계들을 메타 차원에서 인지할 수 있도록 국어과 언어 활동을 지도해야 한다.

2) 반성적 사고를 통한 창의·인성 함양

반성적 사고는 원래 '철학하기'의 한 방식이다. 철학하기란 사물, 현상, 대상 등의 본질을 깊이 궁구하는 것, 그것을 어떻게 인식할 것인지에 대해 경험과 지식에 기대어 사유하는 것, 그것에 내재하는 가치의 문제를 합리화하고 실천하는 것 등의 활동을 말한다. 그렇기 때문에 철학에서 '반성'이라는 말은 '철학적 사유'와 불가분의 관계를 맺는다.

일반적으로 반성적 사고는 자신의 경험과 생각을 되돌아보거나 그것을 재음미하는 과정을 내포한다. 되돌아보는 과정에서 이전과 달리 새로운 의미를 구성할 수 있기 때문에 반성적 사고는 창의적 사고를 돕는다. 또 되돌아보는 과정에서 자아와 세계를 평가하는 차원에 이르게 되면 그 과정에서 매우 자연스럽게 인성 교육의 효과를 도모할 수 있다.

반성적 사고를 구성하는 중심에는 '인간에 대한 새로운 가치를 발견하는 일'이 있다. 이러한 새로운 가치를 발견함으로써 비로소 '삶에 대한 성찰의 태도'가 새로운 발달의 과업으로 등장한다. 바로 그런 이유 때문에 반성적 사고는 창의성과 인성의 자질을 반영하는 중요한 교육 경험으로 인정된다. 반성적 사고를 통해 사물과 현상에 대해 회의하고 현실적 당위에 대해 부단하게 문제를 제기함으로써 이전에 깨닫지 못했던 새로운 인식의 지평을 찾아내고 새로운 가치를 구상하는 능력을 기를 수 있다. 학생 자신의 경험과 깊은 상호성을 가지는 문학, 영화, 체험 기록 등을 활용할 수 있다.

창의적 사고의 핵심 자질은 상투적 사고 행태에 대한 반성과 회의의 경험을 강화하는 데 있다. 아울러 반성을 통해 대안적 세계를 모색함으로써 창의성 개발의 수준이 심화된다. 학습자에게 친숙하게 다가갈 수 있는 언어 경험들 또는 그런 경험을 잘 내포한 내러티브를 통해 인식의 과정과 가치화의 과정을 심도 있게 경험할 수 있도록 해준다. 이 과정에서 학습자들에게 유익한 문학, 역사, 다큐멘터리 등의 제재를 제공해 스스로 현실적 이슈들을 구성해볼 수 있도록 한다.

3) 초월적 상상력을 통한 창의·인성 함양

초월적 상상력은 인간이 발휘하는 상상력 가운데 예술적 창의와 연관되는 것으로 간주되지만, 인간의 현실 초월의지를 추구하는 부분이라는 점에서 상상력의 본질을 담고 있는 영역이라 할 수 있다. 인간은 자기 현실을 넘어서려는 정신적 열망을 지닌다. 그렇기 때문에 예술적 창조가 생겨나고 과학적 발명이 이루어진다. 이러한 상상력이 여러 사람들에게 짙은 공감을 자아내게 하는 차원, 요컨대 어떤 미적인 효과(환상적 공감, 현실 비판적 효과, 유토피아 지향의 효과 등)를 자아내게 하는 데 이르면, 우리는 그것을 '예술적 상상력'이라 부른다. 이 또한 초월적 상상력의 작용이다. 초월적 상상력은 현실을 초월적으로 유추하고 자연의 세계와 인간의 삶을 창의적으로 상징화하며 그것을 해석하는 경험을 통해 일어난다. 이러한 정신 작용의 과정은 현존하지 않는 세계를 만들어낸다는 점에서 창의적 사고를 강화한다.

초월적 상상력이 잘 구현된 텍스트는 전통적 장르로는 신화나 전설 등이 있고 공시적으로 소통이 강한 텍스트로는 이른바 판타지 등이 있다. 신화 서사는 영웅적 인물을 다루고 있으므로 그 속에서 인성 탐구적 요소를 제공해줄 뿐만 아니라 신화 텍스트 경험을 초월적 상상력에 연계하고 더불어 창의력 작용으로 발전할 수 있도록 한다. 학생들이 즐기는 미디어 텍스트 가운데 애니메이션 장르에서 초월적 상상력을 자극하는 환상 기제들을 주목할 필요가 있다. 국어과에서 다루는 여러 양태의 창작 교육 활동은 초월적 상상력을 기르는 것을 목표로 하는 경우가 많다. 현실을 넘어서서 새로운 세계를 상정하거나 이를 구체적으로 설계하고 꾸며서 그것을 언어적으로 형상화하는 문학 창작 활동은 문학적 상상력 교육의 본질이기도 하다. 현실을 넘어서는 과정에서는 '비판적 사고', '대안적 사고', '관계적 사고', '독창적 사고' 등이 발현될 수 있다. 초월적 상상력은 좋은 문학 텍스트를 읽고 수용하는 과정에서도 얼마든지 구현될 수 있으며, 이것이 다시 창작 글쓰기 능력으로 작용할 수 있다.

4) 대화적(소통적) 사고를 통한 창의·인성 함양

'대화'는 탈근대주의 또는 후기구조주의를 대변하는 핵심어이며, 교육학 차원에서는 구성주의와 사회적 구성주의를 명료하게 변증하는 핵심어이다. 객관보다는 주관, 본질보다는 현상을 중요하게 다루는 인식론에서 대화는 중요하다. 그리고 개성적 성향을 보이는 다양한 '해석' 가운데서 대화는 그 해석을 공동체 안에서 의미 있도록 하는 기제이다. 그렇게 본다면 현대 사회에서 대화는 '지식과 학습', '해석과 소통' 그리고 '발견과 창조'라는 인간의 발달 과업에 강력하게 관여하는 요소로 부각된다. 이는 국어과 창의성 교육에서 주목해야 할 하나의 방법론인 동시에 인식론이다.

대화적 사고는 국어과 교육에서 창의성 교육의 자질과 인성 교육의 자질을 비교적 균형 있게 확보한다는 점에서 주목할 필요가 있다. 대화적 사고는 대화를 통해 사고의 내용을 변증하고, 나와 다른 사고 내용을 통합한다는 점에서 자연스럽게 창의의 자질을 습득하게 한다. 또한 대화적 사고는 타자를 전제로 타자를 인정하는 사고 구조를 지향한다는 점에서 인성 교육의 자질을 내포한다. 대화적 사고는 무엇보다도 사고나 행동에서 독단을 배제하기 때문에 유연성과 융통성이라는 창의성의 중요한 자질에 연결되는 사고력 범주이다. 또한 원만한 사회적 삶과 공동체적 협동의 인성에 기여하는 매우 중요한 인성 교육의 범주이기도 하다.

'대화'는 탈근대를 대표하는 인식론적 주제이자 동시에 실천적 주제이고 현대 민주주의가 요청하는 소통 지향의 정신에 닿아 있으며 문제해결의 유연성과 합리성이라는 측면에서 중요한 창의 자질이라 할 수 있다. 또한 첨단 기술 정보 사회의 대표적 이데올로기이기도 하다. 따라서 현대 사회의 가장 실질적인 창의성 실천의 코드이며 동시에 인성 발현의 실천 통로이기도 하다. 소통은 국어 교과 학습에서 중시하는 핵심 기능이라는 점에서 대화적 사고의 창의·인성 작용을 더욱 강화할 수 있는 계기를 마련해줄 것이다.

5) 확산적·수렴적 사고를 통한 창의·인성 함양

확산적 사고는 특정한 장(場)에 의존하지 않고 인간의 사고와 인식을 자유롭게 해방시킨다는 점에서 창의적 사고의 원천에 해당한다. 경험과 경험, 지식과 지식, 기능과 기능이 자유롭게 네트워킹하는 과정을 익힘으로써 사물과 세계를 더욱 넓게 관계 짓게 한다. 상이한 사태 가운데 동질성을 발견한다든지 어떤 사태에서 응용 가능성을 발견하는 일, 하나의 원리를 영역을 가로질러 적용하는 가능성을 발견하는 것 등이 확산적 사고에 해당한다. 이러한 확산적 사고는 시에서 볼 수 있는 것처럼 은유 형식으로 구체화되기도 한다. "내 마음은 호수요"라는 구절에서 마음과 호수의 이질적인 대상에서 동질성을 발견하는 은유를 확인할 수 있는데, 이는 대상의 속성을 다른 관점에서 파악하는 창의성에 해당한다. 이러한 과정을 통해 사물과 세계를 미학적 인식으로 이끌어내는 능력을 함양할 수 있게 된다.

국어과에서 확산적 사고는 특히 심미적 혹은 감동적 경험과 일상적 경험의 기제들을 서로 상호성 있게 살려나가도록 하는 데서 효용성을 발휘할 수 있다. 한 편의 시를 읽으면서 평소 막연하게 느끼던 정서를 구체적 정서로 경험하게 된다면 이는 언어적 매개를 통한 경험의 확대라는 의미를 지니게 된다. 이러한 효과를 추구하기 위해서는 특정의 언어 경험에 연관되는 다른 경험들을 언어적으로 넓혀나가고 강화할 수 있는 프로그램을 제공하는 것이 한 방법이 될 것이다. 한국 무용 '승무'를 보고 조지훈의 시 작품 「승무」를 읽는다면 무용을 본 경험이 시 형식의 언어 경험을 통해 구체적 이미지로 착색될 수도 있고 무용 승무에서 경험하지 못한 깊은 사색을 얻을 수도 있을 것이다. 이러한 감상 과정 자체가 확산적 사고의 실상이다. 확산적 사고를 창의성 교육에서 촉발하기 위해서는 문학과 비문학의 상관적 확산을 시도해볼 만하다. 서울에 홍길동이 나타났다고 가정하고, 홍길동이 돌아다닐 만한 노정을 스토리텔링 방법으로 구성하는 등의 활동을 통해 문학과 비문학의 영역을 넘나드는 확산적 사고를 현동화(actualizing)할 수 있을 것이다.

수렴적 사고는 논리적 사고의 한 양상으로 볼 수 있다. 경험과 내용을 어떤 전략적 필요에 따라 중요하다고 판단되는 것 중심으로 버려나가는 사고 과정이다. 이는 달리 말하면 규범을 준수하는 사고이다. 규범을 준수하기 위해서는 규범의 내용을 정확하게 파악하는 능력이 필요하다. 정확하게 파악된 규범의 원칙을 따라 행동하는 과정에서 인성적 특성이 교육될 수 있다. 삶의 과정에서 기존에 마련된 논리를 따라가며 준수하는 일은 안정성을 확보하는 중요한 기제이다. 이러한 기제를 삶의 리듬 속에 수용하지 못하면 삶의 질서가 형성되지 않는다. 그런 점에서 수렴적 사고를 잘하고 거기 따라 행동을 유연하게 조정하는 것은 준법성과 연관된 인성의 측면뿐만 아니라 창의성 측면에서도 중요한 능력으로 평가된다. 수렴적 사고는 듣기, 말하기, 읽기, 쓰기 등에서 각종 '요약하기' 활동으로 구체화될 수 있다. 요약을 통해 준수해야 할 규칙을 발견하는 일이 중요한 의미를 띠는 것은 물론이지만, 그러한 규칙을 발견하지 못하는 경우 행동이 파행적으로 나타날 수 있다는 점도 중요하다.

확산적 사고와 수렴적 사고는 사고 형식과 사고 구조 면에서 강한 상관성을 지닌다. 바람직하기로는 두 사고 형식이 서로 가역반응으로 나타나는 것이라 할 수 있다. 이를테면 어떤 내용을 두고 자유자재로 확산적 사고와 수렴적 사고를 넘나들 수 있는 경험을 제공하는 것이 바람직하다. 시를 읽으면서 별의 운행이 천문학적 리듬을 탄다는 점을 생각한다면, 천문학이라는 점에서는 수렴적 사고가 될 것이나 서로 다른 영역을 넘나들며 의미를 발견한다는 점에서는 확산적 사고의 한 예가 될 것이다.

3. 텍스트 생산·수용 차원에서의 국어과 창의·인성

1) 텍스트 생산·수용의 주체로서 창의·인성의 함양

국어교육에서 교육과정의 변화에 따라 강조점이 달라지는 것은 의당 있을 만한 일이다. 국어교육의 초기에는 텍스트의 내용이나 구조를 명제적 지식의 차원에서 가르치는 데 초점을 두었으나, 점차로 교육 내용을 텍스트의 소통 방식에 초점을 맞추는 쪽으로 패러다임이 변화했다. 이는 학습자를 객체로 두던 전통적 교육 방식에서 학습자를 의미 구성 주체로 설정한 데에 그 핵심이 있다. 그뿐만 아니라 학습자가 언어문화의 주체가 되는 경험을 하게 되는 계기를 마련한 것도 교육과정의 변화로 가능해졌다. 창의·인성은 문화적 현상과 연관을 갖는다. 언어 문화를 실천하는 가운데 언어적 창의성을 일궈내고 인성 함양을 할 수 있다면 이는 국어과 영역에서 도모할 수 있는 바람직한 성과라 할 만하다.

학생들로 하여금 텍스트 생산·수용의 주체가 되도록 하는 것은 국어과 학습 과정에서 학생들의 자기 주도적 위상을 살려준다는 것을 의미한다. 자기 주도성은 창의성 자질의 가장 중요한 요소이다. 자기 주도성은 창의적 기능의 자질에 들기도 하고 창의적 태도 자질에 관여하기도 한다. 학습자로 하여금 텍스트 생산·수용의 주체가 되도록 강조하는 것은 국어과 교육의 내용 핵심이 다양한 문식성(文識性, literacy)을 함양하도록 하는 데 있음을 보여준다. 기본 문식성에서 문화적 문식성이나 직업 문식성에 이르기까지 다양한 문식성의 개념이 등장하게 되었고, 그러한 다양한 문식성에 익숙해질 것을 요구하는 일은 사회문화의 변화에 국어교육이 창의적으로 대응하는 '창의적 응전'의 양상이라 할 수 있다. 텍스트를 생산·수용하는 주체가 된다는 것은 텍스트 자체뿐만 아니라 텍스트의 작동 맥락을 인지하고 조정하는 능력을 발휘할 때 가능하다. 이 과정에 정의나 감성, 그리고 도덕성 등의 자질들이 개입함으로써 인성 교육의 효과를 내면화할 수 있다. 이 또한 대화적 사고력의 범주와 깊은 연관을 가진다.

텍스트 생산은 이중적인 의미를 내포한다. 하나는 독서로 구현되는 의미의 생산이다. 작품을 읽고 내용을 요약해 수용하고 해석하는 과정에서 의미의 생산이 이루어진다. 창작으로 일컬어지는 텍스트의 생산은 창작 주체로서 참여하는 실제적으로 집약된 창의활동 과정이다. 이처럼 의미의 생산과 텍스트의 생산에 참여하는 경험은 독자이면서 작가이고 작가이면서 독자가 되는 주체와 객체의 상호 전환 가능성에 대한 체험이라는 의미를 지닌다. 이는 대화적 구조 속에서 체험하는 창의성의 영역이기도 하다.

2) 텍스트의 불확정 공간 구체화하기와 창의·인성

어떤 텍스트든지 의미를 완벽하게 내보이지는 않는다. 감추어진 의미 공간이 있게 마련이다. 특히 시는 최소한의 정보를 주고 독자가 구체화하도록 조직된 텍스트이다. 서정주의 「동천(冬天)」이라는 시는 5행밖에 안 되는 짧은 텍스트이다.

내 마음속 우리 님의 고운 눈썹을
즈믄 밤의 꿈으로 맑게 씻어서
하늘에다 옮기어 심어 놨더니
동지섣달 날으는 매서운 새가
그걸 알고 시늉하며 비끼어 가네

그러나 이 시에 담긴 의미는 간단치 않아서, 정갈하게 다듬고 고이 기른 사랑이 웅혼한 세계를 형성해서 어떤 악운도 감히 범접할 수 없는 세계가 된다는 삶의 진실을 이야기하고 있다. 이러한 내용은 해석을 치밀하게 하는 과정에서 더욱 증폭될 수 있다. 창의적 사고를 일으키지 않을 수 없다.

독자 또는 학습자가 텍스트를 수용할 때 텍스트의 의미를 찾아가는 과정은 무수한 지연과 번복을 거쳐서 일어나는 심미적 행위이다. 의미가 모호한 부분을 채워 넣는 과정이야말로 창의적 사고와 가치가 내면화될 수 있는 중요한 기제이다. 이를 창의성 이론에서는 '모호함에 대한 너그러움'이라는 항목으로 강조하고 있다. '모호함에 대한 너그러움'은 창의성 또는 창의적 사고를 고양해나가는 '정신적 능력'이며 창의를 지향하는 태도의 영역이기로 하다. 이러한 너그러움은 의미 있는 '회의'와 '유보'로 나타난다. 텍스트 해석에서 의미 확정이 지연되는 것은 사고의 독창성을 얻어내기 위한 필연의 과정이다. 그런가 하면 텍스트 생산자가 생산 과정에서 구현한 창의성을 발견해가는 과정이라 할 수도 있다. 이는 미술·음악 등의 다른 예술 텍스트를 감상할 때도 마찬가지로 일어난다. 텍스트 해석 과정에서 '모호함에 대한 너그러움'이 반복되고 지속될수록 '해석의 순환'이 이루어지고 있다고 본다. 또는 상호주관성(inter-subjectivity)이 확장되어나가는 것으로 파악할 수 있다. 상호주관성은 작가와 해석자가 의미를 교섭하는 과정이다.

문학의 해석에 나타나는 상호주관적 사고 범주를 확대하고 독자의 재구성 활동을 강조하는 것은 근대 '도구적 이성'이 교육에 끼친 오류들을 반성하게 하는 계기가 될 것이다. 물론 이 과정에서 정의나 감성, 그리고 폭넓은 도덕성 등의 자질들이 개입할 것이다. 그렇기 때문에 인성 교육의 효과를 내면화할 수 있다. 이를 지도하는 구체적인 방법으로는 독서 토론, 역할놀이 활동, 인물 탐구 대화하기 등이 있다.

3) 텍스트 상호성 실현 과정에서의 창의·인성

과수원을 지나가다가 잘 익은 사과를 보면 어린 시절의 생각이 떠오를 것이다. 그 내용은 사람마다 다르지만, 과수원 자체에 집착하지 않고 그와 연관된 다른 경험을 떠올린다는 점은 중요한 의미를 지닌다. 독서 과정도 이와 비슷하다. 어떤 글을 읽으면 다른 글에서 읽은 일들이 떠오른다. 이처럼 하나의 텍스트가 다른 텍스트와 연관성이 있어서 서로 환기하는 현상을 텍스트 상호성(inter-textuality)이라 한다. 텍스트 상호성이라는 용어를 널리 퍼뜨린 사람은 문화 분석자이며 비평가인 기호구조주의 학자 줄리아 크리스테바(Julia Kristeva, 1941~)이다. 그의 텍스트 상호성 개념은 "모든 텍스트는 다른 텍스트를 향해 열려 있다"는 명제로 명료하게 요약된다. 즉, 모든 독서 행위는 지금 읽고 있는 텍스트가 다른 텍스트를 불러오는 방식으로 의미의 심층을 만들어나간다. 이는 물론 텍스트 자체가 그렇다기보다는 그 텍스트를 읽는 독자의 독서 행위가 창의적 자기 주도성을 발현하는 과정에서 일어난다.

어떤 방식으로든 텍스트들 사이에서 일정한 상호성을 발견할 수 있는 능력을 길러주는 것은 국어과 창의의 가능성과 통로를 넓혀주는 매우 중요한 부분이다. 고립적 읽기에서 외연적 읽기, 단독 텍스트 교재·수업에서 복수 텍스트 교재·수업 등의 아이디어를 교과서나 교수법에서 발현할 수 있어야 한다. 이는 창의의 하위 자질인 융통성을 발현하는 기제가 된다. 이러한 기제는 독자인 학습자의 창의 습관을 읽기와 쓰기에서 길러주는 것이기도 하고, 국어과 교수 방법의 창의적 변화를 촉구하는 것이기도 하다.

따라서 텍스트 상호성을 구현하는 동기와 목표와 전략이 국어과 교육에서 강조하는 교육 방법의 원리들과 잘 호응되어야 한다. 예컨대 동기 강화 차원에서는 경험 환기, 흥미 유발, 학습 내용과의 친화적 마인드 강화 등이 있을 수 있으며, 국어과 수업 목표를 고려한다면 텍스트 상호성을 기능 습득 전략으로 취할 수도 있고 주제 심화 전략으로 취할 수도 있으며 태도 강화 전략으로도 접근할 수 있다. 또한 텍스트 상호성은 국어과 단원의 제재들을 조직·배치하는 과정에서 가장 중요한 원리로 동원할 수 있다. 특히 주제 중심 단원 구성에서는 텍스트 상호성을 구현하기가 비교적 용이하다. 텍스트 상호성은 읽기나 쓰기의 교수·학습의 원리 측면에서 현장에서도 다양하게 구안되어왔다. 덧붙여 생각해볼 만한 것은 텍스트 상호성의 원리가 학생들의 국어 학습에 흥미와 동기를 강화하는 요소로 작용할 수 있도록 하는 교수·학습 기술 측면을 발전시켜가는 일이 중요하다. 이는 국어과 창의성 교육을 수업 기술적 차원에서 실천하는 현장의 과업이기도 하다.

3장 국어과 교육에서의 창의·인성 요소 구체화

1. 국어과 활동에 적합한 창의 요소

창의성은 인간 정신의 복합적인 능력이다. 창의성의 자질을 하위 수준에서 구체화하면 무려 50여 가지에 달한다. 창의성의 자질을 어떤 방법으로 하위 구분하는가에 따라 분류 수준이 달라지기도 하고 항목이 달라진다. 같은 창의 자질임에도 불구하고 어떤 하위 자질들은 다른 하위 자질들과 충돌하는 경우도 있다. 이는 그만큼 창의성의 개념과 의미가 유동적이고 확산적임을 보여주는 예라 할 수 있다.

또 창의를 논하는 분야에 따라서 그 의미를 임의적으로 자유롭게, 그야말로 '창의적으로' 변용해서 쓰는 정도가 다채롭기도 하다. 대체로 수학 창의나 과학 창의로 묶이는 '학문 창의'의 범주가 있고, 예술 생산의 자유로움과 독창성에 초점을 두는 '예술 창의'가 있는가 하면, 일상적 소통의 도구인 국어(언어와 문학) 활동에서 창의·인성의 자질을 구하는 국어 창의 같은 교과 차원의 창의 분류가 있을 수 있다.[1] 따라서 어떤 창의 자질은 과학 창의에

1 교과 내에서의 창의·인성 교육은 사회과나 체육과, 윤리과 등에도 창의·인성 교육의 개념을 구축하도록 했다. 교과 전통과 충돌하는 경우도 있으나, 교과의 지식 체계에 내재하는 창의 자질들을 새롭게 발견해 교육 내용으로 교과적 변용을 할 수 있다는 점에서는 의의가 있다. 무엇보다도 이런 창의 지향적 교육 내용을 교수·학습하는 과정과 방법

는 적합하지만 예술 창의에는 적합하지 않을 수 있다. 또 개별 교과별로 창의의 개념과 자질들이 논구되면서 해당 교과 창의의 하위 자질들을 새롭게 검토하고 정리할 필요가 생겨난다.

그러나 이 대목에서 중요하게 고려해야 할 것은 그간 창의 일반의 영역에서 개발하고 정리해놓은 창의 자질들을 국어 교과의 내용 특성에 비추어 좀 더 면밀하게 국어 교과로 수렴하는 작업이 필요하다는 점이다. 창의 일반의 창의 자질들을 국어 교과의 정체성과 관련이 약한 것처럼 다루는 것은 '국어과 창의'의 발전을 위해서도 바람직하지 않다. 이는 물론 창의 일반의 논리를 무조건 국어 교과에 끌어대거나 단순 이입해온 일부 경향에 대한 비판적 대안이기도 하다. 요컨대 창의 일반의 논의 성과들을 국어 교과의 정체성에 맞게 정교화하는 논리적 작업을 본격적으로 시도해야 한다. 아울러 국어과 정체성에 대해 교조적 경직에서 벗어나 보다 유연한 입장을 추구할 필요도 있다. 교과를 학문의 체계로만 보려는 데서 벗어나 교육 환경과 상호작용하는 생태학적 유기체로 보는 관점이 필요하다.[2] 이는 국어 교과의 미래와 바람직한 진화를 설명하는 데 필요한 관점이다. 창의성 논의는 이런 관점에서 더욱 요청되는 영역이다.

이 장에서는 창의 일반의 여러 자질들 가운데 국어 교과의 적합성이 두드러지게 높다고 인정되는 요소들을 선정해보았다. 그리고 이들 창의 자질들에 포함되는 국어 능력의 예들을 찾아봄으로써 이들이 지니는 구체적 의미를 국어과 정체성에 비추어 규정하고, 국어 수업 현장에서의 적용 가능성을 모색해보았다. 즉, 현장에서의 국어과 창의 교육 실천을 중심으로 창의 자질들을 다루어 보기로 한다.

상상력

상상력은 창의성이 구체화되는 핵심 영역이다. 상상력은 넓은 의미의 구성적 능력이다. 대상에서 어떤 사실을 발견하는 능력, 사실과 당위를 대비해 비판할 수 있는 능력, 이상적인 세계를 구성할 줄 아는 능력 등이 상상력의 하위 항목들이다.[3] 그런데 상상력은 경험과 연관성이 크다. 비고츠키(L. S. Vygotsky, 1896~1934)는 개인의 이전 경험으로부터

이 창의적으로 혁신되지 않으면 안 된다는 인식을 가져온 것은 의미 있는 성과라고 할 수 있다.

2 박인기 외, 『교과는 진화하는가』, 지식과교양, 2011.

3 우한용, 『문학교육과 문화론』, 서울대학교출판부, 1997.

창의성이 유발되며 경험이 쌓이고 다양해질수록 상상의 소재도 그만큼 풍부해진다고 말했다. 만약 모래로 뒤덮인 메마르고 광활한 사막을 경험하지 않았다면 사막에 생존하는 동·식물의 생태를 상상하기 어렵다. 이처럼 창의성이 경험에 의존한다는 사실은 명백하지만, 비고츠키는 현실적인 경험 요소와 새롭게 만들어진 요소 사이의 좀 더 복잡한 결합으로 창의성을 이해한다. 마찬가지로 상상력도 개인의 경험이 사회적 조건이나 맥락과 결합해 이루어진다는 점에 주목할 필요가 있다.

여기서 상상력이 창의성과 연관되는 사항을 몇 항목으로 열거하면 다음과 같다. 이를 구체적인 학습에 원용하는 일은 교사의 몫으로 남겨둔다.

- 어휘의 의미 연결망을 일정한 범주나 수준으로 구축하는 능력
- 논증, 토의, 토론 등에서 현실을 비판하고 예상·반론을 예견하고 준비하는 능력
- 있는 것에서 있어야 할 것들을 발견하는 능력
- 문학 내러티브를 의미 있게 수용하고 창작하는 능력
- 실재를 개성적인 비유나 상징의 언어로 드러낼 수 있는 능력
- 대상과 사물을 자아에 강하게 이입함으로써 감정을 고양시키는 능력

시각화 능력

흔히 서경시(敍景詩)를 언어로 그린 그림이라고 한다. 풍경을 그림으로 그리듯이 언어로 형상화해내는 능력이 시적 능력인 셈이다. 어떤 상황을 설명하는 데 그림을 그려 보여주기도 하고 그래프를 만들어 제시하기도 한다. 경제 성장의 변화 추이를 보여주는 데는 꺾은선그래프가 유용하고, 선거에서 후보자별로 지지율은 원그래프로 보여주기도 한다. 또한 남녀의 특성을 비교할 때는 남성과 여성을 그림으로 그려 크기를 나타내는 방법을 사용하기도 한다. 이처럼 어떤 언어적 내용을 그래픽 등의 가시적인 방법으로 표현하는 것은 창의 능력을 드러내는 하나의 지표가 된다.

창의성을 드러내는 시각화 능력의 예를 몇 가지 제시하면 다음과 같다.

- 언어적 진술을 그래픽 등의 형상적 실체로 드러내는 능력
- 특정의 시각적 형상(현상)을 비유적 언어로 그려내는 능력
- 정서나 감정을 특정의 사물에 의탁하여 표현할 수 있는 능력
- 사고나 아이디어를 다양한 매체 특성으로 드러낼 수 있는 능력[4]

- 그래프나 도표를 개성적 언어로 번역하는 능력
- 매체 변용에 의한 사상·감정의 표현 능력

유추 능력

유추 능력은 유창성(fluency)에 속하는 창의 자질이다. 유창성이란 특정 개념이나 아이디어에서 많은 수의 개념이나 아이디어를 생성하는 능력으로서, 유추 능력이야말로 사고 내용을 다양하게 생성하고 변이·전환하는 데 필요한 능력이다. 전통적으로 국어과 교육에서는 논리적 사고력을 기르는 데 활용했으며, 설명과 논증의 전략으로 가르쳐왔다. 유추 능력은 국어과 창의에서 현실 문제를 다룬 논설 텍스트 등을 비판적으로 해석하는 능력으로 구체화된다. 몇 가지 사례를 들면 다음과 같다.

- 독서 토론 등에서 텍스트의 의미를 독창적으로 발견하는 능력
- 특정의 담화나 발화 과정 등을 언어적으로 분석해 그 의도를 파악하는 능력
- 두 개 이상의 텍스트를 논리적으로 분석해 공통점과 차이점을 발견하는 능력

은유적 사고력

은유적 사고력은 은유 혹은 넓은 의미의 비유를 구사하는 능력을 뜻한다. 시의 본질 요건으로 은유를 드는 것은 이질적인 대상에서 동질성을 발견해 제시함으로써 심정적 공감을 얻을 수 있기 때문이다. 김광균(金光均, 1914~1993)의 「추일서정(秋日抒情)」에 이런 구절이 나온다. "낙엽은 폴란드 망명 정부의 지폐/ 포화(砲火)에 이지러진/ 도룬 시(市)의 가을 하늘을 생각케 한다." 낙엽을 '폴란드 망명 정부의 지폐'로 비유하는 이 능력은 참신하기도 하거니와 이를 통해 낙엽의 속성과 시대의 표정을 동시에 포착할 수 있게 하는 점에서 창의적 시각이 두드러지는 예라 할 수 있다.

은유의 속성에서 연유하는 창의성을 몇 항목 제시하면 다음과 같다. 이를 수업에서 구체화하기 위해서는 각각의 수업 현장에 맞는 교육적 가공이 필요함은 물론이다.

- 광고 언어의 의도를 이해하는 능력
- 연설에서 수사학적 요소를 발견하거나 적용하는 능력

4 매체의 원리를 알거나 매체 기기를 조작하는 기술적 능력은 여기에 포함되지 않는다.

- 글쓰기에서 특정의 동기를 수사적 전략으로 나타내는 능력
- 은유를 사용해 유머 언어를 구사하는 능력
- 시적 표현을 일상 언어에서 효과적으로 쓸 수 있는 능력
- 문학 작품이 총체적으로 드러내는 은유적 효과를 인식하는 능력
- 은유 언어에서 미적 즐거움을 즐기려는 능력(태도)
- 속담이나 관용 어구 등에서 은유적 묘미를 즐기려는 능력(태도)
- 사물의 의미를 중의적으로 해석하려는 능력(태도)

은유를 운용하는 데 참고할 만한 사항을 간단히 제안하고자 한다. 리쾨르는 살아 있는 은유가 사전에 실리는 법은 없다고 하면서, 죽은 은유만이 사전에 실린다고 말했다.[5] 이때 '사전에 실린다'는 것은 은유가 관습적 규범으로 전성된 상태를 말하는 것으로서, 최초의 창의적 의미 자질이 약화된 은유를 말한다. 즉, 개인 차원의 독창적 의미 발현이었던 것이 마침내 사회적·문화적으로 공유되는 제도로서의 은유가 되었음을 뜻한다.[6] 국어과 창의 교육에서 은유 또는 은유적 방식의 언어 사용을 지향할 때는 '살아 있는 은유'와 '제도화된 은유' 모두가 교육적으로 의미 있다. 개인의 언어적 창의가 사물과 세계에 투사되는 방식이란 점에서 '살아 있는 은유'가 교육적으로 중요하고, 은유의 역사성과 더불어 은유의 관습과 제도성은 문화를 읽어내는 창의적 능력(일종의 비판적 사고력)으로서 국어교육적 가치를 지닌다. 이 경우 창의성은 언어 형식으로서의 은유를 파악하고 운용하는 능력이라 할 수 있을 것이다.

비판적 사고

비판적 사고는 당위와 현실 혹은 존재 사이의 괴리를 발견하는 데서 비롯된다. 이는 조응적 상상력과 연관되며, 현실의 사태를 정확히 파악하는 능력과도 관계된다. 주어진 자료의 내용을 추상화해서 구조화하는 데서 시작해서 가치를 대비하고 가치 평가를 수행하는 활동 등을 통해 비판적 사고가 구체화된다. 따라서 비판적 사고는 평가적 사고와 같은

5 P. Ricoeur, *The Rule of Metaphor*, trans. by R. Czerny, University of Toronto Press, 1991, p.97.

6 남민우, 「은유 교육의 목표와 내용 연구」, 『문학교육학』, 36호, 한국문학교육학회, 2011.

의미를 지닌다. 다만 비판이라는 것을 잘못을 꼬집고 질타하는 행위나 그런 사유로 생각하는 것은 비판적 사고란 말을 왜곡할 소지가 있다.

- 글의 논리적 구조를 이해하는 능력
- 비평적 언어를 구사할 수 있는 능력
- 주장과 근거 사이의 정합성을 판단할 수 있는 능력(태도)
- 문제와 해결방법 사이의 적절성을 판단하는 능력(태도)
- 특정 문학 작품을 읽고 그것의 내용과 관련해 평가적 관점을 가지는 능력(태도)
- 특정 문학 작품의 가치를 논리적으로 제시할 수 있는 능력
- (논설, 설명 등에서) 다양한 대안을 생각할 수 있는 능력
- 토의·토론 등에서 상대의 주장과 논점을 논리적으로 반박할 수 있는 능력
- 텍스트 또는 담화 내용을 일정한 기준에 따라 가치 매김할 수 있는 능력

문제발견 능력

문제를 발견하는 것은 사실, 사태, 현상의 진상을 파악하는 데서 시작된다. 이때의 문제는 해결을 요하는 과제이다. 골칫거리로 인식되는 문제라기보다는 주체의 적극적인 개입으로 어떤 결과를 도출해야 하는 과제 같은 성격의 것이다. 달리 말하면 이는 과제의 핵심을 발견하는 능력이다. 과제의 핵심을 발견하기 위해서는 종합력과 분석력은 물론 집중력이 요구된다.

- 회의에서 안건을 제안하고 상정할 수 있는 능력
- 논증·설득 등의 담화 상황에서 문제적 이슈를 추출할 수 있는 능력
- 문학 작품에 나타난 구체적 현실을 읽고 문제적 현실을 인식할 수 있는 능력
- 특정의 상황에서 이전에 없던 새로운 계획을 수립할 수 있는 능력
- 문학 토론 등에서 논의의 이슈를 선점할 수 있는 능력

문제해결력

이는 문제발견 능력에 이어지는 능력이다. 문제가 제기되는 정황은 매우 다양하다. 하나는 현실적으로 해결되어야 하는 일상 가운데 제기되는 문제를 해결하는 경우이다. 이는 수행 능력을 요하는 사항이다. 다른 하나는 언어 사태 속에서 제기되는 문제를 해결하는

능력이다. 이는 말하고 글쓰는 과정 전반에 걸쳐 제기되는 문제를 해결하는 능력이다. 인문학의 대부분 영역이 이러한 과제로 가득 차 있다. 특히 문학 작품의 이해와 평가에서 문제해결력은 정당하게 발휘될 수 있다. 이청준의 『당신들의 천국』에서 작중인물이 아직 미결로 남겨둔 과제를 어떻게 해결할 것인가 묻는다면 이는 비평 활동으로 수행되는 문제해결의 양상이라 할 수 있다.

- 토의·회의 등에서 다수의 지지를 받는 안을 만들어 제안하는 능력
- 관찰문 쓰기의 과정에서 새로운 아이디어를 찾을 수 있는 능력
- 보고문·건의문 등에서 수용 가능한 아이디어를 내는 능력
- 각종 비평 활동에서 기존의 가치나 평판을 전복시킬 수 있는 능력
- 각종 대립 사태에서 언어적으로 문제를 해결하는 능력
- 필요에 따라 새로운 언어 사용의 양식을 만들어내는 능력

확산적 사고력

확산적 사고는 수렴적 사고와 맞서는 개념이다. 어떤 사태에 다양한 방식으로 대처할 수 있고 유용성 있게 돌려 생각할 수 있으며 독창적인 아이디어를 낼 수 있는 등의 능력이 확산적 사고의 특징이다.[7] 이러한 특징 가운데 다른 하나는 사고의 정교성(elaboration)이다. 사고의 정교성은 빈 공간이 있는 아이디어를 완성하는 방식으로 구체화된다. 확산적 사고를 활성화하는 방법으로 동원되는 기법 가운데 하나가 '브레인스토밍'이다. 확산적 사고는 규칙 준수를 요구하는 수렴적 사고와 맞선다는 점에서 실제 삶의 과정에서는 용기를 필요로 한다. 그러한 점에서 인성의 문제와 연관되기도 한다.

- 말하기나 쓰기에서 효과적으로 브레인스토밍을 구사할 수 있는 능력
- 사물과 현상에 대해 시적 인식이나 발상으로 사고하는 능력(태도)
- 자유연상의 방식으로 사고하려는 태도
- 체험 내러티브를 재구성하려는 능력(태도)
- 체험 내러티브를 바탕으로 허구 내러티브를 만드는 능력(태도)
- 시를 창작하는 능력(태도)

7 Mallory Bagwell, 한기순 역, 『창의성의 이해』, 한국교총 영재교육원, 2008, 55-64쪽.

- 언어와 사물의 관계를 고정 관념을 넘어서서 보려는 태도

정교성

사고의 정교성이란 하나의 아이디어에 다른 아이디어를 더해 질적으로 개선함을 의미한다. 종이 클립을 예로 들어보자. 요즘 사용하는 종이 클립은 모양이 아주 단순하지만, 처음의 어설픈 아이디어로부터 개선 과정을 거쳐 현재와 같이 간편한 종이 클립으로 완성되었다. 에디슨이 축음기를 최초로 발명했지만, 축음기를 더욱 정교하게 발전시켜서 소비자의 구매력을 높인 발명가는 벨이었다. 독창성이 아이디어 기저에 놓여 있는 영감이라면 정교성은 아이디어를 개선하는 노력이다.

- 문법 지식을 탐구의 과정으로 이해하는 능력(태도)
- 어휘들 간의 의미를 다양한 상관 범주로 익히려는 능력(태도)
- 글쓰기에서 일관성(coherence)과 일관성의 엄격성을 인식하는 능력(태도)
- 독해에서 문면 뒤의 숨은 의미를 찾아내는 능력(elaboration)
- 시에서 시적 형식과 시적 장치 등을 엄밀하게 분석해내는 능력
- 언어 규범에 대해서 민감성을 발휘하는 능력(태도)

유창성

사고의 유창성은 풍부한 적용력의 일종이다. 일반적 진술을 보고 구체적인 사례를 금방 떠올리는 능력이 유창성의 한 예이다. 적용력은 변형의 능력이기도 하다. 노랗다, 높다랗다 등을 보고 '네모다랗다'는 말을 만들어내는 능력이 이에 해당한다. "하나를 들으면 열을 안다"는 속담이 유창성에 대한 알레고리이다. 이는 유추 능력과 유사하다. 유창성은 유연성이 바탕이 되어야 발휘되는 능력이기도 하다.

- 유의어와 반의어 등을 민감하게 처리하는 능력
- 수사적 전략을 기민하게 세우고 처리하는 능력
- 연설·토론 등의 활동에 몰입하고 즐기려는 태도
- 각종 매체 언어에 빠르게 적응하고 익숙해지는 성향
- 관찰 보고 등에서 현실의 생황 맥락을 잘 살리는 능력
- 진부하고 상투적인 언어 사용을 피하려는 태도

감수성

감수성은 인지적 영역과 정의적 영역에 두루 작용하는 정신적 감응력이다. 아름다움을 아름다움으로 느끼는 능력이 정서적 감수성이다. 여름 하늘에 피어오르는 뭉게구름을 보고 이상세계를 그려볼 줄 아는 능력이 정서적 감수성이라면, 왜 산을 넘어 하얗게 피어오르는 뭉게구름이 이상세계를 떠올리게 하는지 분석하는 능력은 지적인 감수성이다. 감수성은 주로 예술 언어 영역에 작용하는 것으로 인식된다. 그리고 감수성은 영역 간의 전이를 가능하게 한다. 예컨대 문학에서의 각색이 그것인데, 소설을 연극대본으로 만든다면 거기에 요구되는 능력이 감수성이다.

- 일상의 언어 표현에 대한 민감성 능력
- 시적 언어에 대한 이해와 표현 능력
- 극적인 상황을 여러 언어 양태로 표현하는 능력
- 매체 언어의 변화상에 대한 적응 능력
- 판타지 차원의 언어 문학에 대한 친화적 반응 능력
- 각종 언어 활동에서 자기 주도성을 보이려는 태도
- 언어와 여타 예술 분야의 연관에 대한 관심과 참여(태도)

다양성

사고의 다양성은 주체의 분화를 바탕으로 한다. 장미꽃에 들어가 꽃잎을 갉아먹는 벌레를 바라보면서 벌레를 '못된 놈'으로 질타한다면 이는 다양성이 떨어지는 사고이다. 식물과 곤충의 관계, 먹이사슬의 문제, 장미의 곤충 유인력과 번식력 등의 문제를 동시에 고려할 수 있는 것이 사고의 다양성이다. 다양성은 확산적 사고, 유연한 사고 등과 연관된다. 하나의 관점을 고정해놓고 다른 생각을 하지 않는다면 사고의 다양성을 확보하기 어렵다. 다양성은 관계적 사고와도 연관된다. 이는 다른 말로 역지사지하는 태도를 뜻한다. 아들이 아버지 편에서 생각해보기도 하고 교사가 학생 편에서 생각해보는 역지사지에서 사고의 다양성이 확보된다.

- 주제에 대한 탐구 능력
- 표현 및 수사학적 전략에서의 다양성 구사 능력
- 언어 사용에서 맥락의 다양성을 이해하고 활용하는 능력

- 문학 언어의 모호성에 대한 너그러움(태도)
- 다양한 장르 현상에 대한 이해와 관찰
- 매체 언어의 다양성, 복합 리터러시에 대한 이해 능력

개방성

개방성은 주체로서 나를 풀어놓는 사고 태도이다. 이는 수용성(受容性)이라 할 수도 있다. 이것은 자신을 풀어놓는 태도와 연관되는데, '나도 그럴 수 있겠다' 하는 허용적 태도와 연관된다. 이러한 태도는 자신을 열어놓고 상대방의 이야기를 듣고 그 이야기에 진지하게 반응하는 대화적 태도와 연관된다. 그러기 위해서는 자신의 신념, 이념, 습관 등에서 벗어나 대상의 요구에 적절히 대응하는 태도가 유지되어야 한다. 뒤샹의 〈샘〉은 소변기를 전시장으로 옮겨놓은 것이고, 피카소의 〈황소〉는 자전거 안장과 핸들을 조합한 작품이다. 예술에 대한 관념을 벗어나 개방적인 사고를 할 때라야 그러한 작품이 나올 수 있다.

- 텍스트 상황에 대한 열린 반응 지향의 태도
- 각종 담화·소통 상황에서 주체적 주도 지향의 능력(태도)
- 반응 중심 활동 강화
- 다양하고 개방적인 장르 변용 능력(태도)
- 매체 변용과 관련한 개방적 소통 활동 능력(태도)
- 독서 토론 등을 통한 소통 참여 활동 능력

복합성

복합성은 인간 존재의 기본 속성에 연유한다. 인간은 이성적 동물이기도 하지만 감정의 동물이기도 하다. 달리 말하면 감성과 이성이 복합적으로 작용해서 인간을 움직여간다. 그런가 하면 인간은 성스러움을 추구하기도 하고 속악한 비루함 속에 빠지기도 한다. 마찬가지로 사고와 행위가 어느 하나의 원리나 원칙에 따라 정연하게 진행되기보다는 복합적으로, 어찌 보면 종잡을 수 없이 복잡하게 진행된다. 사태를 단순화하지 않고 복합적인 맥락에서 대하는 것이 복합성의 발현 양상이라 할 수 있다.

- 읽기·쓰기 등의 영역에서 텍스트 상호성을 발휘하는 능력
- 미디어 텍스트의 복합 문식성 발휘 능력

- 논술 능력: 논리적 전개와 공감이 가는 예시를 할 수 있는 능력
- 종합적 연출 능력: 예술, 기술, 실용 등 각종 능력의 융합적 운용

열정과 즐거움

사랑이 지식의 모태라고 갈파한 이가 있다. 사랑은 열정과 즐거움을 동시에 포괄한다. 이는 창의성의 속성이라기보다는 창의성이 발현되는 데 필요한 태도라 할 수 있다. 여기서도 복합성을 볼 수 있는데, 열정과 몰입이 천재성의 징후이듯이 창의성 또한 몰입하는 데서 자라나는 인간의 능력이다. 개미를 연구하는 사람에게 개미는 몰입의 대상이다. 보통 사람은 지나치거나 쓸어버릴 수 있는 대상인 개미를 관찰하고 기록하면서 행동의 원리를 발견해 생물의 행동 원리로 일반화하는 데서 얻는 즐거움이 개미를 연구하는 원동력이다. 국어와 연관된 창의성에서 열정과 즐거움은 주로 언어와 관계된다.

- 민족 언어(한글 운동 등)를 대하는 관심과 태도
- 다양한 범주와 수준의 사전 제작 능력(태도)
- 국어 학습 관련 UCC 창작 활동 능력(태도)
- 연극 활동을 통한 심미적·수행적 언어 활동 능력
- 언어적 문제해결과 관련한 포트폴리오 제작 능력(태도)
- 국어 문제, 국어 정신 등을 실천적으로 구현하는 활동 능력(태도)

2. 창의 요소와 인성 요소의 결합 양식

이전의 연구들에서는 창의성을 독립변수로 놓고 그 속성을 밝히고, 창의성의 지표를 확인하고, 창의성을 지닌 인재를 발굴하는 방법 등을 연구했다. 나아가 창의성이 길러질 수 있는가 하는 논의를 거쳐 교육의 장에서 창의성 형성을 모색하는 방향으로 연구가 진행되었다. 이러한 연구는 창의성에만 몰두한 나머지 창의성이 발현되는 인간 주체의 속성에 대한 고려가 충분하지 못했다. 심지어는 창의성과 인성은 서로 상반되는 속성인 것처럼 논의가 방향을 잡기도 했다. 그러나 창의성과 인성이 과연 그렇게 분리될 수 있는가 하는

의문이 일기 시작한 것은 인간의 복합성과 다양성에 대한 인식에 바탕을 두고 있다. 나아가 인간이 관계 존재라는 인식이 증대되면서 창의성이 인성과 무관하지 않다는 깨달음이 널리 퍼지게 되었다.

연원으로 본다면 인간의 지적 능력이라는 IQ의 측정은 다분히 실용적 목적을 띠는 것이었다. 군대에서 자기 역할을 제대로 수행할 수 있는 능력을 지닌 사람을 뽑자는 목적에서 개발된 것이 IQ 검사 도구였다. 그러한 도구가 학교 현장에 보급되고 학습자의 학습 능력을 지능(IQ)과 직결하는 관행이 생겨났다. 그런데 지능이 높은 학생이 반드시 공부를 잘하는 것도 아니고 건전한 도덕성을 갖추고 있는 것도 아니라는 사실이 밝혀지면서 인간을 움직이는 요건 가운데 지능 이외의 다른 요건을 고려하게 되었다. 정서지능(EQ)이니 도덕지능(MQ)이니 하는 것들이 관심의 대상으로 부각되었다. 거기서 더 나아간 것이 가드너(H. Gardner)가 주장하는 다중 지능(multiple intelligence)이다.[8] 이것이 가설인지 이론인지는 명확히 말하기 어렵다. 다만 인간의 정신 능력이 복합적이고 다중적이라는 점을 지적한 것과, 하나의 인격체로서 개인의 능력은 다중 지능 가운데 몇몇 능력이 특별히 발휘된다는 점을 명시한 것은 인간 이해의 폭을 넓혀주었다고 할 만하다.

가드너의 주장은 이렇다. "인간의 지적 능력은 서로 독립적이며 상이한 여러 유형의 능력으로 구성된다." 가드너의 지능 이론에 따르면, 지능은 다음과 같이 8개 영역으로 나눌 수 있다. ① 언어(linguistic), ② 논리 수학(logical-mathematical), ③ 공간(spatial), ④ 신체 운동(bodily-kinesthetic), ⑤ 음악(musical), ⑥ 대인관계(interpersonal), ⑦ 자기 이해(intrapersonal), ⑧ 자연 탐구(natural) 지능 등이다. 이 가운데 언어적 창의성과 직결되는 언어 지능은 '언어로 사고하고 복잡한 의미를 표현하는, 언어를 사용하는 능력'으로 규정된다.

그러나 언어 수행의 측면에서 보면 가드너가 제시한 지능 영역 전체가 언어수행과정에서 작동한다고 보아야 한다. 그렇다면 언어적 창의성이 인성과 연관되는 지점을 어느 하나로 고정할 것이 아니라 언어가 수행되고 운용되는 국면에 드러나는 여러 가지 가능성을 복합적으로 고려해 교육의 장에 전이해야 한다는 결론에 이르게 된다. 창의적인 언어 수행은 도덕적 건전성과 윤리적 진정성을 바탕으로 한다. 바꾸어 말하면 창의적 언어 수행이 인성의 형성과 직결된다고 할 수 있다. 여기서는 창의성과 인성이 연관될 수 있는 가능성

8 하워드 가드너, 유경재 · 문용린 역, 『다중지능』, 웅진지식하우스, 2007.

을 아이디어 차원에서 간략하게 예시한다.

언어적 민감성

언어적 민감성은 창의의 요소이기도 하지만 이를 바탕으로 타자에 대한 배려의 요소가 발현될 수 있다면 창의와 인성이 바람직하게 결합된 교육의 장으로 전이될 수 있다. 특히 듣기에서의 공감적 이해나 실제적 의사소통 행위에서 인지적·논리적 이해와 더불어 작동하는 감성적 이해는 상대의 정서와 감성을 배려하는 양태로 나타날 수 있다.

모호함에 대한 너그러움

'모호함에 대한 너그러움'은 능력 자질도 포함되지만 태도 자질에 가까운 것으로 볼 수 있다. '모호함에 대한 너그러움'은 해석의 다양성, 의미의 중층성 등을 이해하는 인지적 능력(태도)으로서 예술적 창의의 중요한 특성이다. 그러나 모호함에 대한 너그러움을 드러내는 과정에서 성급함을 배제하고 신중함을 추구하는 인성 자질이 자연스럽게 함께 배양될 수 있다. 신중함을 통해 상대에 대한 배려의 덕성을 도모할 수 있는 기제가 생겨난다.

언어적 유희

언어적 유희(pun, paronomasia)는 '언어적 인간'이 지니는 본성적 부분으로 볼 수 있다. 그러나 언어적 유희를 추구하고 이를 수행함으로써 언어적 유창성과 언어적 민감성 등 여러 가지 창의 자질을 기를 수 있다. 또한 언어적 유희는 개방적이고 적극적인 인성 자질과도 연관을 맺는다. 개방성과 적극성은 모두 창의 자질에 해당하기도 하고 인성 자질을 머금기도 한다. 언어적 유희는 단독적 상황이라기보다 집단적 또는 일정한 사회문화적 상황과 결부되어 수행되는 경우가 많다. 따라서 '사회성(사교성) 발달'이라는 인성 덕목과 결합될 수 있다.

관계적 사고

관계적 사고는 사고의 풍부성과 입체성을 길러주는 측면에서 창의 자질이 매우 풍성한 것이라 할 수 있다. 또한 관계적 사고는 우리가 사는 세계 속의 삶을 생태학적 인식론으로 경험하고 상상할 수 있다는 점에서, 즉 인식의 새로움을 구가할 수 있기 때문에 높은 창의 자질을 지닌다. 관계적 사고를 훈련해나가는 동안에 지역주민, 국민, 인종, 인류 전체를 관계적 일체로 인식할 수 있는 경지로 나아갈 수 있다. 이는 인류를 사랑하는 인성의 차원을 자연스럽게 배양해줄 수 있다. 물론 자연을 생태적 관계망 속에서 파악할 수 있으므로 자연애를 함양할 수 있다. 이는 배려라는 인성 덕목을 기르는 일에 닿아 있다고 볼 수 있다.

인물(자아) 탐구

인물 탐구는 (문학 텍스트에서는) 인물에 대한 해석적 능력을 기르고 문학적 상상력을 고양하는 데 필수적인 부분이다. 또 문학에서 인물 탐구는 새로운 인간형을 창조한다는 문제와 결부되어 있어서 창의 자질을 풍성하게 지닌다. 그러나 인물 탐구의 과정과 결과를 학습자 자신에게 투사함으로써 자아 개념을 형성하는 데 기여한다. 따라서 인성 교육 작용이 일어나게 된다. 인물 분석과 탐구는 인간 존중 특히 인간의 동기에 대한 배려 등으로 이어짐으로써 창의와 인성의 왕성한 결합을 불러온다.

집단 창작

집단 창작은 창의성 실현을 집단 활동 또는 협동 학습의 차원에서 구현할 수 있다. 집단 창작은 창작 교육의 구체적 방법으로서 사회적 구성 원리를 발달 과정에 있는 학습자의 창작 글쓰기 과정에 적용해보는 것이라 할 수 있다. 이 과정에서 구체적 협동의 기술과 공동체 정신 또는 공동체 가치 등을 체험적으로 내면화할 수 있다.

연출 감수성

연출 감수성은 문학 텍스트의 세계이든 삶의 세계이든 그것을 연출자의 창의적 해석으로 다른 사람에게 극적으로 재현해 보이는 과업에서 연출자가 발현하는 독창적이고 개성적인 해석과 의미화의 실체가 잘 드러난다. 연출 감수성은 한 주체(학생)가 보일 수 있는 창의 자질의 다양한 면모와 총화적 면모를 내포한다. 연출 과업에서 연출 감수성을 발현하는 동안 몇 가지 인성 자질들의 함양을 기대할 수 있다. 연출가의 수평적 리더십, 책임감, 연극 수행팀 전체의 공동체 정신 등이다. 연출 감수성은 연극 연출에만 적용되는 것은 아니다. 각종 전시 이벤트나 특별한 행사 디자인 등에도 연출 감수성이 작동한다.

공감 소통하기

공감 소통하기는 독후감 나누기, 독서 토론 등에서 발현될 수 있는 과업으로서 공감의 실체를 발견한다는 점, 그리고 소통에서 오는 적극성과 자기 주도성 등에서 창의 자질을 살려나갈 수 있다. 공감이란 높은 수준의 인지적 조절 능력을 수반한다. 그리고 그것의 내적 기제는 민감성과 협응성을 발휘한다는 점에서 창의적 자질이 강하다. 동시에 공감은 주체가 타자를 배려하는 도덕적 자질에 깊이 관여되어 있다. 확장하면 관용의 인성과 정직의 인성에 가 닿는다. 소통은 개방성과 정직성 등의 인성 덕목에 결부되어 있다.

어휘의 풍부성

어휘의 풍부성은 사고의 풍부성과 사고의 유연성에 대응된다. 어휘의 풍부함으로 표현의 유창성을 담보할 수 있다. 이는 대상 또는 현상에 대한 의미나 해석 그리고 표현의 다양성을 보여준다. 다양한 통찰과 해석은 대상의 여러 측면을 이해할 수 있음을 뜻한다. 적극성, 배려, 용기 등의 인성 덕목에 결부될 수 있다.

내러티브 변용하기

내러티브 변용하기는 문학 교육의 구체적 국면을 가장 빈번하게 나타내주는 활동이다. 내러티브 변용 과정에서 변화성과 재구성이 주는 정신 활동의 속성은 새로운 것을 추구하는 지향, 변화를 주체적으로 주도하는 태도 등의 창의 자질로 확산할 수 있다. 동시에 내러티브 변용 과정은 인물들 간의 갈등 양상을 이해하고 그 해결의 대안을 모색하는 과정을 수반함으로써 인간 내면의 동기를 이해하는 데 이를 수 있다. 따라서 세대, 계층, 직업 등에 따른 갈등을 이해함으로써 인간 내면에 대한 관용과 인간관의 성숙을 기할 수 있다. 이는 인성 교육의 본령에 해당한다.

4장 국어과 창의성 교육의 전략적 범주들

1. 언어적 문제해결력

1) 문제 중심 학습의 개념

문제 중심 학습은 어떤 구체적 '문제(problem)', '사례(case)', '과제(task)'를 중심으로 전개하는 교수·학습 모형을 뜻한다. 그런데 여기서 '문제'라는 용어에 주의할 필요가 있다. 문제 중심 학습에서 다루는 '문제'는 단순한 '질문'이 아니다. 드라마나 영화 각본과 마찬가지로 구체적인 상황·배경·인물·사건을 포함하는 문제이다. 예컨대 결혼을 앞둔 총각이 집안의 반대에 봉착해 결혼이 성사되기 어려운 상황에 처했다면 이 문제를 어떻게 해결할 수 있을 것인가와 같은 '문제'이다. 이러한 문제는 기본적으로 내러티브 형식으로 구성되고 해결 또한 그러한 형식을 빌리게 된다.

이러한 학습 방법에서는 학생의 자발적인 참여가 중요한 의미를 지닌다. 상황을 이해하고 거기 관여하는 인물들의 성격과 욕망 등을 이해해야 문제를 명료하게 제시할 수 있다. 문제의 핵심이 명료해야 해결 방안을 찾을 수 있다. 이러한 학습을 통해 학생 스스로 의미 있는 해결 방법을 찾아내는 과정에서 교과 지식뿐만 아니라 문제해결 전략을 동시에 학습하게 된다. 예컨대 도심지 건물의 간판 현황과 외국어의 범람을 방지하는 방법을 찾는 문제를 해결한다고 할 경우 팀을 만들어 역할을 분담해 현황을 조사하고 방법을 모색하는 등의 일을 하는 것은 문제해결 전략을 요한다.

2) 문제 중심 학습의 구성 요소

문제 중심 학습을 수행하려면 학습자와 학습내용을 명시한 교육과정, 그리고 교사의 학습 지도가 있어야 한다. 이를 항목별로 간단하게 살펴보자.

첫째, 학습자의 참여가 있어야 한다. 학습자를 문제 상황의 당사자, 문제해결자로 적극 참여시킨다. 학습자를 학습 상황에 적극 참여시키는 것은 창의적인 문제해결을 도모하는 데 기여함은 물론이고 학습자가 창의적 인성을 길러 나가는 데 기여한다.

둘째, 교육과정 조직이 있어야 한다. 학습 내용 간의 연계를 높이기 위해 교육과정을 통합적으로 조직한다. 학습자의 흥미를 충분히 유발하도록 실제와 밀접한 문제 상황과 교육과정에서 다루는 교과 내용을 종합적으로 연계해 제시한다.

셋째, 교사의 교수·학습 전략이 있어야 한다. 교사는 학습자가 창의적인 사고력을 발휘하도록 안내하고 탐구를 촉구하는 교수·학습 전략을 활용한다.

이러한 과정에서 길러질 수 있는 창의적 능력 또는 요구되는 능력은 다음과 같은 것들이다.

- 회의에서 안건을 제안하고 상정할 수 있는 능력
- 논증·설득 등의 담화 상황에서 문제적 이슈를 추출할 수 있는 능력
- 문학 작품에 나타난 구체적 현실을 읽고 문제적 현실을 인식할 수 있는 능력
- 특정 상황에서 이전에 없던 새로운 계획을 수립할 수 있는 능력
- 독서 토론 등에서 논의 이슈를 선점할 수 있는 능력

2. 소통 능력 : 복합 미디어 문식력

미디어의 발달은 언어적 소통 양상을 이전과 현저히 달라지게 한다. 전신의 발명으로 문자를 통해 음성 언어의 거리적 제한을 해소했고, 전화의 발명으로 음성 언어의 시공간적 제약을 넘어섰다. 라디오, 텔레비전 등은 대중적 소통 양식을 새롭게 만들어낸 소통의 혁명을 가져왔다. 그뿐만 아니라 컴퓨터와 통신 기술의 발달로 지금까지 겪어본 적이 없는 새로운 시공간을 체험하게 되었다. 언어 소통의 일방성을 극복하고 동시적 쌍방향 소통이 가능해졌다. 일대일 대화 양식에서 벗어나 일대다(一對多) 또는 다대다(多對多) 대화 양식이 가능해짐으로써 화상회의로 전 세계에 흩어져 있는 이들이 동시에 마주보고 이야기를 나누고 실시간 회의를 할 수 있는 시스템이 개발되었다.

동영상의 제작과 전달이 용이하게 됨으로써 개인은 자신의 생애를 스스로 기록할 수 있게 되었다. 동영상 제작과 소통·반응이 자유로워지면서 거기에 개입할 수 있는 언어 운용 양상도 달라졌다. 아울러 삶의 양상도 이전과는 사뭇 다르게 변화했다. 이러한 변화는 그 속도가 매우 빠르고 기술 발달이 혁신적이라서 개인의 정체성을 위협하는 단계에 이르렀다. 더구나 스마트폰의 발달은 개인의 언어 생활은 물론 정보의 획득, 분배, 소통까지를 바꾸어놓았다. 그 전파력이 정치적 견해를 표명하고 정치적 판단을 가시화하는 데 이용되고 있을 정도가 되었다. 즉, 스마트폰을 이용해 정치적 견해를 조성하기도 하고 여론을 형성해 정치의 세계화가 가능하게 되었다. 아울러 개인의 취미 생활과 예술 활동을 용이하게 함으로써 문화와 예술을 향유하고 생산하는 주체로서의 능력을 확장시켰다. 물론 그 부작용을 우려하는 견해 또한 없지 않다.

이러한 상황에서 복합 미디어를 운용하는 능력은 인간의 언어 능력을 한 단계 끌어올린 결과를 가져왔다. 따라서 복합 미디어 환경에 익숙해지고 일상 언어생활에서 복합 미디어를 이용할 수 있는 능력을 길러주어야 하는 것이 교육적 과제로 부각되었다. 복합 미디어와 연관된 교육적 과제 가운데 국어과에 수렴할 수 있는 영역을 미래 지향의 자세로 검토해야 한다. 복합 미디어는 이용자들이 감당할 수 없는 기술 문제를 포함하고 있어 미디어 자체를 이용자가 만들어나가지는 못한다. 컴퓨터를 이용해서 그래픽을 작성하거나 애니메이션을 만드는 일은 이용자가 할 수 있지만 이용자 누구나 컴퓨터의 기계적인 기능을 향상하는 작업을 할 수는 없다. 그렇기 때문에 기계적인 면에서는 일방적인 속성을 면키 어렵다.

국어 교육의 일상에서 영상과 언어를 결합하는 일은 거의 자유자재로 할 수 있다. 영상과 음악을 연계하는 정도의 작업도 할 수 있다. 그리고 간단한 영상 서사를 만들 수 있다. 영상 서사는 인간의 행동, 언어, 영상, 음향 등이 복합적으로 관여해 하나의 작품으로 탄생한다. 그 작품의 질적인 수준은 다른 평가를 요한다. 능력이 뛰어난 사람이라면 충분한 길이와 풍부한 내용을 영상 서사에 담을 수 있다. 학생들의 참여와 교사의 지도로 만들어진 영상 서사물을 소통하고 그에 대한 평가를 통해 복합 미디어 운용 능력을 길러나가는 것이 국어과 영역의 과업이다.

이러한 교육과정에 창의적으로 참여하고 창의적인 과정을 거쳐 생산한 작품이 창의성을 띠기 위해서는 몇 가지 고려할 사항들이 있다. 여기서는 대안적인 성격의 제안을 간단히 열거하는 데 그친다. 그 응용과 실용성의 검증은 후속되는 작업이 필요한 사항이다.

- 복합 미디어의 등장으로 인해 변화를 가져오는 언어에 대한 이해
- 언어 운용과 소통 양식이 미디어와 연관되어 변화하는 양상에 대한 이해
- 복합 미디어를 활용할 줄 아는 능력의 함양
- 시의 분위기에 맞는 음향과 동영상 결합하기, 동영상 시화(詩畵) 만들기
- 소설을 동영상 서사로 각색하기와 연출하기
- 영상 서사 소통에 참여하고 평가하기. 영상 서사 비평, 토론, 글쓰기 등
- 블로그 활동을 통해 글쓰기 주체로서의 역량 기르기
- 뉴미디어 공간에서의 소통 공동체 참여하기
- 뉴미디어 공간에서 의미 있는 발신자 역할하기

3. 언어문화의 내면화 및 재창조

언어문화란 어느 공동체 안에서 수행되는 언어 양상에 나타나는 규칙이나 규범 또는 일정한 지향(志向)을 뜻한다. 우리말의 높임법 같은 것은 명시적인 언어문화이며, 반면에

'말을 아낀다'는 표현처럼 말이 과도하게 겉으로 드러나지 않도록 행동하는 것은 안으로 숨겨진 잠재적 언어문화라 할 수 있다. 그런가 하면 "말 한마디로 천 냥 빚을 갚는다"는 속담에서 보듯이 말을 잘해야 한다는 태도를 표명하기도 하고, "가는 말이 고와야 오는 말이 곱다"는 말로 언어 수행의 상호성을 강조하기도 한다. 이처럼 언어 운용에 나타나는 현시적·잠재적 규범을 언어문화라 한다.

언어를 문화로 본다는 것은 언어의 운용 현상 자체를 주목하는 관점이며, 언어를 규범·구조·산물로 보는 관점과 달리 언어의 운용 주체를 고려하는 관점이다. 또한 이는 국어교육에서 '생산론적 관점'과 상통하는 방법이기도 하다.[1] 이러한 관점에서 보면, 학습자나 교사나 언어문화 창조의 주체들이다. 언어문화 창조를 언어적 산물의 생산만으로 국한하는 것은 너무 협소한 규정이다. 언어문화의 주체들이 운용하는 언어 전반이 언어문화이다. 언어가 운용되는 형식은 물론 말하기, 듣기, 읽기, 쓰기이다. 말은 말로 전승된다. 말하는 내용과 방법을 말을 듣는 이들이 전수받아 다음 세대에 넘겨준다. 글 쓰는 사람은 그 글을 읽는 사람에게 글의 내용은 물론 글의 양식까지 전수해준다. 시조는 양식이 전수된 결과 여전히 창작되는 반면, 향가는 내용은 남아 있지만 양식이 전수되지 않아 언어문화로 살아남지 못했다.

언어문화라는 말은 언어로 이루어진 문화산물을 뜻하는 경우도 있다. 한국어로 기록된 모든 글, 한국어 구어 자료 등이 그것이다. 상고시대의 고시가(古詩歌)나 신라의 향가에서 현대시까지, 단군신화부터 현대소설에 이르기까지 한국 문학에 포함되는 작품들이 한국어로 형성된 언어문화인 것이다. 한국어로 기록된 역사, 경전, 경전의 풀이 등도 한국 언어문화에 속한다. 여기에는 아직도 사용하는 속담, 고사성어는 물론 욕설에 이르기까지 산물로 존재하는 것들이 있다. 이러한 언어 자료를 언어문화 또는 언어문화산물이라 한다.

언어문화 자료는 뒷사람들이 해석의 자료로 삼는다. 해석은 의미 부여와 연관된 행위 및 그 결과를 뜻한다. 언어 자료의 해석은 독서 행위로 구체화된다. 독서 행위는 의미의 생산으로 연관된다.[2] 의미의 생산은 언어문화산물의 가치를 높이고 확대하는 데 크게 기여한다. 의미의 생산과 확대, 보급은 교육을 통해 이루어진다. 교육을 통해 일반화되기 이전에

1 우한용, 『한국 근대문학교육사 연구』, 서울대학교출판부, 2009, 384쪽 등.

2 의미의 생산과 연관된 독서이론은 구성주의 인식론과 인지심리학의 프레임이 국어 교육에 영향을 미치면서 일반적 원리로 전환되었다(우한용, 위의 책, 384쪽 참조).

비평가들의 비평 활동이 개입한다. 비평 활동은 가치 평가에 궁극적 목적이 있지만 의미의 생산이라는 점에서는 주체들의 언어 현상에 참여하는 과정을 전제한다. 비평 활동과 교육을 통해 언어문화가 지속된다.

지속되는 언어문화는 반복보다는 새로운 변형을 거듭하는 과정을 거친다. 정확히 말하면, 거친다기보다는 그러한 과정의 연속 속에서 새로운 면모를 갖추어간다. 이를 언어문화의 창조성이라 할 수 있다. 이러한 과정으로 언어문화 전통이 계승되고 한편으로 재창조가 이루어진다. 엄격한 의미에서 언어문화의 창조는 대부분 재창조이다. 언어문화의 재창조는 언어문화의 역동적 진행성을 바탕으로 한다. 이는 글쓰기와 창작으로 실현된다. 글쓰기와 창작으로 실현되는 문화 과정을 통해 언어문화의 내면화가 이루어진다. 이는 일차적으로 한국어에 능숙해지는 과정을 뜻한다. 그런 과정에서 한국어에 익숙해지고 한국어의 문법을 체득하는 과정이 문화 문법(cultural grammar)의 획득으로 이어진다.

문학 작품의 수용과 문화적 체화는 문화 주체들의 내면에 정착되고 그것이 적절한 환경을 만나게 되면 새로운 언어문화를 창조하는 계기가 마련된다. 거듭해서 말하거니와 언어문화의 생산은 재생산이라는 의미를 지닌다. 아울러 의미의 생산과 텍스트의 생산이라는 두 차원을 포함한다. 언어문화를 수행하는 하나의 방식은 독서이다. 독서는 개인 차원에서 언어문화의 내면화를 실현하는 방법이기도 하고 언어문화를 공공 영역에서 사회화하는 방법이기도 한다. 독서 문화의 주체는 의미 생산의 주체들이다. 또한 텍스트를 생산하는 언어문화 생산 혹은 재생산은 글쓰기와 창작으로 구체화된다. 문화론적 입장에서 보면 글쓰기 일반과 창작을 너무 엄격하게 분리해보는 것은 사태를 왜곡할 수 있다. 종교 경전에는 수많은 예화들이 나온다. 예화를 따로 분리해 정리하면 일종의 '단편집'이 되기도 한다. 이는 언어를 운용하는 데서 나타나는 보편성이라 할 수 있다. 종교적인 내용을 설명하고 믿음을 촉구하는 데 허구 서사를 이용하는 예라 하겠다.

언어문화의 체화와 내면화는 언어문화를 재창조하는 에너지원이 된다. 단순하게 말하면 모든 독서는 이전 독서의 결과에 새로운 의미를 추가한다는 점에서 재독(rereading)이라 할 수 있다. 새로운 의미의 추가는 이전 의미를 재해석하고 새로운 의미를 부여한다는 점에서 창의적 과정이 필수적이다. 글쓰기 또한 마찬가지이다. 이전에 남들이 쓴 글을 그대로 반복한다면 창의적 요소를 찾을 수 없다. 그러나 누구든지 글을 쓸 때나 작품을 창작할 때 이전에 존재하던 작품에 새로운 측면을 만들어낸다. 따라서 모든 창작은 재창조라 할 수 있다. 이 재창조의 과정에 나타나는 각종의 새로움이 창의성의 징표가 된다.

이상에서 설명한 내용을 국어과에서 수행하는 데는 몇 가지 유념할 점이 있다.

첫째, 학습자가 언어문화 혹은 국어문화 창조의 주체라는 인식이 명확해야 한다. 이러한 주체 개념은 교사도 마찬가지이다. 문화적인 창조는 개인적으로 이루어지지 않는다. 훈민정음을 세종대왕이 창제한 것으로 기록하고 있지만, 당시 집현전을 중심으로 모인 학자들이라는 인적 자원이 없었다면 훈민정음의 창제는 불가능했을 것이다. 아울러 당시 중국 음운학에 대한 식견이 있는 학자들이 없었다면 훈민정음의 창제가 가능했을지 의문이다. 개인이 문화 창조의 주체이지만 개인은 독자적인 주체가 아니라 집단적인 문화 주체인 것이다.

둘째, 학습 과정이 삶의 과정이라는 인식이 있어야 한다. 평범하게 말해서 사람이 살아가는 과정은 매일매일이 창조의 과정이다. 일상 자체가 창조의 과정이라는 점을 인정한다면 학교 생활 또한 창조의 과정이 된다. 학교에서 이루어지는 학습 자체가 의미 있는 삶의 실천 과정인 셈이다. 그러한 실천 과정에서 이루어지는 언어 수행 가운데 창의성이 드러날 여지가 마련되어 있다. 교사의 언어가 창의적으로 수행되어야 한다. 학습자의 언어 또한 자기 삶의 실천태(實踐態)라는 점을 인정해주어야 한다. 그래야 학습과 삶이 괴리되지 않는다.

셋째, 창의성을 독자적으로 분리해 내세울 수 있는 능력이나 속성을 지닌 실체로 가정하지 않아야 한다. 개념적으로 논의를 전개하려면 창의성의 속성을 규정하지 않을 수 없다. 그러나 창의성이 드러나는 실제 상황에서는 통합적으로 잠재적 형태로 드러난다. 특히 언어사(言語事 language process)는 그 언어가 수행되는 물적·심적·사회적·역사적 맥락 가운데 이루어지는 것이기 때문에 창의성이 두드러지지 않을 수 있다. 학습자가 시 작품 하나를 제출했을 경우 그것이 창의적인지 여부는 소재, 제재, 주제, 수사(修辭) 등의 측면에서 판단되어야 한다. 기발한 용어를 하나 썼다고 해서 창의적이라 할 수 없다. 아울러 시를 쓰는 진지성의 문제를 창의성에 포함해 평가해야 한다. 결국 창의성은 내용은 물론 방법과 과정에서도 드러나는 것이다.

4. 메타언어 능력의 생산성 높이기 : 문법 능력과 비평 능력

대부분의 학문적 수행은 언어적으로 이루어진다. 언어적이라 함은 언어로 표현하고 설명하는 메타언어적 수행이라는 뜻이다. '창의성'이라는 말이 있다. 이와 관련해 창의성의 개념이 무엇인가 묻는 일, 그 개념을 규정하는 일, 규정한 개념이 정확한가 여부를 따지는 일 등이 메타언어적 수행이다. 아울러 그러한 용어들을 계열화·체계화하는 일 또한 언어적으로 수행된다는 점에서 메타언어적 작업이라 할 수 있다.

어떤 행위든지 되돌아보고 그 뜻을 질문하는 데서 의미가 정착된다. "높이 나는 새가 멀리 본다"는 격언이 있다. 이 격언은 과연 진리치를 얼마나 포함하고 있는가 물을 수 있다. 즉, 언제나 예외 없이 들어맞는 말인지 물음을 던져볼 수 있다. 다른 것을 고려하지 않고 생각하면 맞는 말이다. 멀리 보기 위해서는 높이 날아야 한다. 이 말은 목적이 멀리 보기라는 데로 한정되어 있다. 그런데 다른 목적을 상정하면 꼭 멀리 날아야 하는 것만은 아닐 것이다. 높이 나는 새가 벌레를 잡는가? 아니다. 벌레를 잡으려면 숲속으로 날아들어야 한다. 물고기를 잡기 위해서는 물에 내려앉아 부리를 물속에 넣고 물고기를 사냥해야 한다. 짝을 찾기 위해서는 둥지 근처를 낮게 날아다녀야 할 것이다. 그렇지 않으면 땅 위를 어슬렁거리며 걸어 다니는 게 더 효과적일지도 모를 일이다. 하나의 언어사를 다른 시각으로 돌아보는 것, 그것이 창의성의 자질로서 메타언어가 수행되는 양상이다.

창의적인 언어 수행이 문법을 벗어나는 것은 아니다. 넓은 의미의 문법은 정상적인 언어 수행의 규범이다. 어순, 호응, 문장구조 등으로 설명되는 문법을 어기면서 언어를 수행할 수 없다. 유치환의 「깃발」에 나오는 "이것은 소리 없는 아우성/ 저 푸른 해원을 향하여 흔드는/ 영원한 노스탤지어의 손수건"이라는 구절을 생각해보자. 이 구절은 이렇게 풀어 쓸 수 있다. 깃발, 이것은 소리 없는 아우성이다. 이것은 저 푸른 해원을 향해 흔드는 영원한 노스탤지어의 손수건이다. 결국 '이것은 무엇이다' 하는 서술문의 확장 형태이다. 따라서 한국어 문법에 적절하게 들어맞는 문장이다. 한국어 문법을 어기지 않으면서 비유를 구사함으로써 창의적인 시적 표현을 얻은 예라 할 수 있다. 언어를 창의적으로 운용하기 위해서는 한국어 문법에 익숙해져야 한다. 그러니까 규범을 어기는 것이 창의성이 아니라 규범 가운데 새로운 발상을 표현하는 데서 창의성이 드러난다.

이렇게 본다면 규범을 따라 언어를 수행하는 것 자체가 창의적 속성을 지닌다고 할 수 있다. 언어 규범을 준수하지 못하는 것은 창의성의 결핍이라 할 수 있다. 규칙을 수용하는 것, 그것은 수렴적 사고의 행동화라는 점에서 이에 능숙한 것은 창의성의 자질이다. 여기서 모방의 창의성이 드러난다. 언어적 유창성이란 달리 말하면 남과 공유하고 있는 규범에 새로운 요소를 잘 적용할 줄 안다는 뜻이기도 하다. 수준 높은 시들은 한국어 문법의 기본을 벗어나지 않는다.

문법 능력은 언어 자료를 생산하는 데 필수적 요건이다. 문법 능력의 적용 과정에 나타나는 창의성은 새로운 말을 만들어내는 조어법으로 구체화되기도 한다. 앞에서 '가치롭다'는 말을 예로 들었다. 이와 비슷한 예로 '무엇에 바탕을 두고'라는 뜻으로 '무엇에 터하여'라는 학문 용어를 만들어낸 사례를 들 수 있다. 예를 들면 "경험주의에 터하여 독서 현상을 설명하기로 한다"라는 맥락에서 '터하여'를 쓸 수 있다. 이러한 새로운 용어의 출현은 한국어 문법 능력을 바탕으로 한 창의적 생산력의 한 예이다. 아울러 우리말에서 명사와 명사를 아무런 연결사 없이 이어서 새로운 말이 만들어지는 경우가 있다. '책상다리', '병목', '오리발' 등이 그러한 예에 해당한다. 접사를 활용한 어휘의 확장에서도 그러한 예를 볼 수 있다. 받은 메일에 대한 응대 메일을 리플라이라고 한다. 이것이 줄어서 '리플'이 되었다. 리플 가운데 못된 악성 리플을 '악플'이라고 한다. 이는 한자 악(惡)에 리플라이가 줄어든 '리플'의 '플'이 결합된 형태이다. 이처럼 어휘가 확장되는 데는 기본적인 한국어 문법 능력이 바탕에 깔려 있음을 알 수 있다.

메타언어 능력은 문제제기 능력과 비평 능력으로 구체화된다. 문제를 제기한다는 것은 현재 진행되고 있는 사태, 아무 의심 없이 통용되는 과거의 사실, 검증되지 않은 전제 등을 되돌아보는 일이다. 서양 2천 년의 역사는 신의 영광을 드러내기 위해 산다는 신본주의라고 해도 지나침이 없다. 그런데 19세기가 끝나갈 무렵 독일의 철학자 니체는 '신은 죽었다'고 선언함으로써 서양 정신사를 뒤바꾸어놓았다. 이는 기존의 개념 체계에 의문을 제기하는 문제제기였다. 철학을 하는 사람이 자신이 하고 있는 철학에 문제를 제기하고 비평적 안목으로 사태를 다시 바라보았다는 점에서 비평 능력이 구현된 사례로 꼽을 수 있다. 여기서 비평 능력과 메타인지 능력이 상통한다는 점을 알게 된다. 여기서 우리는 '방법으로서의 회의'라는 데카르트의 학문 방법을 떠올리게 된다.

여러 가지 과학적 발견은 이러한 의문과 문제제기에서 비롯된다. 언어적 혁신 또한 같은 맥락에서 이루어진다. 백성(百姓)과 국민(國民)이라는 용어의 의미와 운용 맥락을 생각해보면, 문제제기적인 언어 표현이 의식의 다름을 증명한다는 점을 이해하게 된다. 백성은 고유명사가 없는 집합적 존재이다. 이와 대립하는 자리에 임금 또는 군주가 있다. 군주와 백성은 일종의 종속관계를 상정하게 된다. 그러나 국가 또는 근대 국가의 국민은 체제로서의 국가와 상호적인 관계에 놓이는 법적 자격을 갖춘 개인을 뜻한다. 종속관계가 아니라 계약관계로 전환된다. 선험적으로 모셔야 하는 것이 아니라 내가 뽑은 대표로서 나의 권익을 지켜주고 내 삶의 준거를 마련해주어야 하는 것이 국민의 대표인 대통령이다. 군주제에 대한 반성, 물음, 이의제기에서 공화제가 수립되었던 서양사의 맥락을 헤아린다면 문제제기를 하는 사유가 어떤 속성을 지니는지를 쉽게 이해할 수 있다.

창의성과 인성이 연관되어 있다는 것이 이 책의 전제이자 이 책에서 탐구하고자 하는 목표이다. 인성의 여러 가지 자질을 이야기할 수 있지만, 그 기본은 자신이 남과 연관된 삶을 살아간다는 점에 대한 인식에서 출발하는 여러 가지 덕목으로 구체화된다. 인성의 가장 기본적인 조건은 자아 개념과 연관된 것들이다. 내 존재에 대한 분명한 인식, 생명의 고귀함에 대한 깨달음, 관계 존재로서 남에 대한 배려, 물질적 존재로서 소유를 통어할 수 있는 능력 등을 들 수 있다.

인성에 대한 이해를 바탕으로 인성이 길러질 수 있다는 주장을 수용해야 할 것이다. 인성에 대한 '이해의 창의성'은 사태를 반성적으로 분석하고 비판하는 지적 능력으로 규정할 수 있다. 한편 그러한 지적 능력이 행동으로 구체화되어야 인성이 길러지는 확증을 삼을 수 있다. 지적인 이해가 행동으로 구체화되려면 논리적으로 이해하는 것만으로 충분하지 않다. 행동적 실천의 동기(motivation)가 되는 정서적 공감과 동감이 있어야 한다. 이는 언어문화 가운데 문학이 담당할 수 있는 영역으로 생각된다. 아름다움에 대한 공감, 고통에 대한 인식과 동감, 그러한 동감을 나의 처지로 전환하는 메타적 성찰 능력 등이 요구되는 것이다. 여기서 창의성과 인성에 대한 메타 비평이 필요해진다.

언어적 혼란은 의식의 혼란이고 결국 논리의 왜곡을 가져온다. 근간에 사회적 문제로 부각되는 왕따 현상 가운데 친구를 '빵셔틀'로 만드는 사례가 자주 보도된다. 셔틀은 컴퓨터 게임에서 무기를 날라다주는 차량이다. 심부름꾼인 셈이다. 여기서 심부름의 의미 자질을 고려해보아야 한다. 심부름은 인간관계 가운데 상하관계를 전제한다. 어른이 시키는 심부름을 아이들이 하는 것은 어른에 대한 존경심과 자신이 어른에 종속되어 있다는 점을 겉으로 드러나지 않지만 승인하는 맥락에서 이루어진다. 종속관계가 아닌 사람에게 심부름을 시킬(부탁할) 때는 물질적 보상을 한다. 용달업과 유통업이 그러한 구조에서 이루어진다. 그런데 심부름의 이러한 속성과 '친구', '급우', '동급생' 등은 의미론적 괴리 상태에 놓이게 된다. 급우에게 심부름을 시킬 수 없다. 대등한 관계이기 때문이다. 그런데 이 관계의 대등함이라는 문법을 깨는 데서 심부름이 성립하는데, 그것은 곧 폭력의 한 양태가 된다. 이는 언어적으로 보면 언어에 대한 창의적 이해, 정당한 이해가 결핍된 데서 도출되는 행동이다.

언어에 대한 이해가 곧장 행동으로 전이되고 인성으로 전환되지는 않는다. 상대방의 언어를 충분히 이해하고 공감하면서도 행동적 결단력이 모자란다든지 도덕적 용기가 없는 경우 이해가 행동으로 전환되지 않는다. 그러나 언어 탐구 능력으로 구체화되는 메타적 성찰 능력이 쌓이고 그러한 능력이 태도로 형성된다면 이때의 창의성은 인성으로 전환된다. 언어적 관심과 자각이 창의적 이해를 유도하고 창의적 이해가 인성 형성으로 전이되는 구체적 과정을 설계해야 할 것이다.

5. 창작과 '창의적 자아' 만들기

창작은 변형과 재구성의 다른 이름이다. 반복, 복사, 모방 등을 창작이라고 하지 않는 이유는 그것이 변형과 재구성의 요건을 충족하지 않기 때문이다. 달리 말하면 새로움이 없기 때문이다. 새로움과 그것다움, 즉 독자성(originality)은 예술 일반의 보편적 요구이다. 언어적 운용의 국면에서 새로움과 독자성을 본질로 하는 영역이 문학이다. 그렇기 때문에 문학은 예술 영역에 포함된다. 문학인가 아닌가를 따지기 이전에 글로 쓰되 새로움과 독자성이 드러나는 경우 그것은 창작 영역에 포함되는 것으로 논의할 수 있다. 여기서는 문학을 중심으로 창작과 창의성 문제를 논의하고자 한다.

창작은 소재의 발견, 발견한 소재의 해석, 해석한 의미를 표현하는 수사적 장치, 글로 쓴 대상을 메타적으로 검토하는 평가 등의 과정을 거치게 된다.[3] 각 과정에서 창의성이 드

3 우한용, 『창작교육론』, 태학사, 2009.

러나게 마련이다. 많은 사람이 개나리와 진달래를 가지고 봄을 이야기하는데 수필가 피천득은 '오랑캐꽃'을 봄의 형상화 소재로 끼워 넣었다. 이용악은 「오랑캐꽃」이란 시에서 오랑캐꽃이 오랑캐와는 아무 연관이 없는데도 그런 이름이 붙은 아이러니로 이 꽃을 안쓰러워하는 방향으로 해석하고 있으며, 서정시 가운데 서사적 맥락을 도입해 형상화하는 방법을 구사했다. 물론 시인이 자신의 작품을 메타적으로 평가하는 일은 창작 과정에서 했겠지만, 그러한 과정은 숨겨져 드러나지 않는다. 그러나 실제 창작 과정에서는 그러한 성찰이 필수적으로 부과된다. 이처럼 창작의 전 과정에서 창의성이 드러나게 된다.

그런데 이러한 창의성은 문학의 장르에 따라 다른 양상으로 구현된다. 창작의 창의성, 즉 새로움과 독자성을 드러내는 방식이 다르다. 시는 시대로 소설은 소설대로 창작 방법론이 마련되어 있다. 문학을 대표하는 장르로 시를 꼽는 것은 관행으로 되어 있다. 시를 뜻하는 포에트리의 어원은 그리스어로 만들다는 뜻의 포이에시스(poiesis)에 있다고 한다. 현재 시학으로 번역되는 포에틱스(poetics)는 원래 작시술(作詩術)을 뜻하는 것이었다. 만든다는 일을 위해 가장 중요하게 동원되는 방법이 리듬과 비유이다. 일상어는 자세히 살펴야 리듬이 드러나는 데 비해 시는 의도적으로 리듬을 형성하도록 언어를 조정한다. 아울러 시에는 수많은 비유가 동원된다. 이 비유는 정서적 공감을 유도하는데 이제까지 다른 시인들이 동원한 비유를 비켜나가 새로운 비유를 형성하는 데 시인은 심혈을 기울인다. 그 밖에도 많은 수사법이 동원된다. 이렇게 시를 쓰는 일은 언어로 대상을 포착하는 작업이다.

우리가 오래 기억하는 시 가운데 많은 것은 비유가 참신한 경우들이다. 김소월의 "산산이 부서진 이름이여", 이육사의 "겨울은 강철로 된 무지개인가 보다", 한용운의 "님이여 당신은 백번이나 단련한 금결입니다", 윤동주의 "나는 잎새에 이는 바람에도 괴로워했다" 같은 구절들이 창의성이 두드러지는 비유임은 되물을 필요도 없다. 다만 여기서 우리가 기억할 것은 이러한 비유가 창작의 과정에서 만들어진다는 점이다. 이처럼 체계가 다른 비유를 만들어내는 일이 창의성의 결과임은 물론이다. 비유만 빼어나다고 해서 좋은 시로 평가받는 것은 아니다. 시로서 갖추어야 할 다른 요건이 있는 것은 물론이다. 그러나 비유를 통해 드러나는 창의성을 바탕으로 논의할 경우 비유는 시를 평가하는 충분한 기준이 될 수 있다.

소설은 조금 다르다. 시는 노래이기 때문에 대상을 자아화(自我化)해 순간적인 장면으로 제시하는 것이 특징이다. 사건을 만들어내는 시간은 시에서 동시성으로 서술된다. 반면에 소설은 이야기이기 때문에 시간을 요한다. 사건이 전개되어야 하기 때문이다. 사건의 전개는 인물의 행동을 시간적으로 배열한 것이라 할 수 있다. 어떤 인물이 성장하려면 시간이 필요하다. 아울러 어떤 깨달음을 얻고 의식이 형성되는 데에도 시간은 필수적이다. 극에서 갈등과 사건의 구조가 핵심이라면, 어떤 인물의 이야기인 소설에서는 인물 유형을 발견하고 인물 묘사를 하는 것이 최우선 과제가 된다. 소설에서 인물형의 창출 결과는 전형으로 정착된다. 문학사상 높은 평가를 받는 작품은 대개 전형의 창조에 성공한 예들이다. 이광수의 『무정』에 나오는 이형식을 우리는 개화기 지식청년의 전형으로 기억한다. 염상섭의 『삼대』에 나오는 조의관이라든지 조덕기 같은 인물은 근대화 과정의 역사가 만들어놓은 인물로 인식한다. 채만식의 『탁류』에서 초봉은 식민지 조선의 희생양으로서 '심청'의 인물상을 계승하고 있다고 평가할 만하다. 이처럼 시대와 환경 가운데 그려진 인물은 작가의 창의적인 사태 파악과 형상화의 결과이다. 이러한 특성은 학습자들의 창작에서도 마찬가지 원리로 작용할 수 있다.

아울러 소설은 산문으로 서술되기 때문에 은유보다는 분석을 중심으로 하는 객관적 묘사의 문체를 형성하게 된다. 인물의 성격을 발견하고 묘사를 하기 위해 대상을 선택·재배열하는 등의 과정에서 이전 소설과 다른 방법을 구사할 때 창의성이 드러난다. 이를 문학 장르 범주로 정리하면 다음과 같다. 시와 시학(poetics)의 원리를 통해 정서적 공감으로 나아갈 수 있는데, 이 경우는 은유와 상징 그리고 리듬 등의 시어들에서 창의·인성 교육의 자질을 배양할 수 있다. 드라마 또는 극작법(dramaturgy)의 원리를 통해 대상을 객관적으로 드러내고 그것의 총체를 구조화해보는 데서 창의적 능력을 함양할 수 있다. 이는 드라마 언어로 빚어지는 플롯과 갈등을 이해하고 상상하는 과정에서 기를 수 있을 것이다. 서사 또는 서사학(narratology)의 원리를 통해 대상의 객관적 드러내기가 가능한데 이는 서사의 묘사 언어로 인간 발견이라는 창의와 인성 함양을 가능하게 한다.

창작을 기존의 장르에 해당하는 작품으로 묶어두지 말고 범위를 풀어둘 필요가 있으며, 거기서 글쓰기 일반과 창작의 연관성을 발견할 수 있도록 해야 한다. 그러한 점에서 수필이라는 영역은 창의적 글쓰기(creative writing)로 명칭을 달리해서 수행하는 것이 바람직할지도 모른다.[4] 학습자가 이제까지 살아오면서 가장 감명 깊었던 일을 글로 쓸 경우를

4 우한용, 앞의 책, 362쪽.

상정해보기로 한다. 이미지와 리듬을 중점에 두고 쓰면 시가 될 것이고, 이야기 형식으로 쓰면 전기가 될 것이다. 허구성을 조금 가미한다면 소설에 접근할 것이다. 기성 작가라면 자신의 작업에 대한 장르적 검열을 하게 마련이다. 그렇기 때문에 시를 쓰는지 소설을 쓰는지 분명한 의식을 가지고 작업을 하게 된다. 그러나 장르 규칙에 익숙하지 않은 학습자에게는 장르론적 자기 검열을 그렇게 강요할 일이 아니다. 장르 문법을 익히는 것은 차후의 과업이다. 우선 절실한 자기 경험을 글로 쓰는 것이 중요하다. 그러한 경험을 통해 무엇을 깨달았는지, 어떤 삶의 자세를 가다듬었는지, 누구와 어떤 소통을 할 수 있었는지, 어떤 문제를 해결할 수 있었는지 등의 인식이 내적으로 형성된다면 목적을 달성한 것으로 보아도 상관이 없다. 그 과정에서 남다른 시각을 가져야 하고 새로운 소재를 발견해야 하며 새로운 방식의 언어를 동원할 줄 안다면 창의성에 도달한 것이라 할 수 있다. 그러나 이 과정은 어떤 정식이 있는 것이 아니기 때문에 학습자의 글을 수정해주는 과정에서 그리고 스스로 자기 글을 교정하는 과정에서 창의성을 획득할 수 있는 것이기도 하다. 교사가 모범이 되어 창의적인 글쓰기의 범례를 제공하는 데는 한계가 있는 것으로 보인다.

이런 과정으로 자신을 창의적인 개성을 지닌 사람으로 키워나가게 된다. 글을 쓰는 과정에서 무엇이 창의적인지를 알고 창의적 사고가 왜 정신적 성장을 도모할 수 있는지를 이해하며 창의적인 것을 묵수하는 태도가 왜 윤리성을 띠게 되는지를 깨닫는 과정이 창의적 인간을 형성시키는 방법이다. 이는 역방향으로 이야기하면 비창의적인 것이 왜 가치를 지니기 어렵고 인간 형성에 도움이 안 되는지를 이해하는 과정이라 할 수 있다. 이처럼 창의성 교육의 내용과 과정은 다소 역설적인 측면이 있는 게 사실이다. 그러나 앞에서 설명했듯이 문제를 발견하는 능력으로 구체화되는 창의성은 방법으로서의 회의(懷疑)와 방법으로서의 부정(否定)을 요구한다. 이는 다시 성찰적 자아를 형성하는 통로에 연결되는 사항이다. 인성적 완성을 향한 자기 계발이 필요한 것은 창의성과 도덕성을 통합하고 융합하는 작업의 요청이기도 하다. 신언서판으로 사람을 평가하던 이전 시대의 인물 평가 기준을 다시 고려해봄 직하다.

5장 국어과 교육에서 창의·인성의 내용 조직

1. 언어 중심의 교과 내용 간 상호성

1) 명시적 기획과 암시적 기획

국어 교과서 체재[1] 안에 창의·인성 교육 활동을 반영하는 방식은 몇 가지로 상정할 수 있다. 하나는 교과서 기획 단계에서 창의·인성 요소를 명시적으로 제시하는 것이다. 「토끼와 거북」이라는 제재를 근면성을 강조하는 내용으로 활용할 수 있다. 그리고 그 근면성을 창의적 자질의 몰입과 연관지을 수 있다. 그와 달리 '게임의 조건'이라는 점에 대한 비판적 사고를 유도하는 제재로 활용할 수도 있다. 문제는 이러한 창의·인성 요소를 얼마나 명시적으로 드러낼 것인가 하는 점이다.

또한 교과 운영 측면에서 두 가지 방식을 고려할 수 있다. 첫째, 대단원 체재 안에 창

1 체재(體裁)는 일정한 규칙을 갖춘 짜임새를 말한다. 교과서를 편찬할 경우 어떤 원칙에 따라 장절을 구성하고 제재를 어떻게 활용하는가 등의 일정한 모양새를 체재라 한다. 거기 비해 국가의 정치 형태라든지 교육과정의 원칙과 그 원칙에 따라 구성한 큰 틀은 체제(體制)라 할 수 있다. 대개 체재는 규모가 작고 구체성을 띠는 얼개를 말한다. 거기 비해 체제는 규모가 크고 이념적인 틀을 뜻하는 경우가 대부분이다.

의·인성 활동을 전체적으로 반영하도록 하는 방법이다. 예컨대 하근찬의 『수난 이대』를 상황의 극복과 문제해결의 제재로 활용하는 교수·학습을 설계할 수 있다. 둘째, 교과서 내의 정례적인 일반 활동들 속에 배치하되 주로 마지막 단계에서 창의·인성 활동을 전략적으로 배치하는 방법을 고려할 수 있다. 『심청전』을 학습할 경우 소설로서 『심청전』에 대한 이해를 도모하는 수업을 진행한 후 심청이 효를 실행하는 방법이 타당성을 지니는가 하는 점을 토론하게 해 사고의 유연성을 길러주는 창의·인성 학습을 기획하는 방법을 고려할 수 있다.

창의적 활동을 위해서는 국어과에 적합한 창의성 요소들을 구체적으로 거론하면서 교육 내용을 제시할 필요가 있다. 넓게 보면 언어 활동 가운데 창의성과 연관없는 경우는 거의 없다. 그러나 어떤 활동이 창의적인지 여부를 판단하는 일은 그리 쉽지 않다. 박목월의 「산새알 물새알」이라는 작품을 문학적으로 설명하기는 그리 어렵지 않다. 그러나 거기서 생태론적 세계관을 발견하고 이를 학습에 반영해 창의·인성 교육과 연관짓는 것은 교사의 창의적인 교육과정 해석이 뒤따라야 한다.

또한 인성 교육 요소는 창의 교육 요소와 무리 없이 잘 융합될 수 있는 것들을 먼저 고려해서 선정해야 한다. 누누이 설명했지만 창의성과 인성이 모두 정합적인 연관성을 드러내지 않는다. 교사의 교육과정 해석과 교재의 운용 방법에 따라 그 가능성이 드러난다. 예를 들면 이병기의 「별」이라는 작품을 제재로 선택한다면 자연과의 교감, 자아 성찰 등은 인성 요소로 창의성과 연관지을 수 있지만 인간의 사회적 본질을 연관짓기는 상당히 어려워 보인다.

국어과 창의·인성 교육에서 강조할 인지적 기능(cognitive function)은 의사소통 능력, 문제해결 능력, 논리적 사고 능력, 분석 능력, 사고의 확장과 수렴, 심미적 사고 능력, 초월적 상상력 등의 범주로 나뉠 수 있다. 그런데 이런 분류가 중요한 게 아니다. 구체적인 제재와 운용 방식을 어떻게 할 것인가에 따라 교육적 성패가 갈린다. 각 영역에서 창의적 사고와 행동을 발휘할 수 있도록 제재를 해석하고 재가공하는 일은 교사의 몫이다. 황순원의 『소나기』를 제재로 선택한다면 소년과 소녀의 의사소통의 특징을 요즈음 친구들 사이의 의사소통 형식과 대비해봄으로써 비판적 사고를 중심으로 한 창의성 교육을 도모할 수 있을 것이다. 아울러 만일 소녀가 죽지 않았다면 어른이 되어서 어떤 삶을 살았을까 추리하는 과정에서 초월적 상상력을 기를 수도 있을 것이다.

창의와 인성이 융합될 수 있는 범주로는 인지적 판단 능력, 정의적 민감성, 내면화 및 실천적 태도 등을 설정할 수 있다. 예컨대 이효석의 『메밀꽃 필 무렵』에 나오는 작중인물들의 삶의 태도에 공감하면서 현재도 그러한 삶이 가능한지 따져보고 가능성 여부에 따라 어떤 조건 때문에 그러한지를 이야기할 수 있다면 이는 인지적 판단 능력과 정의적 민감성이 융합된 예가 될 수 있을 것이다.

창의와 인성은 교육적 과정과 성과(평가)가 가시적으로 나타나기 어려운 영역이다. 특히 언어나 문학의 학습에서는 창의와 인성의 교육 목표를 지나치게 명시적으로 운영할 경우 부작용이 있을 수 있다. 교과서 기획 과정에서 교육의 잠재적·비가시적 특징을 충분히 고려해서 교과서 표면의 명시적 기획으로는 드러나지 않는 대신에 다른 의도나 목표로 조직한 제재나 활동 속에 창의·인성의 목표들이 잠재적으로 구현되도록 하는 방식을 취할 수 있다. 물론 이는 교사용 지도서로 조정될 수 있을 것이다. 청록파 시인들의 시를 암기하고 그 내용과 형식이 자연의 리듬을 타고 있다는 점을 인식하는 과정에서 환경·생태적 연관성을 찾아낼 수 있다면 이는 잠재적 교육과정 형태로 활용될 수 있는 가능성이다.

앞에서 언급한 창의·인성 관련 인지적 기능(의사소통 능력, 문제해결 능력, 논리적 사고 능력, 분석 능력, 사고의 확장과 수렴, 심미적 사고 능력, 초월적 상상력 등)이나 창의·인성 융합 범주(인지적 판단 능력, 정의적 민감성, 내면화 및 실천적 태도 등)는 암시적 기획에서 더 긴밀하고 사려 깊게 작용할 수 있다. 그렇기 때문에 문학 작품의 경우 작품을 읽고 감상하는 과정을 밀도 있게 실행함으로써 학습자가 그러한 문학 체험을 바탕으로 창의성과 인성을 암묵적으로 형성해갈 수 있을 것으로 기대된다.

2) 내러티브의 범교과적 활용

내러티브로 통칭되는 서사나 이야기는 전통적으로 국어과의 문학 영역에서 다루어왔다. 그러나 근래에는 내러티브를 국어과 교육 내용으로만 국한하지 않고 인지적·정의적 발달 또는 사회적·도덕적 발달에 폭넓게 해석하고 인간의 삶 전반에 적용하는 방향으로 그 사용이 확장되었다. 이는 주로 윤리 교육과 연관된 연구에서 실천적 가능성을 보여주었다. 아울러 역사와 사회는 물론 과학이나 수학 영역에서도 내러티브는 교육 방법으로 활용되고 있다.[2] 이러한 가능성은 내러티브의 복합적 특성에서 연유한다. 인간 행동의 이야기라고 잠정적으로 규정할 수 있는 내러티브는 그게 어떤 행동인가에 따라 문화, 정치, 학문, 군사 등 각 영역을 포괄하게 되고 각 영역의 특성이 반영된 통합의 가능성을 보여주게 된다. 예를 들어 부력의 원리를 발견한 아르키메데스 이야기를 소개하면서 수학적 창의성을 가르칠 수 있을 것이다. 아울러 홍난파의 생애를 이야기하면서 음악과 시의 연계성을 학습 목표로 삼을 수도 있을 것이다.

국어과 내에서도 비문학 영역인 기능 영역이나 문법 영역에서 내러티브 제재를 활용한 수업 운영의 창의를 도모할 수 있다. 이 과정에서 내러티브 또는 스토리텔링 활동의 개입이 학습자를 창의적 주체로 만들어주는 효과를 기대할 수 있다. 예를 들면 어른들의 존대법과 현재 젊은이들의 존대법을 조사하는 과정에서 문법 영역을 학습하면서 세대 간의 소통 방법에 대한 인식을 기를 수 있다면 이는 문법과 도덕의 통합이라는 의미를 지니는 교육 활동이 될 것이다. 역사적 인물, 예컨대 안중근의 사적을 조사하면서 당시의 시대 상황을 파악하고 조사한 내용을 바탕으로 연극 대본을 쓰도록 한다면 전기 문학의 이해, 사회와 역사의 안목 신장, 역사적 사실에 허구성을 가미해 창작을 시도하는 등 다양한 연계를 모색할 수 있을 것이다. 이처럼 내러티브를 매개 항목으로 국어 교과와 타 교과의 상호 연관성을 얼마든지 개발할 수 있다.

따라서 내러티브를 중심으로 한 국어과와 타 교과의 상호성을 고려하는 협조 체제가 중요한 의미를 지닌다. 국어과와 타 교과의 상관성 활동을 효과적으로 배치함으로써 경험이나 지식이 교과가 조장하는 경계에 따라 학문 범주로 분리되지 않고 통섭될 수 있는 가능성이 증대된다. 이러한 작업은 아직 수행되기가 요원하다. 내러티브가 언어사이고 국어 영역에서 주로 다루어왔으니 국어 교과서에서 내러티브 연계 활동을 획기적으로 강화할 수 있을 것이다. 이는 국어과의 능력이라기보다 국어과에서 주로 다루어온 내러티브의 복합성에서 연유하는 것이다.

2 한승희, 「과학적 사고와 서사적 사고의 교육적 의미」, 『교육과정연구』, 23(2), 한국교육과정학회, 2005.
김만희 · 김범기, 「내러티브 사고의 과학교육적 함의」, 『한국과학교육학회지』, 22(4), 한국과학교육학회, 2002.
도홍찬, 「내러티브 도덕과 교육과정의 체계화 방안 연구」, 서울대학교 박사학위 논문, 2008.
이갑순, 「가정폭력 피해여성의 내러티브 만들기와 힘 기르기」, 서울대학교 박사학위 논문, 2005.

3) 언어적 경험에 대한 타 교과의 통섭적 접근

넓은 시각으로 보면 어떤 교과도 교육과정, 교재, 교수·학습 방법, 평가 방법 등에서 언어적 서술을 벗어날 수 없다. 역사과에서 3·1운동의 전개 과정과 결과에 대해 학습할 경우 다음과 같은 사항들을 언어적으로 다루게 된다. 3·1운동의 역사적 배경, 운동을 주도한 사람들, 그리고 「독립선언문」의 작성과 배포·낭독, 거기에 담긴 정신 등을 이야기할 수 있다. 아울러 〈3·1절 노래〉도 소개할 수 있다. 이러한 과정에서 확산적 사고를 도모하는 활동, 지식과 정보의 관계적 구성, 그리고 다양한 텍스트 상호성을 경험하게 할 수 있을 것이다. 이것은 국어과에서 기대할 수 있는 창의성 계발 활동이 될 수 있다. 물론 다른 영역과도 연계가 가능할 것이다. 유의할 사항은 국어과의 교과적 우월성 때문에 이러한 활동이 가능한 것이 아니라 언어 경험의 다면성과 복합성 때문에 이러한 활동이 가능하다는 점이다.

국어과 교과서는 다른 교과의 교과서에 문장 구사의 전범을 제공할 수 있다. 국어과의 성격이 도구교과적인 측면을 지니고 있기에 수렴적 사고의 창의성을 유도할 수 있는 가능성을 보이기 때문이다. 어휘 수준이나 문장의 구조, 문단 구성의 원리 등 몇 가지 측면에서 참조 준거가 될 수 있을 것이다. 그러나 국어과에서는 학습자가 그러한 내용을 직접 학습하는 데 비해 다른 교과에서는 단지 준거가 될 뿐이라는 차이가 있다. 그러한 점에서 문법 영역에서 다른 교과 교과서의 언어 자료들을 가급적 많이 원용해 활동 자료로 삼는 것도 언어적 경험을 유효하게 통섭하는 방식이 될 수 있을 것이다. 이와 달리 다른 교과의 교과 내용을 내러티브로 전환해 학습 효과를 상승하는 방법도 모색할 만하다. 또한 앞으로 서술형 평가가 보편화될 것으로 기대되는데, 서술형 평가는 어떻게 보면 창의적 글쓰기를 바탕으로 한다고 할 수 있다. 이렇게 될 경우 학습자와 교사 양편에서 모두 글쓰기를 훈련할 필요가 생긴다. 글쓰기이되 창의적 글쓰기를 시도해야 함은 물론이다.

2. 국어과 교육과정 내용 영역 간의 상호성

1) 기능 영역과 문학 영역의 상호성

문학 장르가 관습적 성격을 지니는 것처럼 문학과 비문학을 나누는 것 또한 관습적 성격이 강하다. 텍스트만 놓고 그것이 문학인지 아닌지를 구분하기는 매우 어렵다. 더구나 문학은 문학을 둘러싸고 있는 언어사와 다면적으로 연계되어 있기 때문에 문학만 독립시켜 설명하긴 매우 어렵다. 질료의 관점에서 보면 문학은 언어의 산물이다. 문학은 형태상으로는 은유와 내러티브를 바탕을 한다. 주제 측면에서 보면 문학은 철학과 닮아 있다. 그렇기 때문에 문학이 국어과 내에서 다른 영역과 상호성을 짙게 드러내는 것은 오히려 당연한 일이다.

그런데 문학을 너무 완강한 논리로 설명하려는 경향이 있다. 교과 영역의 명료성을 위해서는 필요한 조치일지 모르나 문학을 과도하게 학문 중심으로 본 결과이다. '문학 개론'에서는 문학이 무엇인가를 논리적으로 설명한다. 문학 교육에서는 문학이 왜 중요하고 인간 성장에 어떤 의의를 지니는가를 경험적으로 설득한다. 아울러 문학의 통합성을 강조한다. 그렇기 때문에 실천의 국면을 중시하게 되고, 따라서 문학이 문법, 작문, 화법 등 국어과 내의 다른 영역과 밀접한 상호성을 지닌다는 점을 강조한다. 실천을 중심으로 접근하는 문학 교육에서는 문법, 화법, 작문 등을 통합적으로 교육하는 가운데 창의성을 발현할 수 있도록 모색할 필요가 있다.

현행 국어과 교육과정의 하위 영역을 듣기·말하기·읽기·쓰기·문법 등으로 구분하고 문학을 그 가운데 한 영역으로 설정하는데, 이는 무리가 있어 보인다. 같은 말하기라도 목사님의 설교와 스님의 설법은 물론 세계관에서 차이가 난다. 설득적 말하기를 예로 들어도 그러하다. 정수기를 사라고 설득하는 경우와 학생들의 진로 선택에서 어떤 방향을 선택하도록 설득하는 것은 내용이 다르기 때문에 같은 설득적 말하기로 묶어서 논의하기가 매우 어렵다. 읽기도 마찬가지이다. 논설문을 읽는 방식과 소설을 읽는 방식이 같을 수 없다. 쓰기의 경우 사랑하는 사람에게 보내는 편지를 쓰는 일과 판사의 판결문 작성이 같은 원리로 설명되기 어렵다. 요컨대 내용을 고려하지 않고 언어 운용 형식을 중심으로 한 국어과의 영역 구분에는 무리가 따른다.

국어과 영역 구분이 중요하다기보다는 문학을 제재로 교수·학습 활동을 구상할 때 언어 운용 양상을 동시에 고려하는 것이 바람직하다. 다시 말하면 언어 기능을 다루는 영역과 문학 영역을 연계하는 방식이 효과적이다. 문학 작품을 낭독하는 것은 구두 언어의 수행이다. 그 낭독을 듣고 거기에 대해 이야기하는 것은 문학 말하기의 수행이다. 문학 작품을 읽고 그 감상을 글로 쓴다면 읽기와 쓰기가 통합되는 교육 효과를 기대할 수 있다. 이러한 과정에 창의성과 연관된 활동을 도입해 창의성 발현의 계기로 삼을 수 있을 것이다.

일부 기능 영역에서는 문학으로 기능을 익혀가는 것이 동기 유발이나 자기 주도성 발휘에서 훨씬 더 효과적일 것으로 보인다. 시를 읽으면서 언어의 기능을 설명할 수 있을 것이다. 예를 들어 조지훈의 「승무」에서 첫 구절 "얇은 사(紗) 하이얀 고깔은 고이 접어서 나빌레라"에서 어휘를 다른 유의어로 대치해보고 어감의 차이를 발견할 수 있게 한다면 언어의 음성 자질에 대한 이해와 함께 언어 유창성을 기르는 창의 학습 효과를 기대할 수 있을 것이다. 그리고 비슷한 예를 찾고 문제를 발견하고 발견한 문제를 협동 학습으로 해결한다면 그러한 과정을 통해 기능 학습과 창의 학습을 동시에 수행할 수 있을 것이다.

2) 기능 영역과 문법 영역의 상호성 확충

교사들은 국어과에서 가장 다루기 어려운 영역으로 문법을 들곤 한다. 흥미와 자기 주도성을 불러오는 마땅한 교수 전략을 개발하지 못한 결과로 짐작된다. 이는 문법을 인지 영역으로 확정하고 학문적 엄격성을 고수한 결과이기도 하다. '교육 문법'은 국어에 대한 폭넓은 이해와 실용성에 특징이 있다.[3] 아울러 국어에 대한 애정을 환기하는 데 문법 교육의 목적 일부가 있다. 학문 대상으로서 문법이 아니라 언어 수행의 규범을 익히는 문법으로 인식을 전환한다면 문법을 기능 영역의 실용성과 적절히 통합할 수 있는 길이 발견될

3 국어 문법은 개별 언어로서의 국어에 내재해 있는 원리와 규칙을 가리키는데, 언어활동에서 국어를 정확하고 효율적이며 창의적으로 사용하는 데 필요한 기저 지식 체계가 된다. 문법은 국어의 구조와 기능을 분석적으로 이해하고 국어를 통합적으로 구사할 수 있는 능력을 기르는 데 기여한다. 문법 교육 방법에서 '문법 지식의 교수학적 변환'을 강조하는 것도 이와 관련된다.

것이다. 달리 말하면, 말하고 듣는 과정에서 언어규칙을 발견하고 그러한 규칙이 지켜지는 경우와 안 지켜지는 경우를 대비해 규칙의 보편성과 예외성을 찾아내는 등의 활동을 함으로써 문법을 활동 영역으로 끌어들일 수 있다. 마찬가지로 글쓰기와 남의 글을 읽는 과정에서 문법성을 찾는다면 유사한 효과를 가져올 것이다. 다만 그 과정이 창의성을 드러낼 수 있도록 수업이 설계되어야 한다. 또한 문법 지식의 학습을 탐구 학습으로 접근하면 그 과정에서 일정한 창의 학습의 효과를 기대할 수 있을 것이다.[4] 이 경우 기능 영역에서 취하고 있는 구성주의 관점의 학습 방법들을 원용할 필요가 있을 것으로 보인다.

문법의 학문적 성격 때문에 주로 교사의 설명을 학습 방법으로 이용하곤 했다. 그런데 통합·연계를 기본으로 한다면 기능 영역의 각종 교수법들을 문법 교육에 활용할 수 있을 것이다. 이를테면 직접 교수법, 문제해결 학습법, 개념 학습법, 탐구 학습법 등을 문법 영역 학습 지도에 원용할 수 있을 것으로 본다. 직접 교수법은 자기 주도성을 향상하는 데 도움이 된다. 문제해결 학습법은 그 자체가 창의성 교육의 한 방법이라는 점을 고려할 필요가 있다. 다만 문법과 연관된 문제를 개발하고 그 해결 과정을 학습에 도입해야 한다. 탐구 학습법은 적용력 또는 수용성을 길러주는 방법이 된다. 문법 탐구를 위한 협동 학습 방법의 가능성에 대해서 적절한 활동을 개발해 제공할 필요가 있다. 다만 문법 영역과 기능 영역의 통합 가능성이 있는 부분에 한해서 이러한 학습을 수행해야지 모든 과제를 이렇게 해결하기는 무리라는 점에 유념할 필요가 있다.

3) 기능 영역 사이의 상호성 확충

국어과 기능 영역 사이의 상호성 확충을 위해서는 영역 간 연계성을 고려해야 한다. 말하기와 듣기를, 듣는 일이 말하기보다 중요하다고 해서 순서만 바꾸어놓은 것으로는 영역 간 상호성을 고려하기 어렵다. 언어 수행의 대화성을 고려하면 이 문제는 수월하게 해결된다.[5] 어떤 말하기의 상황이든지 화자가 혼자 끊임없이 말하고 청자는 시종 듣기만 하는 경

4 김광해·권재일·임지룡·김무림·임칠성, 『국어지식 탐구 – 국어교육을 위한 국어지식 탐구』, 박이정, 2002.

5 언어 수행의 대화성에 대해서는 우한용, 『한국 현대소설 담론 연구』, 삼지원, 1996을 참조하기 바란다.

우는 거의 없다. 강연 같은 경우도 청중의 반응이 없으면 강연은 지속되기 어렵다. 화자가 말하고 청자는 그 말을 받아 자기 의견을 덧붙여 화자에게 돌려준다. 그런 과정에서 청자는 화자로 위치가 전환된다. 이러한 과정의 순환이 대화이다. 강연에서 청중의 반응은 대부분 암묵적으로 전달되지만, 직접 전달되기도 하는데 연사가 청중에게 질문하고 대답하기도 하고 청중의 반응에 대해 언급함으로써 대화적 관계를 유지한다. 요컨대 말하기와 듣기는 언어 수행의 한 과정의 양면일 뿐이다. 이러한 상호작용은 읽기와 쓰기의 경우에도 적용될 수 있다. 글을 쓸 때 필자는 남의 글을 읽고 거기에 대한 응답으로 글을 쓰기도 하지만 자기가 쓰는 글을 지속적으로 읽는다. 쓰면서 읽고 읽으면서 쓴다고 해야 옳다. 달리 보면 말하기와 쓰기는 표현 영역이고 읽기와 듣기는 수용 영역이다. 이때의 수용을 이해 영역으로 규정하기도 하지만 읽기나 쓰기 어떤 경우도 이해를 포함하지 않는 예는 없다. 따라서 통합을 시도할 때는 완벽한 통합이라기보다는 공유하는 가능성의 통합이라야 한다. 이러한 통합과 연계는 사고의 유창성을 확보해준다는 점에서 창의성 교육의 의의를 지닌다고 하겠다.

기능 영역들 사이의 상호성을 살리기 위해서는 언어 수행의 통합성이 전제되어야 한다. 기능들이 통합적으로 작용할 뿐만 아니라 언어를 운용하는 주체인 인간의 특성이 통합적이라는 점을 고려해야 한다. 이렇게 본다면 창의성은 맥락을 잃고 분편화되어 있는 현상에다가 통합성을 부여하는 일이라 해도 좋을 것이다. 시적인 은유가 창의성의 한 징표가 되는 것은 상실된 통합성을 되찾는 일이기 때문이다. 수사법상으로 은유(메타포)라 하지만 의미 맥락이 분리된 사태를 다른 의미 맥락으로 이어주는 작업이 은유이다. 지성과 감성은 분류 개념으로 다른 영역으로 취급되지만, 정서 지능이라는 용어가 가능한 것처럼[6] 맞물려서 통합적으로 작용한다. 정신과 육체도 마찬가지이다.

이와 같은 전제로 기능들 사이에 통합과 상호성을 추구한다면 국어과 창의 교육의 효과를 높일 수 있을 것으로 본다. 그러기 위해서는 실제적 언어 생활을 반영하는 수행 과업

6 정서 지능(EQ)과 관련하여 대니엘 골먼은 "IQ보다 EQ가 중요하며, EQ는 학습을 통해 계발할 수 있다"고 하면서 우리는 얼마나 영리한가 혹은 전문지식이 얼마나 많은가라는 것뿐만 아니라, 나와 상대방의 감정을 얼마나 잘 조율할 수 있는가라는 새로운 척도를 제시한다. 사람들이 실세 거두는 성과는 지능(IQ)에 의해서뿐만 아니라 폐배를 견뎌낼 수 있는 능력에 달려 있다. 자신에게 동기부여를 하고, 좌절 속에서도 밀고 나가며, 충동을 억제하고 만족을 유예하며, 자기 기분을 조율해 집중력이 떨어지지 않게 하며, 감정이입을 할 줄 알고 희망을 품을 줄 아는 능력이 정서 지능이다. 정서 지능 개념은 인성교육, 폭력 예방, 학교 규율과 관련된 여러 프로그램을 조율하는 총괄적 개념이다(Goleman, Daniel, 한창호 옮김, 『EQ 감성지능』, 웅진지식하우스, 2008).

들, 실제적 언어 생활을 반영하는 수행 평가가 더욱 실제적으로 제공되어야 한다. 창의·인성 교육을 전제로 한다면 국어과에서는 수행 평가의 실제적 언어 수행성을 더 높이고 현실적으로 운용되는 언어의 현실태를 학습의 장에 끌어들일 필요가 있다.

3. 장르나 제재의 상호성을 살리는 내용 체계

1) 기능 지향의 교과서 단원 체재

국어 교과서 개발의 전통적 관념 가운데 장르의 원칙을 우선하는 것이 매우 지배적으로 작용해왔다. 장르를 가르치는 것이 중요하다는 인식, 교과서 전체의 내용 조직에서 장르의 균형 배치가 중요하다는 인식 등이 바로 그것이다. 이런 원칙에 입각해 문학 교과서는 시의 본질, 시의 종류·구조·언어 등을 내용으로 설정하고 소설의 개념·기능·구성·유형 등을 다룰 수 있는 제재를 중심으로 편찬된다. 그런데 문학에서 장르는 문학 현상에 질서를 부여하는 원칙일 뿐이다.[7] 폭넓은 개념의 문학을 분류하고 재편성해 그 특성을 구명하고 원리를 밝히고자 하는 노력의 산물이 장르개념이다. 달리 보면 장르는 관습과 같은 것이라서 시대를 따라 개념이 변하기도 하고 한 시대를 주도하는 장르가 생겼다 사라지기도 한다. 한마디로 장르 개념은 그렇게 엄격하게 규정되는 것이 아니다. 그러나 작가나 독자나 장르에 대한 인식을 바탕으로 작품을 쓰고 작품을 읽는다는 점에서 장르는 문학교육에서 중요한 의미를 지닌다.

장르 개념에 중점을 두고 문학 교육의 내용을 조직하는 방식은 경직된 지식 교육으로 흐를 염려가 있다. 시란 무엇인가, 소설이란 무엇인가 하는 식으로 가르치는 교과서가 될 수 있기 때문이다. 그러한 개념을 중시하기보다는 장르의 상호 연관성, 장르의 가변성, 장르 발생의 사회문화적 조건에 대한 고려, 장르의 시대성 등을 중심 개념으로 할 경우 창의

7 René Wellek & Austin Warren, *Theory of Literature*, Harcourt, Brace & World, 1956, 우한용, 「문학교육과 장르론」, 『문학교육과 문화론』, 서울대학교 출판부, 1997에서 재인용.

성 교육에 기여할 수 있는 측면이 증대된다. 그렇게 하기 위해서 교사는 교재 해석과 운영 능력을 갖추어야 한다.

앞에서 말한 것과 같은 통합 개념, 상호성 등을 고려해야 하는 것은 기능 영역의 학습에서도 반드시 필요한 사항이다. 대중연설에서 그 장르에 꼭 맞는 모범은 없다. 어떤 경우는 사실적인 자료를 중심으로 이야기함으로써 신뢰를 얻을 수 있고 비유를 동원해 정서적 공감을 일궈낼 수도 있다. 언어의 다층성, 상황의 가변성, 주체와 대상의 상호성 등은 언어 운용의 영역을 명확하게 구분하기보다는 서로 넘나드는 수용성을 나타낸다. 흔히 대화에 에피소드가 들어가는 것을 보게 된다. 에피소드로 보면 그것은 내러티브의 일종이지만, 대화라는 맥락에서 보면 에피소드는 대화를 이루는 작은 요소가 된다. 중요한 것은 기능을 중심으로 장르들이 통합적으로 또는 상호작용적으로 배치되는 방식으로 교과서를 편찬하고 그렇게 운용할 때라야 창의 요소를 살릴 수 있다는 점이다.

2) 주제 지향의 교과서 단원 체재

언어사에서 주제가 배제되면 결국 무의미해진다. 우리가 말하고 글을 쓰는 것은 결국 어떤 의미를 전달하고 소통하기 위해서이다. 수용의 국면에서도 마찬가지이다. 똑같이 울고 있는 사람이 있다고 해도 우는 연유는 다를 수 있다. 사랑하는 사람과 이별해서 우는 사람도 있고 스스로의 처지를 생각하매 처량해서 우는 사람도 있다. 얼마든지 다른 예를 생각할 수 있다. 왜 우는가, 울음의 효과는 무엇인가, 그 울음에 대해 남들은 무어라 하는가에 따라 울음의 의미가 결정된다. 언어사를 다루는 문학 교과서도 마찬가지로 교과서의 맥락이 교과서의 가치에 영향을 미친다.

흔히 계절의 아름다움, 인정의 곡진함, 개인과 사회의 불화, 역사에 대한 소명감 등을 교과서 단원명으로 설정하는 경우를 볼 수 있다. 무엇을 말하고자 하는지, 어떤 의미를 전달하고 소통하고자 하는지 등의 문제를 중심에 두고 체재를 잡을 수 있는 것이다. 이러한 체재를 가진 교과서를 창의성 교육에 어떻게 운영할 것인가 하는 문제는 교과 특성을 고려해야 한다. 창의성과 인성은 그 자체가 삶의 현상으로 현현되거나 인격의 내면으로 작용하는 총체적이고 포괄적이며 융합적인 속성을 지닌다. 따라서 어떤 주제를 설정하고 그 주제를 설명하거나 해명하는 수단으로 작품이 동원되는 것은 창의성에서 벗어난다. 예를 들어 이육사의 「청포도」에서 "내가 바라는 손님은 고달픈 몸으로/ 청포를 입고 찾아온다고 했으니" 하는 구절에서 '손님'이 누구냐를 두고 논란이 일기도 한다. 이육사의 개인사적 맥락에서 '독립운동가'라고 해야 한다는 주장이 있다. '독립운동가'는 여러 가지의 해석 가능성 가운데 하나일 뿐이다. 따라서 주제를 한정하지 말고 해석 가능성의 범위를 확대할 수 있도록 하는 데서 창의성이 길러질 수 있다. 일상 대화에서 '알았다' 하는 한마디도 상황에 따라서 얼마든지 의미가 달라질 수 있다. 그렇게 달라질 수 있는 의미의 맥락을 탐구하는 데서 창의적 발상이 이루어질 수 있다.

주제 지향의 단원 체재로 구성된 교과서에서 소통 능력을 심화하기 위한 교수·학습이 용이할 것으로 보인다. 소통은 그 자체가 창의성이 복합적으로 발휘되어야 하는 과제이다. 소통에는 관계, 배려, 수용 그리고 적극적인 참여 등 창의적 요소가 다수 포함된다. 그런데 소통을 설득으로 간주하지 말아야 한다. 소통은 교섭이다. 교섭을 통한 설득인 것이다. 이를 위해서는 문학적 언어 운용의 일방성을 벗어나야 한다. 일방적 전달을 벗어나 '소통으로서의 비평'을 교수·학습에 원용할 수 있을 것이다.

언어와 사고와 행위는 서로 밀접한 연관성을 지닌다. 문학은 텍스트와 사고와 행위의 연관성으로 설명될 수 있는 현상이다. 문학을 언어의 구조물로 상정하고 그 원리를 밝힌다면 문학의 법칙성은 드러날 수 있을지 몰라도 삶과 연관성이 긴밀할 수 없다. 그러한 점에서 본다면 문학의 장르론이나 구조론 등은 주제론과 통합되어야 삶의 맥락으로 통합되어 들어온다. 그러한 전제에서 다중 지능으로서의 창의성을 연계할 수 있을 것이다. 주제론적 구성 체재의 교과서를 텍스트 내용을 설명하는 방식으로 가르치는 것은 창의적 사고력 교육에 크게 기여하기 어렵다. 문학을 기획하고 실천하는 행동으로 전이해야 할 필요가 있다. 그래야 문학의 내용, 주제, 가치 등이 학습자 자신의 삶으로 통합해 들어올 수 있게 된다.

3) 기능 지향과 주제 지향의 통합 체재

언어에서 기능과 주제는 언제든지 통합적인 방식으로 실현된다. 달리 말하면 언어의 주제와 기능은 분리가 안 된다. 「독립선언문」을 선언하는 말하기, 선언문이란 형식의 글쓰기, 선언문 듣기, 선언문 읽기 등의 기능으로 분리해서 다룰 수 없다. 국가의 독립을 염원하는 의지가 이런 형식의 글을 낳게 했고 선언으로 끝나는 것이 아니라 운동의 형식으로 전개된 가운데 이 선언 행위가 자리잡는다. 그렇기 때문에 이 문건에 대한 역사·사회적, 이념적 이해를 떠나서는 정당하게 다룰 수 없다. 한마디로 언어사이되 실천적 행동과 이념과 분리될 수 없는 것이다. 교과서라고 해서 이와 다르지 않다. 교육의 이념, 교수·학습의 구도, 실천 방법 등이 모두 포함되는 것이다. 그러니까 주제와 기능의 통합을 강조할 것이 아니라 언어 운용의 원리로서의 통합성을 미리 고려해야 한다.

교육 실천의 장에서 이러한 통합을 도모하면서 창의성을 형성하려면 몇 가지 사항을 고려해볼 만하다. 작품의 해석과 장르의 전이를 활용하는 방법이 그것이다. 한용운의 「님의 침묵」을 제재로 주제 측면에서 자유롭게 토론하고 의견을 교환하는 소통을 시도할 수 있을 것이다. 시에 나오는 '임'을 각각 독립운동가로, 승려로, 연인으로 설정하고 만남과 헤어짐을 내러티브로 만들고 이를 바탕으로 드라마로 각색해보는 방법을 학습 과정에서 수행해보는 것이다. 그 과정에서 여러 가지 창의 요소를 구현할 수 있을 것이다. 아울러 협동, 소통, 역할의 수행, 책임 등 인성적 요소를 교육하는 효과를 높일 수 있을 것이다.

높은 수준의 창의력을 도모하려면 기능 지향의 국어교육 활동과 주제 지향의 국어교육 활동이 서로 교차되고 융합될 수 있는 가능성을 모색할 필요가 있다. 주제를 탐색하는 과정에서 드러나는 기능을 새롭게 검토하고 이들 기능 체계를 주제와 연관짓는 모색이 있어야 한다. 요컨대 언어 활동의 성격이 다면적이고 복합적이며 통합적이라는 시각을 견지하는 일이 중요하다. 그래야 창의성과 인성을 기르기 위한 교과서 체재를 모색할 수 있을 것이다. 그리고 창의성과 인성을 기르기 위한 교수·학습도 그러한 방향으로 유도되어야 함은 물론이다.

2부

국어과 창의·인성 교육의 실천 전략

1장 창의 · 인성 교육의 설계 방향

1. 창의 · 인성 수업의 목표

2009 개정 교육과정 이래 '배려와 나눔을 실천하는 창의적 인재'를 우리 교육이 길러내야 할 인간상으로 제시했으며, 이를 바탕으로 창의와 배려가 조화를 이룬 인재 육성을 목표로 '창의 · 인성 교육 기본 방안'을 꾸준히 구체화하고 실천에 노력을 기울여왔다. '창의'와 '인성'의 조화를 기함으로써 '새로운 가치를 창출하고 더불어 살 줄 아는 인재' 양성을 기본 목표로 삼아 모든 교과 활동에서 창의성과 인성을 함양하는 활동을 할 것을 요구하고 있다.

국어과에서 창의 · 인성 교육은 국어 교과의 특성을 고려해 창의성과 인성 함양을 위한 요소들을 적극적으로 포함시켜 지도해야 한다. 국어과에서 창의 · 인성 교육은 언어적 경험 제공 차원에서, 사고력 함양 차원에서, 텍스트 생산과 수용 차원에서 접근이 가능하다. 이런 다양한 접근의 총화로서, 창의 · 인성[1] 의 효율적인 지도 방안을 마련할 수 있다.

1 창의 · 인성은 독립적인 창의성과 인성이 결합된 개념이다. 독립적이라 함은 창의성과 인성이라는 개념 속에는 서로 섞이지 않는 개념이 존재한다는 것이며, 결합되어 있다는 것은 두 개념이 상호 조화롭게 공동의 목표를 추구할 수 있다는 것을 의미한다(최미정, 「창의 · 인성 교육을 위한 교사교육 모형 개발」, 『학습자중심교과교육연구』, 제10권 제3호, 학

그동안 국어 교육에서는 교육과정뿐만 아니라 교과서 개발, 수업 실행 등 다양한 차원에서 창의성 신장을 도모해왔다. 국어과에서 창의·인성 교육은 전혀 새로운 것이 아니다. 따라서 지금까지 명시적이든 비명시적으로든 실행해온 창의성 교육을 보다 강화하고, 나아가 창의성과 인성을 연계하거나 통합해 효율적으로 교육할 수 있는 실천적 대안을 마련할 필요가 있다. 즉, 국어과 창의·인성 교육의 당면 과제는 국어과의 특성을 살려 창의성 교육과 인성 교육의 일반 원리가 서로 호응되도록 연계성을 살려 교실 현장의 수업으로 이어지는 일일 것이다.

국어과 창의·인성 교육은 국어과 교육과정의 적합성에 맞게 수업 목표를 설정해야 한다. 창의·인성 교육 요소를 교육과정 성취 기준에 비추어보고 비교우위의 관점에서 성취 기준별로 창의·인성 교육과의 상관성을 검토해야 하며, 국어 교과서에 수록된 '제재 및 활동'과의 연계성도 함께 고려해야 한다. 이때 국어과 교육과정과 창의·인성 교육의 상관도가 낮은 성취 기준이나 단원은 전략적 중점에서 배제하고 상관도가 비교적 높은 것을 중심으로 창의·인성 교육을 시도한다. 따라서 국어과 창의·인성 수업의 목표는 국어과 교육과정 내용과 창의·인성의 관련성을 검토하여 다음과 같은 방식으로 설정될 수 있다.

첫째, 교육과정에 명시된 창의·인성 관련 성취 기준을 추출한다. 이는 교육과정에 명시된 내용을 토대로 교육과정에서 무엇을 다루고 있는지를 대략적으로 파악하는 일이다. 이때 명시적으로 드러나지 않은 감추어진 창의성과 인성의 요소를 발견하는 것은 교사의 몫이다.

둘째, 창의성과 인성 교육 요소[2]를 교육과정 성취 기준에 비추어본다. 교과서의 특정 단원 수업 설계에서 창의성과 인성의 요소를 발견했다고 하더라도 그것이 교육과정의 성취 기준에 어떤 연계성을 가지고 있는가를 검토해야 한다.

셋째, 성취 기준별로 창의·인성 교육과의 상관성을 검토하고 상관 정도(상·중·하)에 따라 창의·인성 교육에 활용 여부를 결정한다. 창의·인성과 상관 정도가 높더라도 다른 단원과의 관계 또는 학습량과의 관계 등을 고려해야 한다.

습자중심교과교육학회, 2010, 504쪽).

2 창의성 교육 요소에는 '인지적 요소(사고의 확장, 사고의 수렴, 문제해결력), 성향적 요소(독립성, 개방성), 동기적 요소(호기심 또는 흥미, 몰입)' 등이 포함된다. 그리고 인성 교육 요소에는 '인간관계 덕목(정직, 약속, 용서, 책임, 배려, 소유), 인성판단력(도덕적 예민성, 도덕적 판단력, 의사결정 능력, 행동 실천력)'이 포함된다.

넷째, 창의성과 인성 요소가 포함된 성취 기준과 국어 교과서의 단원이나 차시의 관계를 고려해야 한다. 관련 교과서 단원이나 차시를 검토하는 과정에서 교과서 수록 '제재 및 활동'과의 연계성을 살릴 수 있도록 해야 한다. 이때 창의·인성 교육과 상관도가 낮은 성취 기준, 단원, 차시는 창의·인성 교육의 전략적 중점에서 배제할 수도 있다. 왜냐하면 모든 단원이나 차시에서 창의·인성을 지도하는 것은 현실적으로 무리이기 때문이다.

2. 창의·인성의 지도 양태

창의성 요소와 인성 요소는 정확하게 일치하기보다는 상호 연관관계에 놓여 있기 때문에 어디에 중점을 둘 것인가를 결정해야 한다. 이 둘의 관계를 고려한 창의·인성의 지도 방법은 개념적으로 보면 ① 창의성 중심 지도 범주, ② 창의성 중심 인성 연계 지도 범주, ③ 인성 중심 창의성 연계 지도 범주, ④ 인성 중심 지도 범주 등의 형태로 가능하다.

창의·인성 수업의 구체적인 모습은 위의 네 가지 지도 양태 중 하나가 된다. 교육과정의 특정 성취 기준, 교재의 특정 단원, 수업의 특정 차시 등을 염두에 두고 창의·인성 수업을 계획할 때 이 네 가지 양태 중 어느 것을 취할 것인지를 먼저 결정해야 한다. 국어과에서는 대체적으로 ①과 ②의 양태가 많이 나타날 것이다. 어떤 경우는 두 요소 가운데 하나만 적용이 가능할 수도 있기 때문에 창의성과 인성의 무리한 연계 지도를 도모하는 것은 바람직하지 않다.

교재나 수업 차원에서 창의·인성 교육을 설계할 때 단원의 특성에 따라 창의·인성 수업에 적용할 항목이 제한될 수 있다. 지식을 다루어야 하는 단원에서 창의·인성을 무리하게 적용하는 것은 단원의 기본 성격을 벗어날 우려가 있다. 원칙적으로 단원의 성격이 창의·인성 교육을 구안하는 데 적합한 것이라야 한다. 따라서 다음과 같은 사항을 고려할 필요가 있다.

- 모든 단원, 모든 차시에 창의·인성 지도를 명시적으로 연계하는 것은 부적절하다.
- 특정 단원, 특정 차시에 전략적이고 집중적인 창의·인성 지도를 기획한다.

• 여타의 단원과 차시는 융통성을 살려서 자유롭게 운영한다.

3. 창의·인성 수업 모형 및 활동

1) 창의·인성 수업 모형의 운용 전략

수업 모형은 교수·학습 절차, 전략, 활동, 기법 등을 단순화해 나타낸 수업의 틀(frame)이라고 할 수 있다. 교수·학습의 효율성을 높이려면 교수·학습 내용, 학습자의 수준, 교수 능력, 교수·학습 환경 등의 변인을 고려해 최적의 수업 모형을 선택하고 적용할 수 있어야 한다.

(1) '내용/주제' 중심 수업 모형

국어과 창의·인성 교육의 내용이나 주제에 초점을 둔 '내용/주제' 중심 수업 모형에는 ① 언어 놀이 모형, ② 가치 탐구 모형, ③ 갈등 이해 모형, ④ 해석 교환 모형, ⑤ 텍스트 상호성 모형, ⑥ 소통 확장 모형, ⑦ 은유적 사고 모형, ⑧ 감정 이입 모형, ⑨ 창작 모형, ⑩ 관점 변환 모형 등이 있다.[3]

'내용/주제' 중심 수업 모형은 창의·인성에 초점을 두어 국어 수업을 전개하려는 의도에서 개발된 수업 모형이다. 기존의 '절차' 중심 수업 모형(예: 토의·토론 모형)과는 달리 수업 모형 자체에 이미 다루려고 하는 창의와 인성의 지도 방향을 시사하며, 모형을 구성하는 세부 활동에서 창의·인성의 지도 요소와 방법을 구체적으로 드러낸다는 점에서 차별화된다. '내용/주제' 중심 수업 모형 중 '관점 변환 모형'을 예로 살펴보자.

3 '내용/주제' 중심 수업 모형에 대한 자세한 내용은 '2부 3장'을 참조.

관점 변환 모형의 개관

과정	주요 활동 내용
인물의 입장 이해하기	작가가 작품에서 초점화하거나 부각한 인물의 입장이나 처지를 인물의 말이나 행동을 통해 파악한다.
다른 입장에서 바라보기	다른 주변 인물들의 입장이나 독자 자신의 입장에서 인물의 말이나 행동을 다른 각도에서 바라보고 해석하는 활동을 통해 작품의 다양한 의미를 찾는다.
상호 소통하기	작품에 등장하는 인물과 간접적 소통이나 동일한 작품을 읽는 다른 사람의 입장이나 관점에서 어떻게 작품의 의미를 이해하고 수용하는지를 다른 독자와 토의 · 토론 과정을 통해 생각이나 느낌에 공감하며 소통한다.
다가치적 의미 탐구하기	문학 작품이 관점에 따라 다양하게 해석됨을 전제로 잠정적으로 유보했던 작품의 주제나 인물의 행동에 대해 가치 부여를 한다.

관점 변환 모형은 기존 국어교육에서 이미 자리잡고 있는 창의적 텍스트 해석 활동을 범주화한 것으로 다양한 관점으로 작품을 해석하면서 창의성 요소를 지도하는 방법이다. 문학 작품을 특정 관점에 기대어 이해하는 것이 아니라 새로운 관점에서 작품을 바라봄으로써 문학 작품에 대한 이해와 감상의 폭과 깊이를 확장하고 심화하는 데 초점을 둔다. 관점 변환 모형은 새로운 관점으로 바라본다는 점에서 창의성이 발현되고, 작품 해석에 대한 의견을 교환하는 과정에서 다른 독자의 관점과 해석을 인정한다는 점에서 인성적 자질이 드러난다.

(2) '절차' 중심 수업 모형

일반적인 '절차' 중심 수업 모형에는 ① 토의 · 토론 모형, ② 전문가 협력 학습 모형, ③ 역할 놀이 모형, ④ 공동 창작 모형, ⑤ 문제 해결 모형, ⑥ 체험 학습 모형, ⑦ 협동 학습 모형, ⑧ 프로그램 학습 모형, ⑨ 매체 변용 모형 등이 있다. 이들 모형은 그간 현장에서 널리 사용해오던 수업의 일반 절차를 모형화한 것이다.

'내용/주제' 중심 모형이 창의 · 인성의 주제를 살리는 데 초점을 둔 수업 모형이라면, 수업의 형식과 절차를 짜임새 있게 운용할 때는 '절차' 중심 모형이 유용하다. 이러한 절차 중심 수업 모형 중에서 '토의 · 토론 모형'을 예로 살펴보자.

토의·토론 모형의 개관

단계	주요 활동
주제 확인하기	- 동기 유발 - 토의·토론 목적 및 주제 확인 - 학습 문제 확인
토의·토론 준비하기	- 주제에 대한 자신의 입장 정하기 - 토의·토론 방법 및 절차 확인 - 주제에 대한 자료 수집 및 정리
토의·토론하기	- 각자 의견 발표 - 반대 또는 찬성 의견 제시
정리 및 평가하기	- 토의·토론 결과 정리 - 토의·토론 평가

토의·토론 모형은 교사와 학생 또는 학생들끼리 일정한 규칙과 단계에 따라 대화를 나눔으로써 학습 문제를 해결하거나 학습 목표에 도달하고자 하는 공동 학습 모형의 한 형태이다. 이 모형은 고차적인 인지 능력 향상이나 특정 문제의 해결 방안을 모색하거나 태도 변화를 꾀하는 데에도 적합한 모형이다. 따라서 이 모형은 학습 문제 해결을 지향하는 대부분의 수업에 응용할 수 있으며, 학습자의 자발적인 참여와 창의적인 사고, 학습자의 의사소통 기능, 대인 관계 기능이 성공의 관건이 된다. '내용/주제' 중심 모형을 구성하는 활동은 선택적으로 활용할 수 있는 반면에, 토의·토론 모형의 하위 활동은 선택적이라기보다 일련의 절차나 단계라는 점에 차이가 있다.

(3) 창의·인성 수업 모형의 운용

국어과 창의·인성 수업에서 '내용/주제' 중심 수업 모형만으로도 수업의 절차 문제가 어느 정도 해결 가능하다. 그러나 '내용/주제' 중심 수업 모형의 하위 과정은 그대로 따라가지 않아도 되는 활동이다. 교실 수업 상황과 목적에 따라 과정의 특정 부분을 생략하거나 현장 수업 상황에 더 부합하는 과정 요소를 추가해도 무방하다. 따라서 '내용/주제' 중심 수업 모형의 하위 과정이나 활동 내용은 선별적으로 교실 형편에 맞게 수용할 필요가 있다.

그렇다면 '절차' 중심 수업 모형은 어떻게 활용하는 것이 좋은가? '내용/주제' 중심 수업 모형을 선택한 후 수업의 절차나 진행을 특별히 운용하고 싶을 때 '절차' 중심 수업 모형 중에서 가장 유용하다고 판단되는 모형을 활용하는 것이 바람직하다. 이상적으로 말하면, 국어과에서 창의·인성 수업을 구상할 때 창의·인성이라는 내용이나 주제를 전략적으로 접근하기 위해 선정한 '내용/주제' 중심 수업 모형과 그것을 절차적 측면에서 잘 도울 수 있는 '절차' 중심 수업 모형이 이원적으로 작동하도록 설계하는 것이 바람직하다. 그러나 '내용/주제' 중심 수업 모형만으로도 수업 운영의 절차가 해결될 수 있다면 굳이 '절차' 중심 수업 모형과의 병행을 고민할 필요는 없다.

국어과 창의·인성 수업 모형의 운용 전략

'내용/주제' 중심 수업 모형

• 언어 놀이 모형	• 가치 탐구 모형
• 갈등 이해 모형	• 해석 교환 모형
• 텍스트 상호성 모형	• 소통 확장 모형
• 은유적 사고 모형	• 감정 이입 모형
• 창작 모형	• 관점 변환 모형

'내용/주제' 중심 수업 모형과 '절차' 중심 수업 모형을 효과적으로 병행 운영

'절차' 중심 수업 모형

• 토의 토론 모형	• 전문가 협력 학습 모형
• 역할 놀이 모형	• 공동 창작 모형
• 문제 해결 모형	• 체험 학습 모형
• 협동 학습 모형	• 프로그램 학습 모형
• 매체 변용 모형	…

2) 창의·인성 활동의 구체화

국어 수업에서 창의·인성 교육 요소는 다양한 '활동 아이디어(activities)'를 통해 효과적으로 반영할 수 있다. 국어과에서 활용 가능한 활동 아이디어는 ① 인간 이해를 위한 창의·인성 활동(동기와 욕구 이해하기, 처지 변환하기, 공감 소통하기, 자아 탐구하기, 회의하기와 가치 유보하기, 반성적 사고 확장하기 등), ② 언어문화 탐구를 위한 창의·인성 활동(전통문화 재발견하기, 대중문화와 소통하기, 다른 문화와 대화하기, 생활 속 표현 문화 공유하기, 관용어/속담 속의 문화 읽기 등), ③ 체험(놀이)을 통한 창의·인성 활동(언어 유희 참여하기, 디자이너 역할 놀

이하기, 공동체 글쓰기, 축제 놀이하기, 모의 놀이하기, 여행 감수성 기르기 등), ④ 창작을 통한 창의·인성 활동(인물 살려내기, 비유로 사물 보기, 상징 만들기, 패러디하기, 내러티브 재구성하기, 역사적 상상력 기르기, 새로운 세계 창조하기, 연출가 되어보기 등), ⑤ 언어적 문제 해결로서 창의·인성 활동(언어적 이벤트 기획하기, 생활 언어 양식 개발하기, 공동체 문제 발견 및 해결하기, 화용적 전략으로 해결하기, 비판적 사고와 대안적 사고 이어가기, 유머로 관계 맺기 등) 등이 있다.[4]

창의·인성 교육을 위한 활동 아이디어 가운데 인간 이해를 위한 활동 중 '회의하기와 가치 유보하기'를 그 예로 살펴보자. 작가의 언어로 서술된 이야기는 해석을 요하는 공간을 포함하고 있다. 그리고 아무리 명료한 언어로 형상화했더라도 인물의 행동 동기가 항상 분명한 것은 아니다. 설사 동기가 밝혀져 있어도 '나라면?' 하고 가정해 본다면 작가의 의도와는 다른 측면의 해석이 가능하다. 그뿐만 아니라 '다른 사람은 어떻게 해석했을까?'라고 의문을 품는 단계에 이르면 이야기의 주제나 행동의 가치를 단언하기는 어렵게 된다. 이처럼 해석의 과정에서 회의적 요소를 고려하는 것은 문학 작품에 창의적으로 접근하는 일차적인 과업이다.

이야기에 등장하는 인물과 사건에 대한 이해 과정에서 판단을 유보하면서 가치를 탐구하고 여러 가지 조건을 제시해보면서 해석을 다양하게 시도하는 일 자체가 창의적 사고 과정이다. 인물의 사고방식, 행동의 동기, 태도에 대한 정당성 여부 등에 대한 자기 나름의 평가와 판단을 작품의 수용 과정 전반에 걸쳐 반복적으로 제기하는 것은 이야기의 의미를 풍부하게 한다. 이러한 과정은 해석의 다원성을 여는 계기를 마련한다. 아울러 이야기 속 인물을 통해 다른 사람의 감성·행동·가치 등을 반추하면서 정당성을 고려하는 과정은 타인을 존중하고 배려하는 인성적 자질과 연관된다.

이와 같은 창의·인성 교육을 위한 활동 아이디어를 수업 상황에 실제적으로 활용하려면 다양한 텍스트를 기반으로 다음과 같이 활동 아이디어를 구체화·정교화해야 한다. 이때 평소 교사의 텍스트 읽기 경험은 창의적인 활동 아이디어를 구안하는 데 큰 도움이 된다.

['회의하기와 가치 유보하기' 활동 아이디어를 구체화한 예]

- '왜'라는 질문을 던지며 이야기 읽기(예: 심청은 효녀라고 할 수 있는가?)

4 '활동 아이디어'에 대한 자세한 내용은 '2부 2장' 참조.

- '만약 ~라면'과 같은 가정법 활동을 통한 확산적 사고 유발하기(예: '양파의 왕따 일기'에서 정화가 거짓말을 하지 않았을 경우를 가정해 이어질 내용 재구성하기)
- 등장인물의 입장이나 관점을 바꾸어 보는 활동(예: 토끼가 들려주는 '토끼와 거북' 이야기)

3) 모형과 활동의 유연성과 역동성

창의·인성 수업의 설계에서 창의·인성 수업 모형과 활동은 어떤 역할을 하는가? 수업 설계에서 모형과 활동의 관계를 설정하려면 교사의 창의·인성 수업 계획 과정을 들여다보는 것이 도움이 될 것이다.

〔정 선생님의 창의·인성 수업 계획 속으로〕

정 선생님은 국어과 창의·인성 수업을 계획하고 있습니다. 교과서를 펴놓고 교사용 지도서에 제시된 단원 계획을 참고해 해당 단원의 교육과정 성취 기준도 찾았습니다. 창의·인성 수업을 하기 위해서는 관련 성취 기준이 우선이니까 성취 기준을 꼼꼼하게 해석해봅니다. 학습자에게 길러주어야 할 목표를 생각합니다. 그리고 교과서와의 관련성도 생각해 교과서의 제재와 활동도 머릿속에 넣고 여러 방면에서 창의·인성 수업의 모습을 그려봅니다. 그러고 나서 …….

정 선생님은 이후에 구체적인 창의·인성 수업을 설계하게 된다. 이때 정 선생님은 '모형 중심 접근법'으로 수업을 설계할 수 있고 '활동 중심 접근법'으로 수업을 설계할 수도 있다.

첫째, '모형 중심 접근법'은 수업 목표에 부합되는 기존의 창의·인성 수업 모형을 찾아 모형에 맞게 창의·인성 활동을 적용시키는 방법이다. 예를 들어, 관련 성취 기준이 '문학 작품 속 인물의 특성을 살려 새로운 이야기를 꾸민다'는, 이와 관련된 창의·인성 수업 모형인 '창작 모형'을 찾아서 이 모형의 절차를 따라 '부분 재구성하기', '패러디하기', '상호 텍스트성 살려 재구성하기', '대안 그리기'와 같은 활동을 중심으로 해당 단원의 수업을 설계하는 것이다. 이때 수업 모형의 세부 과정과 관련되는 다양한 '활동'을 찾아내어 수업 모형의 내용을 알차게 보완할 수 있다. 이는 주어진 창의·인성 수업 모형에 따라 일반화하려는 발상이며, 체계화된 수업을 설계하고 싶은 교사의 신념과도 관련된다. 교과 연구회나 단위 학교 중심의 창의·인성 수업 설계에서 종종 접근하는 수업 설계 방식이다.

특히 '모형 중심 접근법'은 수업 모형의 일정한 가이드 역할을 해줄 수 있으므로 창의·인성 수업을 처음으로 시도하려는 교사에게는 유용하게 활용될 수 있다. 그러나 실제로 '모형 중심 접근법'으로 수업을 실행하다보면, 새로운 수업 활동에 대한 기대와 '지금 여기의' 우리 반 학생에게 적합한 새로운 창의·인성 활동은 없는가 하는 의문이 떠오르기도 한다. 이때 제시된 수업 모형을 내용과 상황에 따라 삭제·수정·추가할 수 있으며, 기존의 수업 모형과는 다른 새로운 수업 모형으로 재구성할 수 있다.

'모형 중심 접근법'에서는 차시 수업 단위 또는 단원 수업 단위를 우선순위로 놓고 전체 지도 계획을 수립한 후 모형을 구성하는 세부 과정을 관련 활동으로 채워나간다. 기존에 주어진 창의·인성 수업 모형에 맞추어 도식적으로 수업을 설계할 경우에는 창의·인성 수업 목표와 내용에 부합되지 않을 가능성이 높다. 따라서 '모형 중심 접근법'에서는 전반적인 지도 계획을 수립한 후 교수·학습 내용, 학습자의 특성, 학습 환경 등에 따라 수정·보완하는 순환 작업이 요구되며, 이 과정에서 다양한 창의·인성 활동이 모형의 내실화를 가져다줄 수 있다.

둘째, '활동 중심 접근법'은 수업 목표에 맞는 활동을 구체화하고 유사 활동을 엮어서 일련의 모형으로 재구성하는 방법이다. 예를 들어, '문학 작품 속 인물의 특성을 살려 새로운 이야기를 꾸민다'에서 창의·인성 활동인 '인물 살려내기'와 '내러티브 재구성하기'의 활동을 먼저 떠올린 후에, 이 활동을 적절하게 엮어서 '인물의 성격 바꾸어 재구성하기', '인물의 시공간을 바꾸어 재구성하기', '새로운 인물을 추가해 재구성하기' 등과 같은 세부 과정을 만든다. 이 세부 과정에서 '인물'과 '재구성'에 초점을 둔 '인물 중심 재구성' 창의·인성 수업 모형이 새롭게 만들어지는 것이다.

일상적인 수업 설계의 구조를 들여다보면 '활동 중심 접근법'과 유사하다는 것을 알 수 있다. 교사는 수업 목표와 관련한 다양한 '활동'을 구상해 수업을 전개하게 된다. 이때 수업의 성패는 교사가 제시한 '활동'이 수업 목표에 얼마나 부합되는가, 일련의 '활동'이 유기적인 관련을 가지는가에 달려 있다. '활동 중심 접근법'도 마찬가지다. 성취 기준에 부합되는 다양한 활동을 이끌어내되, 성취 기준에 부합된 활동인 동시에 창의·인성을 길러줄 수 있는 활동이 되어야 하며, 활동 간에 유기적인 관련성을 가지고 있어서 일관성을 가져야 자기만의 '모형'으로 제 구실을 할 수 있게 된다. 활동이 유기적인 관련을 맺지 못하면 일회적이고 단편적인 수업 아이디어로 전락할 가능성이 크다. 이런 경우에는 수업 중에 무엇인가 재미있는 활동을 한 것 같기는 한데, 학생들이 배운 것이 없다고 느끼거나 교사 스스로 수업을 하고 난 후 허무한 느낌이 들기도 한다. 결국 '활동 중심 접근법'의 핵심은 수업 아이디어를 유기적인 활동으로 구성해 자기만의 모형으로 개발하는 데 있다. 이 접근법은 무궁무진한 수업 모형을 생성할 수 있으며, 창의·인성 교육의 기본 취지와도 부합된다고 볼 수 있다.

그렇다면 '모형 중심 접근법'과 '활동 중심 접근법'의 차이는 무엇인가? '모형 중심 접근법'은 수업 목표에 부합되는 '모형'을 찾아 그 모형을 '지금 여기의' 학생들에 맞게 끊임없이 수정·보완해 교사에 맞는 수업 모형을 개발해내는 방식이라면, '활동 중심 접근법'은 수업 목표에 부합되는 '활동'을 유기적으로 연결해 교사 스스로 수업 모형을 개발해내는 방식이다. '모형 중심 접근법'이 하향식 관점이라면 '활동 중심 접근법'은 상향식 관점이라고 볼 수 있다.

창의·인성 수업의 설계에서는 우선 '모형'과 '활동'에 대한 고정관념[5]을 깨뜨려야 한다. 그러고 나서 '모형 중심 접근법'이든 '활동 중심 접근법'이든 모형과 활동의 관계를 유연하고 역동적으로 접근해야 한다. '모형 중심 접근법'을 수정하고 보완해주는 내용을 '활동'이 제공해줄 수 있으며, '활동 중심 접근법'을 유기적이고 유의미한 방식으로 묶는 기제가 '모형'에서 나오기도 한다. 결국 '모형'과 '활동'이 지속적으로 상호 교차하는 수업을 설계할 때 교사 스스로 창의·인성 수업 모형을 개발해나갈 수 있을 것이다.

5 "창의·인성 수업에 부합되는 몇 가지 '모형'이 있고, 이 '모형'을 수업 목표에 맞게 찾아서 단계를 밟아나가는 것이다. 창의·인성 수업 모형은 교육 기관이나 연구 기관에서 개발하고, 현장에서는 개발한 수업 모형을 활용하는 것이다. 창의·인성 수업 모형은 큰 단위이고, 창의·인성 수업 활동은 작은 단위이다." 이와 같은 발상은 모형과 관련된 고정관념에 해당한다.

4. 창의·인성 교육 내용 요소[6]

1) 창의성의 요소

(1) 인지적 요소

- 사고의 확장
  - 확산적 사고(divergent thinking): 다양한 각도에서 새로운 가능성이나 아이디어를 다양하게 생성해내는 사고 능력. 유창성(많은 아이디어를 생성하는 능력), 융통성(다양한 범주의 아이디어를 생성하는 능력), 독창성(독특한 아이디어를 생성하는 능력)
  - 상상력/시각화 능력(imagination/visualization): 이미지나 생각을 정신적으로 조작할 수 있고, 마음의 눈으로 사물을 그릴 수 있는 사고 능력
  - 유추/은유적 사고(analogical/metaphorical thinking): 사물이나 현상, 복잡한 현상들 사이에서 기능적으로 유사한 점이나 내적 관련성을 알아내는 사고 능력
- 사고의 수렴
  - 논리/분석적 사고(logical/analytical thinking): 부적절한 것에서 적절한 것을 분리해 내고 합리적인 결론을 끌어내는 사고 능력
  - 비판적 사고(critical thinking): 편견, 불일치, 견해 등을 인식할 수 있는 사고 능력
- 문제해결력
  - 문제 발견(problem finding): 새로운 문제를 찾고 형성하고 창조하는 것.
  - 문제 해결(problem solving): 문제를 인식하고 현재 상태에서 목표 상태에 도달하기 위해 진행해가는 사고 활동

6 '창의성'과 '인성' 요소는 문용린 외, 『창의·인성 교육 활성화 방안 연구』(한국과학창의재단, 2010)의 성과들을 원용한 것이다. 이 연구는 이후 각 교과교육에서의 '창의·인성' 교육을 설계하고 구체적 활동(Activity)들로 개발, 적용되는 데에 일정한 준거를 제공하였다. 그러나 창의·인성의 일반적 원리와 국어교과의 특수성 간의 생산적 긴장과 호응은 이후로도 많은 연구를 요한다.

(2) 성향적 요소

• 독립성

- 용기(courage, adventurous, risk-taking): 모험심이나 개척자 정신이 강하고 위험을 무릅쓰더라도 원하는 것을 성취하려는 성향
- 자율성(autonomy): 다른 사람의 말에 쉽게 흔들리지 않고 자기 나름대로의 선택과 행동을 하는 성향
- 독창성(originality): 생각이 유연하고 재치가 있으며 관습적이고 상투적인 것에 싫증 내는 성향

• 개방성

- 다양성(diversity): 새로운 아이디어를 포함한 다양한 아이디어나 입장을 수용하는 마음
- 복합적 성격(complex personality): 서로 모순되는 정반대의 성격을 동시에 가지고 있으면서도 아무런 갈등을 느끼지 않고 똑같은 강도로 두 가지를 모두 경험하게 되는 성향
- 모호함에 대한 참을성(tolerance of ambiguity): 해결 중인 문제의 부분들이 서로 맞지 않을 때 모호한 상황을 잘 견뎌냄으로써 문제의 어려운 측면이 해결될 수 있는 시간을 가지는 것.
- 감수성(sensitivity): 미세하고 미묘한 뉘앙스를 잘 느끼고 감지하는 것으로 오감을 통해 들어오는 다양한 정보에 대해 민감한 관심을 보이고 새로운 영역을 탐색해 나가는 것.

(3) 동기적 요소

• 호기심/흥미(curiosity/interest): 주변 사물이나 현상에 의문을 갖고 끊임없이 질문을 제기하는 성향
• 몰입(flow): 어떤 일에 시간 가는 줄 모르고 몰두하게 되는 상태

2) 인성의 요소

(1) 인간관계 덕목

- 정직(honesty): 객관적인 기준에 따라 있는 그대로의 결과를 인정하고 받아들일 수 있는 것.
- 약속(appointment): 자신에게 주어진 역할을 정확하게 이행하는 것.
- 용서(forgiveness): 자신의 견해에 반대하거나 비판을 한다고 하더라도 타인의 입장과 견해를 이해하고 받아들일 수 있는 열린 마음
- 책임(responsibility): 자신의 능력을 조절해 하고자 하는 임무를 완성하고 나아가 자신의 역할을 다해 세상에 기여하고자 함.
- 배려(care): 다문화·다학문 등의 다양성을 받아들이고, 상충되는 의견과 합의에 이르는 능력
- 소유(ownership): 타인의 지적·물적 능력, 성과 등을 인정하고 자신의 역량에 맞는 결과를 받아들이는 것.

(2) 인성 판단력

- 도덕적 예민성(moral sensitivity): 사태를 도덕적 관점에서 받아들이고 인식할 수 있는 능력
- 도덕적 판단력(moral judgment): 정의롭고 공공의 관점에서 상황을 판단해 행동 선택에서 보다 바람직한 이유와 정당성을 추구하고 판단할 수 있는 능력
- 의사결정 능력(moral motivation): 보다 바람직한 가치를 판단하고 이해할 수 있는 능력을 바탕으로 가치와 일치하는 행동을 선택하는 능력
- 행동 실천력(moral behavior): 바람직한 행동을 선택한 후 그것을 직접적인 행동으로 보일 수 있고 실천할 수 있는 능력

3) 창의성과 인성 교육 내용 요소 추출

앞서 국어과에서 다루어야 할 창의성과 인성의 결합 모드[7]를 살펴보았지만, 그것은 어디까지나 가능성의 양태를 점검한 것에 불과하다. 즉, 국어과 교육과정이나 교과서 차원에서 창의·인성 내용 요소가 결정되지 않은 상황에서는 창의성과 인성의 일반 내용 요소를 국어 수업 차원에서 재해석하거나 구체화할 수밖에 없다. 국어과에서 창의·인성 수업을 위한 구체적인 교육 내용 요소는 다음과 같은 차원에서 추출할 수 있다.

첫째, 국어 수업의 목표 차원에서 창의성과 인성 요소를 추출한다.

둘째, 수업 모형이나 활동 아이디어 차원에서 창의성과 인성 요소를 추출한다.

셋째, 추출한 창의성과 인성의 요소를 핵심적인 요소와 부수적인 요소로 구분한다. 예를 들어 해석 교환 모형을 기반으로 한 수업과 관련된 창의·인성 교육 요소를 다음과 같이 구분해 제시할 수 있다.

창의성 교육 요소
비판적 사고
애매모호함에 대한 참을성 복합적 성격

인성 교육 요소
도덕적 판단력
용서 책임

이 수업에서 가장 중점을 두고 있는 핵심적인 창의성 요소는 '비판적 사고', 인성 교육 요소는 '도덕적 판단력'이며, '모호함에 대한 참을성', '복합적 성격', '용서', '책임' 등은 부수적인 요소로 다루게 된다.

7 1부 3장 2절 참조.

5. 창의·인성 수업을 위한 교수·학습 설계

1) 창의·인성 수업을 위한 지도 계획 수립

국어 수업이나 교과서 단원 차원의 창의·인성 교육 방안을 설계할 때 모든 단원, 모든 차시에 창의·인성 지도를 명시적으로 연계하는 것은 바람직하지 않다. 단원이나 차시의 특성에 따라 창의·인성 수업에 적용할 항목이 제한되게 마련이다. 지식을 다루어야 하는 단원에서 창의·인성을 무리하게 적용하는 것은 단원의 기본 성격에서 벗어날 우려가 있다. 따라서 특정 단원이나 차시에 전략적이고 집중적인 창의·인성 지도를 기획하며, 여타의 단원과 차시는 융통성을 살려서 자유롭게 운영할 필요가 있다. 그리고 단원 정리 및 평가에서는 창의·인성 관련 사고력, 실제의 언어적 문제 해결, 창의적 태도(인성 관련 태도) 등에 초점을 두도록 한다.

먼저 창의·인성 수업의 전반적인 지도 계획을 수립할 필요가 있다. 이때 창의·인성 수업의 단위를 몇 차시로 할 것인지, 기존의 국어 수업과는 어떻게 연계시킬 것인지 등을 결정한다. 다양한 창의·인성 활동을 통한 사고의 폭과 깊이에 초점을 두면 3~4차시의 통합 차시 수업을 계획할 필요가 있다. 반면에 1차시 단위로 운영되는 현장 국어 수업 상황을 고려하면 독립 차시로 계획하는 것이 실천 가능성을 높일 수 있다. 어떤 방식을 취하든 창의·인성 수업의 계획 단계에서는 현장의 국어 수업과 연계를 고려하지 않을 수 없다. 일상적인 국어 수업을 진행하면서 단원별 보충·심화 시간을 활용해 창의·인성 수업을 계획할 수 있다. 교과서를 매개로 학습 목표를 재구성하거나 학습 활동을 창의·인성 활동으로 초점화하거나 심화·확장할 수 있다. 또한 국어 교과서 수록 제재와의 연계 방안을 모색할 수 있다.

일반적인 국어 수업과 마찬가지로 창의·인성 수업에서도 어떤 텍스트(국어 자료)를 선정하고 활용할 것인가는 중요하게 고려해야 할 사항이다. 국어 교과서에 수록된 텍스트뿐만 아니라 교과서 외의 국어 자료를 적극적으로 활용할 필요가 있다. 교과서 밖에서 국어 자료를 가져올 때는 국어과 교육과정의 '국어 자료의 예'에 제시된 텍스트의 수준과 범위를 고려하되, 교사용 지도서의 '참고자료'나 학습자가 일상생활이나 학습 상황(미디어 환경, 독서 경험 등)에서 직면하는 다양한 국어 자료를 활용할 수 있다. 또한 다른 교과서에 수록된 제재글도 활용해 다른 교과와 주제 중심의 통합 수업도 모색할 수 있다. 이처럼 국어과 창의·인성 수업을 계획할 때 다른 교과 및 '창의적 체험 활동'과의 통합 및 연계 방안을 함께 고려할 필요가 있다. 특히 창의적 체험 활동의 계획·실천·평가에서 창의적 체험에서의 언어적 활동에 주목해 국어과와 연계해 지도하면 창의적 체험 활동의 내실을 기함과 동시에 다양하고 폭넓은 국어과 창의·인성 수업을 전개하는 데 도움이 될 것이다.

마지막으로 창의·인성 수업의 평가 계획을 수립하고 평가 결과를 활용해야 한다. 창의·인성 평가 영역은 '창의성, 인성, 창의·인성'의 세 영역으로 구분하여 영역별 평가기준에 따라 구체적인 평가 방법과 평가 척도를 마련할 필요가 있다. 하지만 평가 계획에서 창의·인성 수업에서 다루는 모든 요소를 평가하기에는 현실적인 어려움이 따를 수밖에 없다. 따라서 평가 시행 단계에서는 창의·인성 지도 영역별 비중을 고려해 선택적으로 평가하는 것이 바람직할 것이다. 예를 들어 창의성 중심으로 지도했다면 창의성 요소를 중심으로 평가하고, 창의성과 인성을 함께 지도했다면 교육 내용 요소 중에서 핵심적인 요소 중심으로 평가하는 것이다. 그리고 창의·인성 수업에서 지도하는 내용이 기존의 국어과 수업과 전혀 다른 별개의 수업이 아니기 때문에 기존의 수행 평가나 서술형 지필 평가 계획과 연계한다면 현장 실천 가능성을 높일 수 있을 것이다. 무엇보다 중요한 것은 학습자의 창의·인성 능력 평가 결과에 주목하기보다 평가 결과를 다음 수업의 피드백 자료로 활용해 수업의 질을 개선하려는 노력일 것이다.

2) 창의·인성 수업을 위한 교수·학습 과정

수업 도입 단계에서 주된 활동은 동기 유발과 학습 목표를 안내하는 것이다. 창의·인성 수업의 도입 단계에서 동기 유발 활동은 창의 활동, 인성 활동, 창의·인성 활동을 계획할 수 있다. 이는 창의·인성 수업의 목표나 지도 방법이 '창의 중심', '인성 중심', '창의·인성 중심'의 세 양태 중에서 어떤 성격을 띠는 것인지에 따라서 결정한다.

창의·인성 수업의 성격에 따라 수업 전개 단계에서의 학습 활동도 창의성 활동, 인성 활동, 창의·인성 활동으로 초점화해 지도할 수 있다. 한 차시의 수업에서 세 가지 활동이 모두 포함되더라도 수업 목표를 고려해 학습 활동의 비중을 달리할 필요가 있다. 특히 유의할 점은 학습 활동을 분명히 제시하고 자세히 안내할 필요가 있다는 것이다. 창의·인성 수업의 학습 활동은 대체적으로 일상 수업에서 다루는 활동보다 복합적이고 고등 수준의 사고 활동을 요하는 것들이 많은데, 학습자들이 그 활동에서 요구하는 내용을 제대로 이해하지 못해서 구체적인 반응을 보이지 못하는 경우가 종종 발생하기 때문이다.

창의·인성 수업을 마무리하고 정리하는 단계에서는 자기 평가나 상호 평가 기제를 적극적으로 활용할 필요가 있다. 이는 수업의 전개 단계에서 주로 인지적인 측면에 초점을 둘 경우 더욱 그러하다. 학습자들이 평가 주체가 되어 자신의 활동을 되돌아보고 점검하는 활동은 창의·인성 활동의 자기 주도성을 신장시키고 창의·인성의 정의적 측면(성향이나 태도 등)의 평가 자료로 활용할 수 있다. 그리고 수업 시간에 학습한 내용을 과제 맥락을 달리해 적용하는 활동을 통해 창의·인성 활동을 심화시키고 응용할 수 있다.

이와 같은 방식으로 국어과 창의·인성 수업 계획을 설계할 때는 창의·인성 교육의 형식적인 틀이나 절차를 강조하기보다는 실질적으로 학습자의 창의성과 인성 활동을 강화할 수 있는 방향으로 설계할 필요가 있다. 예를 들어 창의·인성 수업을 위한 지도안 작성 과정에서 '수업안의 형식과 내용', '창의·인성 교육 목표 진술', '창의·인성 내용 요소', '창의·인성 활동', '창의·인성 평가 계획'에 대해 필수적인 것과 부수적인 것이 무엇인지, 그리고 그것이 꼭 필요한지, 어떻게 하면 보다 내실 있는 창의·인성 수업을 전개할 수 있는지 등을 검토해보아야 할 것이다.

2장 창의·인성 교수·학습 활동

1. 인간 이해 창의·인성 활동

1) 동기와 욕구 이해하기

내러티브, 특히 문학 작품과 같은 창작물은 동기화된 인간 행동을 다룬다. 이야기에서 동기화(motivation)는 인간 행동의 근거를 서술하는 데에서 비롯되며, 그러한 행동의 근거는 추상적 언어로 설명하지 않고 형상성을 띠도록 묘사된다. 따라서 이야기를 제대로 이해하려면 묘사된 말이나 행동을 보고 그 동기를 추리해 알아내는 과정이 필요하다. 동기화는 작가 입장에서는 인물과 주체의 행동에 대해 가치를 부여하는 방식으로 구체화되는 반면에 독자 입장에서는 어떤 인물이 '왜 그렇게 행동을 하는가'라는 물음을 던지고 그 물음에 답을 마련하기 위해 독자 나름의 이유를 찾는 것에서 구체화된다. 이때 그 이유가 보편성을 지니면 다른 독자들과 공유되고 소통된다.

인물의 행동을 개인적 차원이나 사회·문화적 차원에서 연관짓고 비중을 발견하는 일 그리고 그러한 발견의 계기를 스스로 검토하는 자체는 창의성이 발현되는 국면이다. 또한 인물이 한 행동의 원인이 되는 동기나 욕구에 대한 이해가 공감으로 이어지고, 인물의 행동에 대한 공감은 일상생활에서 자신의 동기를 강화하고 자기화하는 과정에서 자기 점검과 역지사지하는 인성적 자질을 함양할 수 있다. 이와 같이 이야기 속 인물의 말과 행동을 통해 인간이 지닌 동기와 욕구를 깊이 있게 이해하는 과정은 다음과 같은 활동으로 구체화할 수 있다.

첫째, 이야기 속 인물의 행동에 대해 흥미와 호기심을 갖도록 하는 것이다. 사물이나 인물에 대한 이해의 시작은 관심을 표출하는 것이다. 인물에 대한 관심은 인물의 말이나 행동에 대한 궁금증 유발로 이어진다. 만약 학습자의 수준에 맞지 않은 문학 작품의 등장인물에 대한 이해를 의도할 경우 학습자의 관심 범위 밖에 있기 때문에 그 활동이 원활하게 이루어질 수 없다. 따라서 학습자들의 수준, 특히 정의적 측면에서 관심을 가질 수 있는 내용이나 인물이 등장하는 문학 작품을 선정할 필요가 있다. 이런 측면에서는 학습자들과 유사한 성장 단계에 있는 주인공의 생활을 다룬 이야기 제재를 선택하는 것이 효과적이다. 예를 들어 4학년 학생을 지도하는 경우 같은 나이 또래의 주인공이 등장하는『양파의 왕따 일기』의 정화나 미희,『초대받은 아이들』의 성모나 민서가 고민하는 문제는 이야기 속에 등장하는 인물들만의 문제가 아니라 바로 독자(학생들) 자신의 문제이기도 하기 때문에 일단 관심을 갖게 되고 자연스럽게 그들의 행동에 주목하게 된다. 또한 굳이 교사가 직접 학생들의 흥미와 관심을 끌 수 있는 작품을 선정하지 않고 학생들이 좋아하는 문학 작품을 알아본 후에 그러한 작품을 선정한다면 학생들 자신이 좋아하는 작품에 등장하는 인물에 대해 자연스럽게 관심을 보일 것이다. 이렇게 학습자들이 이야기에 대해 흥미와 관심을 갖는 것은 작품에 등장하는 인물에 대한 폭넓은 이해로 나아갈 수 있는 토대가 된다.

둘째, 인물의 말과 행동을 통해 그 심리 상태를 유추해보는 활동이다. 인간의 심리는 행동이나 말과 밀접하게 관련된다. 즉, 어떻게 마음먹느냐에 따라 말과 행동이 달라진다. 따라서 인물의 말과 행동을 통해 내적 심리 상태를 파악할 수 있으며, 역으로 인물의 마음 상태를 다양한 말과 행동으로 표현해볼 수 있다. 전자의 경우에는 논리적 사고나 수렴적 사고가 요구되며, 후자의 경우에는 유창성이나 민감성 등이 동원된다. 이와 같은 활동으로는 먼저 등장인물의 심리 상태를 이해하기 위해 인물이 처한 딜레마 상황에서 대조적인 마음 상태를 도식적으로 나타낼 수 있다. 인물의 마음을 보다 민감하게 포착하기 위해 다양한 감정이 복합적으로 교차하는 장면에서 그 심리 상태를 파악해볼 수 있다. 이때 심리 상태를 도식화한 후 색칠을 하게 한 다음에 '왜 그러한 색으로 표현했는가'를 확인하는 과정에서 창의성이 발현되는 국면을 포착할 수도 있다. 다음으로 인물의 마음 상태를 비언어적 표현이나 그림 등과 같은 방식으로 창의적으로 표현할 수 있다. 인물의 마음을 얼굴 표정이나 몸짓으로 표현하거나 낙서와 같이 그림으로 나타낼 경우 독창적인 표현에 주목할 필요가 있다. 특히 다음 예와 같이 낙서로 자신의 화난 마음을 표현했을 경우 자신이 한 행위의 적절성이나 효과성을 점검하는 과정에서 인성적인 자질을 지도할 수 있다.

〔인물의 마음 상태를 낙서로 표현한 예〕

민서는 성모에게 따돌림 당한 사실을 알고 화가 나서 그림 공책에 낙서를 하였습니다. 그림 공책에 어떤 낙서를 하였을까요?

한참이 지난 후에 민서는 낙서를 보면서 어떤 생각을 하였을까요? 마음이후련할거같다.

셋째, 인물의 동기와 욕구에 대한 공감을 이끌어내는 활동이다. 공감을 이끌어내는 방법 중 하나는 등장인물과 유사한 경험을 떠올려보고 그 당시에 느꼈던 감정을 떠올려보는 것이다. 예를 들어 『양파의 왕따 일기』 주인공 정화는 미희와 친해지기 위해 거짓말을 하는데 일상생활에서 누구나 한 번쯤 거짓말을 해본 경험으로 인해 쉽게 공감할 수 있다. 따라서 이야기 속 주인공 정화처럼 어쩔 수 없는 상황 때문에 거짓말했던 경험을 떠올려보는 것은 주인공이 처한 입장을 이해하고 헤아리는 단계에 이르기 때문에 거짓말에 대한 이성적 가치 판단과는 다른 의견을 제시할 수 있게 된다. 궁극적으로는 문학 작품에 형상화된 인물의 행동과 일상의 삶 속에서 자신의 모습은 닮아 있으며, 어떤 사건이나 행동에 대한 동인도 비슷한 동기나 욕구에서 비롯된다는 것을 인지하고 정서적 교감을 이끌어낼 수 있도록 한다.

또한 등장인물과 유사한 사건을 직접 경험할 수 없는 상황이라면 '만약 (나)라면 ~'과 같은 가정법을 통해 등장인물의 마음 상태를 이해하고 공감해볼 수 있다. 이때의 가정법적 사고는 무한한 상상력을 동원할 때와는 다르다. 문학 작품 속 인물이 처한 상황이나 현실의 내가 처한 상황을 비교하면서 문제 상황에 대한 대응책을 마련한다는 점에서 그러하다.

〔인물의 행동에 공감을 이끌어내기 위한 활동 예〕

1 그림 공책이 찢어졌을 때 민서의 마음은 어떠했을까요? 만약 내가 민서였다면 어떻게 했을지 모둠 친구들과 함께 역할 놀이를 해봅시다.

2 민서가 성모에게 '그림 공책' 대신에 '게임 시디'를 선물로 주었다면 어떤 일이 일어났을지 일어날 일을 중심으로 써봅시다.

위의 활동 1은 민서의 정성이 담긴 그림 공책이 찢어졌을 때의 마음을 공감할 수 있도록 그 상황에서 '나'는 어떻게 할 것인가를 즉흥적으로 표현해보는 활동이다. 이때 문제 상황에 대응하는 나름의 방식에 대한 이유를 말함으로써 행동의 이면에 존재하는 동기나 욕구를 객관적으로 인식하는 기회로 삼을 수 있다. 가정법을 통해 자유로운 상상을 하되, 그러한 과정에서 인물들은 왜 그러한 행동을 하게 되는지에 대한 이유나 근거에 초점을 두면 동기나 욕구에 대한 공감을 이끌어낼 수 있다.

넷째, 인물의 동기와 욕구에 대한 공감을 공유하고 소통하는 활동이다. 이 활동은 위의 세 번째 활동과 절차적으로 연계시킬 수 있다. 인물의 행동에서 동기와 욕구에 대한 이해와 공감을 함께 이야기하고 공유하는 활동이다. 이때의 공감은 소통함으로써 보편성을 확보하게 되고, 이는 등장인물에 대한 이해에만 그치는 것이 아니라 인간의 본질적인 속성에 대한 이해 단계로 나아갈 수 있게 된다. 그리고 이러한 인간에 대한 성찰 과정에서 자연스럽게 인성적 자질이 드러나게 된다. 인물의 동기와 욕구에 대한 공감은 굳이 직접적인 소통을 통해 공유할 필요는 없다. 다음 예와 같이 주인공의 마음을 달래주기 위해 쓰는 글로써 잠재적인 독자와의 소통을 전제로 주인공의 동기나 욕구에 공감하는 마음을 표현할 수도 있다.

〔인물의 욕구에 대한 공감의 예〕

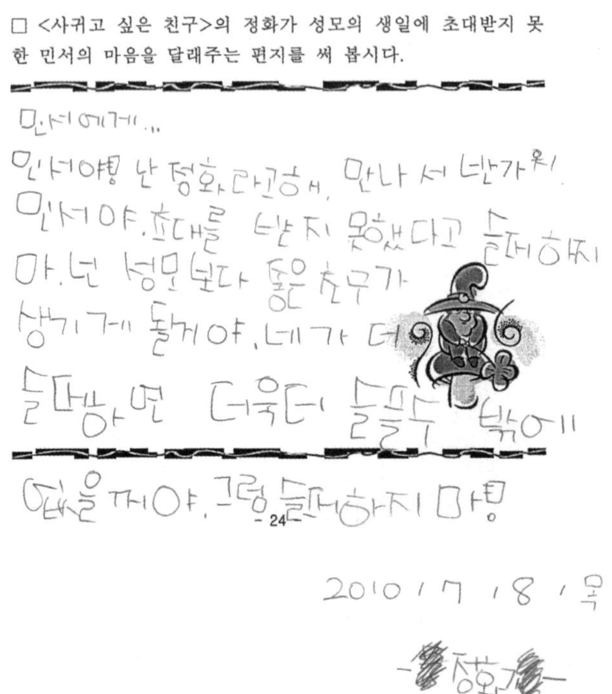

□ <사귀고 싶은 친구>의 정화가 성모의 생일에 초대받지 못한 민서의 마음을 달래주는 편지를 써 봅시다.

민서에게...
민서야 안녕 난 정화라고 해. 만나서 반가워.
민서야. 초대를 받지 못했다고 슬퍼하지
마. 넌 성모보다 좋은 친구가
생기게 될거야. 네가 더
슬퍼하면 더욱더 슬플수 밖에
없을거야. 그럼 슬퍼하지 마렴

- 24 -

2010 / 7 / 8 / 목

-정화가-

동기와 욕구를 이해하는 활동은 '자아 탐구하기', '공감 소통하기' 활동과 관련지어 지도할 수 있다. 작품이나 이야기 속에 등장하는 인물에 대한 이해를 넘어 인간에 대한 이해로 나아갈 때 그 중간 단계로 '나는 어떤 존재인가'에 대한 물음에 대한 답을 모색하는 과정은 보편적인 인간의 삶에 대한 이해를 구체화시키는 데 도움이 될 것이다. 또한 이 활동은 인물의 내적 고민이나 갈등 탐구에 초점을 두어 갈등 이해 모형이나 실제적인 체험을 통해 공감을 자아내고 소통을 강조하는 역할 놀이 모형과 연계하여 지도할 수도 있다.

2) 공감 소통하기

내러티브는 공감과 소통의 양식이다. 인문적 창의성은 공감과 소통을 통해 인성 함양으로 전이된다. 예를 들어 같은 책을 읽은 다른 사람과 독서 토론을 할 때 서로가 책에 대한 감상을 이야기하는 중에 공감을 확인하고, 확인된 공감을 바탕으로 이야기하는 중에 소통이 이루어진다. 텔레비전 독서 토론 프로그램을 보면서 자신이 내린 해석을 다른 사람과 소통함으로써 공감을 확인하고, 그 과정에서 자신과 상대방의 해석 차이를 발견하는 소통 과정에서 또 다른 의미를 해석해내며 서로 고개를 끄덕이기도 한다.

타인의 감정, 의견, 주장 따위에 대해 자기도 그렇다고 느끼는 것을 공감(共感)이라 한다. 그리고 두 사람 이상 사이에서 공유된 공통된 인식이나 정서를 확인하는 작업을 소통이라 하는데, 이러한 소통을 통해 공감대를 형성하게 된다.[1] 이렇게 공감된 정서, 인식, 내용을 이야기하거나 글로 써서 소통하고, 어떤 점에서 공감을 하게 되었는지 공감의 코드를 찾는 중에 상대방의 창의적 아이디어를 수용하게 된다. 그리고 함께 살아가는 타인을 이해하는 공감 능력은 자신과 세계에 대한 메타적 인식이 전제되기 때문에 이는 창의성의 요소이면서 동시에 인성의 요소가 된다. 이야기에 대한 생각이나 느낌을 다른 사람과 나누는 공감과 소통의 과정은 순환 구조를 이루는데, 이 과정을 글로 기술하면 한 편의 이야기가 되기도 한다.

대상이나 인물에 대한 공감 소통에서 무엇에 대해 공감하느냐 또는 어떻게 소통하느냐에 따라 다양한 활동이 가능하다. 공감 소통의 대상으로 문학 작품은 독자에게 정서적 감흥을 유발한다는 점에서 의미가 있다. 공감의 대상을 문학 작품으로 한정해 공감을 어떻게 소통하느냐에 초점을 둘 때, 개별 독자가 작가, 다른 독자 그리고 내적 자아와의 소통을 고려하면 다음과 같은 활동이 가능하다.

첫째, 문학 작품의 작가와 소통하는 활동이다. 흔히 문학 작품을 이해하는 차원에서 작가가 형상화한 작품의 주제를 읽어내면서 이야기의 주인공에게 감정 이입하면서 희로애락의 감정을 느끼거나 시적 화자의 정서에 공감하는 경우를 들 수 있다. 이때 작중 인물이

1 대화에서 흔히 공감적 경청이라고 하는 것은 상대방이 전하는 메시지에 대한 일차적인 이해를 넘어 감정이나 의도를 헤아려 공유하는 상태를 의미한다. 이때 '공감'은 대화 참여자 간에 메시지 내용의 주고받음에서 나아가 정서적 교류를 포함하는 높은 수준의 이상적인 소통의 단계이다.

나 시적 화자와의 공감은 작품 속의 인물의 마음이나 심정을 헤아릴 때 현실 속의 자신의 처지와 비교해보거나 자신을 작품의 상황에 대입해봄으로써 형성된다. 이는 일상생활에서 친구가 말하는 심각한 고민을 들을 때 자신이 경험한 유사한 일을 떠올려보거나 자신이 그 상황에 처한다면 어떻게 할지 생각해보면서 친구의 마음에 공감하는 것과 같은 심리 과정이다. 예를 들어 『마당을 나온 암탉』[2]에는 등장인물의 마음을 표현하는 장면이 잘 묘사되어 있는데, 이 이야기를 바탕으로 ① 이야기에 나타나 있는 인물의 마음 알기(예: 무서워요, 행복해요, 외로워요, 즐거워요, 화가 나요, 겁이 나요 등), ② 등장인물의 마음처럼 '나'는 언제 어떤 상황에서 그런 마음이 드는지 쓰기, ③ 그때 무엇을 어떻게 하는지를 이야기하기(예: 나는 기쁠 때/화날 때/슬플 때/행복할 때 ~을 ~한다) 등과 같은 활동이 가능하다. ①은 이야기 속에 드러난 등장인물의 마음을 이해하고 느낄 수 있도록 한다. 특히 문면에 직접적으로 드러나지 않았지만, 인물의 말과 행동을 통해 파악할 수 있는 등장인물의 심리를 민감하게 포착해낼 수 있도록 지도한다. ②와 ③은 ①과 연계된 활동으로 상황에 따라 달라지는 자신의 감정 상태와 그 감정 상태를 풀거나 표출하는 자신만의 독창적인 행동에 대해 이야기를 나누어봄으로써 창의성과 인성을 함께 지도할 수 있다. 특히 ③의 경우에는 네 가지 감정에 처했을 때의 대처 방안을 모두 이야기할 것이 아니라 '화날 때'나 '슬플 때'처럼 스트레스를 받는 상황에서 그것을 해소하는 자기 나름의 독창적인 비법을 소개하게 하고, 그것이 인성적으로 바람직한 것인지를 함께 논의해보는 방식으로 활동을 계획할 수도 있다.

〔등장인물의 마음처럼 느껴지는 상황〕

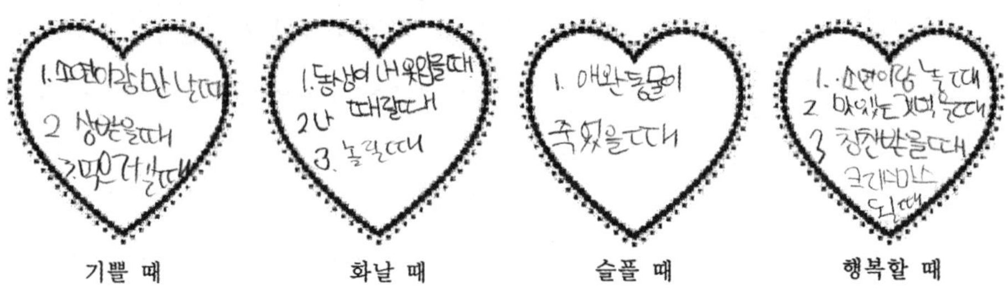

2 2007 교육과정 국어 5-1 읽기 교과서에 수록된 작품으로 알을 품어 병아리를 키워보고 싶은 소망을 굳게 간직하면서 자기 삶의 주인으로 살아가는 암탉 잎싹의 이야기이다. 이 이야기는 애니메이션으로도 제작되어 인기리에 상영되었는데, 이는 일반 관객에게 공감을 불러일으키고 폭넓게 소통되었음을 반증하는 예이기도 하다.

이와 같은 활동들은 작품 속에 드러나는 인물의 말과 행동을 통해 그 마음을 이해하고, 나아가 현실 속의 자신이 느끼는 마음과 행동을 견주어봄으로써 공감을 이끌어낸다. 이 과정에서 다양한 인성적인 자질을 지도할 수 있는데, 비교적 감수성이 뛰어난 학생은 희로애락의 감정을 느끼는 경우나 그러한 상황에서 자신의 행동을 섬세하고 구체적으로 표현할 것이다.

둘째, 다른 독자들과 문학 작품에 대한 생각이나 느낌을 직접 주고받는 활동이다. 이는 작품에 대한 해석을 심화하는 전형적인 방법이자 이야기에 대한 공감을 소통하는 방법이기도 하다. 이때 일반적인 문학 작품 감상 활동과는 달리 작품에 대한 감동을 나누는 과정에서 자신과 비슷한 정서적 반응을 확인하고 서로 간의 유대감을 형성하는 데 초점을 둔다. 자신과 다른 사람 사이의 공통된 정서를 확인하기 전에 문학 작품은 읽는 이가 가진 생각이나 느낌에 따라 다르게 수용됨을 전제로 자신의 생각을 적극적으로 표현해보거나 정리하는 활동을 전개할 수도 있다. 하지만 궁극적으로 공감을 소통한다는 것은 이야기를 읽고 드는 생각이나 느낌을 정리하는 과정에서 자신의 감정이나 정서를 확인한 후에 다른 독자들과 소통을 통해 공통점과 차이점을 발견하고 유사한 점에 주목하고 공유한다는 점이다. 예를 들어 이야기를 읽고 생각이나 느낌을 쓴 감상문을 비교해보는 활동을 생각해볼 수 있다. 『견우와 직녀』를 읽고 쓴 친구의 독서 감상문을 내가 쓴 감상문과 비교해보고 공통점과 차이점을 생각해보고, 서로의 생각이나 느낌이 비슷한 부분에 대해 이야기를 나누면서 공감을 소통할 수 있다.

〔『견우와 직녀』를 읽고 쓴 독서 감상문의 예〕

도서관에서 『견우와 직녀』라는 책을 읽었다. 이 책은 사랑하는 견우와 직녀가 자신의 일을 하지 않고 놀러만 다니다가 임금님의 노여움을 사서 헤어져 살다가 매년 칠월 칠석날에 까치와 까마귀와 도움을 받아 만난다는 이야기이다. 이 이야기를 읽고 견우와 직녀가 왜 자꾸 놀러만 다녔는지 안타깝다. 그렇지 않았다면 서로 헤어질 일은 없었을 텐데 말이다. 그리고 이 이야기에서 오작교 대신 아름다운 무지개로 다리를 만들어 주었다면 더욱 이쁘고 아름답지 않았을까 생각해 본다. 이 이야기에서 가장 고마운 인물을 까치와 까마귀라고 생각한다. 힘들겠지만 그래도 사랑하는 사람을 만나게 해주기 위해 서로의 몸을 물어 다리를 만들어 주는 장면이란 생각만 해도 정말 아름답고 멋진 장면이라고 생각한다. 나도 까마귀와 까치처럼 다른 사람들에게 도움을 줄 수 있는 그런 사람이 되어야겠다고 생각했다. 또한 견우

> 와 직녀처럼 자신의 일을 하지 않는 사람이 되기보다는 자신이 많은 책임을 다하는 사람이 되어야겠다고 생각했다.[3]

위와 같은 독서 감상문을 형식이나 내용 면에서 창의적으로 쓰도록 지도할 수도 있고,[4] 감상문의 내용을 비교할 때 까치와 까마귀의 헌신적인 사랑이나 견우와 직녀를 통해서 본 책임감 등에 대한 인성적인 측면에 대해 함께 이야기를 나누면서 공감의 폭을 확장시켜나갈 수 있다.

작품을 읽고 생각이나 느낌을 말하는 활동이 다소 막연해서 실질적인 소통이 발생하지 않을 때가 있다. 이런 경우에는 구체적인 사건이나 인물의 행동에 대해 관점을 가지고 이야기를 나누도록 할 수 있다. 동일한 작품을 읽고 주제를 정해 찬성과 반대 의견을 주고받는 것처럼 『미운 아기 오리』[5]에서 '아기 오리가 집을 나온 행동에 대해 생각해보고 아기 오리가 용감하다고 생각하는지 비겁하다고 생각하는지'에 대해 입장을 정해 다른 독자들과 소통하는 것이다. 이때 공감의 코드는 주인공의 행동에 대해 같은 입장을 취하는 친구들과 생각이 비슷하다는 점뿐만 아니라 비록 입장은 다르지만 다른 관점을 취한 동료들의 말을 들으면서 수긍할 수 있는 것도 공감하는 장면이라 할 수 있다. 따라서 좀 더 수준 높은 공감을 이끌어내기 위해서는 서로 상반되는 입장(토론 주제에 대한 찬성이나 반대)에서 토의나 토론을 한 후 비록 자신의 입장과 다르긴 하지만 상대방의 의견에 공감이 가는 부분이 무엇인지를 확인해보는 것이다.

셋째, 독자의 내적 자아와 소통하는 방식이다. 텍스트에 형상화된 작가의 의도나 생각에 공감하는 활동이나 다른 독자와의 직접적인 소통에 비해 독자 자신이 스스로 대화를 나누는 장면은 상당히 수준 높은 활동이다. 따라서 독자 스스로 질문을 던지고 대답해보면서 다양한 생각을 떠올리고 그 생각을 정교화할 수 있도록 구체적인 소통을 유발할 수 있는 적절한 과제를 제시할 필요가 있다.

3 강원 아라리 창의·인성 연구회, 『국어과 창의·인성 교수·학습 과정안: 초등 국어 4-1』, 2011.

4 예를 들어 스캠퍼(SCAMPER: Substitute, Combine, Adapt, Modify, Put to other uses, Eliminate, Rearrange) 활동을 통해 이야기의 내용을 다양하게 생각해본 후 독서 감상문을 쓰면 보다 창의적인 감상문을 산출할 수 있다.

5 고학년 학생에게는 상당히 쉬운 수준의 텍스트인데, 이처럼 비교적 쉬운 수준의 텍스트는 초점을 정해 감상 활동을 하거나 텍스트의 내용 이해를 기반으로 보다 심화·확장된 토의·토론 활동 수업을 전개할 때 유용하다.

작품에 대한 내적 자아와의 소통은 독자에게 성찰의 기회를 제공하는 것인데, 자신이 읽은 작품이 다른 사람의 입장이나 관점에서 어떻게 수용되고 해석될지를 생각해보는 것이다. 예를 들어 '부모님께서 『마당을 나온 암탉』이나 『미운 아기 오리』를 읽었다면 나에게 어떤 말씀을 해주실까'라는 식으로 부모의 입장에서 자신에게 들려줄 이야기를 써보도록 하는 것이다. 이야기의 내용이나 주제를 부모님의 입장에서 생각해 보고, 부모님이 자신에게 어떤 말을 할지 이야기로 꾸며본다. 이 활동은 부모님의 관점에서 보면 부각되는 이야기의 내용이 달라진다는 점에서 텍스트에 대한 확산적 사고와 아울러 부모님이 자신에게 이야기를 해준다는 점에서는 정직, 용서, 배려, 책임 등의 인간관계 덕목이나 도덕적 판단력, 의사결정 능력, 행동 실천력 등의 판단 능력에 대해 스스로 고민해 볼 수 있는 기회를 제공할 것이다.

〔『미운 아기 오리』를 읽은 엄마가 들려줄 이야기의 예〕

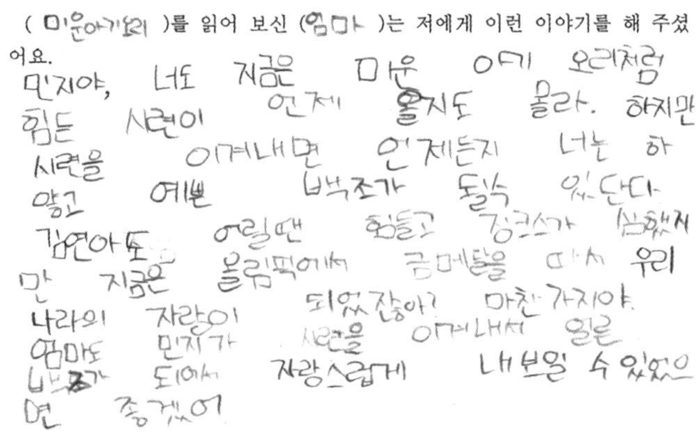
(미운아기오리)를 읽어 보신 (엄마)는 저에게 이런 이야기를 해 주셨어요.
민지야, 너도 지금은 미운 아기 오리처럼 힘든 시련이 언제 올지도 몰라. 하지만 시련을 이겨내면 언제든지 너는 하얗고 예쁜 백조가 될수 있단다 김연아도 어릴땐 힘들고 콤플렉스가 심했지만 지금은 올림픽에서 금메달을 따서 우리나라의 자랑이 되었잖아? 마찬가지야. 엄마도 민지가 시련을 이겨내서 얼른 백조가 되어서 자랑스럽게 내보일 수 있었으면 좋겠어

위의 예에서 학생의 반응을 살펴보면 시련을 이겨내고 백조가 된 미운 아기 오리에 빗대어 시련을 이겨내어 자랑스럽게 보일 수 있었으면 좋겠다는 생각을 엄마 입장에서 이야기하고 있다. 이는 학생 스스로가 앞으로 힘든 역경이나 고난에 부딪쳤을 때 이를 헤쳐 나갈 수 있는 힘인 행동 실천력이 중요함을 인식하는 계기가 될 것이다.

공감 소통하기는 창의·인성 교육 내용 요소 중에서 '공감'의 구체적인 내용에 따라 다양한 인성적 자질을 함양할 수 있고, 창의성의 성향적 요소 중 '감수성'에 초점을 두어 효과적으로 지도할 수 있는 활동이다. 따라서 이 활동은 비교적 감수성의 자질이 풍부하게

녹아 있는 문학 작품을 제재로 활용해 독서 토론 활동을 지도할 때 효용이 배가될 수 있을 것이다. 또한 공감 소통하기를 지도할 때 소통 측면에 초점을 두면 토의·토론 수업 모형과 연계해 지도하는 것이 효과적이다. 공감 소통하기 활동은 작가와 소통, 독자와 소통, 내적 자아와의 소통을 절차적으로 지도하여 공감의 범위를 확장하고 심화할 수 있다. 이 과정 중에서 특히 '독자와 소통' 과정은 토의·토론 모형과 연계하면 절차적인 측면에서 보다 정련된 과정으로 지도할 수 있다.

3) 자아 탐구하기

이야기의 해석과 의미 부여를 통해 자기 자신의 가치에 대해 생각해보게 된다. 이는 이야기를 읽으면서 '나는 누구인가'의 문제에 대한 해답을 찾아가는 것이다. 이야기 속에 전개되는 갈등의 양상을 보면서 나라면 어떻게 할 것인가를 끊임없이 생각하게 되고, 인물이 처한 상황과 나의 상황을 비교하면서 나의 위치와 현실을 깨닫게 된다. 이야기를 읽으면서 나를 찾아가는 과정은 다층위의 자아에 대한 분석을 필요로 한다. 물질적 존재로서의 자아, 동물적 존재로서의 자아, 감성적 자아, 이성적 자아, 윤리적 자아 등 자아의 층위를 다층적으로 상정할 수 있는 능력이 요구되며 이는 창의성과 연결된다.

자아 탐구는 인물의 가치적 본질을 읽어내는 능력을 지향한다. 이는 인간 탐구와 자기 존중으로 연계되며, 인간에 대한 앎이 인간 존중의 윤리로 승화된다. 이러한 과정에서 인간에 대한 이해, 자아에 대한 이해를 다양하게 도모하자면 창의·인성이 밑받침되어야 함은 물론이다. 서사는 본질적으로 인간에 대한 탐구를 지향하며, 인물에 대해 관심을 두기 때문에 인간 존중과 관련된 제반의 인성 요소를 포함하게 된다. 국어과 창의·인성이 결합되어 나타나는 '인물 탐구'에 주목하면 사태를 도덕적 관점에서 받아들이고 인식할 수 있는 '도덕적 예민성'과 '왜 이 사람은 그런 행동을 했을까' 하는 동기에 대한 '배려'도 함께 길러줄 수 있다.

자아 탐구하기 활동을 구체적으로 살펴보면 다음과 같다.

첫째, '나는'과 관련된 빈칸 채우기 활동이다. 나는 누구인가를 간접적으로 드러내는 방식이다.

나는

나는 ______________________________ 할 때 겁을 먹는다.
나는 ______________________________ 했을 때 쩔쩔맸다.
나는 ______________________________ 했을 때 슬펐다.
나는 ______________________________ 할 때 행복했다.
나는 ______________________________ 할 때 흥분된다.
나는 ______________________________ 할 때 자랑스럽다.
나는 ______________________________ 할 때 기분이 좋다.
나는 ______________________________
나는 ______________________________

조건을 제시한 빈칸 채우기 활동과 열린 문장 채우기 활동을 병행해 기록할 수 있다. 이 활동을 통해 알지 못했던 자아의 모습을 발견할 수 있다. '나는'과 관련된 활동은 자유롭게 자기 성격 드러내기로 발전시킬 수 있다. 다음은 블로그에 실린 프로필의 일부이다.

나의 프로필

보수적이다.
소유욕이 강하다.
복수는 철저하다.
외로움을 잘 탄다.
가끔 감정 기복이 심하다.
처음엔 낯을 가린다.
한번 사람을 좋아하면 무척 좋아한다.
한번 사람을 싫어하면 무척 싫어한다.
마음의 문을 쉽게 열지 않는다.

이처럼 자신의 성격을 15문장으로 표현하기, 20문장으로 표현하기 등의 활동을 통해 나는 누구인지를 점검해볼 수 있다.

둘째, 뇌 구조 그리기 활동이 있다. 이야기 속의 인물은 갈등 상황에서 어떤 생각을 하고 있을까와 관련해 뇌 구조 그려보기 활동을 실시할 수 있다. 인간의 머릿속은 다양한 생각들로 꽉 차 있다고 가정한다면, 갈등 상황에서 이야기 속 인물이 어느 비중으로 어떤 생각을 하고 있을지를 적어보게 하는 활동이다. 이야기 속 인물이 가지는 여러 가지 고민을 들여다보는 열쇠가 될 수 있다. 여기에서 나아가 현재 나의 뇌 구조 그리기를 병행함으로써 자아 탐구하기 활동을 할 수 있다. 다음은 박완서의 『이 세상에 태어나길 참 잘 했다』를 읽고 주인공 복동이의 뇌 구조를 그린 학습 결과물이다.

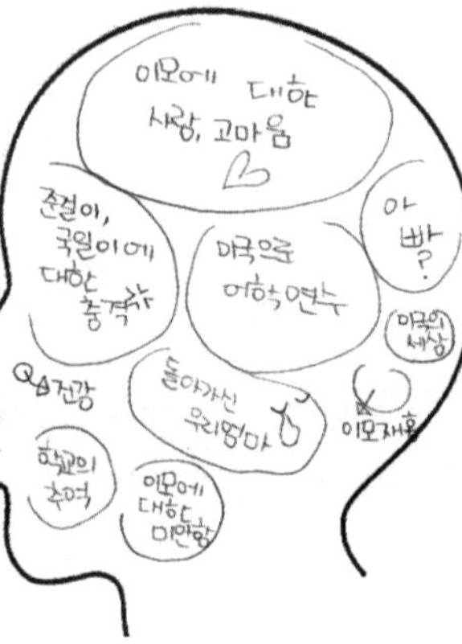

셋째, 이야기 속 인물과의 가상 대담 꾸미기 활동이다. 등장인물의 자아를 드러낼 수 있는 예리한 질문을 하고, 등장인물이 이 질문에 답하는 형식으로 글쓰기를 한다. 이 활동을 통해 텍스트에 드러나지 않은 빈틈을 가상 대담을 통해 채워나갈 수 있다. 학습자는 가상 대담을 통해 등장인물의 내면 의식을 깊이 있게 고찰해보는 경험을 갖게 된다. 등장인물의 자아를 드러낼 수 있는 질문을 만드는 것과 이 질문에 성실하게 답변하는 과정 자체가 자아 탐구하기 과정이 된다. 다음은 가상 대담에서 활용할 수 있는 질문의 예이다.

> Q: 당신이 살아온 시대를 스스로 어떻게 생각하십니까?
> Q: 당신의 인성을 100점 만점 중에 얼마를 주고 싶습니까? 그 이유는 무엇입니까?
> Q: 당신이 가장 좋아하는 일과 싫어하는 일은 무엇입니까? 그 이유는 무엇입니까?
> Q: 당신에게 가장 소중한 것은 무엇입니까?
> Q: 당신을 가장 잘 드러낼 수 있는 단어는 무엇입니까?

넷째, 자아들끼리의 대화하기 활동이다. 로버트 루이스 스티븐슨(Stevenson)의 『지킬 박사와 하이드』에서 지킬 박사는 인간을 다중적이라고 보고 자신의 쾌락을 위해 악의 편에 서 있는 하이드를 자기 내부에서 불러들이게 된다. 그러면 자신은 쾌락을 마음껏 누릴 수 있고 다시 지킬로 돌아가기만 한다면 아무런 위험도 없기 때문이다. 『지킬 박사와 하이드』는 인간에게는 다층위의 자아가 존재하고 있음을 보여주는 소설이다. 이야기를 읽을 때에도 다양한 자아가 드러나도록 읽을 수 있다. 인간의 자아는 단순하고 일면적이지 않다. 따라서 이를 자아 탐구하기에 적용시켜보면 물질적 존재로서의 자아, 동물적 존재로서의 자아, 감성적 자아, 이성적 자아, 윤리적 자아로 설정하고 각 자아가 특정 사건 시점에서 무슨 생각을 했을지 가상으로 적어보게 하는 활동이다. 다시 말하면, 각 자아들 내면의 목소리를 적어보게 하는 활동이다.[6]

'자아 탐구하기' 활동은 '반성적 사고 확장하기'와 유사하다. 자아 탐구하기 과정에서 반성적 사고가 확장되기도 하며, 반성적 사고를 통해 자아 탐구에 이를 수 있기 때문이다. 인물이 가진 동기와 욕구가 무엇인지 이해함으로써 자아를 탐구할 수도 있다. 결국 '동기와 욕구 이해하기' 활동과도 연관이 된다. 자아 탐구하기는 인물이 추구하는 가치 탐구와 통하기 때문에 '가치 탐구 모형'에서 활용될 수 있으며, 다층위의 자아를 통해서 대상에 감정을 투사해보고 대상을 주관화해볼 수 있으므로 '감정 이입 모형'에서도 유용하다. 또한 문학 작품이 관점에 따라 다양하게 해석됨을 전제로 잠정적으로 유보했던 작품의 주제나 인물의 행동에 대해 가치 부여를 하는 '관점 변화 모형'에서 '자아 탐구하기' 활동이 적용될 수 있다.

6 이것은 영국의 심리학자 보노(Edward de Bono)가 고안한 육색 모자 기법과 유사하다. 육색 모자 기법은 학습자들이 여섯 가지 각기 다른 색의 모자를 쓰고 자신이 쓰고 있는 모자 색깔이 의미하는 유형의 사고를 하게 하는 것이다. 백색 모자는 중립적 사고, 빨간 모자는 직관적 사고, 흑색 모자는 부정적 사고, 황색 모자는 긍정적 사고, 녹색 모자는 창의적 사고를 하는데, 이들 모자를 자아와 관련시켜 활동하도록 한다.

4) 회의하기와 가치 유보하기

언어로 서술된 내러티브는 해석을 요하는 공간을 포함하고 있다. 인물의 분명한 행동을 서술해놓았어도 그러한 행동의 동기가 늘 밝혀져 있는 것은 아니다. 또 동기가 밝혀져 있어도 독자가 '나라면?' 하고 인물과 대비하며 생각하는 단계에서 다른 해석이 가능하다. 이렇게 작품을 해석하는 과정에서 인물에 대해 회의(懷疑)하는 것은 작품에 창의적으로 접근하는 일차적 과업이다. 인물을 이해하는 과정 속에서 충분한 근거가 없기 때문에 가치 판단을 보류하거나 중지하면서 여러 가지 조건을 따져보며 다양한 해석을 시도하는 것이야말로 창의적 사고 과정이며 해석의 다원성을 여는 계기를 마련한다.

이야기의 결론을 미리 알고 읽으면 재미가 반감된다. 모호함에 대한 참을성은 이야기를 끝까지 읽어나가는 동력이다. 아울러 인물의 사고방식, 행동의 동기, 태도 등에 대한 정당성 여부를 자기 나름의 평가와 판단에 기초해 독서 과정 전체에서 반복적으로 문제를 제기하는 방식은 내러티브의 의미를 풍부하게 한다. 이는 인성 요소 중에서 '배려'와도 연관된다. 배려는 다른 사람의 감성, 행동, 가치 등을 반추하면서 정당성을 고려하는 일이다. 따라서 인물에 대한 평가와 판단보다는 동인(動因)을 탐구하기 위해서는 모호함을 견디는 노력이 선행되어야 한다.

창의·인성 활동으로 회의하기와 가치 유보하기는 별개의 독립적인 활동으로 접근할 수 있지만, 하나의 통합된 활동으로 보면 '무엇을 어떻게 할 것인가'에 대한 구체적인 시사를 얻을 수 있다. 즉, 이야기 속 인물의 행동에 대해 통념적으로 소통되는 가치를 그대로 수용하지 않고 잠정적으로 유보한 상태에서 회의하거나 때로는 가치를 전복(顚覆)시킴으로써 새로운 의미를 도출해보는 것이다. 이러한 인물의 행동에 대한 가치 탐구를 위한 회의하기 활동은 다음과 같은 방식을 통해 가능하다.

첫째, '왜'라는 질문을 던지며 읽는 것이다. 이야기를 읽을 때 '의문 갖기' 전략은 이야기의 의미를 확장할 때 쓰는 방법이다. 인물의 행동에 의문을 품는 것은 그 상황에서 그렇게 행동할 수밖에 없었다는 공감이나 감정 이입과는 대비되는 활동이다. 인물이 그 상황에서 그렇게 행동하게 된 다양한 까닭을 생각해보는 것은 확산적인 사고 활동을 가능하게 한다. 이때 이야기에 표면적으로 드러난 행동의 동인보다는 드러나지 않았지만 가능성 있는 원인에 대해 자유롭게 추측해보는 데 초점을 둔다. 이야기를 읽는 과정에서 이와 같은 활동이 전제되면 이야기의 뒷부분을 바꾸어 쓴다거나 새로운 결말을 내릴 때 보다 풍부한 상상력이 발현될 수 있다. 이것은 이야기를 읽어가는 과정 속에서 회의하기 활동에 초점을 둔 것인데, 일반적으로 통용되는 이야기의 주제나 인물의 행동에 근원적인 질문을 던져 보는 것도 유용한 방법이다. 예를 들어 『심청전』에서 아버지를 위해 자신의 목숨을 희생한 심청의 행동이 바람직한가라는 문제를 제기할 수 있다. '심청은 효녀다'라는 주제와 관련해 부모보다 먼저 죽은 자식을 과연 효녀라고 할 수 있는가라고 의문을 제기하는 것이다. 이와 같은 의문은 자연스럽게 인물의 행동에 대한 가치 판단과 직결되며 '심청 과연 효녀인가'라는 토론으로 연결시킬 수 있다.

〔'심청은 효녀가 아니다'라는 의견의 예〕

나는 불효녀라 생각한다. 심청의 아버지는 심청이만 바라보고 살았는데, 그런 아버지를 두고 자신의 목숨을 버리다니……. 아버지에게는 돈보다 자신의 딸 심청이가 훨씬 더 소중할 것이다. 심청이는 그걸 알지도 못하고 돈과 목숨을 바꾸다니……. 아버지 옆에서 도와드리고 말동무도 하고 아버지가 눈감는 날까지 옆에 있는 그런 딸이 진정 효녀 아닐까? 그보다 아버지에게 좋은 효도는 없을 것이라고 생각한다. 물론 나중에는 아버지에게 효도하지만. 그래도 만약 심청이 살아나지 못하고 죽었다면 아버지는 너무나 큰 충격을 받아서 삶에 대한 의욕을 잃었을 것이다. 부모님께 효도하는 것은 엄청난 큰일을 하는 것이 아니다. 사소한 것이라도 부모님을 진정으로 위하는 마음이 진정한 효도라고 생각한다.

둘째, '만약 ~라면'과 같은 가정법적 활동으로 확산적 사고를 유발할 수 있다. 가치는 어떤 일정한 시점(視點)에서 작품을 평가한 결과로서 얻어지는 것이다. 어떤 사건이나 행동에 대해 가정한다는 자체가 일정한 틀이나 형식, 즉 고정된 시점에서 벗어나는 것이다. 가정법 활동은 작가가 작품에 형상화한 가치 의식을 그대로 받아들이지 않고 자기 나름의 가치를 표현하는 단계로 나아가는 것으로 보편적 가치를 수용하기보다 특수한 가치를 발견하고 드러내는 것이다. 작가가 형상화한 이야기의 전개 구조에서 이탈함으로써 창의성의 자질을 남보할 수 있고, '그때 그렇게 했다면 또는 하지 않았다면' 같은 가치 갈등의 문제 상황에서 인성 교육적 접근을 시도할 수 있다. 다음 예는 『양파의 왕따 일기』 중 미희가 돌린 쪽지가 선생님한테 발각되자 정화는 자기가 돌렸다고 거짓말을 해 대신 꾸중 듣는 장면[7]에서 '만약 정화가 거짓말을 하지 않았다면'과 같은 가정 상황을 제시해 이어질 내용을 상상하여 재구성해본 것이다.

〔만약 정화가 거짓말을 하지 않았다면〕

내가 미희가 그랬다고 해서 미희는 선생님에게 혼났다. 미희가 쉬는 시간에 말했다.
"정화야, 다른 애들이면 거짓말을 했을 거 같은데, 너는 거짓말을 안 했구나."
"어, 미안."
정화가 말했다. 그러자 미희가
"괜찮아. 나는 거짓말하는 애들은 싫어하는데 넌 거짓말을 안 했으니까 내 맘에 들어. 양파에 들어올래?"
정화가
"어, 좋아."
이렇게 해서 정화는 양파에게 들어가고 미희와 친하게 지내게 되었다.

무한한 상상력을 동원할 수 있는 가정법 상황은 때로는 실제 수업에서 학생들이 인간에 대한 경시나 반윤리적, 반사회적 정서처럼 극단적인 문제의 징후를 보이기도 한다. 그러나 '나라면?'이라는 가설은 현실적인 속박이나 구속에서 탈피해 용기를 낼 수 있는 통로가 되기도 하고, 현실 사회에 살고 있는 자신을 대입해봄으로써 주인공이 행한 행동에 대한 가치를 재고해보는 기회가 되기도 한다. 이렇게 주인공의 삶과 대조해보는 과정에서 자신의 생활을 스스로 반성적으로 조회해보기도 한다.[8]

셋째, 등장인물의 입장이나 관점을 바꾸어 보는 활동이다. 관점이란 어떤 사물을 바라보는 위치나 자리를 일컫는 말이다. 똑같은 얼굴이라도 옆에서 볼 때와 앞에서 볼 때가 다르다. 다른 사람의 얼굴이나 주변의 물건, 생각 등을 바라보는 위치, 즉 관점에 따라 모습이 전혀 다르게 보일 수 있다. 이렇듯 사물이나 현상을 바라보는 관점은 저마다 다르기 마련이다. 이처럼 저마다 다른 관점이나 입장을 인정하는 것은 창의적 사고의 시발점이며, 나아가 '한니발'을 그린 세 번째 화가[9]와 같이 문제 상황을 해결할 수 있는 독창성을 갖게 한다.

7 공부면 공부, 운동이면 운동 못하는 게 없는 미희, 자석처럼 사람을 끄는 묘한 매력이 있는 미희 주위엔 친구들이 아주 많다. 주인공 정화도 미희와 친구가 되고 싶어 한다. 그러던 어느 날 수업 시간에 쪽지를 몰래 돌리던 미희 대신 정화는 선생님께 꾸중을 듣게 된다.

8 일상생활에서 문제 상황을 제시하고 '나라면' 어떻게 행동할지 이야기해보고 자신이 한 행동이 어떤 결과를 초래할지 예측해보는 것은 이미 보편화된 인성 교육의 방편이기도 한다.

9 카르타고에 한니발이라는 유명한 장군이 있었다. 한니발은 로마 군과 치른 전쟁에서 크게 이긴 위대한 장군이다.

이야기를 읽을 때 입장이나 관점을 정해 읽기도 하지만 특별한 입장을 취하지 않는 경우가 많다. 이런 경우에는 필자가 형상화한 주제나 가치를 그대로 수용할 가능성이 크다. 주인공의 행동에 감정 이입되거나 주인공의 행동을 비판적으로 바라보지 않게 된다. 하지만 관점을 달리해 보면 주인공의 입장에서는 지극히 당연하게 받아들여지는 사실이지만 동일한 사건을 반동 인물이나 주변 인물 등 다른 인물의 입장에서 보면 억울할 수도 있다. 예를 들어 「토끼와 거북」 이야기를 읽으면 독자는 은근과 끈기로 승리를 거둔 거북 편에 서게 된다. 그러나 토끼의 입장에서 글을 쓴다면 어떻게 될까? 같은 사건이지만 사뭇 다른 결론을 내리게 될 것이다.

〔토끼가 들려주는 「토끼와 거북」 이야기〕

거북이가 처음에 경주를 하자고 했을 때 거북이와의 경주는 처음부터 말도 되지 않는다고 생각했지. 하지만 거북이한테 실망감을 주고 싶지 않았어. 그래서 경주를 했지. 그러나 내 예상대로 거북이는 한참 뒤에 끙끙거리면서 오고 있는 것이 아니겠어? 내가 결승점까지 그냥 가버린다면 거북이가 얼마나 힘이 빠지겠어. 그래서 거북이에게 한 번 더 기회를 주려고 잠깐 쉬었던 거야. 그런데 어찌나 피곤하던지 깜빡 잠이 들어버린 거야. 이제 신나게 뛰어야지 생각했는데 거북이는 결승점에 다다르고 있는 것이 아니겠어? 거북이한테 배신감이 들더라고. 내가 자는 것을 보았으면 깨워서 함께 뛰는 것이 옳은 행동 아니겠어? 물론 내가 잠이 들어버려서 지긴 했지만, 나를 깨우지 않고 혼자 가버린 거북이가 얄밉더라고.

또 다른 예로는 아기 돼지 입장에서 전개된 『아기 돼지 삼형제』 이야기를 늑대의 관점에서 바라보고 쓴 『늑대가 들려준 아기 돼지 삼형제』 이야기가 있다. 이와 같이 기존의 이야기를 새롭게 바꾸어 쓰는 것은 일반적으로 통용되는 이야기의 주제를 뒤집어보고 이야기를 통해 새로운 가치를 탐구하는 활동으로 대체적으로 다음과 같은 절차를 따른다. ① 입장을

그런데 한니발은 애꾸눈이었다. 어느 날 한니발 장군이 화가를 불러다가 자신의 얼굴을 그려달라고 했다. 그 화가는 한쪽 눈이 없는 한니발의 모습을 아주 사실적으로 그려주었는데 그 그림을 본 한니발 장군은 비록 애꾸눈이지만 그림까지 그렇게 그렸다고 불같이 화를 내며 볼기를 쳐서 쫓아냈다. 두 번째로 불려온 화가는 그 소문을 듣고 두 눈을 모두 그려 넣었다. 그런데 그 그림을 보고도 한니발 장군은 아첨하려 한다고 화를 냈다. 세 번째로 불려온 화가는 한니발 장군의 얼굴을 정면에서 그리지 않고, 성한 눈이 있는 쪽 옆얼굴을 그렸다. 정상적인 한쪽 눈만 그렸으니 거짓말을 한 것도 아니고 아첨한 것도 아니다. 그 그림을 본 한니발 장군은 기분이 좋아서 상금을 후하게 주었다고 한다. 한니발 장군의 옆얼굴 초상화는 지금까지 전해 내려온다고 한다(이어령, 『생각을 달리자』, 푸른숲어린이, 2009, 49-50쪽).

정해 인물의 행동에 대한 생각이나 느낌을 말하기, ② 관점을 바꾸어 인물의 행동에 대한 가치 알아보기, 또는 다른 인물의 관점에서 주인공의 행동을 비판적으로 바라보기, ③ 잠정적으로 유보했던 이야기의 주제나 행동의 가치 탐구하기이다.

회의하기와 가치 유보하기는 '가치 탐구 학습 모형'에서 인물의 행동이나 이야기의 주제에 대해 충분한 근거가 없을 때 판단을 중지하거나 보류하면서 다양한 가치를 탐구할 때 활용할 수 있다. 또한 상식적으로 자명한 일이지만 전통적인 권위를 긍정하지 않고 비판적인 태도로 의심해보기 위해 관점이나 입장을 바꿔보는 데 초점을 둔다면 '처지 변화하기' 활동과 '관점 변환 모형'과 연계해 활동을 구성할 수도 있다. 그리고 『아기 돼지 삼형제』, 『늑대가 들려준 아기 돼지 삼형제』 같은 작품을 수업 제재로 활용할 때는 '패러디하기' 활동에 초점을 둔 '텍스트 상호성 모형'의 활용도 고려해볼 만하다.

5) 반성적 사고 확장하기

모든 서사는 반성적 사고를 전제한다. 『춘향전』을 실화라고 가정해 보자. 실제 인물 이 도령과 춘향이 만나고 사랑하고 헤어졌다가 다시 만나 사랑을 성취하는 과정 자체는 스토리이다. 그런데 그러한 스토리를 자신이 기억을 더듬어 쓴다든지 작가가 소설로 쓸 경우, 행위 자체로부터 거리가 생긴다. 시공간의 거리는 물론 관점, 해석 등이 개입한다. 그렇기 때문에 글로 서술한 이야기는 그 자체가 반성의 양식이 된다.

박완서의 『그 많던 싱아는 누가 다 먹었을까』는 작가의 유년기부터 결혼 전까지의 삶을 그린 자전적 소설이다. 작가는 '싱아'로 상징되는 그리움의 대상들을 기억을 통해 전달하고 있다. 기억을 더듬어 글을 쓰는 행위는 단지 과거에 겪은 일을 이야기하는 차원에 머물지 않는다. 나의 과거 경험에 대한 기억을 쓴다는 것은 현재 '나'의 관점에서 과거의 '나'를 반성적으로 보는 것이다. 말하자면 과거의 '나'에 대한 재해석이라고 볼 수 있다.

'반성적 사고 확장하기' 활동에서는 가능하면 다양한 생각을 떠올려보고 그 과정에서 자신의 삶을 돌이켜보고 그 가치를 발견하는 것이 중요하다. 편견, 불일치 등을 인식하고 객관적이고 타당한 근거에 입각해 사고할 수 있는 '비판적 사고력'과 다양한 관점에서 새로운 가능성을 생성해내는 '확산적 사고력'이 동시에 요구된다. 반성적 사고를 할 수 있는 기본 전제는 자신의 능력을 조절하고 자신의 역할을 다해 세상에 기여하고자 하는 '책임'이다. 아울러 자신의 삶에 대한 해석과 가치부여를 통해 인간 가치를 옹호하는 정신을 발견하는 계기가 마련된다. 이는 내러티브가 윤리성을 띠는 까닭이기도 하다.

과거에 대한 기억을 회고한 글쓰기나 자기의 내면을 들여다보는 글쓰기에는 반성적 사고가 드러난다. 이 내용을 토대로 '반성적 사고 확장하기'의 주요 활동을 소개하면 다음과 같다.

첫째, 자서전 쓰기 활동이다. 자서전 쓰기는 자신의 삶에 대한 반성적 성찰이다. 자서전을 쓰는 과정에서 자신의 삶이 어떤 의미를 지니는지 성찰하게 된다. 아울러 자신의 삶을 자기가 해석해보고 가치를 부여함으로써 긍정적인 인간관을 가지게 된다. 자서전 쓰기 활동을 하기에 앞서서 인생 그래프 곡선을 그려보도록 한다. 인생 그래프 곡선이란 태어나서 지금까지 인생의 전환점이 될 만한 사건을 기쁨과 슬픔의 수준으로 나누어 도표에 표현하는 것이다. 주요 사건을 점검해볼 수 있으며, '지금의 나'를 있게 해준 중요한 사건을 파악할 수 있다. 자서전 쓰기를 할 때 인생 그래프 곡선은 아이디어 생성하기 및 조직하기 단계에서 활용할 수 있다. 자서전 쓰기 활동은 어렸을 때를 회고하면서 사건을 기록하고, 사건에 대한 자기반성이 드러나도록 쓰는 것이 중요하다. 다음은 5학년 학생이 쓴 자서전의 일부이다.

> 나의 이름은 • • • 1988년 6월 1일생 용띠이다. 5세까지 서울 강동구 고덕동에 살았고 1991년 여름에 이사했고, 지금은 인천에서 살고 있다. 어렸을 때에 나의 일들이 자세히 기억나지는 않지만 생각을 더듬어본다.
>
> 어렸을 때에는 남의 집에 가서 화장품을 깼고, 남의 장난감을 들고 나와 엄마를 난처하게 했던 기억이 난다. 또한 장난감 가게를 그냥 지나치는 법이 없었다. 엄마의 손을 뿌리치고 장난감 가게로 쏜살같이 들어가 장난감 하나를 들고 나선다. 그러면 엄마는 원치 않는 장난감 값을 치르느라고 진땀을 빼셨다.
>
> ……
>
> 나는 10살 때 좋은 친구를 사귀었는데 10살 때를 생각하면 창원으로 이사 간 친구가 그립다. 11살 때 나 또한 전학을 가게 되었는데, 비로소 친구와 동네와의 헤어짐을 알게 되었다. 그때가 바로 IMF, 지옥처럼 온 국민이 떨고 있었던 마치 악몽 같은 시절이었다.
>
> ……

위 사례에서는 과거의 기억을 더듬어 어린 시절에 유독 사고를 많이 치고 막무가내였던 자신을 되돌아보고 있다. 자서전을 통해 현재의 내가 과거의 나를 보면서 그 당시 어머니가 얼마나 난처했을지 이해하고 있으며, IMF 때문에 친구들과 헤어져야 했던 일들을 기억해낸다.

둘째, 자전적 경험을 바탕으로 한 창조적 글쓰기이다. 자서전을 바탕으로 새로운 사건을 추가해 창작물을 만드는 활동이다. 모든 기억은 뒤에 보강된 것이다. 기억 그 자체로 머물러 있는 기억은 없다. 기억을 되살리는 그 순간에 기억 주체의 여건과 이념이 기억을 어느 방향으로 보강하고 또 어느 방향의 기억은 소거하면서 독특한 형태의 기억을 만들어내게 된다. 그렇기 때문에 본래 빈약한 기억을 탓할 것이 아니라 내가 기억을 어떻게 재구성하는가 하는 점이 글 쓰는 이에게 문제가 되는 사항이다. 글쓰기는 기억을 창조하는 일이기 때문이다.[10] 이야기 창작하기, 소설 창작하기 활동에서 과거 자신의 기억을 확대해 창작 활동을 하는 것이다.

셋째, 묘비명 지어보기 활동이 있다. 인간은 예전부터 죽은 이들을 추억하고 기리는 표식으로 묘비명을 새겼다. 묘비명에 담긴 한 인간의 삶은 우리의 삶을 되돌아보게 하는 거울이 되기도 하고 우리의 미래를 방향 짓는 가로등이 되기도 한다. 그렇기 때문에 묘비명은 과거의 반성과 미래의 방향을 제시하는 하나의 방법이다. 한 사람의 과거를 압축적으로 표현할 수 있는 형태인 것이다. 이와 더불어 고인과 남은 자, 이후 세대들 사이의 문화적·사회적·역사적 집단기억의 소통으로서 중요한 의미를 가진다.[11] 그러므로 묘비명은 다양한 사람들이 소통할 수 있는 가장 압축적인 이야기를 가진 기제라고 할 수 있다. 자신의 미래 삶의 모습을 상상하면서 죽음을 맞이했을 때 묘비에 쓰였으면 하는 묘비명을 지어보는 활동을 통해 학습자는 현재의 삶을 반성적으로 생각해보고 미래에 대한 긍정적인 생활태도를 형성하는 계기를 가질 수 있다. 묘비명 지어보기 활동을 할 때에는 학습자가 삶과 죽음에 대한 부정적 생각을 하지 않도록 '오랫동안 행복하게 꿈을 이루며 살다 생을 마감한다' 등의 전제를 꼭 제시하도록 한다.

넷째, 나의 요즘 감정 글쓰기이다. 질풍노도의 시기라 부르는 사춘기를 맞이한 학습자

10 우한용, 『우한용 교수의 창작교육론—삶 읽기, 글 읽기, 글쓰기』, 태학사, 2009, 192쪽.

11 하병학·문정희, 「묘비명에 대한 수사학적 소고」, 『수사학』, 제12집, 한국수사학회, 2010.

는 자신의 감정을 조절하지 못하고 화를 자주 내는 경향이 있다. 이러한 자신의 감정을 반성적으로 바라볼 필요가 있는데, 이는 '감정 글쓰기'를 통해 가능하다. 감정 글쓰기는 일기쓰기와 유사한 방식으로 자신의 감정을 솔직하게 표현하는 데 좀 더 중점을 둔다. 다음은 학교 생활에 대한 '감정 글쓰기' 사례이다.

> 요즘 학교 생활은 어쩔 때는 활기차고 어쩔 때는 짜증날 때가 많다. 짜증날 때는 내 맘대로 할 수가 없다. 내 맘대로 하다가는 애들이랑 싸우기 때문이다. 마음 속으로는 꾹꾹 참고 있다. 그래도 1학기보다는 2학기가 훨씬 좋아졌다. 누구나 상대방 마음을 이해할 수 없고, 마음을 읽을 수도 없는 것이다.
>
> ……
>
> -5학년 여학생

나의 요즘 감정 글쓰기를 하기 전에 자신의 감정에 스스로 솔직하기, 자신의 내면에서 하는 소리에 집중하기와 관련된 심리 활동을 병행하는 것이 좋다. 예를 들어 아무 생각하지 않고 눈 감고 조용히 5분간 있기, 자신의 이름을 마음 속으로 100번 불러보기 등과 같이 내면의 나를 찾을 수 있는 기회를 주는 것이 필요하다.

다섯째, '고백'을 주제로 한 영상 편지 쓰기이다. 숨기고 싶은, 그러나 공개해 용서받고 싶은 일을 주제로 영상 편지를 쓰는 활동이다. 자기가 잘못 생각했던 것에 대한 반성을 담거나 주어진 상황에 따라 처지를 이해해달라는 내용으로 구성할 수도 있다. 고백의 내용에 따라서 부모나 친구에게 보내는 편지일 수도 있고, '과거의 나'가 '현재의 나'에게 보내는 편지가 될 수 있다. 스마트폰의 셀프 비디오 형식으로 손쉽게 영상 편지를 보낼 수 있다.

지금까지 제시한 활동은 자기 글쓰기와 관련된 내용이다. 그러나 이상의 활동을 서사 속의 인물이 되어서 글쓰기를 하는 방식으로 전개할 수도 있다. 독자의 입장에서 서사에 나타난 가치를 인식하고 가치를 평가해 내면화하는 능력은 반성적 사고와 직결되기 때문이다. 예를 들면, 김려령의 『완득이』를 읽었다고 하자. 반성적 사고 확장하기와 관련시켜 앞에서 소개한 글쓰기 활동은 다음과 같이 바꿀 수 있다.

- 열여덟 완득이가 자신의 과거를 되돌아보면서 자서전 쓰기
- 완득이가 100살에 하늘나라로 떠났을 때 완득이의 묘비명 쓰기
- 소설의 특정 사건을 중심으로 완득이의 감정 글쓰기
- 완득이가 담임선생님께 보내는 영상 편지 만들기

'반성적 사고 확장하기'는 인간 이해에 바탕을 둔 창의·인성 활동으로서 '자아 탐구하기' 활동과 유사하다. 자아 탐구하기 과정에서 반성적 사고가 확장되기도 하며, 반성적 사고를 통해 자아 탐구에 이를 수 있기 때문이다. '반성적 사고 확장하기' 활동은 '가치 탐구 모형'에서 가치를 합리화하는 과정에서 이루어지는 인물의 생각 옹호하기나 인물을 현실에서 재생해보기 활동으로 구현될 수 있으며, '감정 이입 모형'에서 감정 이입의 기제로 대상과 나의 처지를 바꾸어 생각해보는 역지사지하기 단계로 반성적 사고 확장하기 활동을 활용할 수 있다.

2. 언어문화 탐구 창의·인성 활동

1) 전통문화 재발견하기

전통문화 재발견하기는 문학, 풍습, 관습 같은 전통문화 속에 담긴 조상의 가치관을 탐구하는 것으로 우리 문화의 가치를 발견해내고 문화 공동체의 가치를 내면화할 수 있다. 과거로부터 현재까지 전해 내려오는 전통문화는 공동체 내의 상징과 인식에 알게 모르게 관여함으로써 공동체 구성원의 의사소통 과정에 숨어 있는 코드로 작용한다. 예를 들어 단군 신화는 단순히 하나의 이야기에 그치는 것이 아니라 우리 민족의 근원과 살아갈 방식에 대한 합의를 바탕으로 하고 있다. 누구인지 모를 많은 사람들이 그렇게 이야기를 만들고 또 그것에 공감하면서 이야기를 전해 내려온 것부터 우리 민족이 그에 동의하고 그와 동질적인 생활방식을 지니고 있다는 뜻이 된다. 특히 고전 작품을 접하고 학습하는 일은 공동체 내의 상징과 인식을 알게 하는 데 중요한 역할을 한다.[12] 『춘향전』, 『심청전』, 『놀부전』 같은

고전 작품을 접했기 때문에 일상의 의사소통에서 춘향이나 심청, 놀부라는 인물이 지닌 의미와 사회적 맥락을 이해하게 되는 것이다. 이렇게 고전은 우리 문화의 상징을 이해하게 해주며 문화 공동체의 의사소통 과정에 숨어 있는 코드로 작용하는 것이다.

전통문화를 재발견한다는 것은 전통문화를 비판적으로 바라보고 나아가 현재적 관점에서 새로운 의미나 가치에 대한 생산적인 논의가 수반된다는 점에서 사고의 수렴과 확장을 통해 창의성을 가져올 수 있다. 이는 전통문화와 비판적 소통이라 할 수 있는데 다음과 같은 활동을 통해 가능하다.

첫째, 언어와 역사를 매개하는 코드로서 전통문화에 대한 이해력을 증진시킨다. 고전은 다음 세대로 전수되어야 하는 문화유산으로서의 가치를 지니고 있다. 그러므로 전통문화 재발견하기를 통해 고전을 접하고 고전에 담긴 우리 문화의 정수를 느낄 수 있는 기회를 제공한다. 예를 들어 타임머신을 타고 고전 문학 작품의 배경이 되는 특정 시대와 공간에 간다는 상상을 해볼 수 있다. 이를 통해 고전 문학 작품에 등장하는 소재나 제재에 다양한 생각을 할 수 있는 유연성과 독특하고 기발한 내용을 생각할 수 있는 독창성을 기를 수 있다. 이때 특정 문학 작품으로 한정하지 않고 여러 가지 재미있는 상황을 설정해 상상해보고 이야기를 만들어보는 것도 가능하다. 예를 들어 김홍도가 그린 일반 서민의 모습을 담은 풍속화(씨름, 무동, 기와이기, 새참, 고누놀이, 대장간, 서당 등)를 대상으로 그림 속에 등장하는 인물들이 어떤 이야기를 하고 있는지 상상해 이야기를 꾸며볼 수 있다.

둘째, 시대정신 또는 지배 이데올로기의 문화 이해력을 증진시키도록 한다. 고전이라 일컬어지는 작품은 이데올로기를 주입하는 '정전'이 아니다. 고전 속에 잠재되어 있는 우리의 전통과 가치를 새롭게 재해석하고 현재의 우리 삶에서 직면하는 문화적 상황을 이해하고 평가하는 역사적 안목을 기르도록 한다. 즉, 고전을 통해 인간 상호간의 행위에 존재하는 문화로서 구성원의 행위를 통제하고 조절해주는 가족제도, 사회제도, 법, 규칙을 이해하고 이러한 제도문화 속에서 삶의 모습을 간접 경험하도록 한다. 예를 들어 『홍길동전』에는 조선시대 가족제도의 한 형태인 일부다처제의 모습과 적서차별의 모습이 나온다. '서자'인 홍길동이 갖게 되는 제도에 대한 불만은 주인공의 갈등을 넘어서서 문학을 통해 그 시대의 문제의식을 대변한 것으로 그 당시의 제도적 모순을 문학 속 인물의 삶과 관련

12 박인기 외, 『문학을 통한 교육』, 삼지원, 2005, 108쪽.

지어 읽어낼 수 있다. 이와 같은 조선시대 가족제도에 대한 문제의식을 오늘날의 삶 속에 대입해 새로운 문제들을 도출하고 나름의 대안을 모색해보도록 한다.

셋째, 고전이 '지금 여기(now and here)'와 역동적인 상호작용 속에 존재하는 것임을 인식시키도록 한다. 현재를 살아가는 학습자에게도 고전이 의미 있는 것으로 여겨질 때라야 그 속에서 전통문화의 가치를 재발견할 수 있다. 학습자와 고전 텍스트가 역동적으로 교섭할 수 있으려면 텍스트를 꼼꼼히 읽는 과정이 선행되어야 한다. 지금의 사회적 배경과 다른 때 씌어진 작품인 만큼 시대적 상황, 단어의 의미, 당시의 생활 풍속 등을 풍부하게 조사한 후 작품을 감상하는 것이 필요하다. 그 과정에서 학습자들은 고전에 담긴 이야기가 나오게 된 연유와 그런 이야기를 통해 풀어내고자 한 욕망이 무엇이었는지에 공감하게 된다. 이렇게 작품을 감상하는 가운데 작품에 반영된 문화 및 전통과 만나게 되고 그 가치를 새롭게 인식하게 될 것이다. 나아가 작품을 읽으면서 발견한 전통문화가 현재를 살아가는 자신에게 어떤 의미가 있는지, 우리 사회에서 어떤 역할을 할 수 있는지 토의해봄으로써 적극적으로 전통의 가치를 탐색해보는 활동도 가능하다. 이러한 과정에서 작품에서 제시된 가치가 전복되기도 한다. 예를 들어 우리가 잘 아는 「흥부와 놀부」 이야기에서 흥부는 착하고 놀부는 못된 인물이라고 당연시하는 경향이 있지만, 이들의 행동을 현대적 삶의 가치를 기준을 삼았을 때 흥부의 무능함과 놀부의 기민한 상황 대처력으로 재해석될 수 있다. 놀부가 너무나 억울한 나머지 다음과 같은 편지를 보냈다면, 이 편지를 읽고 흥부와 놀부 중 누가 더 문제가 있다고 말할 것인가?

전통문화 재발견하기는 다른 문화와 대화하기에서 전통문화와 지금의 문화를 비교해

> 여러분!
> 나 놀부는 너무나 억울해 여러분에게 이 글을 드립니다. 제가 솔직히 재물에 욕심을 냈던 것은 사실입니다. 하지만 여러분 생각해보십시오. 멍청하게 자식을 9명이나 두고 남에게 넙죽넙죽 재산을 퍼주는 흥부에게 재산을 주었다면 금세 재물은 바닥이 났을 것입니다. 재물이 없어진다면 또 저에게 손을 벌리지 않겠습니까?
> 또 제가 멀쩡한 제비 다리를 부러뜨린 것도 사실입니다. 그러나 솔직히 제비 다리 고쳐주고 그 많은 재물을 받을 수 있다면 어느 누가 제비 다리를 그냥 두겠습니까? 저는 자식도 합리적으로 2명만 두었고, 재산은 많아도 아껴 쓰며 검소하게 살았습니다. 그런데 제가 무슨 죄가 그렇게 크다고 재산도 뺐기고 이렇게 불쌍하게 살아야 한다는 말입니까?
>
> – 놀부 드림

보면서 그 가치를 탐구하는 활동, 생활 속 표현 문화 공유하기에서 현대적 삶뿐만 아니라 역사를 거슬러 올라가 과거의 일상생활 속에서의 표현 문화(전통 시가와 문학 등)를 대상으로 한국인의 정서와 한 등을 탐구하는 활동, 전통적인 언어문화에 대한 탐구 활동과 연계해 지도할 수 있다. 그리고 전통문화의 가치나 의미에 대해 회의하고 현대적 가치를 조망하려고 할 때는 가치 탐구 모형이나 토의·토론 모형을 기반으로 한 수업을 활용하는 것이 효과적일 것이다.

2) 대중문화와 소통하기

대중문화란 일반 대중이 선호하는 문화로서, 오늘날에는 주로 텔레비전이나 비디오, 영화, 인터넷 등과 같은 대중매체를 통해 전달되고 공유되어 대중에게 인기를 끄는 문화를 뜻한다. 국어 교육과 관련된 대중문화의 영역에는 대중가요, 만화, 애니메이션, 영화, 텔레비전 드라마와 오락 프로그램, 인터넷 소설, 컴퓨터 게임 등이 있다. 이와 같은 대중문화는 상업적 성격을 지니고 대량 전달을 특징으로 하는 대중매체를 통해 수용자에게 전달되는 경우가 대부분이다. 이 때문에 대중문화에 대한 이해는 그것이 전달되는 경로인 대중매체에 대한 비판적 이해와 이를 수용하는 수용자의 성찰적 태도를 필요로 한다.[13]

대중문화를 이끄는 텔레비전 등의 매체에는 통속성, 상업성, 이데올로기 등의 숨겨진 의미가 담겨져 있다. 숨겨진 의미를 발견하지 못하면 학습자는 대중문화를 수동적으로 수용하는 존재로 전락하게 된다. 내포된 의미를 지닌 채 유통되고 있는 대중문화와 적극적으로 소통할 수 있는 학습자라야 대중문화를 자신의 실제 삶의 맥락과 연관시켜 의미 있게 받아들일 수 있다. 그러므로 학습자가 대중문화와 적극적인 소통을 통해 의미를 구성할 뿐만 아니라 비판적인 자세로 좋은 문화를 창출하는 주체가 되도록 교육하는 것은 매우 중요하다.[14]

13 최미숙 외, 『국어 교육의 이해』, 사회평론, 2009.

14 예를 들어 대중가요 현상에 대한 비판적 수용과 창조적 재구성 활동은 학습자의 비판적·창의적 사고력을 신장시킬 수 있다(김창원, 「국어교육과 대중가요—대중가요 국어교육론의 필요성과 가능성」, 『국어교육』, 104집, 한국어교육학회, 2001). 또한 학생들의 일상 대화가 대중가요를 매개로 할 때 활발히 일어나는 것에서 엿볼 수 있는 것처럼 대중가요

대중문화에 직접 참여하고 비판하고 호응하면서 기존의 문화에 생산적인 자극을 주고 변화를 이끌고 새로운 문화를 창출하는 것은 바로 창의의 힘이며, 대중문화의 저급함이나 통속성·상업성 등을 비판적으로 성찰할 수 있는 시각은 도덕적 판단력과 결부되는 것이기도 하다. 이와 같은 대중문화와 소통하기는 다음과 같은 활동을 통해 가능하다.

첫째, 대중문화 콘텐츠에 대한 품평회를 통해 가치 평가를 수반한 이해와 감상의 시간을 가져보게 한다. 이때 흔히 영화평론가나 관객이 영화를 관람하고 나서 이용하는 별 다섯 개를 이용한 평점 주기 방식을 활용한다. 학생들이 부담 없이 콘텐츠에 점수를 매기고 의견을 나눌 수 있는 분위기를 유도해 자유롭게 의사소통이 이루어질 수 있도록 한다. 구체적인 콘텐츠를 평가하려면 우선 텍스트를 꼼꼼히 보고 이해하는 단계가 전제되는데, 이 과정에서 상업적인 면이나 내재해 있는 이데올로기가 무엇인지 찾아보고 어떤 점에서 우리 사회에 의미가 있을 수 있는지를 생각해보고 의견을 나누는 것도 좋다. 이는 대중문화 콘텐츠 중 어떤 것이 의미 있는지 비판적으로 검토하고 판단할 수 있는 나름의 안목을 갖게 하는 데 유용한 활동이다. 이와 같이 대중문화 현상에 대한 경험을 바탕으로 비판적으로 수용하는 과정은 실제 생활에서 성찰하고 가치를 실천할 수 있는 구체적인 활동 계획으로 뒷받침되어야 한다.

둘째, 대중문화 콘텐츠[15] 정전(권장 목록 또는 추천 목록)을 구성해보는 활동이다. 정전은 가치 판단의 준거를 마련하는 것과 관련되고, 그 가치 판단의 정당성을 입증하는 것과 관련된다.[16] 따라서 상대적이고 가변적인 특성을 지닌 대중문화 콘텐츠의 가치를 고려해보고 다른 학습자들과의 합의를 통해 권장 목록이나 추천 목록을 작성하는 과정은 대중성을 검증하고 그 텍스트가 창출하는 사회·문화적 가치, 경제적 가치 등을 검토해보는 기회가 될 수 있다. 예를 들어 학년별 권장 도서 목록을 만드는 것처럼 초등학교 저·중·고학년에게

는 의사소통과 관계 형성 능력을 신장시키는 데 도움이 될 수 있다. 또한 대중가요는 시대가 공감할 수 있는 내용이나 인간의 좌절과 욕망이 반영되어 있기 때문에 몰입과 공감에 의한 정서 이완이나 대리 경험을 통해 인지 발달에 도움이 되며 자아를 형성하고 세계를 해석하는 눈을 기르는 데에도 도움이 될 수 있다.

15 대중문화 콘텐츠는 생성적이며 뉴미디어와 다양한 콘텐츠의 결합으로 인해 그 영역도 광범위하다. 영화, 음반, 애니메이션, 캐릭터, 게임, 드라마, 공연, 뮤지컬 등의 장르, 웹, 모바일, TV, DVD, CD, DMB 등과 같은 매체 그리고 기획, 시나리오, 창작 기술, 비즈니스마케팅 등의 분야를 고려할 때 문화 콘텐츠가 포괄하는 영역이 얼마나 광범위한지 알 수 있다(박기수, 「문화콘텐츠 정전 구성을 위한 시론」, 『문학교육학』, 25, 문학교육학회, 2008).

16 문영진, 「정전 논의에 관련된 몇 가지 문제에 대하여」, 『민족문학사연구』, 21, 민족문학사학회, 2001.

적합한 대중가요, 드라마, 영화, 만화, 애니메이션, 게임 등 대중문화 콘텐츠 목록을 작성해 본다. 이때 어떤 기준에 따라서 목록을 작성했는지를 그 까닭과 함께 밝히도록 한다. 대중문화 콘텐트 정전 구성의 기준은 독창적일 수밖에 없고, 초등학교 학생들을 대상으로 한다는 점에서 도덕적 판단력이 요구되는 활동이다. 이때 방송통신심의위원회처럼 모의 소위원회를 정해 대중문화 콘텐츠별 권장 목록을 구성해볼 수도 있다.

셋째, OSMU(One Source Multi Use)[17]를 통해 부가가치 생산을 극대화한 대중문화 콘텐츠를 찾고 감상해보는 활동이다. 하나의 콘텐츠를 영화, 게임, 책 등의 다양한 방식으로 개발해 판매하는 전략으로 최소의 투자비용으로 높은 부가가치를 얻은 가장 성공적인 사례를 들면 〈포켓몬스터〉나 〈뽀로로〉 같은 애니메이션을 들 수 있다. 〈포켓몬스터〉는 151개의 캐릭터를 잡아 모아가는 스토리의 게임이 원작이었다. 1999년에 애니메이션과 게임, 캐릭터 상품의 판매로 대성공하면서 〈포켓몬스터〉의 '피카추' 캐릭터는 1999년 《타임》지의 '10대 인물'로 선정되기도 했다. 우리나라에서는 포켓몬 스티커가 포함된 포켓몬 빵이 유행하기도 했고, 어린이들은 151개에 달하는 새로운 캐릭터를 찾아 열심히 제품을 구매했다. 비슷한 사례로는 어린이 세계에서 '뽀통령'으로 군림하는 귀여운 펭귄 뽀로로가 있다. 〈뽀로로〉는 세계 여러 나라에서 상영되고 있으며, 특히 프랑스에서는 전체 지상파 시청률 중 57%의 점유율을 차지한 적이 있을 정도로 인기가 높았다. 〈뽀로로〉는 제작 및 기획에서부터 OSMU를 적극 활용해 완구, 출판, DVD 등에서 엄청난 매출액을 올리고 있다.[18]

『춘향전』은 과거에도 다양한 이본들이 존재했지만 현재에도 영화, 창극 등으로 계속 개작되고 있다. 원작과 비교해 감상하면서 어떤 점이 변형되었고 어떤 콘텐츠들이 가장 대중에게 공감대를 형성했는지 등에 대해 알아보는 것이다. 이는 작품을 감상한 후 사회문화적 관점에서 작품이 수용되는 양상을 살피는 일까지를 포함한다. 또한 창작 동화나 문학 작품 또는 역사적 인물이나 문화재 등을 활용해 다양한 문화 콘텐츠를 개발해보도록 한다. 이야기 속 등장인물을 활용해 캐릭터 상품으로 만들어본다든지 역사적인 인물을 활용해 축제, 전시, 공연, 출판, 캐릭터, 식품 등 다양한 문화 콘텐츠 개발 전략을 세워보는 것이다. 다음은 '수원화성'을 활용해 개발할 수 있는 문화 콘텐츠의 예이다.

17 하나의 콘텐츠를 영화, 게임, 음반, 애니메이션, 캐릭터 상품, 장난감, 출판 등의 다양한 영역으로 확대해 부가가치를 창출하는 마케팅 방식이다.

18 http://opusyonsei.tistory.com/96.

수원화성 관련 문화콘텐츠의 OSMU 전략 사례(경기개발연구원)

개발주체	콘텐츠 유형	콘텐츠 명칭
공공	축제	수원화성문화제
	전시	수원화성박물관
	공연	뮤지컬 '정조대왕', '화성에서 꿈꾸다', 정조대왕 능행차연시, 무예24기
	교육	수원화성박물관대학
	영상	3D 애니메이션 '화성이와 함께하는 수원화성 여행'
	도시디자인	수원시 공식로고, 공공시설물
민간	출판	만화로 배우는 수원화성 바로 알기, 반차도를 따라가는 정조의 화성행차 등
	캐릭터	퍼즐, 축소모형, 필통, 보석함, 명함통, 넥타이, 컵, 탁상시계, 손수건, 봉투칼, 손거울, 핸드폰고리, 목걸이, 액자, 자개장식품, 등쿠션, 크리스탈장식품, 커피잔, 열쇠고리, 장식접시, T 셔츠

대중문화와 소통하기 활동은 언어문화 탐구를 위한 창의·인성 활동 중에서 다른 문화와 대화하기나 생활문화 공유하기 활동 또는 체험(놀이)을 통한 활동 중에서 모의 놀이하기나 디자이너 역할 놀이하기 등과 유사한 성격을 띠고 있기 때문에 이들 활동과 연계·통합해 지도할 수 있다. 그리고 기존 국어과의 절차 중심 수업 모형 중에서 역할 놀이 모형이나 창의성 계발 학습 모형을 기반으로 지도할 때 효과적으로 활용할 수 있다.

3) 다른 문화와 대화하기

현대 사회는 단일한 문화적 가치나 원리가 아닌 다양한 문화 가치들이 충돌하는 다성적 가치의 공간이다. 다양한 사상과 배경을 가진 문화가 범람하고 있는 현대 사회에서 어떤 것이 의미 있는 문화인지 스스로의 안목을 가지고 판단할 수 있어야 한다. 다양한 문화가 공존하는 오늘날, 문화에 대해 열린 자세를 갖는 것은 중요한 문제이다. 국어과 교육과정이 추구하는 인간상은 문화적 소양과 다원적 가치에 대한 이해를 바탕으로 품격 있는 삶을 영위하는 사람인 점은 이러한 시대 변화를 반영한 것이라 할 수 있다.

문화는 주어진 환경에 인간이 적응하면서 삶을 영위한 생활 지혜이자 삶의 적응 방식이다. 우리 문화의 경우 가부장제에 근거한 농경문화나 유교문화에 근거한 가치관이 우리 민족의 삶의 방식에 깊게 영향을 미치고 있다. 그런데 자기 종족이나 민족의 삶의 방식을 기준으로 삼아 다른 민족의 삶의 방식을 무시하고 더 나아가 비인간적인 것으로 취급하는 경향이 있다. 유럽인이 다른 민족과 접촉하면서 미개한 민족이 가진 문화를 무시했던 경우나 동양을 지배하고 마음대로 휘두르는 서양의 오리엔탈리즘 역시 문화의 상대성에 대한 이해가 부족한 경우이다. 문화는 그 사회가 지닌 문화적 환경의 맥락에서 그 의미가 통하기 때문에 서로 다른 문화적 조건을 감안하지 않고 우수한 문화, 열등한 문화라고 규정짓는 것은 위험하다. 문화를 삶의 방식, 생활의 방식으로 보는 관점에서는 문화가 그 사회의 문화적 환경에서 의미를 지닌다는 점을 인식하고 문화의 상대성을 폭넓게 수용할 것을 요구한다.[19]

다른 문화와 대화하기는 서로 다른 두 개의 문화를 맞대는 측면에서 확산적 사고가 필요하며, 문화의 상대성 측면에서 다른 문화를 긍정적으로 이해하고 수용한다는 점에서 개방성이, 그리고 다문화적 다양성을 받아들이고 상충되는 가치에 대해 교섭의 가능성을 인정한다는 점에서 배려의 자질과 맞닿아 있다. 이러한 다른 문화와 대화하기는 직·간접적으로 모두 가능하지만, 직접적인 대화는 시간과 공간의 제약이 있으므로 간접적인 대화가 교육 국면에서는 보다 현실적이다. 이때 문학 작품은 다른 문화와의 대화를 경험하게 하는 데 효과적이다. 문학 작품으로 다른 문화와 대화하기는 다음과 같은 방식의 활동을 통해 가능하다.

첫째, 문학에 내재된 삶의 방식을 이해하는 활동이다. 문학은 공동체가 지니고 있는 삶의 방식을 형상화한 것이라는 점에서 문화가 된다. 어떤 지역, 어느 시대에 소통하는 내러티브는 그 자체가 문화의 성격을 띤다. 즉, 내러티브 자체가 문화로 작용하는 것이다. 따라서 외국 문학을 읽고 감상하기 활동을 통해서 다른 문화와 대화할 수 있다. 이른바 고전 작품들은 그 나라의 문화를 이루면서 동시에 문화를 보여준다. 영국의 셰익스피어, 독일의 괴테, 이탈리아의 단테 등의 작품이 그러한 예에 해당한다. 『춘향전』과 같은 내러티브 작품을 통해 우리나라의 내러티브 특징을 이해하고, 거기에 드러나는 문화 양상을 분석하고, 문화의 전승과 변용 등을 교육적으로 다룰 수 있다. 이 활동은 문학 비평[20]과 비슷한 방

19 박인기 외, 『문학을 통한 교육』, 삼지원, 2005, 162-163쪽.

20 문학 비평은 문학 작품에 대한 비평이자 허구적 세계에 대한 비평이며 인간과 문화에 대한 비평으로서의 성격을 지닌다. 문학 작품은 한 시대의 역사적·사회적 의미가 용해되어 있는 인간 정신의 위대한 유산이다. 그러면서 그것은

식으로 전개할 수 있으며, 내러티브를 문화로 전환한다는 점에서 창의적 능력을 함양할 수 있는 계기가 된다.

둘째, 인간과 삶의 이해를 넓히는 활동이다. 학습자들의 현실적인 삶은 단편적이며 반복적인 일상생활로 이루어져 있기 때문에 사람의 경험은 한계를 지닌다. 문학 작품은 현실의 삶을 반영하되 그 인물이 살아가는 전체적 과정과 그가 처해 있는 현실의 다양한 국면을 포괄한다. 따라서 외국 문학 작품을 읽고 민족·시대·계급을 달리하는 사람의 모습을 경험하는 것은 문화의 폭을 넓히는 것이 된다. 예컨대 『톰 소여의 모험』을 읽고 그 당시 미국 사회가 지닌 계급 간의 문제의식을 이해할 수 있었다면 이는 문학을 통해 다른 나라의 문화를 이해한 것이 된다. 그리스·로마 신화나 아프리카나 동남아시아의 신화를 접하면서 다른 민족이 가지고 있는 세계관을 엿볼 수 있고 다른 나라의 문화를 접할 수 있다. 이러한 활동은 문화의 상대성을 이해하고 개방적인 태도를 지니게 한다.

셋째, 다문화를 소재로 한 작품에 형상화된 인물과 사회에 대해 탐구하고 감상함으로써 이해의 폭을 넓히는 활동이다. 문학 작품은 현실에서 존재 가능한 세계를 형상화하고 있기 때문에 현실 세상에 적용 가능한 태도를 교육하는 데 유익하다. 특히 '우리'의 관점에서 '그들'(이주노동자, 결혼이주자, 탈북자)이 재현되는 과정에 어떤 권력관계나 편견, 선입견이 작동하고 있는가를 비판적으로 살피게 하는 활동은 다문화적 공존과 상호 존중을 위해서 타자를 그 자체로 존중하고 제대로 이해할 필요가 있다는 차이의 윤리를 교육하는 데 효과적이다.[21] 다음과 같은 다문화를 소재로 한 책을 활용할 수 있다.

- 김중미 외 여러 작가가 쓴 『블루시아의 가위바위보』는 돼지고기를 먹을 수 없는 방글라데시에서 온 아이 디이나, 한국에서 일하는 몽골 가족 빌궁, 베트남에서 온 티안 가족, 인도네시아에서 온 블루싱와 마압 등이 들려주는 이야기들이다. 이들과 같은 외국인의 삶은 낯선 풍경이 아니다. 코미디 프로에서까지 희화될 정도로 외국인 특히 동남아시아인에게 유독 이중 잣대를 가지고 있는 한국인의 모습이 여과 없이 묘사되고 있다. 외국인 노동자의 딸과 아들과 친구가 되는 순수한 아이들을 통해 국수주의에 빠지지 말 것을 경

독자에 의해 읽혀 의미화될 것을 기다린다. 그래서 문학 작품에 대한 비평은 인간의 문화에 대한 비평으로 나아갈 수 있는 것이다(구인환 외, 『문학교육론』, 삼지원, 2007, 335쪽).

21 최인자, 「대중 영상 서사물에 나타난 한국적 다문화 담론 양상」, 『국어교육연구』, 26집, 국어교육학회, 2010.

고한다. 아이들이 실생활에서 접할 수 있는 사건들을 통해 다른 문화권의 사람들과 공존하는 삶에 대해 깨닫게 한다.

- 벼릿줄이 쓴 『까만 달걀』은 한국에서 살아가는 다섯 명의 혼혈인 이야기를 다루고 있다. 표제작인 「까만 달걀」은 까만 피부색과 곱슬머리 때문에 친구들로부터 놀림을 받는 재현의 이야기이다. 재현이는 '까만 달걀'을 들고 학교에 온 아빠에 의해 자신과 가족, 그리고 나라에 대해 새롭게 생각하게 되고 그 모습은 가슴 찡한 감동을 선사한다.
- 카롤린 필립스가 쓴 『커피우유와 소보로빵』은 아프리카에서 독일로 이주해 온 외국인 노동자 가족의 이야기로 유색인종이라는 이유로 폭력과 따돌림에 시달리는 열 살짜리 소년 샘의 이야기를 다루고 있다. 사회와 친구들로부터 정신적 · 육체적으로 차별 대우를 받으며 정체성의 혼란을 겪는 아이의 심리, 그 속에서 피어나는 따뜻한 우정이 섬세하게 그려지고 있다. 까만 피부색 때문에 '커피우유'라는 별명을 얻은 샘과 얼굴에 난 주근깨 때문에 '소보로빵'이란 별명을 갖게 된 보리스가 벌이는 파란만장한 사건들이 웃음과 감동을 선사해준다. 아울러 인종 차별이라는 어려운 문제에 맞닥뜨린 아이들에게 어른들이 직접 개입하지 않은 채 그들 스스로 문제점을 찾고 해결해가는 과정을 통해 작가는 외부적인 조건보다 사람들의 의식 변화가 더 중요하다고 이야기한다.

넷째, 사회적 현실과 약자를 이해하는 활동이다. 사회 현실과 사회적 약자 이야기를 통해 우리 사회의 문제와 그 문제에서 파생되는 주변의 문제에 대해 고민하게 하고 그들의 입장을 헤아려보는 것이다. 문학은 우리 사회의 현실을 반영하고 재구성한다. 문학이 사람 사는 이야기이고, 사람은 누구나 역사적으로 형성된 현실에서 사는 사회적 존재인 만큼 문학은 인물을 둘러싼 환경과 시대 상황을 정확하고 꼼꼼하게 그려낸다. 조세희의 『난장이가 쏘아 올린 작은 공』에서는 개발이라는 이름으로 짓밟힌 소외 계층의 꿈과 사랑과 분노가 드러나고, 양귀자의 『원미동 사람들』에서는 급조된 도시에 사는 소시민과 빈민의 애환이 잘 나타나 있다. 이러한 작품을 읽을 때에는 비판적인 감정 이입이 필요하다. 즉, 비판적 거리감을 갖고 당대 사회 현실을 작품과 연결시키는 능력이 요구된다. 또한 작가가 가진 역사의식은 무엇이며 세계관과 인물관은 어떤지를 논의거리로 이끌어내는 전략이 요구된다.

예컨대 학교와 사회에서 애정을 받지 못하고 소외된 어린이를 소재로 한 이야기에서 열악한 환경 속에서 살아가는 자기 또래의 이야기를 통해서 그들의 삶을 이해하고 자신의 삶의 모습을 다시 생각하게 된다. 실제로 가난하거나 소외된 학생이 이런 작품을 읽었을 때에서는 문학을 통해 또 다른 나의 모습에 공감하면서 현실을 탓하지 않고 삶의 용기를 얻고 희망을 키워갈 수 있으며, 안정된 가정 속에서 자란 학생들에게는 나와 다른 삶의 공간 속에서 살아가는 친구의 모습을 통해 자신의 삶을 반성하고 타인에 대한 이해의 폭을 넓힐 수 있게 된다. 문학을 통해 사회적 현실을 파악하고 사회적 약자에게 공감하고 감정 이입하는 것은 우리 사회와 우리 문화를 이해하는 길이다. 또한 우리 사회의 어두운 면에 가려져 있는 사람들을 이해하고 사회적 약자를 배려하는 넓은 마음을 갖는 것은 인성 교육의 중요한 지점이기도 하다.

다섯째, 다른 예술 문화와 교섭하는 활동이다. 문학은 무용, 음악, 미술 등 다른 예술 문화와 관련을 가지고 있으며, 문학을 통해서 무용이나 음악·미술의 감상을 심화시킬 수 있고 반대로 무용이나 음악·미술을 접하면서 문학적 감수성을 느끼기도 한다. 예를 들어 문학과 미술의 영향 관계를 살펴 문학을 통해 미술 작품을 더 잘 이해할 수 있는 전략을 구안해볼 수 있다. 미술 작품은 신화나 전설 혹은 교훈적인 사건이나 일화 같은 문학에서 소재를 채택하는 경우가 많다. 자신이 읽은 신화나 전설의 내용을 떠올리면서 이를 소재로 한 그림을 보면 미술 작품을 이해하는 폭을 넓힐 수 있고 또 다른 상상력을 발휘하게 된다.

다른 문화와 대화하기는 단순히 문화 간의 차이를 인식하는 데 목적이 있지 않고 상호 존중과 변화를 위한 소통에 목적이 있다. 따라서 문화의 규범성이나 정체성의 차이에서 이루어지는 소통 중 어떤 것이 바람직한지, 자아는 타자와의 차이나 불일치와 어떻게 소통하고 있는지, 그 소통을 통해 어떤 공유와 변화가 생성되고 있는지, 그 소통이 이루어지는 방법과 지향은 무엇인지 등에 대해 생각해보는 기회를 제공하는 것이 수업의 초점이 되어야 한다. 궁극적으로는 학습자가 다양한 문화권과 교류하고 공유하면서 새로운 문화의 모습이 무엇인지 모색해볼 수 있어야 한다. 이 활동은 다른 문화와 직접적인 대화를 시도할 수 있는 '여행 감수성 기르기'나 '역사적 상상력 기르기' 활동과 연계해 지도할 수 있으며, 문화 간 비교에 초점을 둘 때에는 텍스트 상호성 모형을 기반으로 지도하는 것이 효과적이다.

4) 생활 속 표현 문화 공유하기

문화는 현재의 삶과 의식을 지배하는 정신적 기제이면서 유형·무형의 제도로서 작용한다. 이처럼 문화는 일상의 현재적 소통을 통해 어떤 의미와 언어와 생활의 양식을 공유하게 하는 과정과 현상이라 할 수 있다. 문화는 어떤 공동체에 의해 의미와 가치가 공유되는 현상으로서 존재한다. 그런데 '공유되는 현상'은 사람들 사이의 온갖 소통을 전제하지 않고서는 이루어질 수 없는 것이다. 소통이란 일상적이고 개인적이고 가시적인 것에서부터 역사적이고 사회제도적이고 비가시적인 것에 이르기까지 여러 층위를 이루고 있어서 이러한 '소통의 총화(總和)' 자체가 문화의 개념으로 이해될 수도 있다. 소통에 참여하고 있음으로 해서 삶과 문화에 관여하는 것이다. 의미와 가치가 공유되는 현상을 문화라고 한다면 그 문화 속에 우리가 의미 있다고 공인하는 어떤 요소가 들어 있는 것이다. 그 '의미 있음'의 자질 때문에 우리가 향유하는 문화는 삶의 텍스트가 된다.[22]

삶의 실천으로 수행되는 문화는 그 안에 자기 생산의 에너지를 포함하고 있다. 즉, 자신의 변화를 창조하고 수용하면서 방향을 잡아나간다. 생활 속 표현 문화 공유하기는 소통을 통해서 문화의 의미와 가치를 공유하고 나아가 그러한 문화를 향유하는 과정이다. 이 과정에서 공동체와의 유대감이나 일체감을 형성한다는 점에서 인성적 자질이, 새로운 가치와 의미를 도출하고 생성한다는 점에서 창의의 자질이 동원된다. 이러한 생활 속 표현 문화 공유하기는 다음과 같은 활동을 통해서 가능하다.

첫째, 공동체적 동질성 확보를 위한 의사소통 문화에 대한 이해 활동이다. 일상의 의사소통 문화 현상을 탐구하는 과정에서 '한국 사람이니까 저렇게 표현한다'는 의식이나 감정을 공유하면서 유대감이나 연대감을 강화하는 것이다. 다른 문화와의 비교문화론적 관점에서 유사성과 상이점을 발견하고 우리의 의사소통 문화에서 드러나는 한국인의 의식, 정서, 가치 등이 뚜렷하게 드러나는 상황 사례를 포착하고 그 특질을 파악해본다. 즉, 왜 한국에서 이러한 언어문화가 발달했는지를 알아보는 과정은 문화에 대한 지적 탐구 과정이며 공동체에 대한 연대와 유대를 강화하는 과정이다. 이때 다음과 같은 한국인의 언어문화 범주를 참고할 만하다.

22 박인기·박창균, 『한국인의 말, 한국인의 문화』, 학지사, 2010, 29쪽.

- 감성의 범주: (예) 신체 감각으로 감정과 인식을 드러내는 언어문화
- 신중의 범주: (예) 말을 함부로 하는 것을 경계하는 언어문화
- 겸양의 범주: (예) 넘치는 것을 모자람으로 표현하는 언어문화
- 경애의 범주: (예) 예의범절을 중시하는 언어문화
- 허용의 범주: (예) 단정적인 표현을 피하는 언어문화
- 친교의 범주: (예) 사적인 영역에 관심을 보이는 언어문화
- 유대의 범주: (예) 서열 의식이 드러나는 언어문화
- 논쟁의 범주: (예) 핑계로 자신을 방어하는 언어문화
- 체면의 범주: (예) 얼굴과 인격을 동일시하는 언어문화
- 인정의 범주: (예) 빈말로도 정을 담는 언어문화
- 해학의 범주: (예) 거꾸로 말하기로 진실을 보이려는 언어문화
- 풍속의 범주: (예) 명절 때 주고받는 인사의 언어문화

둘째, 미적 감수성과 지적 세련성 증진을 위한 미술 작품에 대한 감상 활동이다. 낯선 미술가나 조각가들의 작품을 보고 자유롭고 창의적으로 작품에 대한 해설을 말이나 글로 표현해보는 활동이다. 미술 작품을 보고 다양한 관점으로 여러 가지 해설을 하는 과정에서 유연성을, 재미있고 독특하게 상상하는 과정에서 독창성을 기를 수 있다.

- 작품을 보고 생각나는 것들을 그럴 듯하게 합리화해서 이야기해본다.
- 작품마다 주제, 내용 요소, 표현방법, 효과, 기타 관련 사건, 작가의 소개 등을 연구해본다.
- 이러한 지식들을 바탕으로 조금씩 사실을 바꿔가면서 또는 엉뚱한 상상으로 재미있게 해설을 엮어본다.
- 미술가나 조각가들의 작품을 보고 해설이나 감상문을 써본다.
- 감상문을 발표하고 재미있는 내용에 대해 이야기 나눈다.

이 활동은 미술 작품을 연구하고 해설하는 전문가, 즉 큐레이터가 되었다고 가상하고 미술 작품을 보고 재미있게 여러 가지 면을 생각해 미술 작품에 대한 해설 활동으로 꾸밀 수도 있다.[23]

23 김춘일, 『창의성 교육, 그 이론과 실제』, 교육과학사, 1999, 165쪽.

- 미술 작품에 대한 큐레이터의 평론을 모아둔 자료를 읽어보고 큐레이터의 역할 및 평론의 방법 등에 대해 알게 한다.
- 미술 작품(예: 피카소의 〈수녀〉)을 자세히 관찰한다.
- 작품의 주제, 내용 요소, 표현방법, 특징과 의미 등을 생각해본다.
- 작품의 가격과 전시회 장소 등을 생각해본다.
- 생각한 것을 바탕으로 간단한 평론을 써본다.
- 각자 완성한 평론을 발표하고 재미있는 내용에 대해 이야기를 나눈다.
  (예1) 화가는 왜 이런 그림을 그렸을까? 이 그림의 특징과 의미에 대해 생각해보고 간단한 해설문을 써보자.
  (예2) 그림을 보고 그림의 제목을 정해보자. 이 미술가는 무엇을 나타내려고 했나? 왜 그런가? 이 작품을 얼마에 팔면 되겠는가? 왜 그런가? 그럴듯하고 재미있게 써보자.

또한 미술 작품을 보고 궁금한 것, 짐작되는 것, 상상되는 것을 다양하게 질문하는 활동도 가능하다. 이때 작품에 제시된 단서를 예민하고 정확하게 파악하는 정교성을, 작품의 내용을 자세히 보고 여러 가지 많은 질문을 할 수 있는 유창성을, 남들과 다른 다양한 질문을 통해 유연성을 기를 수 있다.

셋째, 가치와 의미 탐구를 위한 문학 텍스트를 매개로 한 의사소통 활동이다. 문학은 상징적 언어를 형상화한 것이다. 따라서 문학 텍스트 자체가 또 하나의 상징을 만들어낸 것으로 작가는 상징적으로 세계를 창조하며, 독자는 상징의 세계에 적응함으로 의사소통을 한다. 문학은 그 자체가 의사소통의 대상이 되기도 하고, 그 발상과 표현 방식이 일정한 의사소통 과정에서 빈번하게 활용되기도 한다는 점에서 표현 매체의 속성을 지니고 있다. '문학은 허구적 형상화를 통해 사상과 감정을 전달한다'는 정의 속에 이미 문학이 의사소통의 매체라는 전제가 깔려 있다.[24]

문학 작품을 읽고 난 후의 토의·토론 활동은 서로에 대해 알게 되는 좋은 기회가 된다. 문학 텍스트 수용 주체들 간의 의사소통을 통해 문학에 대한 심화된 이해 및 감상의 교류뿐만 아니라 인간에 대한 통찰을 세련화할 수 있다. 즉, 사람들 사이의 차이를 수용하고 자신의 생각보다 다른 사람의 생각에 대해 숙고할 수 있다. 인터넷을 통한 가상공간에서의

24 박인기 외, 『문학을 통한 교육』, 삼지원, 2005, 133쪽.

문학 관련 커뮤니티 활동은 다양한 형태의 소통을 활성화할 수 있다. 독자들 간에 서평을 통해 서로의 의견을 교류하는 북로그(booklog)나 대중적 인기를 끄는 작품들을 팬들이 재창작하는 팬픽(fan fic)[25] 등을 통해 수동적인 수신인의 역할을 벗어나 읽기와 쓰기를 동시에 하는 적극적인 발신인으로 문학적 의사소통 능력을 신장시킬 수 있다.

생활 속 표현 문화 공유하기는 언어문화 탐구를 위한 여타의 활동과 연계해 지도할 수 있다. 그리고 의사소통 문화에 대한 이해 활동은 지식 탐구 학습 모형이나 가치 탐구 모형을, 미술 작품에 대한 감상 활동은 역할 놀이 모형을, 문학 텍스트를 매개로 한 의사소통 활동은 토의·토론 모형이나 해석 교환 모형을 기반으로 한 창의·인성 수업에 적용할 수 있다.

5) 언어 속 문화 읽기

언어는 문화적 산물이며 언어 속에 문화가 녹아 있다. 언어는 사회 공동체의 산물로서 사회를 반영하므로 언어는 곧 문화라 할 수 있다. 언어는 의사소통 상황에서 복잡하고 다양한 방식으로 문화와 결합한다. 언어와 문화는 상호성을 띠며 새롭게 형성된 그 무엇을 '언어문화'라고 지칭하기도 한다. 일반적으로 언어문화의 개념은 언어 일반이 가지는 문화적 자질을 논하거나 규정할 때 사용된다. 이때 문화적 자질은 언어를 사용하는 사람들의 의식, 사고, 가치 등을 나타낸다.[26]

따라서 일상 언어의 문화적 자질을 탐구하는 것은 언어 속에 내재해 있는 또는 언어가 소통되는 장면에서 새로운 의미를 생성한다는 측면에서 창의 자질이, 언어가 소통되는 장면에서 담화 공동체의 인식이나 가치 규범을 조회하고 의식한다는 점에서 인성적 자질이 요구된다. 이때 기왕이면 언어와 문화가 개별적 속성을 드러내는 자료보다는 언어와 문화

25 팬 픽션(fan fiction)의 줄임말이다. 만화, 영화, 소설, 드라마 등의 장르를 구분하지 않고 대중적으로 널리 인기를 끄는 작품을 모태로 팬(fan)이 직접 자신의 뜻대로 원작을 패러디하거나 전혀 다른 방향으로 내용을 전개시켜나가는 방식의 작품을 통틀어 일컫는 개념이다. 원작의 어느 한 부분이나 전체가 팬이 생각하고 의도하는 방향과 달라 '이 부분은 이렇게 했으면 좀 더 좋을 텐데' 혹은 '이 작품 전체의 분위기를 이렇게 바꾸어보면 어떨까' 하는 생각에서 독자(시청자)가 직접 원작을 보충하기도 하고, 경우에 따라서는 원작과 완전히 다른 작품으로 탈바꿈시키기도 하는 일체의 작품을 말한다. 이러한 팬픽을 통한 창작이야말로 창의성 발현의 전형적인 모습이라 할 수 있다.

26 박인기·박창균, 『한국인의 말, 한국인의 문화』, 학지사, 2010, 53쪽.

가 상호 융합되어, 즉 언어에 문화적 속성이 강하게 투영되어 있는 속담, 관용어, 욕설, 통신 언어 등을 활용하는 것이 효과적이다.

첫째, 속담을 활용한 문화 읽기이다. 속담은 우리말 고유의 관습화된 표현 양식으로 일반 대중이 일상생활 속에서 얻은 지혜를 비유적이고 간결하게 나타낸 표현들이다. 속담은 주로 구체적인 사실을 가지고 추상적이고 교훈적인 개념을 직관을 바탕으로 고도의 논리를 전달하기 때문에 특별한 표현 효과를 지니고 있다. 속담은 오랜 세월을 걸쳐 언중 사이에서 정제되는 과정을 거쳐 정착된 표현으로 한국인의 문화, 생활상, 인생관, 민족성 등을 파악할 수 있다.[27] 속담은 비유적 표현으로 특정한 상황에서 사용되므로 학습자들로 하여금 의도를 추측하거나 맥락에 맞게 표현하는 능력이나 다채롭고 풍부한 표현을 위한 자료로 활용할 수 있다. 속담을 활용해 속담에 내재해 있는 다양한 가치적·인성적 요소뿐만 아니라 여러 가지 속담을 생각하는 유연성, 속담을 재미있게 고치는 정교성, 많은 속담을 만들어내는 유창성을 기를 수 있다. 다음은 속담을 활용한 활동의 예이다.

- '소재/주제/상황'에 알맞은 속담 아는 대로 말하기(예: '말'과 관련한 속담, '협동'의 뜻을 담고 있는 속담, '용기'가 필요한 사람에게 어울리는 속담)
- 속담이 나오게 된 이야기 꾸며보기(예: '떡 본 김에 제사 지낸다'는 속담의 유래담 만들기)
- 속담을 활용한 자기주장 펼치기(예: '세 살 버릇 여든까지 간다'를 활용해 '좋은 습관을 갖자'는 주장을 펼칠 수 있다.)

27 속담의 특성을 다음과 같이 정리할 수 있다(서울대학교 국어교육연구소, 『국어교육학사전』, 대교출판, 1999, 437-438쪽).

① 상징성: 속담의 주제 의미는 그 속담을 이루고 있는 개개의 단어 속에서는 발견되지 않으며, 그것들이 모여 하나의 새로운 구성을 이룰 때 상징적으로 나타나게 된다. "백지장도 맞들면 낫다"의 주제적 의미가 되는 '협동'과는 상징적인 관계에 있다고 볼 수 있다.

② 일상성: 속담은 일상인에 의해 형성되고 사용된다. 또한 특정한 연행(演行) 상황을 지니는 판소리나 무가(巫歌) 등과 달리 일상생활 속에서 자연스럽게 구술된다. 따라서 속담에는 일상인의 관습, 사상, 가치관 등이 녹아 있다. 특히 한 민족 안에서 오랜 세월 전해오면서 짧은 형식 속에 민족의 일상적 삶을 잘 응축해 보여주고 있다.

③ 상황성: 속담은 비유적 표현이므로 다양한 의미를 드러낸다. 따라서 속남의 의미는 사용되는 상황을 고려해야만 완전히 파악할 수 있다.

④ 교훈성: 일상성이나 상황성이 주로 사용 맥락과 관련된다면 교훈성은 속담 사용의 이유 또는 효과와 관련된다. '사회적으로 공인된 언어'인 속담에는 일정한 가치 판단이 내재되어 있다. 따라서 속담을 사용함으로써 대상을 비판·풍자할 수 있으며 교훈을 제시할 수도 있다.

- 속담을 상황에 맞게 바꾸기/재구성하기/만들기(예: '티끌 모아 태산' → '동전 모아 지폐')
- 현대적 상황에 어울리는 속담 만들기

둘째, 관용어를 활용한 문화 읽기이다. 관용어는 관용적으로 둘 이상의 단어가 결합해 특정한 뜻을 나타내는 언어 형태로 흔히 비문법적이거나 문법적이더라도 구성 요소의 결합만으로 전체 의미를 이해하기 어렵다. '눈이 높다', '머리를 식히다', '미역국을 먹다' 따위가 이에 해당한다. 관용어는 어휘력 증대를 위한 도구가 되며 다채로운 표현 효과를 올릴 수 있는 어휘 자산이다. 관용어는 같은 내용이라 하더라도 더 효과적이고 신선하게 표현하고 싶은 동기에서 발생했다는 점에서, 우리의 언어생활을 통해서 생겨난 표현들이라는 점에서, 우리 민족의 문화나 사고 구조를 간파할 수 있는 좋은 자료가 되기도 한다. 이에 의미가 구성 요소들이 갖는 축자적인 의미의 합으로 이루어지는 것이 아니라 각 구성 요소들의 의미와 관계없는 제3의 의미를 갖는 관용어에 대해 다음과 같은 다양한 탐구 활동이 가능하다.

- 관용어의 형태론적 특징 탐구하기(형태적 고정성과 통사적 제약의 정도)
- 관용어의 의미 탐구하기(의미의 불투명성 또는 반투명성)
- 어휘 구성의 특징 탐구하기(일상적 어휘, 사어, 고어, 신체어 등)
- 관용어의 생성 수단 탐구하기(역사적 사건이나 고사에서 유래, 사회문화적 배경에서 유래, 유사한 상황과 관련, 신체 관련 행위와 관련, 감정 및 심리의 과장 표현)
- 관용어의 주요 생성 기제 탐구하기(은유법, 대유법, 완곡어법, 과장법)

셋째, 욕설(비속어, 은어) 사용에 드러난 문화 읽기이다. 학습자들의 일상 언어생활에서 습관적이고 무의식적으로 사용하는 욕설에 대해 반성적으로 성찰하는 활동이다. 특히 욕설 사용이 다른 사람에게 부정적인 영향을 미치는 것을 고려하면 욕설에 대한 접근 자체가 다분히 인성 교육적 측면이 강하게 드러난다. 따라서 다음과 같은 욕설 언어문화에 대해 탐구할 때 방법적인 측면에서 창의적인 접근을 시도할 필요가 있다.

- 무의식적, 습관적으로 쓰는 욕설의 어원적 의미 탐구하기
- 사회문화적 화용으로서 욕설의 파괴적 의미 탐구하기
- 욕설에 대한 가치 탐구하기
- 욕설 사용의 문제 인지하기
- 욕설에 대한 메타적 인식 경험하기
- 욕하는 자신에 대한 비판적 감식력 기르기

넷째, 통신 언어 사용에 드러난 문화 읽기이다. 인터넷과 휴대전화로 메시지를 주고받을 때 독특한 방식으로 표현한다. 이때 통신 언어는 형태적으로 무엇보다 구어성(口語性), 감각성(感覺性)을 지니는가 하면, 언어의 경제성을 드러내기 위해 간략화·축약화한다. 이는 규범적인 언어관으로 볼 때 정상적인 언어 사용에서 일탈하는 현상이지만, 상황에 따라 기호를 매개로 새로운 의미를 생성한다는 측면에서는 창의적인 언어 사용의 일단으로 보기도 한다. 그리고 익명성을 바탕으로 한 가상공간이라는 소통 환경에서 발생하는 심각한 언어폭력의 문제는 언어적 차원의 문제 해결에서 나아가 심리적, 소통적, 사회문화적 차원 등 다각적으로 문제를 파악하고 이를 해결하는 대안을 모색하는 방식으로 활동을 계획할 수도 있다.

- 통신 언어의 표기적·형태적·표현적 특징 탐구하기
- 사라진 통신 언어와 그 맥락 탐구하기
- 통신 언어의 생성 규칙 발견하기(축약, 첨가 등)
- 특수어 또는 외계어 사용을 통한 의미 생성 방식 탐구하기
- 이모티콘의 소통 효과 탐구하기

언어 속 문화 읽기 활동은 언어문화 탐구 활동 중 전통 문화 재발견하기, 대중문화와 소통하기, 다른 문화와 대화하기, 생활 속 표현 문화 공유하기 등과 함께 연계해 지도할 수 있다. 그리고 언어문화 현상에서 언어가 가진 의미에 비중을 둘 경우에는 언어문화 현상에 대한 탐구 과정에 초점을 두어 지식 탐구 학습 모형을, 언어문화 현상의 가치에 비중을 둘 경우에는 가치 탐구 학습 모형을 기반으로 해 지도하는 것이 효과적이다. 또한 언어가 가

진 문화적 코드를 해석이나 생산을 의도할 때는 은유적 사고 모형을 기반으로 지도할 수 있다.

3. 체험(놀이)을 통한 창의·인성 활동

1) 언어 유희 참여하기

언어 유희(language fun)는 말장난을 뜻하는데, 이는 '언어적 인간'이 지니는 본성적인 부분이다. '산낙지'의 반대말이 무엇인가 물었을 때 창의적인 사람은 '죽은 낙지'뿐만 아니라 '판낙지', '들낙지', '강낙지', '알칼리낙지' 등을 자유롭게 연상해 말한다. 다른 사람과 함께 오렌지를 먹으면서 "오렌지를 먹어본 지가 얼마나 오렌지"라고 하거나 고로케를 먹고 있는 친구에게 "고로케가 고로케 맛있니"라고 반응한다면 우리의 생활에 재미와 흥미를 주고 언어 생활에 활력을 줄 수 있을 것이다.

야니히(Nina Janich)는 사람들의 주의를 끌기 위한 언어 규범이나 의사소통 참가자들의 예상을 벗어나는 언어 행위를 '언어 유희'라고 정의했다.[28] 언어 유희는 이탈 현상을 전제로 한다. 다시 말하면, 규범·규칙에 대해 수용자가 알고 있으며, 수용자가 언어 유희에서 사용한 이탈을 의도된 이탈로 인식하고 이로 인해 생긴 부가적 의미를 파악할 수 있어야 한다.

우리 조상들은 언어 유희를 삶 속에서 즐겨왔다. 양반들이 한자를 깨뜨리고 합쳐서 살펴보는 파자(破字) 놀이나 한자의 소리를 따서 원래의 뜻과는 다른 말을 만드는 차자(借字) 놀이도 고도의 언어 유희라 할 것이다. 우리 조상들은 언어 유희를 말장난으로 끝내는 것이 아니라 언어 유희를 통해서 다른 의미를 암시하고 재치와 기지를 발휘해 인생을 해학적으로 표현하기도 하고 풍자해 비꼬기도 했다. "아, 이 양반이 허리 꺾어 절반인지, 개다리 소반인지, 꾸레미전에 백반인지"라고 표현하거나 "개잘량이 '양'자에 개다리 소반 '반'

28 Nina Janich, *Werbesprache. Ein Arbeitsbuch*, Tübingen: Gunter Narr Verlag, 1999.

자 쓰시는 양반 나온단 말이오" 같은 표현은 언어 유희를 통해 양반을 풍자한 것이라 볼 수 있다.

언어 유희를 추구하고 수행함으로써 독창성과 감수성을 길러줄 수 있다. 유의어와 반의어를 재치 있게 활용하거나 진부하고 상투적인 언어 사용을 피하고 참신한 언어 사용을 하려는 태도는 '독창성'과 관련된다. 언어 유희를 활용하는 행위 자체는 일상의 언어 표현에 대해 민감하게 반응하는 '감수성'과 관련된다. 또한 각종 상황 맥락에서 열린 반응을 지향하고 각종 담화 상황에 주체적으로 참여해 주도한다는 점에서 '행동 실천력'을 길러줄 수 있다. 언어 유희는 창의성의 본질 요건이 된다는 것은 이미 알려진 바 있으며, 단독적 상황보다는 집단적 또는 일정한 사회·문화적 상황과 결부되어 수행되는 경우가 많기 때문에 창의·인성이 결부된 대표적인 활동이기도 하다.

언어 유희 참여하기는 언어의 구조 단위에 따라서 소리, 형태, 의미, 통사 차원으로 나누어 말놀이를 할 수 있다. 말놀이가 제대로 이루어지려면 놀이판에 들어가서 실제로 체험을 할 필요가 있다. 이 과정에서 다양한 소통 중심 놀이에 참여할 수 있고, 기존의 말놀이에 새 규칙을 추가해 언어 놀이를 재구성하는 활동도 할 수 있다. 언어 유희 참여하기 활동을 소개하면 다음과 같다.

첫째, 음운 중심의 놀이 활동이다. 음운이나 소리의 유사성에 중심으로 말놀이를 하는 것이다. 익숙한 노래인 "리 리 릿 자로 끝나는 말은 괴나리 보따리 댑싸리 소쿠리 유리항아리"는 대표적인 말놀이라 할 것이다. 이 말놀이의 규칙을 바꾸어 '장 장 장 자로 끝나는 말은' 또는 '수 수 수 자로 시작된 말은'과 같이 조건을 새롭게 만들어서 말놀이를 진행할 수 있다. '잘잘잘'과 같은 음운 중심 노래를 바꾸어 부르는 활동도 음운 중심 놀이에 해당한다. 지켜야 할 음운은 고정시키고 뒤의 내용을 바꾸어 표현해보도록 한다.

<u>하나 하면</u> 할머니가 지팡이를 짚는다고 잘잘잘
<u>둘 하면</u> 두부장수 두부를 판다고 잘잘잘
<u>셋 하면</u> 새색시가 거울을 본다고 잘잘잘
<u>넷 하면</u> 냇가에서 빨래를 한다고 잘잘잘
<u>다섯 하면</u> 다람쥐가 알밤을 깐다고 잘잘잘
<u>여섯 하면</u> 여학생이 공부를 한다고 잘잘잘
<u>일곱 하면</u> 일꾼들이 나무를 팬다고 잘잘잘

여덟 하면 엿장수가 엿을 판다고 잘잘잘
아홉 하면 아버지가 신문을 본다고 잘잘잘
열 하면 열무장수 열무를 판다고 잘잘잘

노래의 규칙에 맞게 밑줄 친 부분을 살리고 뒷부분을 바꾸어 써보기.

'잘잘잘'과 같이 음운의 특성을 살린 노래, 예를 들면 '숫자송',[29] '도레미송' 노래를 조건에 맞추어 다시 재구성해 부르기 활동을 할 수 있다. 또는 웃음과 연결시킨 형태로 '월화수목금토일'[30]을 언어 유희 형태로 구성한 것도 있다. 초성이나 중성만 제시하고, 제시한 음운을 활용해 하나의 낱말로 구성하는 놀이도 가능하다.

- 'ㅈ ㅇ ㄱ'로 시작하는 낱말 만들기
  예: 지우개, 지원군, 족욕기
- 'ㅣ ㅏ'가 들어가면서 반드시 받침이 있는 낱말 만들기
  예: 인간, 신발, 민박

음운을 활용한 놀이 만들기는 다양한 조건을 설정해 재구성하거나 게임의 형식을 도입해 주어진 시간 내에 가장 많은 낱말을 만드는 사람이 이기도록 규칙을 만들 수도 있다.

둘째, 의미 중심 놀이이다. 의미 차원의 말놀이로서 〈나무타령〉이 대표적인 예이다. 나무 이름에 새로운 의미를 부여해 새롭게 구성한 〈나무 타령〉 신버전을 만들 수 있으며, 이 활동을 다양한 방식으로 변형해 언어 유희 활동을 할 수 있다. 학습자들이 좋아하는 과자를 중심으로 '과자타령', 우리나라의 산 이름을 중심으로 '산타령', 유명한 폭포를 중심으로 '폭포타령' 등을 만들 수 있다.

29 "1~ 초라도 안 보이면/ 2~ 이렇게 초조한데/ 3~ 삼초는 어떻게 기다려/ 이야~ 이야~ 이야~ 이야~/ 4~ 사랑해 널 사랑해/ 5~ 오늘은 말할 거야/ 6~ 60억 지구에서 널 만난 건/ 7~ Lucky 야/ 사랑해 요기조기 한눈팔지 말고 나를 봐/ 좋아해 나를 향해 웃는 미소 매일매일 보여줘/ 8~ 팔딱팔딱 뛰는 가슴/ 9~ 구해줘 오 내 마음/ 10~ 10년이 가도 너를 사랑해~/ 언제나 이 맘 변치 않을게~"

30 "월요일엔 원래 웃고, 화요일엔 화가 나도 웃고, 수요일엔 수시로 밥 먹듯이 웃고, 목요일엔 목 터져라 힘껏 웃고, 금요일엔 금방금방 웃고, 토요일엔 토끼처럼 귀엽게 웃고, 일요일엔 일평생 웃으며 살자."

나무타령

가자 가자 가자 감나무
오자 오자 오자 옻나무
십리 절반인 오리나무
열아홉 다음에 시무나무
방귀 뿡뿡 뀐다 뽕나무
아무리 낮에 봐도 밤나무
다섯 동강이 난 오동나무
덜덜 떠는 사시나무
바람 솔솔 불어 소나무
따끔 따끔 따끔 가시나무
너하고 나하구 살구나무
거짓말 못해요 참나무
쪽쪽 입맞춘다 쪽나무
마당을 쓸어라 싸리나무
가다 자빠졌다 잣나무
앵 토라진 앵두나무

셋째, 소통 중심 언어 유희 활동이다. 앞에서 언급한 바와 같이 말놀이는 놀이판에 들어가서 함께 주고받으면서 이루어지는 경우가 많다. '스무고개 놀이'가 소통의 특성을 잘 드러낸 언어 유희 활동이라 하겠다.

스무 고개 놀이 하는 방법

- 마음속에 한 가지 사물이나 대상을 정합니다. (도중에 바꿀 수도 있으므로 미리 써두어도 좋습니다.)
- 이 대상을 알아맞추기 위해 20가지의 질문을 할 수 있습니다.
- 대답은 '예, 아니오'로만 답할 수 있습니다.

넷째, 언어 유희를 살린 다양한 시 짓기 활동을 생각해볼 수 있다. 삼행시 짓기, 사행시 짓기 등은 음운과 의미가 결합된 형태의 언어 유희 활동이다. 예를 들면, 자기 이름으로 삼행시를 짓기 위해서는 '운'을 띄우는 글자로 반드시 시작해야 하며, 그러면서 의미를 가질 수 있도록 구성해야 한다. 삼행시 짓기나 사행시 짓기 활동을 제시하면 다음과 같다.

〔엄마 마음 네 글자로 사행시 짓기〕

제목: 엄마 마음

엄 ________________________________

마 ________________________________

마 ________________________________

음 ________________________________

시 제목이 시의 내용으로 잘 드러나게 시를 지어 보세요.

위에서 제시한 '엄마 마음'으로 시 짓기는 제목을 정해놓고 제목에 맞게 시를 구성하는 것이다. 이 경우 제목의 각 음절로 시작해야 하기 때문에 음운 중심 놀이가 되면서 제목이 의미 구성의 조건이기 때문에 의미 중심 놀이가 되기도 한다.

이모티콘을 활용한 언어 유희를 추가할 수 있다. 이모티콘을 구성하되 음절을 하나씩 추가한 패턴시와 같은 형태로 구성한다. 언어 유희를 추가한 이모티콘의 구성 예를 살펴보면 다음과 같다.

내이야기가썰렁해도웃어준오직너♡♥:*:.....:*:♥
잊혀지지않는향기를가진오직너♡♥:*:.....:*:♥
이보다더좋을수없는건오직너♡♥:*:.....:*:♥
정말세상에둘도없는오직너♡♥:*:.....:*:♥
죽어도사랑하는건오직너♡♥:*:.....:*:♥
내마음에사는건오직너♡♥:*:.....:*:♥
언제나내사랑오직너♡♥:*:.....:*:♥
내삶의존재오직너♡♥:*:.....:*:♥
날아는건오직너♡♥:*:.....:*:♥

사랑은오직너♡♥:*:....:*:♥
나의오직너♡♥:*:....:*:♥
난오직너♡♥:*:....:*:♥
오직너♡♥:*:....:*:♥
오직♡♥:*:....:*:♥
너♡♥:*:....:*:♥♡♡♡ I LOVE YOU ♡♡♡
♡♥:*:....:*:♥♡ ♥
♡♥:*:....:*:♥♡ ♥ ♥
나♡♥:*:....:*:♥♡ ♥ ♥
바로♡♥:*:....:*:♥♡ ♥ ♥
바로나♡♥:*:....:*:♥♡ ♥ ♥
난바로나♡♥:*:....:*:♥♡ ♥ ♥
사랑바로나♡♥:*:....:*:♥♡ ♥ ♥
니사랑바로나♡♥:*:....:*:♥♡ ♥ ♥
너의사랑바로나♡♥:*:....:*:♥♡ ♥ ♥
사랑한다면바로나♡♥:*:....:*:♥♡ ♥ ♥
니손꼭잡아줄바로나♡♥:*:....:*:♥♡ ♥ ♥
영원한너에천사바로나♡♥:*:....:*:♥♡ ♥ ♥
항상너의곁에있을바로나♡♥:*:....:*:♥♡ ♥ ♥
너의리모콘이고싶은바로나♡♥:*:....:*:♥♡ ♥ ♥
니영혼까지도사랑해줄바로나♡♥:*:....:*:♥♡ ♥ ♥

위와 같은 방식으로 특정 주제를 주고 글자를 하나씩 추가하면서 또는 줄여가면서 시를 구성해 나간다.

다섯째, 동음이의어를 활용한 언어 유희 활동이다. 동음이의어란 글자의 음은 같으나 뜻이 다른 낱말을 말하며, 문장의 맥락에서 의미가 드러난다. 동음이의어는 종종 언어유희에 이용된다. 같은 음이지만 다른 뜻을 가진 것을 교묘히 이용해 말장난을 하는 것이다.[31]

31 박삼서, 『국어 교육과 생활 문화 철학』, 국학자료원, 2006, 433쪽.

개그 프로그램 중에는 동음이의어를 사용해 웃음을 자아내는 경우도 많다. 동음이의어를 조사하여 동음이의어가 들어간 문장을 만들어 보도록 한다. 이 경우 문장을 어색하지 않고 자연스럽게 연결하는 것이 관건이다.

〔동음이의어 예〕

1. 벌
나는 벌집을 잘못 건드려서 여러 사람이 벌에 쏘였다. 여행 내내 나는 벌을 받는 기분이었다.

2. 돌
돌이 갓 지난 동생에게 예쁜 돌을 선물했다가 엄마한테 혼났다. 돌 지난 동생이 돌을 먹으면 큰 일이 난다고 하셨다.

언어 유희 참여하기 활동은 '관용어 속의 문화 읽기'와 연결된다. 속담이나 관용어 자체가 본래 역설적이거나 반어적인 내용 구조로 갖추고 있어 언어 유희를 촉발시키는 속성이 있다. 언어 유희는 '유머'로 확장 전이될 수 있으므로 '유머로 관계 맺기'와 관련지어 지도할 수 있다. 말놀이를 바탕으로 하는 언어 유희는 어떤 결과가 의도적으로 어긋나 있거나 상대방이 전혀 결과를 예상하지 못했을 때에는 유머로 작동할 수 있기 때문이다. 언어 유희 참여하기 활동은 언어 놀이 모형의 주요 활동이 될 수 있다. 언어에서 놀이 요소를 발견하고 각종 언어 놀이를 체험해보고, 새로운 언어 규칙과 놀이를 재구성해 보도록 한다.

2) 디자이너 역할 놀이하기

몇 십 년 전만 해도 디자이너 하면 인테리어 디자이너나 패션 디자이너 정도로 인식했으나 최근에는 사회가 다양화되고 전문화되면서 디자이너의 종류와 역할도 다양해졌다. 예를 들면, 캐릭터 산업으로 높은 부가가치를 창출할 수 있는 캐릭터 디자이너, 이벤트를 성공적으로 이끌 수 있는 파티 플래너, 음식의 맛과 멋을 동시에 추구하는 푸드스타일리스트, 특정 아이템으로 새로운 공간을 창조하는 각종 기획연출자, 고객에게 원하는 것을 물어보거나 찾아내서 제공해주는 인생 설계사에 이르기까지 디자이너는 디자인의 범주를 넘어서서 새로운 일에 대한 기획이나 인생 설계까지 포함하는 개념역을 가지고 있다.

디자이너 역할 놀이하기는 학습자에게 디자이너의 역할을 부여함으로써 새로운 일에 대한 기획 및 설계를 하고 이를 실행해보는 창의·인성 활동이다. 디자이너에게는 새로움을 두려워하지 않는 '독창성'과 '상상력'의 자질이 필요하며, 사람들을 끌어들이고 마음을 움직일 수 있어야 한다는 점에서 '감수성'을 가지고 있어야 한다. '디자이너 역할 놀이하기' 활동에서도 마찬가지로 '독창성', '상상력', '감수성'의 창의·인성 요소를 길러줄 수 있다. 그간 학교에서 부분적이고 산발적으로 이루어져왔던 창의 활동은 '디자이너 역할 놀이하기' 활동으로 통합될 수 있다. 디자이너 역할 놀이하기의 구체적인 활동을 살펴보면 다음과 같다.

첫째, 우리 반 행사 이벤트를 기획해보는 활동이다. 교사는 학기가 시작되기 전부터 학급 계획을 세우고 학생들과 함께할 수 있는 학급 행사를 기획한다. 학급 행사는 사전에 계획해 일정에 따라 진행할 때 성공적으로 이루어질 수 있다. 이때 교사가 학급 행사를 주도하기보다는 학생들이 주체적으로 참여해 주도하는 것이 좋다. 학급 행사는 학생, 교사, 학부모를 대상으로 하는 이벤트이다. 이벤트를 계획하려면 행사의 목적과 취지에 부합되는 다양한 요소를 동원해야 한다. 관습적인 행사는 한낱 행사에 지나지 않고 참여자들에게도 기억되지 못한다. 행사가 '이벤트'가 되기 위해서는 남들이 생각하지 못한 의미를 부여하고 독창적인 방식으로 기획될 필요가 있다.

우선 학교 행사와 연계된 우리 반만의 이벤트 기획을 구상해볼 수 있다. 수학여행이나 극기 훈련 행사는 우리 반 구성원이 함께 생활할 수 있는 시간으로 조별 자유시간에 할 수 있는 이벤트를 구상하고 이를 실행에 옮긴다. 또는 우리 반만의 특별한 학예회를 기획해보도록 한다. 상투적인 춤과 노래의 장기자랑 수준이 아니라 반 전체가 참여할 수 있는 색다른 학예회 프로그램을 마련하고 이를 실천해본다.

둘째, 파티 플래너가 되어서 감동을 기획하는 활동이다. 디자이너는 감수성을 가지고 다른 사람의 마음을 읽어내고 움직일 수 있어야 한다. 감동 기획하기와 관련된 활동은 감동의 쪽지 쓰기부터 잔치 계획하기까지 무궁무진하다. 부모님 생신을 예로 들어보자. 부모님 생신에 해드릴 수 있는 5가지 기획안을 모집하는 활동을 실시할 수 있다. 부모님 생신에 영상 편지를 찍어서 메일로 보내드리기, 부모님이 좋아할 만한 시를 골라 낭송해드리기, 부모님을 위한 특별한 아침식사 제공하기, 부모님이 좋아하시는 쿠폰 만들어 드리기 등 다양한 기획안을 발표하고 이를 실천에 옮긴 후 디자이너 역할 보고회를 가진다. 작고 사소해 보이나 창의력이 돋보이는 이벤트를 기획하고 실천으로 옮기는 활동이다. 특별하면서 의미 있는 파티는 감동에서 시작한다는 점을 주지시키고 감동을 줄 수 있는 이벤트를 기획하게 한다.

셋째, 디자인 홍보 대회 활동이 있다. 미술 교과를 비롯해 각 교과에서 디자인 관련 활동이 있기는 하나 디자인만 할 뿐 디자인에 의미를 부여하고 해석하는 활동은 상대적으로 부족하다. 각종 만들기 활동으로 디자인 물품을 만들어내고 왜 그런 디자인을 계획했는지, 어떤 의미를 담고 있는지 등을 이야기해 본다. 다시 말하면, 디자인 홍보 대회를 개최해 디자인의 의미를 소통하는 방법이다. 이때 PPT를 활용한 제작 방식이나 제품 광고지를 통한 홍보 방식도 적극 활용할 수 있다. 창의·인성과 관련해 범교과적으로 활용할 수 있는 디자인 활동을 제시하면 다음과 같다. 의미 있는 가상의 날을 정하고 그날에 입을 의상 디자인하기, 내가 결혼해 살 집을 디자인하기, 가상으로 회사를 만들고 회사의 로고와 상징물 만들기, 학용품 회사 캐릭터 만들고 명명하기 등이 있다. 이 외에도 교과 활동을 디자이너 역할과 관련지어 다양하게 전개할 수 있다. 이때 디자인 홍보 대회를 개최해 자기가 만든 디자인을 설명하고 다른 사람과 소통하는 것이 더 중요하다.

넷째, 테마파크나 문학관 같은 공간 디자이너 역할 놀이하기이다. 요즘 테마파크나 문학관은 공간 디자인이 중요한 테마가 된다. 예를 들면 제주 도깨비 공원에 가면 도깨비가 우리의 삶에서 무슨 역할을 했는지 쉽게 이해할 수 있으며, 자연에 존재하는 모든 것이 도깨비가 될 수 있음을 보여준다. 무서운 도깨비부터 재미있는 도깨비까지 도깨비에 대한 무한 상상력을 키울 수 있는 공간이다. 역사적 상상력을 토대로 테마파크를 만들기도 하는데, 경주 밀레니엄파크가 대표적인 예이다. 이 공간은 역사 체험 놀이 동산이면서 동시에 각종 사극의 세트장이 되기도 한다.

뛰어난 문학 작품인 김유정의 『동백꽃』, 황순원의 『소나기』, 이효석의 『메밀꽃 필 무렵』 등은 작가의 삶의 공간과 작품의 배경으로 문학관을 설립하였다. 김유정문학촌은 그의 생가인 춘천 실레마을에 건립되어 있으며, 『동백꽃』의 산기슭, 『봄봄』에 나오는 봉평영감의 집 등 작품의 배경이 되는 장소도 공존하고 있어 작가에 대한 이해와 작품 이해도 높여준다. 황순원문학촌을 기획한 문인제자들은 『소나기』의 배경으로 최적인 장소로 양평군을 설정하고 '소나기마을'을 건립했다. 기존에 보던 문학관의 형식에 그치지 않고 소설의 의미를 되새기며 체험할 수 있도록 꾸며진 테마파크이다. 이효석 생가인 강원도 봉평에 건립한 이효석문학관 역시 메밀꽃 필 무렵에 개최되는 효석문화제와 함께 『메밀꽃 필 무렵』을 구현하고 있다. 문학촌은 작가를 추모하는 차원을 넘어 문학 체험의 테마파크로 자리매김하고 있다. 테마파크나 문학촌은 특정 공간에 우리 문화의 상상력, 역사적 상상력, 문학적 상상력을 불어넣어 건립된다. 이는 디자이너 역할 놀이하기 활동의 이상적인 모습이라 할 것이다.

창의·인성 활동으로 문학 작품을 읽고 테마파크나 문학마을을 기획하는 활동이 있다. 작품을 공간으로 옮겨 독자가 작품을 공간에서 향유할 수 있도록 하는 데 목적을 둔다. 설계도면 그리기 또는 소품을 이용해 마을 꾸미기 등 다양한 방식으로 디자인할 수 있다. 공간 디자이너 역할 놀이 활동을 하기에 앞서 다양한 테마파크나 문학촌에 대한 조사 및 자료 수집이 이루어질 필요가 있다.

디자이너 역할 놀이하기는 체험 놀이에 기반을 둔 창의·인성 활동으로 축제 놀이하기, 모의 놀이하기, 여행 감수성 기르기 등의 활동과 깊은 관련이 있다. 축제 놀이를 기획할 수 있는 능력, 모의 놀이를 착안하고 실행하는 능력, 여행을 모티브로 삼아 창의·인성 활동물을 만들 수 있는 기초적인 능력은 디자이너의 자질이기도 하다. 디자이너 역할 놀이하기는 체험 놀이 모형의 하위 활동이나 모형 운용 전략으로 활용될 수 있다. 이 활동은 인문학적 상상력을 기반으로 한 각종 창의·인성 체험 모형의 일차적인 발상 활동이자 기획 활동이 된다.

3) 공동체 글쓰기

신화, 전설, 민담 등의 내러티브는 집단, 민족 공동체의 산물로서 작자가 불분명했다. 현대문학에 오면서 작가의 존재가 뚜렷이 부각되면서, 문학이 개인의 고유한 영역인 것처럼 인식되고 있다. 그러나 최근에는 다시 일부 작가들이 매체의 변화를 따라 집단적인 협동작업을 통해 내러티브를 특정 장르로 구체화하기도 한다. 인터넷 소설 쓰기는 이러한 사례 중의 하나일 것이다.

작문 교육에서는 '협동 작문'이 21세기 지식 정보화 사회의 글쓰기 특성과 함께 강조되고 있다. 학생들은 앞으로 전문 직업 세계에서 자신에게 부여된 업무나 과제를 성공적으로 수행하기 위해서는 직면한 문제를 분석해야 하고, 다른 사람들과 자신의 의사를 소통해야 하며, 새로운 상황에 들어가서 다른 사람들이 필요로 하는 것이 무엇인지를 규명해야 한다. 이를 위해서는 협동 작문의 경험이 필요한 것이다.[32]

내러티브의 집단창작이 되든, 정보화 사회의 협동 작문이 되든 공동체 글쓰기는 중요하다. 의미 협상이 효율적으로 이루어지기 위해서는 구성원의 역할이 합리적으로 결정되고 각자 맡은 바 자신의 '책임'을 성실하게 수행해야 한다. 이와 아울러 공동체 글쓰기에 대한 집단 구성원의 능동적이고 적극적인 참여가 이루어져야 하는데 이는 '흥미'와 '행동 실천력'을 바탕으로 한다. 또한 공동체 글쓰기 과정에서의 가장 중요한 일 중 하나는 집단 구성원 모두가 공동체 글쓰기 과정에서 발생하는 갈등과 제약과 다수의 요구에 대해 심사숙고하고 사려 깊게 판단하는 것이다. 이는 문제를 인식하고 현재 상태에서 목표 상태에 도달하기 위해 진행해가는 일련의 복잡한 사고 활동인 '관계적 사고'를 요한다. 공동체 글쓰기의 구체적인 활동을 살펴보면 다음과 같다.

첫째, 공동체의 문제 해결을 위한 글쓰기이다. 학생들의 생활을 기반으로 한 문제나 학교에 대한 건의 사항 등과 같은 문제는 여러 사람의 시각에서 다각도로 접근하는 것이 필요하다. 문제에 대한 해결방안 역시 공동 사고를 통해 이끌어낼 때 보다 효과적이다. 이처럼 공동체의 문제 해결을 위한 글쓰기는 혼자 쓰는 것보다 모둠으로 쓰게 하는 것이 효과적이다. 공동체의 문제가 무엇인지 인식하는 것부터 해결방안을 제시하는 것은 개인의 문제가 아니기 때문에 다양한 가치관을 가지고 있는 상호간의 의견 교류가 중요하기 때문이다. 또한 의사소통 과정을 통해 공동체의 문제가 무엇인지 새롭게 인식하게 되고 보다 실효성 있는 해결방안을 모색할 수 있게 된다.

둘째, 역할 분담식 보고서 쓰기이다. 프로젝트를 역할 분담해 나누어 글쓰기를 하는 방식이다. 예를 들어 '한글'에 대한 조사를 하고 보고서 쓰기를 할 때 조사할 내용을 정하고, 각자 역할 분담을 해 세부 내용을 조사하고 글쓰기를 해서 하나의 보고서로 완성하는 것이다. 이 때 역할 분담식 보고서 쓰기는 개인 글쓰기의 단순 모임이 되지 않도록 수정·보완하는 작업이 필요하다. 글쓰기 방식이나 추가해야 할 내용 등을 고쳐 쓰기 단계에서

32 박영목, 『작문교육론』, 역락, 2008, 158쪽.

모둠원과 충분히 협의를 하고 다시 수정함으로써 한 편의 글로 완성해 나가는 작업이다. 개인의 글쓰기가 아니라 공동체 글쓰기라는 인식을 가지고 접근해야 성공적인 보고서 쓰기가 될 수 있다.

셋째, 릴레이 이야기 쓰기이다. 릴레이 이야기 쓰기를 하기 전에 인물과 시공간과 그것을 말하는 화자를 설정할 필요가 있다. 말하자면 이야기의 구성 요소에 대한 합의가 릴레이 이야기 쓰기의 전제 조건이 된다. 학생들은 화자의 입장이 되어서 이야기를 전개시켜 나간다. 말하자면 5~7명의 학생들이 릴레이를 하듯 사건이나 사건의 시퀀스를 한 명씩 발표하는 것이다. 앞의 학생이 말한 사건이나 시퀀스에 대해 다른 학생이 이어서 이야기를 만들어 나간다. 이것은 매우 즉흥적인 작업이며 이야기가 어디로 흐를지 예상할 수 없는 하나의 놀이이자 창의·인성 활동이 된다. 집단적 소설 쓰기는 우연적 사건의 남발이나 인물의 과잉된 자의식이 나타날 수 있으며, 미완의 결말을 가진 소설의 형태를 지닌다. 그러나 근대적 글쓰기 못지 않게 이러한 반근대적 글쓰기도 필요하다.[33] 공동체 글쓰기는 스스로 한 편의 텍스트를 완성해야 한다는 부담이 없기 때문에 창작 교육을 위해 수업 현장에서 효과적으로 활용할 수 있는 활동이다. 그렇지만 함께 글을 완성해야 하기 때문에 모둠을 구성할 때 학습자의 성향을 고려해 짝지어주거나 학습자가 자유롭게 모둠을 구성할 수 있도록 배려해주어야 한다. 릴레이 글쓰기는 온라인 방식을 통해 보다 효과적으로 이루어질 수 있다. 온라인상에 글쓰기란을 마련하고 모둠별로 댓글을 다는 방식으로 릴레이 이야기를 이어나간다.

넷째, 경험 서사 공동 창작하기이다. 경험을 공유함으로써 경험의 의미를 보다 확충할 수 있다. 나의 성장에 도움을 준 경험, 부모님께 걱정을 끼쳐 드린 경험, 친구와의 오해 경험 등 경험과 관련된 특정 주제를 정해서 이야기를 나눈다. 이야기를 나누는 과정에서 여러 가지 생각이 덧붙여지고 경험이 풍성해진다. 그러나 함께 나눈 이야기는 실제의 경험이라는 점에서 의미를 갖기도 하지만 파편화된 기억의 일부에 지나지 않을 수도 있다. 그러나 이 경험에서 단서를 마련해 경험 서사에 관한 공동 창작을 시도할 수 있다. 파편화된 사건에 허구성을 부여해 공동으로 내러티브로 구성해나간다. 이때 여러 사람의 경험을 상호텍스트적으로 엮는 방안도 가능하다. 경험 서사를 공동체 글쓰기로 창작할 경우 경험에 대

33 한귀은, 「서사전략 내면화를 위한 집단적 소설 쓰기 수업」, 『문학교육학』, 제9호, 한국문학교육학회, 2002.

한 다양한 의미 부여와 해석이 가능해진다. 공동 창작한 경험 서사를 돌려 읽으면서 수정해나가는 과정도 중요하다.

공동체 글쓰기는 '공동체 문제 발견 및 해결하기' 활동의 후속 작업으로 이루어질 수 있으며, 집단 창작의 경우는 '공감 소통하기' 활동과도 연관된다. 공동체 글쓰기에는 다양한 콘텐츠를 담을 수 있으므로 일종의 절차 모형인 '공동 창작 모형'을 통해 효과적으로 운용될 수 있을 것이다. 창작 수업의 한 방법인 공동체 글쓰기는 함께 글을 쓰고 함께 소통하는 과정을 거쳐야 한다. 하나의 텍스트는 씌어지는 과정뿐만 아니라 누군가에게 읽히는 과정에서 새로운 의미가 창출될 수 있기 때문에 지속적인 창조의 과정에 있는 것이다.[34] 공동 창작 과정은 개인의 내부에서 일어나는 창작의 과정을 외면화해 집단의 구성원이 함께 아이디어의 발상 및 구체화 과정을 체험해보도록 한다는 의미를 지닌다.

4) 축제 놀이하기

축제는 개인 또는 공동체에 특별한 의미가 있거나 결속력을 주는 사건이나 시기를 기념해 의식을 행하는 행위이다. 축제에 대한 학자들의 견해는 다르다. 뒤르켐(Durkheim)은 축제를 사회적 통합을 위해 기능하는 일종의 종교적 형태라고 규정했고, 프로이트(Freud)는 축제를 공격성과 즉흥성, 디오니소스적인 부정과 인간 본능을 억압하는 것의 폐기, 해방을 향한 문학이라고 보았다. 호이징가(Huizinga)는 인간의 유희적 본능이 문화적으로 표현된 것을 축제라고 보았다.

축제는 인간이 바라는 일이 이루어지기를 신에게 기원하는 종교적 제의에서 시작되었으나 놀이 요소가 덧붙여지면서 문화 예술 공연과 놀이를 즐기는 문화 축제로 바뀌어가고 있다. 최근에는 축제가 스토리텔링화되면서 축제에 참여함으로써 가상 세계를 경험할 수 있으며 축제 속의 주인공이 되기도 한다. 축제가 성공하려면 지역과 동시대인의 공감대를 끌어낼 수 있도록 기획되어야 하므로 현대 사회의 축제와 놀이에서 창의성과 공감대 형성은 중요한 과제이다. 표정옥은 축제와 놀이에 담긴 신화적 의미를 탐구하면서 현재 우리

34 우한용 외, 『서사교육론』, 동아시아, 2001, 29-33쪽.

문화는 역사와 전통이 화석처럼 퇴적되어 있는 곳이 많은데 이를 축제의 콘텐츠로 활용할 필요가 있다고 주장했다.[35] 다시 말하면, 우리나라는 축제화될 수 있는 문화적 콘텐츠가 풍부해 전 세계적인 축제를 만들 가능성을 가진 나라라는 것이다.

축제 놀이하기 활동의 바탕은 인문학적 상상력이다. 1931년에 시작되어 오랜 전통을 자랑하고 있는 '남원 춘향제'는 춘향이가 살던 시대의 생활과 풍류를 지금 현재의 남원에 펼쳐놓고 체험할 수 있도록 만들고 있다. 축제 기간 동안 광한루원에서는 춘향이 체험 공간을 재현하고 있으며('춘향시대 속으로' 코너), 광한루원 앞을 차 없는 거리로 만들어 '방자 거리'라고 칭하고 각종 민속놀이를 하는 방자 체험 마당으로 꾸며놓았다. 또한 사랑의 광장에서는 춘향과 이몽룡의 사랑이 이루어지는 공간을 만들어 사랑 이벤트 장소를 제공하고, 춘향이와 이도령을 뽑는 행사를 벌임으로써 춘향이와 이몽룡의 애절한 사랑을 참여자가 공감하고 사랑에 대한 특별한 의미로 되새길 수 있는 계기를 마련하고 있다. 고전 작품을 축제로 풀어내기 위해서는 일차적으로 '상상력'이 요구되며, 더불어 축제가 지역 단위로 이루어지므로 '향토애'를 길러줄 수 있다. 참여자가 함께 놀고 즐기며 하나가 되어 원활하게 소통하려면 창의성을 이루는 동기 요소인 '흥미'와 '몰입'이 일어나야 한다. 또한 다른 축제에서는 볼 수 없는 독창적인 행사와 특별한 기념품 제작을 통한 수익 사업 등을 감안한다면 축제 놀이하기에서는 '독창성'이 전제되어야 한다. 축제 놀이하기의 구체적인 활동을 살펴보면 다음과 같다.

첫째, 우리 고전 속의 주인공을 중심으로 축제 놀이를 기획하고 함께 놀이에 참가하는 활동이다. 우리는 고전 속의 주인공을 익히 알고 있지만 제대로 알지 못하는 경우가 있다. 특히 초등학생은 춘향이, 심청이, 홍길동 등의 이름을 알고 있지만 주인공이 나오는 고전을 실제로 읽어본 경우는 많지 않아 대부분 인물에 대해 피상적으로만 알고 있다. 고전 속의 주인공을 중심으로 우리 반 축제 놀이를 기획하고 참여하면서 고전을 읽을 기회를 마련할 수 있다. 가령 '심청 축제'를 기획한다고 하자. 심청의 효를 칭송하는 축사 짓기, 효심을 바탕으로 우리 반 심청 뽑기, 심봉사 되어보기, 사건의 전개에 따른 심봉사의 뇌 구조 그리기 등 심청전을 제대로 이해할 수 있는 다양한 프로그램을 기획하고 함께 놀이로 엮어보는 것이다. 이 활동은 우리 고전 속의 주인공뿐만 아니라 학습자들이 즐겨보는 동화,

35 표정옥, 『놀이와 축제의 신화성』, 서강대학교출판부, 2009.

영화, 만화를 모티브로 구성할 수 있다.

둘째, 우리 고전과 관련해 고전의 일부분을 현대판 마당놀이 형태로 구현해보는 활동이 있다. 예를 들면 『심청전』의 한 대목을 역할극 형태로 구연하되 현대판 마당놀이 형식을 도입해 춤, 노래, 연기 등이 한데 어우러지게 구성하고 관람객이 함께하는 놀이마당을 추가하는 방향을 마련해본다. 고전을 중심으로 한 현대판 마당놀이 형태는 축제의 형태를 띠고 있으며, 고전을 현대적으로 재해석하거나 패러디해 다양한 형태로 구연 가능하다.

셋째, 지역과 관련한 신화, 전설, 민담 같은 옛이야기를 토대로 새로운 축제로 구상하는 활동이다. 지역 전설과 관련된 축제가 없다면 지역 전설 중에서 하나를 골라 이를 지역 축제로 만들어본다. 이 활동은 우선 지역의 신화, 전설, 민담을 수집한다는 점에서 향토 교육이나 지역화 교육과 연결된다. 예를 들어 전라남도 무안군 몽탄면은 아주 작은 시골 마을이다. '몽탄'이라는 지명에는 후삼국 시대에 왕건과 견훤 사이에 벌어진 전투가 얽혀 있다. 왕건의 꿈에 백발노인이 나타나 강물이 빠졌으니 빨리 강을 건너 진을 치라고 했는데, 꿈에서 깨어나 살펴보니 과연 강물이 빠져 있었다고 해 '몽탄강'이라 부른다고 한다. 작은 시골 마을에서 이 전설에 근거해 축제화할 수 있는 방안을 마련해보거나 인근 축제인 무안 연꽃 축제와 연결해 지역 활성화 방법을 모색해보는 것이다. 사회과 학습 탐구와 연결되는 과제이기도 한다.

넷째, 기존의 지역 축제를 활성화하기 위한 프로그램을 개발하는 활동이다. 인천광역시 남구 문학동에는 문학산이 있다. 문학동에 사는 초등학생이라면 문학산을 보고 아마 등산도 해보았을 것이다. 그런데 문학산의 삼호현 고개 위에 있는 큰 바위를 '삼해주바위'라고 부르는데, 거기에는 전설[36]이 서려 있다. 이 전설을 모티브로 '문학산 삼해주 축제'를 만들어 문학산성의 올바른 복원과 보존을 위한 문화 축제로 활용하고자 하나 주민 참여가 아직 미비한 편이다. 지역 축제가 있으나 잘 알려지지 않아 홍보가 필요한 경우 지역의 중심 문화 축제로 만들기 위한 축제 프로그램을 마련해보는 활동을 기획할 수 있다.

프로그램 중에서 특히 축제의 의의를 살릴 수 있는 체험 프로그램을 적극적으로 구안

36 옛날에 이 바위에 물동이 모양으로 패인 부분이 있었는데 여기에 삼해주가 고여 있어 고개를 넘던 사람들이 갈증을 풀 수 있었다. 이 술은 한 잔만 마셔도 갈증이 풀렸기 때문에 욕심을 부려 더 마실 필요가 없었다. 그런데 어떤 사람이 욕심을 부려 그 술을 두 잔 이상 마셨더니 술이 말라 없어졌다고 한다. 그래서 이곳을 삼해주바위, 그 바위가 위치한 곳을 삼해주고개라고 부른다고 한다.

해보도록 한다. 축제 참여자를 주인공으로 만들거나 축제에 참여해서 가상현실을 체험하도록 하는 방안이다. 예를 들어 '온달 문화제'에는 온달과 평강공주 되어보기라는 축제 이벤트가 있고, 부여 궁남지의 '서동 축제'에는 서동과 선화공주 되어보기라는 행사가 있다. 다른 하나는 축제의 놀이 공간을 구성하는 활동이다. 축제를 놀이화하여 참여자가 함께 어울려 놀 수 있는 공간을 구성해보는 활동이다. 단양 온달 문화 축제에서는 놀이 공간을 창조해 의상, 놀이, 탁본, 토기, 예술 공연 등의 체험을 통해 고구려를 입고 보고 먹고 만지고 느낄 수 있도록 했다.[37] 축제를 보는 것이 아니라 직접 참여해서 하나가 될 수 있는 이벤트, 그러면서 지역의 특성과 축제의 의의를 잘 살려낼 수 있는 이벤트를 기획하려면 상상력과 독창성이 필요하다. 이처럼 지역 전설을 토대로 축제의 의의를 살리고 주민의 공감대 형성을 위한 프로그램을 기획해 보는 활동을 제공할 수 있다.

다섯째, 축제의 상업적 가치와 관련해 지역 특산물의 브랜드화 전략을 세우는 활동이다. 같은 특산물이라 하더라도 특산물을 어떻게 브랜드화하고 좋은 이미지를 창출하느냐에 따라 매출이 달라질 수 있다. 특산물을 부각시킬 수 있도록 상품명을 만들고 마스코트를 제작해 이미지를 홍보할 수 있다. 지역 특산물의 강점을 내세워 이미지 창출의 원동력으로 삼는다. 특히 지역 특산물에 얽힌 역사적 사실이나 전해 내려오는 이야기는 지역 특산물의 이미지화나 브랜드화에 중요한 도구가 될 수 있다. 예를 들어 '이천쌀'의 홍보 마케팅 전략은 임금님께 이천쌀을 진상했다는 사실이다. 이천쌀 하면 임금님쌀로 이미지화되는 것도 이 때문이다. 또한 각종 지역 아가씨 대회는 특산물 홍보 방법의 하나이다. 영양 고추 아가씨, 풍기 인삼 아가씨, 대부도 포도 아가씨, 영광 굴비 아가씨, 보성 차 아가씨, 감귤 아가씨 등 지역 미인대회를 열어 선발자를 홍보대사로 활용한다. 이를 창의·인성 활동과 관련지으면 우리 지역 특산물 조사하기, 특산물을 브랜드화하기, 브랜드 전략 세우기, 브랜드 홍보 계획안 만들기 활동 등이 가능하다. 이는 사회과와 연계된 활동이면서 언어를 기반으로 한 창의·인성 활동이 된다.

축제 전체를 기획하는 것, 축제의 일부분을 맛깔나고 재미있게 구성하는 것, 축제를 홍보하는 것은 전 과정에 언어가 개입되고 이야기가 깊게 관여하는 고도의 창의·인성 활동이다. 축제 놀이하기는 잊혀가는 우리 고전이나 화석화된 문화에 생명을 불어넣는 작업

37 표정옥, 『놀이와 축제의 신화성』, 서강대학교출판부, 2009, 106쪽.

이기도 하다. 축제를 디자인한다는 차원에서 '디자이너 역할 놀이하기' 활동이나 '연출가 되어보기'와 연관이 되며, 축제에서 놀이나 체험에 중심을 둘 경우 '모의 놀이하기' 활동과도 연계 가능하다. 우리 고전을 주요 소재로 다룬다는 점에서 '인물 살려내기' 활동이나 '역사적 상상력 기르기' 활동과도 밀접한 관련을 갖는다. '축제 놀이하기' 활동은 고전 문학이나 우리 문화를 소통하는 과정이다. 자기가 읽거나 창작한 이야기를 축제화하는 것은 문학을 실용적으로 동원하고 다른 사람과 소통하는 과정이라는 점에서 '소통 확장 모형'의 주요 활동이 된다.

5) 모의 놀이하기

인간을 '호모 루덴스(Homo Ludens)', 즉 '놀이하는 인간'이라 규정한 호이징가(Huizinga)는 '마법의 원(magic circle)'이라는 용어로 놀이가 발생하는 개념적 공간을 설명한다. 다시 말해서 마법사가 땅에 원을 그리고 원 안의 사람이 마법에 걸린다고 말하면서 그 공간 안에서 놀이와 관련된 다양한 행동을 취한다고 주장한다.[38] 또한 로제 카이와(Roger Cailois)는 경쟁, 우연, 모의, 현기증이라는 네 가지 역할 중 어느 것이 우위를 차지하는가에 따라서 놀이를 아곤(Agon), 알레아(Alea), 미미크리(Mimicry), 일링크스(Illinx)로 구분했다.[39]

모의 놀이하기는 로제 카이와가 언급한 미미크리적 속성을 지니고 있다. 모의 놀이는 약속에 의해 정해진 허구적인 하나의 닫힌 세계를 일시적으로 받아들이는 것을 전제로 한다. 여기서 놀이는 참가자가 가공의 인물이 되어 그것에 어울리게 행동하는 것으로 성립한다. 즉, 자신이 자기가 아닌 다른 존재라고 믿거나 자기나 타인에게 믿게 하면서 논다.[40] 모의 놀이하기는 교실 속의 학습 활동을 다양한 장소에서 다양한 임무를 수행하도록 만든다. 약속에 의해 일시적으로 받아들이는 공간에서 타인이 되어 그에 어울리게 행동함으로써 주체적으로 특색 있는 창의·인성 활동을 수행할 수 있다.

38 Mallory Bagwell, 한기순, 『창의성의 이해』, 한국교총 영재교육원, 2009, 265쪽.
39 로제 카이와, 『놀이와 인간』, 이상률 옮김, 문예출판사, 1999.
40 위의 책, 46-52쪽.

'모의 놀이하기'가 원활하게 이루어지려면 학습자가 주어진 모의 상황에 완전히 '몰입'해야 한다. 모의 상황에서 다른 사람들과 의견을 조율하며 주어진 과제를 해결하는 과정에서 '문제해결력'을 기를 수 있다. 결국 모의 놀이하기는 머릿속으로만 구상할 것이 아니라 직접적인 행동으로 보이고 실천할 수 있는 '행동 실천력'이 필요하다. 모의 놀이하기의 구체적인 활동 전략을 소개하면 다음과 같다.

첫째, 모의 위원회 놀이하기이다. 위원회는 특별한 목적을 위해서 위원으로 구성된 합의체이다. 위원회에서는 여러 가지 사안을 집중적으로 논의하고 결정한다. 바로 이 위원회를 모의로 연출하고 학습자에게 위원의 역할을 부여해 활동하는 것이다. 의사결정이 필요한 사항을 중심으로 위원회를 설정할 수 있다. 예를 들면 도서 선정 위원회를 만들고 학습자에게 도서 선정 위원의 역할을 부여해 도서를 선정하도록 한다. 활동에 동기를 부여하고 진지하게 참여하도록 하기 위해서는 그에 해당하는 실제적인 보상을 해주는 것이 좋다. 선정된 도서를 학교 도서관에서 구입하거나 어린이 도서 선정단을 임명해 학교 도서관의 책 추천 과정에 참여시키는 것이다. 모의 위원회는 논의하는 사안에 따라 다양하게 활용할 수 있다. '어린이 욕설 판정 위원회'나 '어린이 네티켓 판정 위원회'처럼 학생들의 구체적인 문제를 논의의 대상으로 삼을 수 있다. 또는 '모의 거리 환경 개선 위원회'를 만들어 우리 마을의 거리 환경 개선을 위한 건설적인 의견 제안서 쓰기 활동을 전개할 수도 있다.

둘째, 모의 법정 놀이하기이다. 문학 작품 속 인물의 행동을 평가하기 위해 학습자에게 작품 속 인물, 변호사, 검사, 판사, 참고인 등의 역할을 부여해 모의 법정을 개최하는 것이다. 예를 들어 모의 상황으로 흥부가 놀부를 고소했다고 설정해보자. 흥부는 고소인이 되고 놀부는 피고인이 된다. 놀부의 변호사는 놀부의 행동을 옹호해야 하며 검사는 놀부의 행동을 비판하는 위치에 선다. 참고인으로 놀부의 아내와 흥부의 아내 등이 등장해 다양한 관점에서 놀부의 행동을 평가할 수 있다. 판사들은 협의를 거쳐서 다양한 의견을 종합해 판결문을 쓰고 판결을 내린다. 이렇게 동화에 나오는 등장인물을 중심으로 모의 법정 놀이를 계획할 수 있다. 동화에는 친구나 가족과의 문제, 장애인의 문제, 성과 관련된 문제, 다문화와 관련된 문제 등이 제시되어 있다. 바로 이러한 문학 작품의 상황을 모의 법정에 끌어들여 임무를 맡기고 놀이를 하는 것이다. 모의 상황이기 때문에 학습자들은 부담을 느끼지 않고 진지하게 논의할 수 있으며 더불어 스스로를 되돌아보는 계기가 된다.

셋째, 홍보대사의 임무를 부여할 수 있다. 특정 프로그램이나 정보를 다른 사람에게 알리거나 설명할 필요가 있을 때 이를 가장 잘 수행할 수 있는 사람이 홍보 대사이다. 홍보 대사가 되는 순간 설명하고자 하는 대상에 대해 스스로 잘 알아야 하며 다른 사람이 이해하기 쉽도록 잘 설명해야 하는 의무가 주어진다. 이를 학습 상황에 적용시켜보면, '잊혀가는 민속놀이 설명하기'의 과제를 '민속놀이 홍보 대사가 되어서 민속놀이 안내해주기'로 전환시키는 것이다. 모의 상황이기 때문에 실제로 민속놀이 도구를 준비하고 민속놀이 시범단도 설정한다. 홍보대사는 시범단의 시범을 보면서 민속놀이를 어떻게 하고 어떤 의미를 담고 있는지를 자세하고 재미있게 설명해준다.

넷째, 출판사 놀이하기이다. 책이란 작가, 책, 독자로만 끝나지 않고 출판사라는 소통 기관을 거친다. 출판사는 책을 소통하게 해주는 중요한 매개체로서 책에 대한 장점을 부각시켜 소비자인 독자에게 판매하는 중요한 역할을 수행한다. 독서 관련 출판사 모의 놀이를 전개할 수 있다. 독서 행사와 관련해 특정 출판사를 맡고 그 출판사에서 출간한 책을 전시하고 소개하는 것이다. 모의 놀이는 단지 출판사라는 역할을 부여하는 것으로 끝나지 않는다. 다른 출판사와의 경쟁에서 이겨야 하는 시장 논리에 따라 다양한 출판사를 만들게 하고 이를 경쟁시킨다. 놀이 과정을 통해서 문학 텍스트의 온전한 독서 체험이 유발되도록 지도한다. 학생들은 단지 판매원이 아니라 전문적인 문학책 판매원으로서 자기가 팔려고 하는 문학 작품을 실제로 읽고 어떤 가치와 유용성이 있는지를 고객에게 설명하게 한다. 이로써 출판사 놀이는 독서 체험 활동이 된다.

다섯째, 시청에 근무하는 도시 건설국장의 역할을 부여해 모의 놀이를 할 수 있다. 도시 건설국장의 임무를 부여하는 것은 '심시티' 게임과 흡사하다. 내가 신도시를 만들고 신도시를 특색 있게 만들기 위해 특정 거리를 만들어보게 한다. 예를 들어 한글 사랑 거리를 기획하고, 이 거리의 상점 간판을 모두 한글로 된 상호로 바꾸는 프로젝트를 실시하게 한다. 가고파 머리방, 볶고 지지는 집, 건강으로 보답하는 운동집 등 외래어를 우리말로 바꾸어본다. 외래어, 우리말, 외국어의 차이를 학습하는 모의 놀이가 될 수 있을 것이다.

모의 놀이하기의 궁극적인 활동 목표는 '공동체 문제 발견 및 해결하기' 활동과 관련된다. 해결할 문제를 확인하고 문제 해결 방법을 찾고 문제를 해결하는 과정을 모의 상황에서 놀이하듯이 진행하는 것이다. 모의 놀이하기는 역할 놀이의 속성을 지니고 있다. 따라서 모의 놀이하기의 일부 활동은 '디자이너 역할 놀이하기'와 연계해 지도할 수 있다. 모의 놀이하기는 문제 해결 학습 모형 내에서 효과적으로 운용될 수 있다.

6) 여행 감수성 기르기

여행은 새로운 경험을 가져다준다. 여행은 타지에 대한 동경이자 일상에서 벗어날 수 있는 기회가 된다. 집에 돌아오면 일상의 편안함과 소중함을 새삼 깨닫게 되고, 일상생활을 하면서 여행의 추억을 다시 되새겨보곤 한다. 여행은 가기 전에, 하는 도중에, 하고 나서의 전 과정 모두가 창의·인성 체험이 된다. 부모에 의한 일방적인 여행이 되거나 단지 놀이나 흥미가 주가 된 여행이 되지 않으려면 부모와 학습자가 여행을 함께 계획하고 의미화하는 작업이 필요하다.

우리나라에는 여행할 만한 좋은 장소들이 많다. 유홍준은 『나의 문화유산 답사기』에서 우리의 국토를 어디를 가더라도 유형·무형의 문화유산을 만나게 되는 '국토박물관'이라고 표현했다. 우리나라의 문화유산은 심심산골 하늘 아래 끝동네까지 아직도 생명을 잃지 않고 의연히 자리하고 있다. 미술과 문화에 대한 안목을 어떻게 갖출 수 있느냐는 질문에 유홍준은 "인간은 아는 만큼 느낄 뿐이며, 느낀 만큼 보인다"고 했다. 우리의 문화유산을 알고 여행을 통해서 보고 느끼는 것은 여행 감수성을 기르는 최선의 방법일 것이다.

여행은 지역과 관계를 맺는다. 지역은 지구상의 위치, 지형, 기후, 생태, 역사 또는 거주민 등의 측면에서 그 특성이 규정되지만, 정서적·심리적 또는 철학적·미학적 숨결을 넣어 그 지역을 다시 살아나게 하는 것은 그곳이 문학 창조의 공간이 되거나 그곳에서 태어나고 성장하며 감수성을 키운 또는 생활하고 살던 작가의 존재이다.[41] 김태준은 '문학지리'에 대한 성찰은 우리의 삶에 대한 성찰인 동시에 우리 학문에 대한 성찰이라고 말했다. 한국 문학지리의 연구는 기행 문학이고 유배 문학이며 이민 문학이고 여행자 문학이라고 했다. 결국 여행은 문학으로 통한다.

여행 감수성 기르기 활동은 여행에서 보고 느낀 것을 언어로 묘사한다는 점에서 '시각화 능력'을 길러줄 수 있으며, 창의·인성 발현의 동기적 요소인 '호기심'과 '흥미'를 길러줄 수 있다. 여행을 다니면서 앎을 확장하고, 그 자체에서 즐거움을 얻기 때문이다. 또한 여행은 준비 과정부터 실천까지 타인에 대한 이해를 바탕으로 하는 '배려'가 필요하다. 의견 충돌이 있는 경우나 어려운 상황이 닥쳤을 때 상대방의 의견을 인정하면서 물러설 줄

41 김태준 편저, 『문학지리, 한국인의 심상공간』, 논형, 2005.

알아야 한다. 여행 감수성 기르기 활동을 여행의 계획에서 실천에 이르기까지 전 과정에서 얻을 수 있는 창의·인성 활동을 중심으로 살펴보자.

첫째, 문화유산 답사를 계획하고 여행하는 활동이다. 학습자들은 나이가 어리기 때문에 혼자만의 여행을 떠날 수 있는 상황이 되지 않으므로 가족의 협조를 필요로 한다. 그러나 여행의 계획 및 준비, 실천의 주체가 부모가 될 필요는 없다. 이상적으로는 부모와 함께 계획하고 준비하고 실천을 하다가 점차 여행의 계획 및 준비를 학생에게 이행시키는 것이 좋다. 문화유산 답사를 위한 계획 및 공부를 학생 스스로 하게 함으로써 여행의 주체로 만들어주는 것이다. 특정 지역을 선정하고 그 지역의 문화유산을 찾아보는 것이 우선되어야 한다. 문화유산에 대한 많은 정보와 이야기를 사전에 조사해 알고 가는 것이 중요하다. 학생이 주체가 된 여행에서는 부모가 문화유산에 대한 지식이나 정보를 알려주는 것이 아니라 스스로 알고 있는 것을 문화유산을 통해 확인하고 느끼는 과정에 초점을 둔다.

둘째, 여행의 주변적인 요소에 관심을 갖고 보고 기록하는 활동이다. 목적지인 문화유산만 볼 것이 아니라 목적지에 이르기까지의 과정, 함께 간 사람들 사이에서 생긴 작고 소중한 에피소드, 남들은 놓치기 쉬운 나만의 의미 있는 광경을 잘 잡아낼 수 있도록 지도하는 것이 필요하다. 여행의 주변적인 요소에서도 풍부한 감수성을 길러줄 수 있기 때문이다. 예를 들어 『나의 문화유산답사기』는 어디에서 잠을 잤고 어디에서 무엇을 먹었고 목적지를 향해 가는 도중의 주변 경관은 어떠했는지를 묘사하고 있다. 신변잡기에 가까운 내용이지만 이것이 감수성을 기르기에 충분한 요소이다. 유홍준의 책에는 '무위사의 늙은 개'가 나온다. 무위사만 소개하면 될 것을 굳이 무위사에서 낮잠을 자고 있는 늙은 개에 관한 글까지 쓸 필요가 있을까라는 생각이 들지만 답사객이 들어오건 불자가 들어오건 꿈쩍도 하지 않는 변함없는 늙은 개를 통해서 무위사 주변을 재정비한 이후의 옛것에 대한 아쉬움을 대조적으로 표현하고 있다.

셋째, 여행의 느낌이나 정서를 메모했다가 여행 후기로 남겨두는 활동이다. 여행 감수성 기르기의 핵심 활동이라 할 수 있다. 특히 학습을 목적으로 가는 여행에서 정보나 지식만 얻는다면 중요한 것을 잃는 꼴이 된다. 여행의 정보와 지식은 느낌으로 함께 체득하는 것이 중요하다. 여행에서 느끼는 순간적인 감정이나 정서는 잊기 쉽다. 내 마음의 흐름을 읽어가는 것이 중요한데, 초등학생이라면 의식적인 연습을 통해 가능하다. 중간중간에 내 마음의 상태를 언어화하는 것이다. 인터넷 자료 속에는 정보가 담겨 있고 찍어둔 사진으로 내가 무슨 행동을 하고 무엇을 보았는지 알 수 있지만 여행의 순간에 느끼는 감정은 잊기 쉽다. 여행 중에 느끼는 감정을 여실히 드러낼 수 있는 것은 어쩌면 '언어'를 통해서 가능하다. 감정을 기록해두었다가 자유로운 방식의 여행 후기로 적는 활동을 한다. 시가 되어도 좋고 수필이 되어도 좋다.

넷째, 사진으로 체험하는 여행 감수성 활동이 있다. 여행하면 사진이 자동으로 연상될 만큼 여행 가서 의미 있는 시간을 카메라 속에 담고자 한다. 주로 인물 사진이나 풍경 사진이 많다. 여행을 가서 어디를 구경했고 무엇을 했는지가 사진에 여실히 드러난다. 그러나 창의·인성 활동과 관련해 특색 있는 여행 사진 찍기 활동을 생각해볼 수 있다. 예를 들면 보잘것없는 작은 사물에 가치를 부여해 사진 찍기, 여행의 느낌이 가장 잘 드러나는 풍경 사진 찍기, 같이 여행 간 사람이 의식하지 못할 때 인물 사진 찍기 등 평상시 접해보지 못한 특별한 사진을 찍고 사진에 의미를 부여해 기록해둔다.

다섯째, 아빠 엄마의 과거 여행을 통해 부모와 자신의 공감을 형성할 수 있다. 아빠 엄마의 과거 여행이란 아빠와 엄마가 어릴 적 살았던 추억의 장소를 중심으로 여행을 기획하는 것이다. 아빠와 엄마의 고향이 시골이라면 할아버지댁이나 외할아버지댁 근처가 될 수 있다. 아빠와 엄마가 다녔던 초등학교 구경하기, 아빠와 엄마가 어릴 때 주로 놀던 장소 찾아가기, 아빠와 엄마가 자주 가던 시장 찾아가기 등 아빠와 엄마에게 의미 있는 장소를 찾아가서 아빠와 엄마의 이야기와 함께 여행하는 것이다. 부모에게는 추억 여행이 될 수 있고, 학습자에게는 부모와 소통하고 공감할 수 있는 여행이 될 수 있다.

여섯째, 여행의 감수성을 높이기 위한 작은 실천 활동들이 있다. 우선, 같은 장소를 낮과 밤에 여행하기 활동이 있다. 같은 장소라도 낮에 보는 광경과 밤에 보는 광경이 다르다. 낮이 주는 여행의 의미와 밤이 주는 여행의 의미가 다르다. 낮에 보았던 모습들이 밤에는 어떤 모습인지, 낮의 느낌과 밤의 느낌을 표현해보도록 한다. 여행 간 장소에서 엽서 보내기 활동이 있다. 다른 곳에 도착해서 여행에서의 자기 생각이나 느낌을 생각나는 사람에게 엽서로 전달하는 것이다. 이 엽서는 다시 집으로 가져올 것이 아니라 여행지에서 직접 우체통에 넣는 것이 좋다.

여행 감수성 기르기 활동은 여행의 목적이나 주제에 따라 다른 활동과의 연계 가능성이 높아진다. 예를 들어 문화유산 탐방에 목적이 있다면 '전통문화 재발견하기' 활동과, 지역 축제 탐방을 목적으로 한다면 '축제 놀이하기' 활동과 연계해 지도할 수 있다. 또한 여행에서 보고 듣고 느낀 것은 창작의 원동력이 된다는 점에서 창작을 통한 창의·인성 활동과도 연계될 수 있다. 특히 역사적 인물을 바탕으로 한 '역사적 상상력 기르기' 활동을 실제 여행하면서 체험하고 느낀 것에서 영감을 얻어서 구성할 수도 있다. 여행 감수성 기르기 활동의 경우 '여행 계획'에 초점이 맞추어져 있다면 학교 수업 활동 내에서 이루어질 수 있지만 실제 여행을 실천하고 체험하기 위해서는 가족 단위의 창의·인성 활동으로 개발될 필요가 있다. 주말이나 방학 중에 선택 활동 방식으로 창의·인성 활동으로 구성된 '여행 감수성 기르기' 프로그램 개발이 더욱 요구된다.

4. 창작을 통한 창의·인성 활동

1) 인물 살려내기

인물(character)은 작품에서 행위나 사건을 수행하는 주체로서 사건을 만들기도 하고 사건을 해결해나가기도 한다. E. M. 포스터(Forster)는 인물을 평면적 인물과 입체적 인물로 나눈다. 평면적 인물은 이야기의 전개 과정에서 그 성격이 변하지 않는 단순한 인물이다. 이에 비해 입체적 인물은 기질과 동기가 복잡하게 작용하고 이야기 전개에 따라서 성격이 변화한다. 다른 범주로 전형적 인물과 개성적 인물로 구분할 수 있다. 전형적 인물은 미리 규정된 특성을 가지고 있는 인물로서 한 사회의 집단적 특성을 대표하며 성격의 공시적 보편성을 내포한다. 반면 개성적 인물은 사회의 집단적 특성과 대립하거나 전형적 인물과 변별되는 예외적 기질을 갖춘 인물이다.

인물의 유형을 알아두는 것은 인물 살려내기 활동에서 중요하다. 인물 살려내기 활동은 이야기 속의 인물이 독자가 살고 있는 현실 세계에 존재한다면 어떤 생각을 하고 어떻게 행동할 것인가를 탐구해보는 '인물 현동화하기(character actualizing)' 활동과 '인물 구성(characterization)' 활동을 포괄한다. 예를 들어 홍길동이 우리 시대에 태어났다면 어떻게 생각하고 어떤 행동을 하며 어떤 가치를 추구할 것인가가 이에 해당한다.

'인물 살려내기'는 '확산적 사고'와 '유추적 사고'를 바탕으로 한다. 인물을 어떤 현실 상황 맥락에 놓느냐 또는 누구와 만나게 하느냐에 따라서 인물은 다양한 사건을 펼치게 된다. 무한한 현실 상황 맥락에 인물을 놓고 생각하는 자체가 '확산적 사고'와 관련된다. 그러나 인물은 끝없이 펼쳐지는 상상의 세계에 놓인 것만은 아니다. 이야기 속의 인물이 취한 생각과 행동은 현실 상황 맥락에서 발휘되어야 하므로 인물의 생각과 행동은 예측 가능하고 일관성을 가져야 한다는 점에서 '유추적 사고'를 길러줄 수 있다. 또한 새로운 인물 구성을 지향하는 활동으로서 '상상력'을 바탕으로 한다. 인물 살려내기의 구체적인 활동을 살펴보면 다음과 같다.

첫째, 인물 현동화하기 활동으로 작품 속 인물을 현실 세계로 이끌어내어 그를 통해서 상상력을 펼치게 한다. 작품 속 인물이 독자가 살고 있는 현실 세계에 있다면 어떤 일이 벌어질지 상상을 펼치는 것이다. 작품 속 인물을 다양한 시간과 공간으로 불러내어 상상해보는 활동으로서 인물의 성격이나 갈등이 잘 드러날 수 있는 시간과 공간을 설정해주는 것이 필요하다.

모거스턴의 『조커, 학교 가기 싫을 때 쓰는 카드』에는 노엘 선생님이 나온다. 나이 많고 뚱뚱해서 실망스러웠지만 노엘 선생님은 누구나 한번쯤은 해보고 싶은 일이 적힌 조커를 선물한다. 학교는 더 이상 따분한 곳이 아니며 수업 방법도 다양하다. 반면 교장 선생님은 조커도, 기쁨도, 재미도 아무것도 없다. 메마른 마음을 가진 교장 선생님은 노엘 선생님을 이해하지 못하고 결국 노엘 선생님은 학교를 떠나게 된다. 그러나 아이들은 노엘 선생님이 준 조커의 의미를 깨닫게 된다.

- 모거스턴의 『조커, 학교 가기 싫을 때 쓰는 카드』에 나오는 노엘 선생님이 담임선생님이라면 우리 반에는 어떤 일들이 벌어질까?
- 『나의 라임 오렌지 나무』에 나오는 제제가 우리 반에 전학 왔다면 우리 반에서는 어떤 일이 벌어질까?

이 책의 주인공인 노엘 선생님이 우리 반 담임선생님이라면 우리 반 교실에는 어떤 일들이 일어날지 상상해보는 활동이다. 나와 주변의 친구들이 이야기 속 인물이 되어 노엘 선생님과 함께 이야기를 전개해나갈 수 있다. 이 활동을 통해 노엘 선생님의 성격과 노엘 선생님이 준 조커의 의미를 다시 새길 수 있다. 한 단계 더 나아가 작품 속 인물을 현실에 불러내어 특정한 과업을 부여해 상상하는 활동도 가능하다. 인물이 작품 속에서 가졌던 과업이 아닌 다른 과업을 부여하는 것이다. 이 경우 인물의 성격이나 행동 방향이 잘 드러날 수 있는 과업을 잘 선택하는 것이 중요하다.

- 모거스턴의 『조커, 학교 가기 싫을 때 쓰는 카드』에 나오는 노엘 선생님이 대한민국의 교육부 장관이라면 초등학교의 모습은 어떻게 바뀔까?
- 『책 먹는 여우』에 나오는 여우에게 전국 도서관 협회장을 맡긴다면 어떤 정책을 펼칠 것인가?
- 아시마 타로의 『까마귀 소년』에 나오는 땅꼬마에게 친구 문제 상담원의 역할을 맡긴다면 어려움을 겪고 있는 친구들에게 어떤 방법을 알려줄까?

노엘 선생님에게 교육부 장관이라는 과업을 주었을 때 우리나라의 학교는 어떻게 바뀔지 상상해보는 활동을 전개할 수 있다. 또한 현실 속 인물을 작품 속으로 들어가게 해 그를 통해서 상상력을 펼치는 활동이 있다. 작품 속 인물을 현실 세계로 이끌어내어 상상하게 하는 활동의 역발상으로 볼 수 있다. 나를 비롯해 가족이나 친구가 작품 속 세계로 들어간다면 이야기의 전개가 달라질 것이다. 작품 속 인물의 성격을 잘 파악해 인물의 행동에 동조해줄 것 같은 인물 또는 현실 속 인물이나 반대할 것 같은 현실 속 인물을 찾아보도록 한다.

- 의심 많은 내 동생이 『이상한 나라의 앨리스』의 앨리스와 만나서 함께 모험을 한다면 어떤 일이 벌어질까?
- 아스트리드 린드그렌의 『내 이름은 삐삐 롱스타킹』에 나오는 삐삐의 집에 나와 우리 엄마가 초대받았다면 우리 엄마는 삐삐의 행동을 보고 무슨 말씀을 하셨을까?

루이스 캐럴의 작품 『이상한 나라의 앨리스』에서 앨리스는 물약을 먹고 몸이 커지기도 하고 작아지기도 하며, 희한한 동물들과 이야기를 나누고 황당한 일을 겪는다. 앨리스의 호기심으로 인해 일어난 사건도 있는데, 의심 많은 내 동생이 앨리스와 함께 모험을 하면 어떻게 될지 상상해보는 활동이다. 동생을 앨리스의 행동에 반대할 것 같은 인물로 설정한 경우이다. 인물 현동화하기의 사례는 교사가 제공해줄 수도 있지만 학습자들이 스스로 특별한 상황을 설정해보도록 한다. 상황을 설정할 수 있다는 것은 인물 현동화하기의 메커니즘을 이해하고 적용할 수 있다는 의미이다.

둘째, 이야기 속 인물과 현실 세계 인물을 만나게 해서 가상 대담을 꾸며보는 활동이다. 이야기 속 인물은 현실 속의 인물과 무관하지 않다. 이야기 속 인물과 유사한 인물이든 대조적인 인물이든 상관없다. 가상 대담의 형식을 통해 인물의 내면 의식을 깊이 있게 고찰해보는 경험을 갖게 한다.

> 이야기 속 인물: ____________________ vs 현실 세계 인물: ____________________
> 현실 세계 인물을 선택하게 된 이유 적기
> 두 인물이 나누게 될 주제 선정하기
> 두 인물 간의 가상 대담 적기

예를 들면 이야기 속 인물을 이상한 나라의 앨리스로, 현실 세계 인물로 우리 반 괴짜 친구를 설정하고, 두 인물이 토끼를 따라가게 된 이유와 물약을 먹게 된 이유에 대해 허심탄회하게 자신의 생각을 가상 대담으로 엮을 수 있을 것이다. 현실 세계 인물은 이야기 속 인물과 관련을 맺고 있는 인물로 설정하도록 한다. 가상 대담이 인터뷰 형식으로 되지 않도록 주의할 필요가 있으며, 서로의 생각을 공유할 수 있도록 구성해야 한다.

셋째, 인물의 신상 명세 만들기와 성격 구성하기 활동이 있다. 이야기 속에 나온 단서를 바탕으로 인물의 신상 명세를 만드는 것은 인물을 형상화하는 방법 중 하나이다.

> 그를 알고 싶다
>
> 1. 이름:
> 2. 나이:
> 3. 신체적 특징: 예) 신장 178센티미터로 전형적인 미남형이다. 말총머리를 하고 다니며 독서를 할 때에는 안경을 쓴다.
> 4. 말투: 예) 전형적인 서울 말씨에 목소리는 저음이고 지적인 언어를 사용한다. 유머 감각이 있으나 별로 웃는 편은 아니다.
> 5. 동작과 몸짓: 예) 걸음걸이는 바르며, 운동을 잘한다. 황당한 일을 당했을 때는 양팔을 벌리며 어깨를 으쓱거리는 버릇이 있다.

6. 가족 관계:
7. 직업:
8. 특기:
9. 취미:

인물의 신상 명세를 만들어보는 활동을 할 때에는 보여주기 방식과 말하기 방식을 두루 적용할 수 있다. 보여주기 방식으로는 신체적 특징, 말투, 동작과 몸짓을 구체적으로 표현해봄으로써 인물을 시각화하는 것이다. 인물 그리기와 관련해 얼굴, 피부, 머리, 체형, 스타일 등등 세부적으로 들어갈 수 있다. 이야기를 읽으면서 영화를 보듯이 인물을 그려보는 활동이라 하겠다. 이야기 속에 단서로 제시되어 있는 것도 있지만 독자의 상상력에 의해서 채워야 하는 부분도 있다. 이 외에도 말하기 방식의 다양한 요소를 추가해 신상 명세[42]를 만들 수 있다. 신상 명세를 만들었다면 이를 바탕으로 성격 구성하기를 할 수 있다. 인물의 성격이나 가치관을 알 수 있는 질문들[43]로 구성해 인물에 대한 이해를 도울 수 있다.

- 내성적인가 또는 외향적인가?
- 어디에서 살고 있나? 인물의 방을 상상해보라.
- 인물은 자신의 외모에 대해 스스로 어떻게 생각하는가?
- 인물의 친구들은 어떤 사람들인가?
- 인물이 재미있다고 생각하는 것은 무엇인가?
- 인물의 주변인들은 인물에 대해 어떤 이야기를 주고받나?
- 인물은 자신의 삶을 진지하게 받아들이는가, 철없는 어린이처럼 행동하는가?
- 인물은 일요일 오후를 어디에서 어떻게 보내는가?

성격 구성하기는 이야기 속 인물에 대한 이해를 바탕으로 상상력을 가미해 완성해나

42 소설 창작 방법을 소개하고 있는 한만수의 『마법의 소설쓰기』(한스앤리, 2011)에서는 등장인물을 만드는 방법으로 주인공의 신상 명세 만들기를 제안하고 있다. 종이에 인물의 신상 명세를 적어놓고 소설을 쓰다가 해당 인물이 나오면 다시 한 번 그 인물의 성격이나 특징을 확인한다. 이는 등장인물의 일관된 성격 묘사에 도움이 된다고 한다.

43 '빅토리아 린 슈미트, 남길영 옮김, 『캐릭터의 탄생』, 바다출판사, 2011'에 제시된 성격 창조하기 질문을 재구성한 것이다.

가는 활동이다. 인물의 신상 명세 만들기와 성격 구성하기는 이야기 속의 인물을 중심으로 할 수 있으나 새로운 인물을 설정해 구성할 수도 있다. 이는 작품 창작의 바탕이 되는 활동이기도 하다.

인물 살려내기 활동은 인물에 대한 이해를 바탕으로 한 창작 활동으로서 '처지 변환하기'와 관련해 지도할 수 있다. 인물이 처한 환경이 바뀌었을 때 인물이 어떻게 행동할 것인가를 상상해보는 것은 인물 현동화와 유사한 속성을 가진 활동이다. 또한 이 활동은 가치 탐구 모형의 세부 과정 활동으로 구성할 수 있다. 가치 탐구 모형의 하위 과정에서 이루어지는 사건 맥락과 배경을 참조해 인물의 생각과 의식 찾아내기, 인물의 드러난 생각이나 숨은 생각 찾기, 인물의 생각을 현실에서 발견하기, 인물의 생각을 현실 가치와 호응시키기 등은 인물 살려내기의 활동을 바탕으로 하고 있다.

2) 비유로 사물 보기

비유는 어떤 현상이나 사물을 직접 설명하지 않고 비슷한 현상이나 사물에 빗대어서 표현하는 것을 말한다. 따라서 말이 본래의 뜻으로 쓰이지 않고 다른 것을 뜻하도록 쓰인다. 비유를 설명할 때 김동명 시인의 「내 마음」에 나오는 "내 마음은 호수"라는 표현이 대표적인 사례로 제시된다. 이 시에서 '호수'는 커다란 물 웅덩이를 나타내는 것이 아니라 '잔잔하고 고요하고 깊고 맑은 것'을 의미하는 비유적인 표현이다. 비유를 분석하려면 비유의 장치를 통해 드러내고자 하는 의미가 무엇인지 따져볼 필요가 있다.

비유는 두 사물 사이의 유사성 또는 연속성에 있으며, 두 사물의 동일성에 의해 성립된다. 결국 비유는 두 사물 간의 동일성의 원리에 근거하며, 인간의 마음과 외부 세계를 결합해 마침내 동일화하려는 동기에서 생겨난다. 그러나 비유에서는 동일성 못지않게 차이도 중요하다. 차이 속에서 동일성을 찾아내는 과정에서 현실의 복잡성을 관조할 수 있게 된다. 비유를 잘하기 위해서는 추상적인 것과 구체적인 것, 보편적인 것과 특수한 것, 자아와 세계, 사상과 감정 등 대립되는 짝들을 포괄하고 융합하는 종합적인 능력이 요구된다.[44]

44 김준오, 『시론』, 삼지원, 2010, 174-178쪽.

이는 상상력을 바탕으로 하기 때문에 비유에는 창의·인성이 깊게 관여하게 된다.

비유로 사물 보기는 '은유적 사고력'과 깊은 관련이 있으며, 대상의 동일성을 찾아내는 과정에서 '문제 발견력'과 '유추 능력'도 길러줄 수 있다. 비유는 일상 언어 생활이나 사고 활동과 관련해 비유에 관한 활동을 창의·인성으로 연결할 수 있다.[45]

첫째, 서로 다른 두 대상 사이에서 유사성을 발견하는 활동이 있다.[46]

- 교사와 경적은 어떤 점이 같은가?
- 가능한 대답: 꺼버리지 않는 한 계속해서 소리를 낼 것이다.
  소음 형태로 된 뜨거운 열기가 나온다.
- 의자와 그늘은 어떤 점이 같은가?
- 가능한 대답: 지친 사람에게 편안한 휴식을 제공해준다.
  ____
- ________과 ________는 어떤 점이 같은가?
- 가능한 대답: ______________________________
  ____

가급적 광범위한 비교와 답을 인정해주는 것이 좋다. 활동의 목적은 창의적으로 유사성을 생각해보도록 하기 위해서이기 때문이다. 모둠을 나누어 많은 가능한 대답이 나오도록 하거나 두 대상물을 찾아서 가능한 대답을 많이 찾는 모둠이 이기는 방식으로 활동을 전개할 수도 있다.

둘째, 수수께끼 역시 비유의 확장이라고 볼 수 있다. 수수께끼란 어떤 사물에 대해 바로 말하지 않고 빗대어 말해 알아맞히는 놀이이다. 스핑크스가 오이디푸스에게 냈던 익숙한 수수께끼를 살펴보자. '하나의 목소리를 가지고, 아침에는 네 발, 낮에는 두 발, 저녁에

45 노철은 교육과정에서 비유가 비유의 표현 방식을 이해하는 활동, 비유가 주는 압축성과 아름다움을 이해하고 찾는 활동으로 국한되어 있음을 지적하면서 의사소통 방식으로서 비유의 특성을 이해하고 실천하는 활동, 비유가 사고 활동임을 이해하고 실천하는 활동, 시에서 비유의 쓰임새와 아름다움을 이해하고 활용하는 활동으로 수정·보완할 필요가 있다고 보았다(노철, 『시교육의 방법』, 태학사, 2010). 여기서는 창의·인성 차원에서 의사소통 방식으로 비유 알기, 비유적으로 사고하기에 초점을 둔다.

46 R. Rodrigues & D. Badaczewski, 박인기·최병우·김창원 옮김, 『문학작품을 어떻게 가르칠 것인가』, 박이정, 2007, 230쪽.

는 세 발로 걷는 것은 무엇인가?' 이는 인간의 성장을 비유적으로 표현한 말로, 갓난아이는 네 발로 기고 성인이 되면 두 발로 걷고 노인은 되면 지팡이를 짚기 때문이다. 수수께끼를 성립시키는 원리가 비유라고 볼 수 있다. 다음의 수수께끼를 살펴보자. 대상의 외형이나 특성을 비유적으로 표현한 것이다. 비유적인 방법으로 수수께끼를 만들어보는 활동은 확장된 비유의 이해 능력을 계발하는 데 도움이 된다.

- 겨울에는 옷을 벗고, 여름에는 옷을 입는 것은? 나무
- 고개 숙이고 눈물 흘리는 것은? 수도꼭지
- 겉으로는 눈물 흘리며 속 타는 것은? 촛불

셋째, 의사소통 방식으로 비유 알기이다. 의사소통의 측면에서 비유는 주장을 주장 아닌 것처럼 많은 말을 하지 않고서도 설득시키는 방식이며, 말로 표현하기 힘든 것을 구체적으로 인식할 수 있게 하는 방식으로서 언어의 리얼리티를 확장하는 방식이다. 자신의 생각이나 주장을 써보고 그것을 비유적인 문장으로 표현해보는 활동을 전개할 수 있다. 예를 들어 엄마의 잔소리에 대한 나의 생각과 주장을 담은 글을 쓴다고 가정해보자. 이렇게 장황한 글을 함축적 비유로 바꾸어볼 수 있다.

아침에 눈을 뜨기도 전에 엄마의 잔소리가 들린다. "학교에 늦겠다. 빨리 일어나라." 아침 밥을 먹을 때에는 엄마의 잔소리는 이어진다. "아침에 눈뜨자마자 밥이 먹히겠니? 밥 빨리 먹어라. 학교에 늦겠다." 밥을 먹고 나서도 엄마의 잔소리는 학교에 갈 때까지 이어진다. "얼른 닦아라. 학교에 늦겠다. 책가방은 미리 챙겨놨니? 미리미리 준비해두어야지. 오늘 학원 어디 어디 가야 하는지 알지? 선생님 말씀 잘 듣고……." 엄마의 잔소리는 내 스스로 알아서 할 마음을 꺾어버린다. 어차피 내가 해야 할 일인데 엄마의 말을 듣고 따라하는 것 같다. 엄마의 잔소리를 계속 듣게 되면, 중학생이 되어서도 대학생이 되어서도 아니면 어른이 되어서도 내 스스로 하는 것이 아니라 엄마가 시키는 대로 사는 것처럼 느껴질 것이다. 그럴 수는 없다. 나는 엄마와 진지한 대화를 나누려 한다. 엄마의 잔소리를 줄일 수 있고 나의 행동을 변화시킬 수 있도록.

⇩

엄마의 잔소리는 (　　　　　)이다. 엄마의 잔소리는 나를 (　　　　　)으로 만든다. 잔소리를 듣고 자라면 나는 (　　　　　)이 될 것이다. 나와 엄마의 변화를 위해서 엄마와 진지한 대화를 나누려 한다.

자신의 생각이나 주장을 비유로 바꾸어보는 활동을 통해서 비유가 함축적으로 정서와 의미를 담아내는 설득적인 의사소통 활동이 됨을 알게 된다. 적절한 비유는 논리적인 글보다 더 설득력이 높으며 함축적이다. 자신의 생각이나 주장을 적절한 비유로 바꾸고 효과적인 설득이 되기 위해서는 창의성이 요구된다.

넷째, 단어에서 연상된 것을 활용해서 단어를 새롭게 정의내리는 방법이 있다. '한마디로 표현하면'의 형식으로 단어를 비유적으로 표현하는 방법이다.

• 반가움은 ______________________________ 이다. • 6학년은 ______________________________ 이다.

위 활동은 비유가 세계를 새롭게 인식하고 구성하는 창의적인 사고 활동이라는 것을 알 수 있게 해준다. 각자의 경험에 따른 비유적 표현은 서로의 삶을 이해하는 통로가 될 수 있다. 그러나 경험이 구체적인 진술에 그치면 함축성이 없기 때문에 비유의 효과를 잃을 수도 있다. 일상적인 삶의 경험이 비유가 될 수 있다는 것을 알게 된다. 이런 학습 과정에서 자동화된 개념이나 인식으로 세계를 판단하는 것에서 벗어나 타인의 생각을 이해하고 고정적인 자기의 사고를 비판적으로 사고하며 세계의 다양성을 이해할 수 있게 된다.[47]

다섯째, 낯설게 보기는 일상적으로 평범히 사물을 대하는 것이 아니라 전혀 다르게 보는 방법을 말한다. 낯설게 보기를 위해서는 일차적으로 관찰이 요구된다. 관찰과 상상력이 결합되면 새로운 비유가 형성될 수 있다. 낯설게 보기의 방법을 제시하면 다음과 같다.[48]

47 노철, 『시교육의 방법』, 태학사, 2010.

48 차호일, 『현대시론』, 역락, 2000.

- 사물을 마음속으로 조용히 그려본다.
- 사물을 바라보면서 상상한다.
- 입체적으로 본다.
- 조감해본다.
- 직접 그 사물이 되어본다.
- 그 사물의 형태를 분해해본다.
- 다른 사물과 비교해본다.
- 유사성과 상대적인 것을 생각해본다.
- 사물에 의문을 제시한다.
- 예리한 직관으로 투사해 사물의 특징을 찾아낸다.
- 멈춘 상태에서 보지 말고 움직이는 상태에서 생명력을 붙잡는다.
- 사물의 내면을 투사한다.
- 사물의 고정 관념에 머물러 있지 말고 그 한계의 벽을 부수어버리고 새로운 모습을 찾는다.
- 사물에 끝없는 자유의 날개를 붙여 무한의 세계를 날아본다.

낯설게 보기는 러시아 형식주의자들이 말한 예술의 본질로서 일상 언어와 규범 문법의 파괴, 전통적 율격과 전통적 미적 규범의 파괴에서 발생한다. 그러나 낯설게 하기는 비유를 훈련하는 방법으로서도 유용하게 사용될 수 있다. 모더니즘 시의 몽타주 수법은 이질적인 이미지들을 폭력적으로 결합시킨다. 이것은 같은 시간, 같은 장소에 존재할 수 없는 사물들을 결합시키거나 사물을 원래의 장소에서 추방시키는 기법이다.

비유로 사물 보기 활동은 체험이나 놀이를 통한 창의 · 인성 활동인 '언어 유희 참여하기'나 '모의 놀이하기' 활동의 구성 요소가 된다. 체험이나 놀이를 구성하는 내용이 비유로 사물 보기의 속성을 가지고 있는 경우가 많다. 관용어가 만들어지는 원리 중 하나가 비유이기도 하고, 간판의 이름 정하기 할 때도 비유가 적지 않게 사용된다. '비유로 사물보기'는 '은유적 사고 모형'과 연계해 지도하는 것이 효과적이다. 비유는 '사물', '대상', '현상'을 구태의연하지 않고 창의적으로 지각하고 인식하고 표현하고 소통하려는 창의 본능에 해당하기도 하고 언어적 창의 전략이기도 하다.

3) 상징 만들기

상징(symbol)은 '조립한다', '짜 맞춘다'는 뜻을 가진 그리스어에서 유래한 말로 부호, 증표, 기호라는 뜻을 가지고 있다. 이런 어원의 의미로 보면 상징은 기호로서 다른 어떤 것을 '대신하는' 기능을 수행한다. 상징은 본질상 원관념과 보조관념이 하나의 완전한 결합체가 되어 원관념이 숨고 보조관념만 나타나게 된다. 그러나 원관념인 개념과 보조관념인 이미지가 동시적이고 공존적이어서 두 요소는 분리될 수 없이 일체되어 동일성을 지니게 된다. 상징은 원관념이 숨고 보조관념만 제시되어 있는 것이기 때문에 무엇인가를 감추려고 하는 암시성이 나타난다. 암시성은 다의성으로 연결되는데 상징의 반쯤 드러냄의 속성 때문에 독자마다 상징적 이미지에 대한 반응은 다양해질 수밖에 없다. 상징은 원관념과 보조관념이 일대다의 관계를 이루게 된다.

문학적 상징은 대중적 상징, 원형적 상징, 개인적 상징으로 유형화할 수 있다. 대중적 상징은 사회적 배경, 역사적 배경 또는 문화권, 자연적 배경 아래 타인과 공유할 수 있는 보편적 상징을 사용하는 경우를 말한다. 인습적 상징, 제도적 상징, 자연적 상징, 알레고리적 상징, 문화적 전통의 상징, 종족 문화적 상징이라 부르는 것들은 모두 대중적 상징의 범주에 속한다. 역사, 문학, 종교, 풍습 등에서 수없이 되풀이된 이미지나 화소나 테마의 반복성과 동일성이 원형적 상징의 본질적 속성이다. 원형적 이미지로서 물은 창조의 신비, 탄생, 죽음, 소생, 정화와 속죄, 풍요와 성장의 상징이며 여기에 바다와 강이 포함된다. 원형적 이미지를 갖는 것은 태양, 색채, 원, 바람, 배, 정원, 사막 등 여러 가지이다.[49] 개인적 상징은 한 작품이나 여러 작품에서 자신만의 상징을 창조한다는 측면에서 구별된다.

유사한 개념으로 알레고리가 있다. 알레고리는 인물, 행위, 배경 등이 일차적 의미(표면적 의미)와 이차적 의미(이면적 의미)를 모두 가지도록 고안된 이야기이다. 예를 들어 이문열의 『우리들의 일그러진 영웅』은 시골 학교의 특정 교실에서 일어난 인물 간의 갈등이면서 우리 사회에서 살아가는 사람들의 삶의 단편을 여실하게 그려내고 있다. 한병태가 상징하는 인간상, 엄석대가 상징하는 인간상을 우리 사회의 인물상으로 연장해 생각해볼 수 있다. 문학 작품은 기본적으로 알레고리를 전제로 삼는다. 여기서는 상징 만들기와 관련된 활동

49 김준오, 『시론』, 삼지원, 2010.

을 다루므로 상징과 알레고리를 엄격하게 구분하지 않고 두루 포괄해 진술하고자 한다.

상징은 보조관념만 제시되어 있기 때문에 무엇인가 감추고 있는 암시성이 공존한다. 상징 만들기에서는 반쯤 드러내고 반쯤은 숨겨진 대상을 '유추'하는 능력을 길러줄 수 있다. 또한 상징 만들기 활동을 통해서 대상의 의미를 살려 시각적으로 표현하기도 하는데, 여기서 '시각화 능력'을 함양시킬 수 있다. 알레고리적 기법으로 쓴 소설을 이해함으로써 세상과 삶에 대한 '문제발견'과 '문제해결'을 높일 수 있다. 상징을 창의·인성과 연결시킨 활동은 다음과 같다.

첫째, 대중적 상징을 가지고 있는 단어를 중심으로 단어가 가지는 상징적인 의미를 여러 가지 적어보고 친구들과 비교해보는 활동이다.

어머니______________________________
아기______________________________
십자가______________________________
죽음______________________________
사랑______________________________

위 단어들의 의미에는 공통적인 면도 있고, 다른 점도 있을 것이다. 공통적인 속성이 단어가 가지는 대중적인 의미라면 개인별로 가지는 의미는 상징이 가지는 반쯤 열려진 반응이라 할 수 있다. 이러한 공통적인 속성이 사회적 배경, 역사적 배경 또는 문화권, 자연적 배경 아래 타인과 공유할 수 있는 보편적인 의미임을 깨닫게 된다.

둘째, 색깔이 가지는 상징적인 의미를 토대로 반응하는 방식이다. 작품에 대한 감상을 색깔로 표현하게 하고 왜 그렇게 생각하는지 이유를 말하는 활동이다. 색깔이 가지는 상징적인 의미에서 기인한 창의·인성 활동으로 볼 수 있다. 예를 들어 빨간색은 정열적이고 흥분됨을 표상하며, 위험, 금지, 경고, 마귀, 불을 의미하고, 검은색은 어두움과 침묵, 흡수를 표상하며 마지막, 공포와 죽음을 암시적으로 나타내기도 한다.[50] 이러한 색깔별 속

50 파란색은 상상적이고 희망적임을 의미하고 하늘·바다·소망·여름을 연상시키며, 노란색은 희망적이고 도전적임을 의미하고, 새싹·시작·병아리·봄을 연상시킨다. 보라색은 이상적이고 신비로움을, 초록색은 안정감 있고 평화로움을, 흰색은 밝고 깨끗함, 반사의 의미를 담고 있다. 보라색은 신비·보석·고귀함을, 초록색은 평화·안전·가을을, 흰

성에 기인해 표현 방식을 상징화하는 것이라 하겠다. 문학 작품의 분위기나 문학 작품을 읽고 난 후 자신의 감정이나 마음을 색깔이 가지는 상징과 연결시켜 표현해보는 방식이라 하겠다.

셋째, 가족, 교실, 학교에서 일어난 사건을 중심으로 동물 우화를 창작하는 방법이 있다. 우화나 비유담은 알레고리의 대표적인 예로서 두 가지 수준에서 읽히고 이해되며 해석될 수 있는 이야기이다. 이러한 점에서 동물 우화는 동물 세계의 이야기이지만, 이차적 의미는 인간 세계를 빗대어 말하는 이중 구조를 가지고 있으므로 알레고리의 한 종류가 된다.[51] 동물 이야기는 초등학생에게 친숙한 이야기 형태이므로 이야기 창작으로 연결하기 쉽다. 우리 가족 이야기, 우리 반에서 일어난 에피소드, 우리 학교의 사건 등을 우화로 만들어보는 활동이다. 이 활동을 위해서는 동물에 대한 상징적 의미 설정이 전제되어야 한다. 개, 고양이, 호랑이, 돼지, 뱀, 지렁이, 까마귀 같은 동물을 사람에게 적용한다면 어떤 성격의 사람을 나타낼 수 있을지 사전에 생각해보게 된다. 동물 우화를 만들려면 동물 캐릭터의 특성이 잘 드러나야 하기 때문이다. 인물을 동물로 바꾸었다면 인간 세계에서 일어난 사건을 동물 세계의 사건으로 바꾸어보는 것이 필요하다. 동물들 간의 갈등으로 바꾸되, 인간 세계에서 일어난 사건으로 알레고리 될 수 있도록 구성하는 것이 필요하다.

넷째, 유래담이나 기원 신화 만들기 활동이 있다. 많은 신화가 우주적인 현상과 그 힘을 알레고리의 형태로 설명하고 있다. 천지 창조에 대해 나라별로 다른 신화를 만들어냈듯이 기원 신화나 유래담 역시 알레고리이면서 원형적 상징이 될 수 있다. 바닷물이 짠 이유를 『신기한 맷돌』[52] 같은 옛이야기로 만들어보는 활동이다. 함께 해볼 수 있는 예는 다음과 같다. 이러한 질문에 과학적 상식으로 대답하기보다는 알레고리 중심의 이야기로 만드는 데 주안점을 두도록 한다.

- 무지개는 왜 뜨고, 무지개의 색깔은 왜 스펙트럼처럼 다양하게 나타나는가?
- 지구는 어떻게 생겨나게 되었을까?

색은 병원·청결·순결·겨울과 같은 단어를 연상시킨다.

51 한용환, 『소설학 사전』, 고려원, 1992, 295쪽.

52 도둑이 '신기한 맷돌'을 훔쳐서 배에 싣고 가다가 '소금 나와라'라는 소원을 외쳤다. 신기한 맷돌에서 계속 소금이 나와서 결국 배가 가라앉고 신기한 맷돌이 바다 밑에 가라앉게 되어 지금도 계속 소금을 만들고 있다는 이야기이다.

- 하늘은 왜 파랄까?
- 번개는 왜 칠까?
- 가을에 단풍이 드는 까닭은 무엇인가?
- 인간은 어떻게 생겨났을까?

다섯째, 시각적 상징 만들기 활동이다. 우리나라를 대표하는 태극기는 시각적 상징물이다. 태극기의 바탕색인 흰색은 영토를, 중간에 있는 태극 문양은 국민을 나타내며, 태극의 빨강은 존귀와 양, 파랑은 희망과 음을 상징한다. 건이감곤(乾離坎坤)[53]은 만물의 근원, 계절, 방향, 덕목 등을 상징한다. 태극기와 같이 우리 반, 우리 조를 대표하는 시각적 상징물을 만들고 상징물에 담긴 의미를 써보는 활동이 있다. 우리 반 깃발, 우리 조 깃발이 될 수 있다. 우리 반 생활 규칙을 상징화할 수 있는 아이콘 만들기를 할 수 있다. '복도에서 뛰지 않기', '선생님이 말씀하시는 중간에 끼어들지 않기', '수업시간에 떠들지 않기', '친구들 물건 함부로 만지지 않기'처럼 우리 반 친구들이 지켜야 할 생활 규칙을 만들고 이 생활 규칙을 아이콘 형태로 만들어 표현해보는 것이다. 압축한 아이콘 속에는 생활 규칙 내용이 포함되어야 한다. 나의 마음을 나타내는 아이콘 만들기 활동도 할 수 있다. 초등학생의 마음 표지판이라 해서 복잡다단한 마음을 시각적 상징의 형태로 표현하고 그 의미를 써보는 활동이다.

상징 만들기 활동은 '비유로 사물 보기'와 속성이나 방법 면에서 유사한 점이 많다. 원관념을 드러내느냐 숨기느냐의 차이에 따라서 구별될 수 있기 때문에 비유로 사물 보기 활동과 유기적 관련을 갖는다. 역사적 사건을 알레고리 방식으로 창작하는 것은 '역사적 상상력 기르기'와 유사한 관련성을 갖는다. 또한 상징 만들기 활동은 언어가 가지는 관습이나 문화에 민감해야 하므로 '생활 속 표현 문화 공유하기' 활동이나 '관용어 속의 문화 읽기' 활동과도 연계된다. 상징 만들기는 은유적 사고 모형과 연계해 지도하는 것이 효과적인데 본격적인 은유를 설정하기 이전에 여러 방법으로 선정한 사물, 대상, 현상을 표현하는 단계에서 상징 만들기의 활동이 관여할 수 있다. 다시 말하면 대상을 직설적으로 표상하는 단계에서 직설적인 언어, 영상, 아이콘의 방법을 활용할 수 있다.

53 건(좌측 위): 하늘 · 봄 · 어진 것 · 동쪽, 이(좌측 아래): 태양 · 가을 · 예의 · 남쪽, 감(우측 위): 달 · 겨울 · 지혜 · 북쪽, 곤(우측 아래): 땅 · 여름 · 의로움 · 서쪽을 나타낸다.

4) 패러디하기

패러디는 텍스트 재창조의 대표적인 방법으로 차이를 두고 원작 텍스트를 반복하는 것이다.[54] 즉, 텍스트의 내용이나 형식과 관련되면서 새로운 시각으로 새로운 텍스트를 창조해내는 것이다. 패러디를 통해 서사 표현 주체인 학습자는 자신의 의도에 따라 텍스트에 개입해 새로운 텍스트를 생산한다.[55] 따라서 패러디하기는 텍스트의 이해와 감성을 바탕으로 한 텍스트와의 대화적 의사소통의 결과이자 학습자의 능동적인 표현 활동이라 할 수 있다.

사회적으로 공인받은 선행 텍스트를 바탕으로 한 패러디 텍스트는 선행 텍스트와 분명한 연관관계를 지녀야 한다. 패러디 텍스트는 선행 텍스트의 의미 체계와는 다른 텍스트를 생산하고자 하는 욕망을 기본 전략으로 삼기 때문이다. 대중에게 알려지지 않은 작품을 패러디한다면 의미의 다층성 속에서 자신의 생각을 펼치려는 작가의 욕망이 충족되기 어려울 것이다.[56] 다음은 우리에게 익숙한 김춘수의 「꽃」과 그것을 패러디한 작품이다.

꽃

- 김춘수

내가 그의 이름을 불러주기 전에는
그는 다만
하나의 몸짓에 지나지 않았다.

내가 그의 이름을 불러주었을 때,
그는 나에게로 와서
꽃이 되었다.

54 Linda Hutcheon, 김상구 · 윤여복 역, 『패러디 이론』, 문예출판사, 1998, 54-56쪽.
55 Wayne C. Booth, 최상규 역, 『소설의 수사학』, 예림기획, 1998, 335-336쪽.
56 이인화, 「패러디 기법을 활용한 서사 표현 교육 연구」, 서울대학교 석사학위논문, 2008.

내가 그의 이름을 불러준 것처럼
나의 이 빛깔과 향기(香氣)에 알맞은
누가 나의 이름을 불러다오.
그에게로 가서 나도
그의 꽃이 되고 싶다.

우리들은 모두
무엇이 되고 싶다.
너는 나에게 나는 너에게
잊혀지지 않는 하나의 눈짓이 되고 싶다.

라디오와 같이 사랑을 끄고 켤 수 있다면

- 장정일

내가 단추를 눌러주기 전에는
그는 다만
하나의 라디오에 지나지 않았다.

내가 그의 단추를 눌러주었을 때
그는 나에게로 와서
전파가 되었다.

내가 그의 단추를 눌러 준 것처럼
누가 와서 나의
굳어버린 핏줄기와 황량한 가슴 속
버튼을 눌러다오.
그에게로 가서 나도

그의 전파가 되고 싶다.
우리들은 모두
사랑이 되고 싶다.
끄고 싶을 때 끄고 켜고 싶을 때 켤 라디오가 되고 싶다.

꽃의 패러디

- 오규원

내가 그의 이름을 불러주기 전에는
그는 다만
왜곡될 순간을 기다리는
기다림
그것에 지나지 않았다.

내가 그의 이름을 불렀을 때
그는 곧 나에게로 와서
내가 부른 이름대로 모습을 바꾸었다.

내가 그의 이름을 불렀을 때
그는 곧 나에게로 와서
풀, 꽃, 시멘트, 길, 담배꽁초, 아스피린, 아달린이 아닌
금잔화, 작약, 포인세치아, 개밥풀, 인동, 황국 등등의
보통명사가 수명사가 아닌
의미의 틀을 만들었다.

우리들은 모두
명명하고 싶어했다.

너는 나에게 나는 너에게.
그리고 그는 그대로 의미의 틀이 완성되면
다시 다른 모습이 될 그 순간 그리고 기다림 그것이 되었다.

장정일은 원작의 '꽃'의 의미를 뒤집어 현대 사회의 인스턴트식 사랑을 나타내고 있으며, 오규원은 현대 사회의 풍속도를 제시하고 있다. 즉, 타인과의 지속적이고 친밀한 관계를 원하지 않는 메마른 태도로 나타나며, 자신이 내킬 때는 애정을 나누다가도 마음이 바뀌면 상대가 곧 사라져주기를 바라는 이기적인 태도로 그려져 있다. 이와 같이 선행 텍스트와 패러디 텍스트는 비판적 대화 관계를 유지하면서 새로운 의미를 파생시키고 있다.

패러디하기는 선행 텍스트와 패러디 텍스트의 연관관계를 근간으로 삼아야 하므로 시적 발상의 핵심이라고 할 수 있는 '은유적 사고'가 바탕이 된다. 패러디 중에는 현실에 대한 비판이나 풍자가 많은데 이런 경우 '비판적 사고'와 연관되기도 한다. 패러디하기는 선행 텍스트의 작가의 아이디어를 자유롭게 수용한다는 점에서 '자율성'을 길러줄 수 있다.

패러디는 기원전 7, 8세기의 그리스에서 기원했으며 문학의 영역에서 행해지는 경우가 대부분이었다. 그러나 오늘날에는 미술, 영화, 건축 등 다양한 영역에서 자주 사용되고 있다. 문화 전반에 걸쳐 광범위하게 실현되고 있는 패러디는 특정 대상의 고유성보다는 주체의 의도와 목적에 주의를 기울이며 새로운 의미를 생산한다. 여기서는 시, 시조, 속담, 포스터, 광고 텍스트를 중심으로 구체적인 활동을 살펴보자.

첫째, 시와 시조는 패러디할 텍스트로 자주 활용된다. 시의 형태만을 좇아 외형적인 것만 바꿀 것이 아니라 시인이 시를 쓴 정서와 동기를 파악한 후 어떤 점을 부각시켜 패러디할 것인지 고려해야 한다. 자신의 생활 경험이나 대상에 대한 자신의 생각을 토대로 패러디할 수 있다. 이는 교과서 학습 활동으로도 제시되는 내용이다. 다음은 황진이의 시조 「동지ㅅ달 기나긴 밤을」을 학생의 생활 속 경험을 토대로 패러디한 것이다.

동지ㅅ달 기나긴 밤을 한 허리를 버혀 내어,
춘풍 니불 아래 서리서리 너헛다가
어론님 오신 밤이여든 구뷔구뷔 펴리라.
– 황진이

늦봄 기나긴 잠시간 한 허리를 버혀 내어,
책상 서랍 아래 서리서리 너혓다가
시험님 오실 전야여든 구뷔구뷔 펴리라.

– 고등학생

황진이 시조가 가진 정서를 고등학생이 이해하기에는 다소 무리가 있다. 다만 시간의 흐름에 대한 아쉬움을 자신의 경험과 관련짓고 있다. 시험 전날 시간이 없음을 아쉬워하는 마음이 솔직하게 드러난 작품이다.[57]

둘째, 속담으로 패러디하는 활동을 구안할 수 있다. 속담 패러디는 속담 사용자가 주어진 언어 환경에서 새롭게 효과적인 표현이 되도록 기존의 속담 형식을 모방하거나 형태나 주제의 변화를 꾀하거나 비판하고 풍자하는 적극적인 언어 행위라고 볼 수 있다.[58] 속담 패러디의 구체적인 활동을 제시하면 다음과 같다. 속담 패러디 활동의 초점은 속담의 언어 사용에 초점을 맞춰 학습자들이 일상생활에서 표현 효과를 높일 수 있도록 속담을 적절하게 변형시켜 사용할 수 있는 능력을 기르기 위한 것이다.

1. 두 대상의 관계에 주목해서 패러디하기
   미운 놈 떡 하나 더 준다.→ ______________________ 하나 더 준다.
   낙타가 바늘구멍에 들어가기→ __________가 __________에 들어가기
   우물에 가 숭늉 찾는다. → __________에 가 __________찾는다.
2. 낯설게 느껴지는 말을 낯익은 말로 바꾸어 패러디하기
   게으른 선비 책장 넘기기→ ______________________________
   짚신도 짝이 있다. → ______________________________
3. 기존의 속담 부정해 패러디하기
   암탉이 울면 집안이 망한다.→예) 암탉이 울면 알을 낳는다.
   아는 길도 물어가라.→예) 아는 길은 걸어가고 모르는 길은 택시 타라.
4. 소극적인 삶의 태도를 적극적인 의지가 담긴 속담으로 패러디하기

57 이은진, 「고전시가 교육에서의 패러디 활용 방안」, 인천대학교 석사학위논문, 2009.
58 하동준, 「속담 패러디를 활용한 국어 표현 능력 신장 방안 연구」, 인천교육대학교 석사학위논문, 2002.

돌다리도 두드려 보고 건넌다. → ______________________

굿이나 보고 떡이나 먹어라.→ ______________________

5. 여성의 인식을 새롭게 해 패러디하기

딸자식은 도둑이다.→ ______________________

여자와 참새는 모일수록 시끄럽다.→ __________사랑__________

셋째, 영화 포스터 패러디하기 활동도 구안해볼 수 있다. 다음은 석포중학교의 미술 수업 사례[59]로서 저탄소 녹색 교육을 주제로 영화 포스터를 패러디한 수업이다. 초보 수준의 포토샵 기술을 습득한 후 패러디한 작품이라 할 수 있다. 영화 〈7광구〉에 나오는 인물을 학생 주변의 인물로 바꾸고, 에너지 절약과 관련한 문구들을 영화 광고 형식처럼 싣고 있다. 영화의 소재가 '지켜야 할 지구'로 패러디된 것이다.

이 활동은 기업의 이미지 광고에도 적용될 수 있다. 삼천리 자전거 광고에서는 '자전거 타는 즐거움'이라는 메시지를 표현하기 위해 자전거를 연상시키는 바퀴 두 개를 제시하고 이를 이미지로 표현했다. 다양한 즐거움을 나타낼 수 있는 형용사를 앞에 붙여서 '짜

59 http://blog.naver.com/picasoday

럿한 즐거움!', '바람 타는 즐거움!'으로 표현하고 있다.[60] 광고는 이미지를 심어주어야 하기 때문에 이와 유사한 패턴의 광고를 제작하게 된다. 그러면 이 패턴을 패러디해 표현할 수 있는 광고를 제작해보도록 하는 것이다. 유사한 패턴을 보이는 광고 소재를 이와 같이 활용할 수 있다.

패러디하기 활동을 서사 텍스트 층위에서 적용하면 서술 시점의 변환, 인물과 배경의 재기능화, 문체의 변용으로 나타나는데, 이는 '내러티브 재구성하기'나 '인물 살려내기'가 된다. 이 책에서는 창의·인성 활동에 중점을 두어 패러디하기를 협소하게 접근했으나 교육 실천에서는 '내러티브 재구성하기'나 '인물 살려내기'가 '패러디하기' 활동과 분리될 수 없을 것이다. 따라서 '패러디하기' 활동은 다양한 창작을 통한 창의·인성 활동과 함께 '창작 모형'의 주요 활동으로 자리매김할 수 있을 것이다. 패러디하기 활동은 학습자에게 텍스트를 감상하는 방법을 내면화하게 할 뿐만 아니라 장르의 규칙을 습득시키고 자신의 사고와 경험 세계를 글로 표현함으로써 풍부한 언어생활을 경험하게 한다.

5) 내러티브 재구성하기

내러티브는 부단히 재생산된다. 문학 텍스트가 경전이 아닌 이상 인간의 구체적인 삶 외부에 영구적인 보편적 가치를 지닌 것으로 존재할 수 없다. 텍스트의 진리치는 인간 상황의 역사적 변화와 다양하게 관련되어 있으며, 고전 텍스트는 어쩔 수 없이 그것을 수용하는 당대의 기대 지평 안에서 잠정적이고 미확정적인 것으로 해석된다. 따라서 문학 텍스트는 무의식적이긴 하지만 그것을 읽는 사회에 의해 다시 쓰여진다고 할 수 있다.[61] 대표적인 고전으로 꼽히는 『춘향전』을 살펴보아도 그렇다. 춘향과 이도령의 사랑 이야기로 요약되는 『춘향전』의 이본은 대단히 많다. 설화에서 판소리, 소설에 이르기까지 80여 편에 이르는 이본이 현존하고 있을 뿐만 아니라 현대에 이르러서도 계속 개작이 이루어지고 있다. 매체의 발달에 따라 영화, 연극, 뮤지컬 등으로 새로운 이본이 형상화되기도 한다. 이처

60 차유철·김병희·이희복, 『생각창고, 광고로 배우는 창의 학습』, 대교출판, 2010, 151쪽.
61 황혜진, 『춘향전의 수용문화』, 월인, 2007, 15-16쪽

럼 내러티브 재구성하기는 '문학 현상'이기도 하고 문학의 존재 방식이기도 하다.

내러티브 재구성하기는 현실적인 요구나 필요에 따라 이루어지기도 한다. 다른 교과 학습에 활용하려면 내러티브의 어느 장면을 독립시키거나 이야기를 요약하기도 하며, 때로는 원래의 이야기를 변형해 사용하기도 한다. 최근 어린이 지식이나 교양 도서가 내러티브화되는 경향을 보이는데 이때 기존의 이야기를 바탕으로 지식을 전달하는 데 초점을 둔다. 이와 같이 이야기를 다른 목적으로 도입하거나 활용할 때 내러티브 재구성하기가 발생할 수밖에 없다.

내러티브 재구성하기 활동은 문학 작품을 다른 방식으로, 다시 말하면 등장인물을 평가하고 새로운 결말을 구성한다는 점에서 '상상력'을 근간으로 한다. 내러티브를 재구성할 요소를 찾기 위해서는 새로운 문제를 발견할 수 있는 '문제발견'을, 재구성한 내러티브가 한 편의 이야기로서 완결을 가지기 위해서는 '논리 · 분석적 사고'를 요한다. 이야기의 독창성이나 흥미만을 추구해 내러티브를 재구성하면 서사성이 파괴되며 엽기적으로 흐를 가능성이 크기 때문이다. 또한 내러티브를 재구성한다는 것은 기존의 해석 틀에 얽매이지 않는다는 점에서 '독창성'을 기를 수 있다.

내러티브 재구성하기 활동을 세 가지로 유형화할 수 있다. 이야기의 내용을 살리되 이야기를 요약하거나 발췌하는 형태, 이야기의 내용과 구조의 일부분을 바꾸는 형태, 이야기와 다른 이야기를 섞어서 새로운 이야기를 만드는 형태이다. 이 중에서 이야기의 내용과 구조의 일부분을 바꾸는 형태는 이야기 구성 요소를 기반으로 한 재구성 활동으로 인물의 성격과 갈등, 플롯과 사건, 이야기의 서술자와 시점을 중심으로 살펴볼 수 있다. 내러티브 재구성하기의 구체적인 활동을 살펴보면 다음과 같다.

첫째, 이야기 발췌하기와 이야기 요약하기를 기반으로 한 재구성 활동이다. 긴 장편소설이 어린이를 위한 동화로 쉽게 서술되기도 하고 유아를 위한 그림책으로도 만들어지기도 한다. 원작을 다른 목적으로 재구성한 것이다. 내러티브 재구성 능력이 부족하면 재구성된 이야기는 어딘지 모르게 어색하고 감동이 반감된다. 수업 시간에 이루어지는 줄거리 요약하기나 마음에 드는 부분 뽑기 활동으로만 제시할 것이 아니라 재구성의 목적과 독자를 함께 제시하는 것이 좋다. 이 활동은 구체적인 활동물 형태로 제작되거나 작품화될 때 창의 · 인성 활동으로 성공할 수 있다. 구체적인 활동 사례를 제시하면 다음과 같다.

- 문학 작품의 일부분을 발췌해 넣는 방식으로 문학 시리즈 엽서를 제작하려 한다. 문학 작품 중에 어떤 부분을 발췌해 넣으면 좋을지 선택하고, 그 부분을 넣은 이유를 써보자. 그리고 엽서를 제작해보자.
- 출판사 홈페이지에 책 소개 코너를 제작하려 한다. 책 소개 코너에 넣을 수 있도록 자기가 감동 깊게 읽은 장편 동화를 한 페이지 분량으로 요약해서 써보자. 단, 이야기의 전편 내용을 고루 포함하고 있어야 한다.
- 감동 깊게 읽은 장편 동화를 유치원생이 읽는 그림 동화책으로 만들려고 한다. 그림 동화책에 들어갈 내용을 써보자.

둘째, 인물의 성격과 갈등을 중심으로 이야기를 재구성하는 활동이다. 우선 등장인물을 반대로 평가해 이야기를 재구성하는 방법이다.[62] 작품에 등장하는 인물을 모두 나열하고 인물의 구조도를 만들어 인물을 분류한다. 특히 인물 사이의 갈등 관계에 주목해 긍정적 인물과 부정적 인물로 분류한다. 인물에 대한 긍정과 부정 평가를 한 후에 긍정적 인물은 부정적 인물로, 부정적 인물은 긍정적 인물로 정반대의 결론을 내리게 한다. 다시 말하면 악역을 옹호해 긍정적 인물로, 긍정적 인물에는 꼬투리를 잡아서 부정적 인물로 부각되도록 재구성하는 활동이다. 이런 결론을 뒷받침할 수 있는 실마리를 이야기 속에서 찾아야 이야기의 개연성이 살아날 수 있다.

새로운 보조 인물을 추가해 이야기를 재구성하는 활동도 있다. 사건 전개의 결정적인 순간에 새로운 인물을 창조해 추가한다. 이때 추가한 인물에 대한 신상 명세 만들기와 성격 구성하기를 한 후 원래의 이야기에 투입시키도록 지도한다. 새로운 인물은 주동 인물과 반동 인물에게 영향을 미치게 되며, 그 결과 이야기를 새롭게 재구성할 수 있다. 긍정적 인물과 부정적 인물을 반대로 평가하여 재구성하기와 여기에 더하여 새로운 보조 인물을 추가해 이야기를 재구성할 수 있다.

셋째, 플롯과 사건을 중심으로 이야기를 재구성하는 활동이다. 이야기는 시간의 순서에 따라 이루어지기도 하지만 서사의 극적 효과를 높이기 위해 사건의 구조를 재배열하기도 한다. 플롯 구성을 어떻게 하느냐에 따라 밋밋한 이야기에 재미를 더할 수 있다. 결말의

62 나라말마중물교과연구회, 『고등학교 국어과 창의·인성 수업 지도안 개발』, 2011.

일부분에서 시작해서 회상하는 방식으로 구성하거나 사건의 일부분을 조합하는 방식으로 구성할 수도 있다.

예를 들면 이야기의 특정 사건을 바꾼 후 뒷이야기를 재구성하는 활동이다. 이야기를 사건의 흐름에 따라 정리한 후 전개 부분의 특정 사건을 선택한 후 사건을 바꾼다. 사건을 바꾸면 뒤에 일어나는 이야기가 바뀌게 된다. 또는 본래의 결말과 다른 결말을 맺도록 재구성하는 활동이다. 작품에서 주어진 결말 이외에 다른 결말은 없을지 구성해보고, 다른 결말을 이끌어낼 수 있는 이야기 연결고리를 만든다. 이야기가 단절된 느낌이 들지 않고 그럴듯하게 연결될 수 있도록 한다. 하나의 이야기에서 파생할 수 있는 다양한 결말 방식을 비교해보고 그럴 듯하게 구성된 이야기를 선택하는 과정을 거친다. 또는 그 후 이야기 쓰기 활동을 할 수 있다. 이야기가 끝난 후 무슨 일이 또 벌어졌을지 상상해보는 활동도 가능하다. 다시 말하면 이야기를 연장해 뒷이야기를 쓰는 활동도 가능하다. 안데르센의 『인어 공주』를 토대로 구체적인 활동 방안을 제시하면 다음과 같다.

- 플롯 바꾸기: 인어 공주가 물거품이 되는 부분이 처음 부분에 제시되고 이야기가 전개되도록 이야기를 재구성해보자.
- 특정 사건 바꾸어 재구성하기: 인어 공주가 파도 속에서 왕자님을 구해주고 당당하게 자신의 모습을 드러냈다면 어떤 일이 벌어졌을지 써보자.
- 본래의 결말과 다른 결말 맺기: 인어 공주가 바다의 물거품으로 사라지지 않는 다양한 결말 써보기. 예를 들어 디즈니 애니메이션 〈인어 공주〉에서는 왕자가 자신을 구해준 사람이 인어 공주라는 사실을 알고 결국 마녀를 물리치고 둘의 사랑을 안 인어 공주의 아버지가 인어 공주를 사람으로 만들어주게 된다. 이처럼 다른 결말 방식이 되도록 이야기를 재구성해보자.
- 그 후 이야기 쓰기: 안데르센의 『인어 공주』에서 인어 공주는 마녀의 칼로 왕자를 죽이고 그 피를 다리에 바르면 다시 인어가 될 수 있었지만 왕자를 해치지 못하고 바다의 물거품으로 사라진다. 그 후 어떤 일이 일어났을지 써보자.

넷째, 서술 시각을 바꾸어 거꾸로 보기를 통해 재구성하는 방법이다. 『백설 공주』 이야기를 백설 공주의 시각이 아닌 왕비의 시각에서 서술한다면? 『흥부와 놀부』를 놀부의 시각에서 흥부에 대한 이야기를 서술한다면? 서술 시각을 바꾸어 악역의 관점에서 또는 제3자의 관점에서 이야기를 바라보면 사건이 가지는 의미와 해석은 다르게 될 것이다. '거꾸로 보기' 방식으로 새롭게 쓴 동화로 존 셰스카의 『늑대가 들려주는 아기 돼지 삼형제』가 있다. 이 책은 늑대의 관점에서 우리에게 익숙한 제이콥스의 『아기 돼지 삼형제』 이야기를 비틀어 놓으면서 '진실과 거짓'이라는 새로운 화두를 제시하고 있다. 늑대에 입장에서 '아기 돼지 삼형제'를 바라보면 새로운 이야기가 구성되는 것이다. 이처럼 서술 시각을 바꾸는 거꾸로 보기를 통해 이야기를 재구성할 수 있다. 특히 우리 옛이야기, 이솝 우화, 외국 동화처럼 익숙한 텍스트를 활용하는 것이 보다 효과적이다.

다섯째, 텍스트의 상호성을 살려 이야기를 재구성하는 방법이다. 엄밀한 의미에서는 어떤 텍스트든 그 자체로 고유한 특성을 지닐 수 없다. 텍스트는 다른 텍스트를 흡수하며 생산 과정에서 다른 텍스트들을 전이시키거나 변형시킨다.[63] 텍스트 간의 상호 연관성은 내러티브 재구성에서 유용하게 활용될 수 있다. 예를 들면 「토끼와 거북」은 인물 간의 유사성 면에서 『별주부전』과 결합되어 이야기를 재구성할 수 있다. 또는 '똥'이라는 소재의 유사성을 토대로 권정생의 『강아지똥』과 베르트 홀츠바르트의 『누가 내 머리에 똥 쌌어?』, 조혜란의 『똥벼락』, 이춘희의 『똥떡』에서 새로운 이야기를 재구성할 수 있다. 텍스트의 상호성을 살려 이야기를 재구성하기 위해서는 풍부한 독서 경험이 필요하며 관련 있는 텍스트끼리 연결하는 능력이 필요하다. 어떤 이야기를 결합할 것인지, 이야기 중에 어떤 부분을 서로 연결해 개연성이 있는 이야기로 구성할 것인지는 창의·인성이 요구되는 부분이다.

내러티브 재구성하기는 문학 현상이기도 하고 문학의 존재 방식이기도 하다. 새로운 관점에서 인물을 비틀어보기도 하고, 개연성을 살려 다른 결말을 맺게 하고, 관련 없는 이야기를 서로 연결해 새로운 이야기를 만들어내는 창의·인성 활동이기도 하다. 인물을 다른 관점에서 서술하는 활동을 할 경우 '인물 살려내기' 활동과 연계되며 거꾸로 보기 활동은 '패러디하기' 활동의 속성과 유사하다. 이 활동은 이야기를 재구성해서 새로운 이야기를 만들어본다는 점에서 '창작 모형'의 하위 단계 활동이 될 수 있으며, 인물의 성격을 비틀어서 새로운 해석을 해본다는 점에서 '해석 교환 모형'의 해석 과정에서 사용될 수 있다. 특히 이야기 해석에 대한 교환 및 절충 단계에서 주관적 해석 방법 중 하나가 된다. 내러티브 재구성하기는 다른 창의·인성 활동이나 모형과의 상호성이 높은 활동 중 하나이다.

63 S. J. 슈미트, 차봉희 역, 『구성주의 문예학』, 민음사, 1995, 71쪽.

6) 역사적 상상력 기르기

역사적 상상력은 어떤 사실을 두고 시간적으로 거슬러 올라가 당대의 시각과 상황에서 이해하는 정신작용을 뜻한다. 역사적 소재를 바탕으로 문학적으로 형상화되어 있는 세계를 경험하면서 학습자는 다른 시대의 다른 공간에 사는 사람들과 만나게 된다. 이야기에 몰입하면서 '그 시대에 태어났다면 어땠을까', '나라면 어떻게 했을까' 등의 질문을 던져보면서 역사적 상상력을 확장할 수 있다. 내러티브를 통해서 인과관계와 역사적 맥락을 이해할 수 있고, 이를 바탕으로 역사적인 배경을 바탕으로 한 다양한 상상이 가능하다. 그러나 상상적 재구성을 통해 역사를 이해할 때 합리적인 증거에 바탕을 둔 해석이 보장되는 것은 아니다. 공상적 꾸밈에 그치는 경우도 발견할 수 있다.[64] 이 경우 사실과 개념을 혼동해 비현실적인 꾸밈으로 역사사실을 뒤섞어버릴 우려가 있다. 그러나 정보를 조직하고 상상과 감정이입을 유도하는 데는 효과적이며 서로 다른 입장에 처한 여러 인물들의 다른 이야기를 제시함으로써 폭넓은 역사의식을 갖게 하는 데도 효과적이다.

역사적 상상력 기르기 활동은 '상상력'을 바탕으로 한다. 시간적으로 거슬러 올라간다는 것은 '지금 여기'(now and here)가 아니라는 점에서 상상 작용이라 할 수 있다. 어떤 사실에 대해 당대의 시간과 상황을 조건으로 삼아 이해하려면 '유추'해야 한다. 시간과 공간에 맞게 인과성을 파악해 구성하고 이해해야 하기 때문이다. 역사적 상상력 기르기 활동은 역사적 대상이나 현실에 대한 정당한 인정을 바탕으로 해야 한다. 다시 말하면 역사적 대상이나 현실을 의미 있는 타자로 상정해야 한다. 그렇다면 인간과 인간의 연계성, 자연과 인간의 연속성, 타자에 대한 이해와 타자의 입장에서 상황을 이해하는 '다양성'을 받아들이게 된다.

역사책을 창의적으로 읽는 것은 과거 사실에 대해 역사적 상상력을 발휘하는 것이 된다. 사육신과 세조의 관계를 당시 상황과 연관해 이해하고 설명한다면 역사적 상상력을 발휘하는 것이다. 역사 학습을 하면서 역사적 인물을 당대의 시대와 관련지어 해석하거나 평가하는 것도 역사적 상상력과 관련된다. 역사적 상상력은 역사적 사실에 대한 인지적 정보와 예술적 상상력을 통합하는 방식으로 발현되기도 한다. 김훈의 소설 『칼의 노래』는 임

64 양호환, 「내러티브와 역사인식」, 『내러티브』, 한국서사학회, 2010.

진왜란과 이순신이라는 사실적 정보를 바탕으로 소설적 형상화를 도모해 성공한 사례이다. TV를 통해 방영되는 사극의 대부분은 역사적 상상력을 바탕으로 구성된 것이 많다. 역사적 상상력이 시간적으로 미래를 향할 수도 있다. 미래의 나의 모습을 그려본다면 그때의 상황과 삶의 조건 등을 따져보아야 할 것인데, 이 또한 역사적 상상력을 요하는 부분이다. 위 내용을 중심으로 역사적 상상력 기르기의 구체적인 활동을 살펴보면 다음과 같다.

첫째, 기본적인 활동으로 역사적 인물을 주인공으로 한 허구 서사 쓰기가 있다. 이야기한다는 것은 도덕적 판단이 가정적인 방식으로 실행되는 사유 경험들을 위한 상상적 공간을 펼쳐내는 것이다.[65] 따라서 상상적 공간에 역사적 인물을 현동화시켜보는 것은 곧 역사적 인물의 행동에 대한 판단을 가능하게 한다. 또한 인물의 행적에 대한 이해를 바탕으로 허구 서사를 쓰게 되므로 역사적 사실에 대한 이해와 더불어 인물의 심리에 더욱 깊이 공감하게 한다.

이 활동은 다양한 방법으로 구체화될 수 있다. 예를 들어 역사적으로 의미가 있는 특정 사건을 전후로 역사 속 인물이 되어 일기를 써보는 활동이다. 이순신 장군이 백의종군하던 날에 일기를 썼다면 무슨 내용으로 썼을지 상상해보는 것이다. 이 경우 역사적 인물의 마음에만 초점을 맞추지 말고 전체적인 사건의 전말이 드러나게 쓰는 것이 필요하다. '유서 쓰기'도 역사적 상황을 잘 드러내고 역사적 인물의 가치를 드러낼 수 있는 방법이다. 안중근이 하얼빈에 온 이토 히로부미를 사살하기 전날, 유서를 썼다면 어떤 내용으로 썼을지 상상해보게 한다. 자신의 죽음을 앞세워 독립운동을 했거나 역사적 전투를 벌였던 인물은 유서 쓰기를 할 수 있다. 역사는 인물의 갈등과 화합의 과정이라고 볼 수 있다. 역사적 인물이 갈등을 빚고 있는 인물 또는 화합해야 하는 인물에게 특정 사건과 관련해 보내는 '편지 쓰기' 형태 또한 역사적 상상력을 발휘해야 한다.

둘째, 역사 속 인물 다큐멘터리를 위한 스토리보드를 만드는 활동을 할 수 있다. 특정 시대에 이름 없이 살다간 인물을 가상으로 만들고, 이 인물이 바라보는 역사적 상상력을 그려보는 활동이다. 내레이션을 통해 학습자가 가진 역사에 대한 가치 평가를 드러낼 수 있다. 역사에서 소외되고 감추어져 있는 인물을 구체적으로 설정하고, 이 인물이 경험한 역사적 사건을 바탕으로 스토리보드를 작성한다. 작성한 스토리보드를 중심으로 내레이

65 폴 리쾨르, 김웅권 역, 『타자로서 자기 자신』, 동문선, 2006, 230쪽.

션 대본을 쓴다. 다음은 삼국시대인 4~5세기 한강 근처에 살았던 평민의 일화를 인물 다큐멘터리 형식으로 구성한 사례이다.

> 조용한 아침에 일어난 걸걸오중씨. 아침을 대충 먹고 농사를 하는데 시끄러운 소리가 들립니다. 농사짓던 걸걸오중씨는 성으로 뛰어가서는 검을 챙기고서 급히 전쟁터로 향합니다. 화살과 창이 날아가고 있습니다. 걸걸오중씨에게 물어보았다. "왜 싸우고 계십니까?", 걸걸오중씨는 "백제 한강을 빼앗으려고요." 앞에서 군사를 이끄는 광개토대왕의 모습이 보인다. 고구려 병사들은 훈련이 잘되었고 드디어 한강을 점령했다. 며칠 후 고구려 사람들은 성을 수리하고 다시 훈련을 받았다. 걸걸오중씨는 다시 농사를 하러 가도 좋다는 허락을 받았다. 한강을 얻게 되었다고 걸걸오중씨에게 땅도 일부 넘겨주었다. 걸걸오중씨는 얼굴에 웃음이 가득하다. 한강이 고구려 땅이 되었으니 편안하게 농사를 지으면서 살 수 있다는 생각뿐이다.
>
> - 5학년 학생

셋째, 역사적 사건을 신문 기사로 구성해보는 활동이 있다. 이 활동은 특정 시대에 일어난 일에 대해 보다 객관적인 시각으로 사고할 수 있게 해준다. 역사신문편찬위원회에서 책으로 펴낸 『역사신문』[66]은 참고 자료로 활용할 수 있을 것이다.

넷째, 아버지 세대와 할아버지 세대가 겪은 근·현대사는 우리 가족의 생활 서사를 토대로 역사적 상상력을 기를 수 있다. 할머니 할아버지가 들려주시는 집안 경조사의 풍습과 절차들, 할머니 할아버지의 어린 시절 추억이나 고생담 등은 근대의 역사적 상상력을 기르기에 적합하다. 또한 근·현대사 박물관에 전시된 옛날의 생활용품이나 추억의 물건 등은 역사적 상상력을 발동시키기에 충분한 소재들이다.

다섯째, 역사적 상상력을 미래에 맞추어 나의 미래 일기 쓰기 활동을 전개할 수 있다. 나의 직업과 관련해 미래 삶의 조건이 어떻게 바뀌어 있을지 상상하는 것은 역사적 상상력이다. 30년 후, 40년 후의 시대는 지금과는 다를 것이며, 그 시대에 맞게 나는 어떤 모습으로 살고 있을지 상상해보는 것이다. 지금 현재의 아버지의 모습을 그리는 것이 아니라 앞으로 30년 후 삶의 모습이나 생활을 기반으로 일기를 써야 함을 강조한다.

66 역사신문편찬위원회, 『역사신문』(전 6권), 사계절, 1997.

여섯째, 역사극의 진실과 허구 찾기 활동으로 역사적 상상력을 메타적으로 점검할 수 있다. 역사 드라마는 정통 사극과 팩션 사극으로 나눌 수 있다. 정통 사극이 〈조선왕조실록〉과 같이 철저한 고증에 입각해 제작하는 역사 드라마라면, 팩션 사극은 사실과 허구가 결합된 형태의 역사 드라마를 말한다. 드라마 〈허준〉은 기본적인 줄거리는 역사적 사실에 기초하지만 주인공의 캐릭터나 대사 처리, 소품 등은 현대적 트랜드를 반영해 구성되었다. 최근에 이르러 팩션 사극이 많이 등장하는데, 〈다모〉, 〈대장금〉, 〈주몽〉, 〈태왕사신기〉, 〈선덕여왕〉 등은 극의 긴장감과 재미를 위해 작가가 상상력을 더 많이 동원했다고 볼 수 있다. 이러한 경향과 더불어 사극 왜곡에 대한 논란이 일고 있다. 사극에서는 역사적 사실이 중요하다는 입장과 사극은 드라마이며 작가의 상상력이 중요하다는 입장이 그것이다. 사극을 보면서 역사의 허구와 진실을 찾는 활동은 왜곡된 역사인식도 바로잡을 수 있고 역사적 사실을 작가의 상상력을 동원해 어떻게 형상화했는지를 확인할 수 있는 활동이 된다.

역사적 상상력 기르기 활동은 '인물 살려내기'나 '내러티브 재구성하기' 활동과 유기적으로 연계해서 지도할 수 있다. 역사적 상상력 기르기 활동은 역사 속 인물이나 역사적 사건을 대상으로 하는 '인물 살려내기'나 '내러티브 재구성하기' 활동으로 볼 수도 있다. 이는 '상상력'이 서사 영역의 사고 과정, 실천 원리나 방법에 고루 영향을 미치기 때문이다. 역사적 인물을 이해하고 가치를 재평가해본다는 점에서 '감정 이입 모형'이나 '가치 탐구 모형'의 주요 활동이 될 수 있을 것이다. 또한 역사적 인물 간의 갈등을 주요 내용으로 구성한 활동인 경우에는 '갈등 이해 모형'으로 정교화할 수 있다. 역사적 상상력을 확장하는 것은 텍스트를 수용하는 과정에서 나타나는 자연스러운 현상이다. 다만 의도된 교육 활동을 통해 학습자가 역사적 상상력을 발휘해 읽기 경험을 더욱 풍부한 체험으로 이어갈 수 있도록 돕는 것이 필요하다.

7) 새로운 세계 창조하기

원론적으로 말하면 서사는 모두 어떤 세계를 그리고 있다. '단군 신화'도 언어로 서술된 하나의 세계이며, 허구의 인물 홍길동이 살았던 조선과 홍길동이 건설한 율도국 역시 작가의 상상력이 빚어낸 새로운 세계이다. 이처럼 서사는 특정 세계를 그리고 있다. 새로운 세계를 창조할 수 있는 장치는 '허구(fiction)'라는 장치이다. 허구란 꾸며냈거나 작가의 상상력에 의해 만들어진 이야기를 뜻하기도 하며, 문학 창작 원리의 개념이기도 한다. 허구는 작가의 언어적 상상력을 바탕으로 한다. 언어와 관련해 상상력을 크게 인식적 상상력, 조응적 상상력, 초월적 상상력으로 구분할 수 있다. 인식적 상상력이 세계를 인식하고 세계를 형상화하는 상상력이라면, 조응적 상상력은 현실에 대한 비판을 담고 문학을 통한 세계의 개선을 지향한다. 한편 초월적 상상력은 인식적 상상력과 조응적 상상력을 바탕으로 가능한 모델을 창조하고 세계에 대한 비전을 제공하고 세계를 재구성하는 상상력이라고 할 수 있다.[67] 우리는 문학을 통해 세계를 인식하고 개선하려 노력하며 또한 새로운 세계를 꿈꾼다.

새로운 세계란 판타지의 세계뿐만 아니라 현실에 기반을 둔 새로운 세계도 포함된다. 독창적인 새로운 세계를 창조하는 것도 중요하지만 그에 못지않게 현실에 기반을 두되 새로운 의미로 다가설 수 있는 세계를 그려보는 것이 필요하다. 학습자가 가진 현실에서의 불평과 불만을 해소할 수 있는 장치나 공간을 현실 세계에서 창조할 수 있다. 예를 들면 지금 현재의 우리 가족의 문제를 해결할 수 있는 세계를 현실 공간에서 만들 수 있는 것이다. 또한 새로운 세계를 창조한다는 것은 기존 세계를 비판하고 부정하는 사고가 전제되어 있다. 홍길동은 당대 사회의 모순과 정면으로 맞서다가 '율도국'이라는 이상 국가를 건설한다. 그가 건설한 국가는 조선 사회가 가진 모순을 해결하는 꿈과 이상을 담은 유토피아를 의미하며 이 새로운 세계에는 조선 시대를 비판하고 부정하는 의미가 담겨 있기도 하다.

이러한 점에서 새로운 세계 창조하기 활동은 창의·인성 요소 중에 상상력과 비판적 사고력이 함께 작용한다. 앞에서 언급했듯이 새로운 세계 창조하기 활동은 그 자체로 언어적 상상력이 개입된다. 창조하는 세계에 따라서 인식적 상상력, 조응적 상상력, 초월적 상상력이 각기 관련되기도 하며 복합적으로 영향을 미치기도 한다. 기존 세계를 비판하고 부정하는 사고가 전제되어 있음을 감안한다면 비판적 사고력도 함께 신장될 수 있다. 새로운 세계 창조하기와 관련된 구체적인 활동을 살펴보면 다음과 같다.

첫째, 우리가 사는 세계와 선혀 나른 법칙을 가진 그러나 그 세계 나름의 법칙이 있는 가상의 세계를 창조해보는 활동이 있다. 허무맹랑해 보이는 무한상상의 세계라고 볼 수 있

67 구인환 외, 『문학교육론』, 삼지원, 2007, 48-56쪽.

으나 현실의 문제의식을 바탕으로 한다는 점에서 단순 공상의 세계는 아니다. 주로 하이 판타지(high fantasy)라고 해서 『반지의 제왕』에 나오는 중간계와 같이 우리가 사는 세계가 아닌 새로운 세계를 상상해보는 활동이다. 이와 관련된 활동의 내용은 다음과 같다.

- 내 주변의 사람을 새로운 세계로 보내 그가 겪는 모험을 이야기로 써보자.
  예) 내가 주변의 사람들에게 바라는 점을 토대로 가봄직한 상상의 세계를 그리고, 그 세계에서 어떤 일이 벌어질지 적어보자.
- 우리가 사는 세계의 구조와 다르게 움직이는 세계를 만들어보자.

내 주변의 사람을 새로운 세계로 보내는 상상 활동 사례에서 학습자는 어머니를 음식나라로 보내고 싶다고 했다. 아버지가 엄마가 만든 음식이 별로라고 해서 엄마가 음식을 만들지 않고 생각만 해도 음식이 뚝딱뚝딱 나오는 세계로 보내드리고 싶어한 것이다. 우리가 사는 세계의 법칙을 따르지 않는 새로운 세계의 설계는 환상 동화나 판타지 영화를 만드는 상상력에서 나온다. 『이상한 나라의 앨리스』의 토끼를 따라 들어간 이상한 세계, 『사자와 마녀와 옷장』에서 옷장을 통해 들어간 4차원의 공간 등 이상하고 기묘한 세계, 그러나 우리의 삶의 진실을 여실하게 드러낼 수 있는 세계를 상상해볼 수 있다.

둘째, 우리가 사는 현실 세계에서 일어나는 이야기로 마법적인 요소가 첨가되어 비현실적인 이야기가 될 만한 소재를 상상해보는 활동이다. 우리가 사는 세계에서 시간을 마음대로 조정할 수 있다면, 장난감이 말을 할 수 있다면, 나의 고민을 들어주는 만능 로봇이 있다면 등과 같이 현실 세계에서 마법적이고 신기한 요소를 첨가해 새로운 세계를 창조해본다.

- 시간을 내 마음대로 조정할 수 있다면 어떤 일이 벌어질지 상상해보자.
  예) 이 시계를 가지면 낮 시간은 두 배로 빨리 가고 밤 시간은 두 배로 느리게 갈 수 있습니다. 누구에게 왜 이 시계를 주고 싶나요?
- 사물이나 동물이 중심이 된 세계를 만들어보자.
  예) 사람이 집을 비운 사이 우리 집에 있는 사물이 말을 하고 행동할 수 있다면 어떤 일이 일어날까요?
- 나를 도와줄 수 있는 로봇을 만들고 이 로봇이 주는 만능 도구로 나의 어려움을 해결해

주는 상상을 해보자.
• 내가 꿈꾸는 이상적인 초등학교의 모습을 설명해보자.

현실 세계에서 시간을 지배할 수 있다면 세상의 모든 것을 다 가질 수 있을 것이다. 시간의 흐름을 거스르고 싶은 인간의 마음은 타임머신을 만들어서 과거와 현재와 미래를 언제든지 오갈 수 있는 상상을 한다. 이와 같이 시간을 마음대로 조종해서 벌어질 수 있는 새로운 세계를 창조해보는 활동이다.

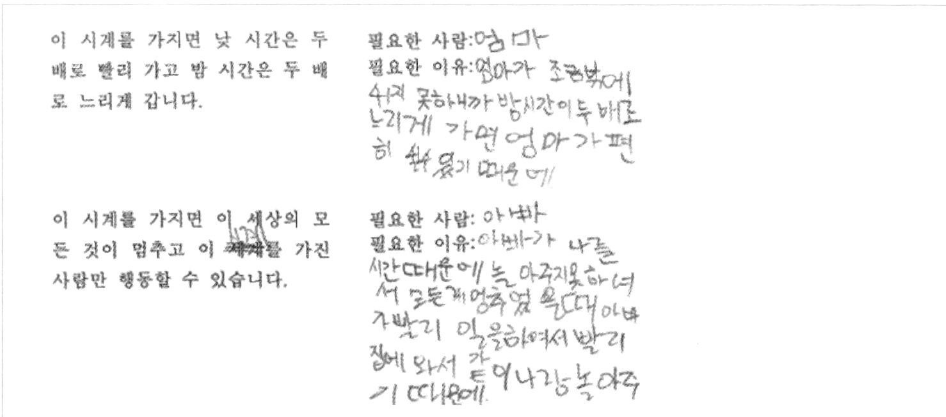
이 시계를 가지면 낮 시간은 두 배로 빨리 가고 밤 시간은 두 배로 느리게 갑니다.

필요한 사람: 엄마
필요한 이유: 엄마가 조금밖에 쉬지 못하니까 밤시간이 두 배로 느리게 가면 엄마가 편히 쉬기 때문에

이 시계를 가지면 이 세상의 모든 것이 멈추고 이 시계를 가진 사람만 행동할 수 있습니다.

필요한 사람: 아빠
필요한 이유: 아빠가 나를 시간 때문에 놀아주지 못하여서 모든 게 멈추었을 때 아빠가 빨리 일을 하여서 빨리 집에 와서 나랑 놀아주기 때문에

위 학습자는 낮 시간은 두 배로 빨리 가고 밤 시간은 두 배로 느리게 가는 시계를 엄마에게 선물하고 싶어 한다. 현실의 엄마가 밤에 편하게 쉴 수 있게 하기 위해서이다. 세상의 모든 것이 멈추고 이 시계를 가진 사람만 행동할 수 있는 시계가 있다면 아빠에게 주고 싶다고 했다. 아빠와 함께 놀고 싶은 마음이 여실하게 드러난다. 이렇게 시간을 조절할 수 있어서 일어날 수 있는 일을 상상해보는 활동은 기발하고 새로운 세계의 설계라는 '창의성'과 동시에 현실의 불만이나 고민을 해소해 '인성'을 기르는 두 마리 토끼를 잡는 결과를 낳는다.

사물이나 동물이 중심이 되는 세계는 아동과 친연성이 높은 상상 활동이다. 『피노키오』, 『토이스토리』의 기반은 사물이나 동물의 세계를 그린다는 점이다. 저학년이 즐겨보는 〈도라에몽〉은 현재 아동의 욕구를 해소해주기 위해 설정한 22세기 고양이 로봇이다. 22세기에 사는 진구의 후손이 22세기의 고양이 로봇인 '도라에몽'을 과거로 보냈고, 도라에몽은 한심한 진구를 위해 사차원 주머니에서 여러 가지 미래 세계의 비밀도구를 꺼낸다. 이

때 도라에몽의 도구는 아동이 처한 위험이나 불만을 해소해줄 수 있다. 도라에몽의 비밀도구와 같이 저학년의 경우 나를 돕는 만능 로봇을 생각해보는 활동을 설계할 수 있다. 나의 어떤 점을 도와 줄 수 있는지 생각해보고, 로봇의 기능, 재료, 장점 등 로봇이 할 수 있는 일을 설명하도록 한다. 그리고 이 로봇을 통해 내가 하고 싶은 일을 구상해보도록 한다. 학습자의 불만이 해결될 수 있는 이상적인 학교상, 나의 마음을 진정으로 헤아려줄 수 있는 이상적인 친구를 그려보는 것도 새로운 세계를 만드는 작업의 일환이다.

셋째, 기발한 상황의 발상을 위한 가정을 만드는 활동이 있다. '나와 똑같은 사람을 만났다면?', '나에게 갑자기 10억이 떨어졌다면?', '법이 없어진다면?', '지금과 같이 스마트폰을 사용하던 세대에게 어느 날 아침 모든 스마트폰이 사라진다면?', '엄마와 내가 바뀐다면?' 같은 특별한 가정 상황을 만들고 그런 상황에서 '나라면' 어떻게 행동할 것인지 이야기를 나누게 한다. 교사가 가정 상황을 미리 제시할 수도 있고 아동 스스로 가정 상황을 만들고 그 가정 상황을 선별해 어떤 일이 발생할지 생각해보게 할 수 있다.

새로운 세계 창조하기는 창작 활동의 동기를 부여해줄 수 있다. 학습자들이 머릿속으로 생각하고 공상하는 세계를 재미있게 언어적으로 새롭게 재구성하도록 하는 아이디어라고 볼 수 있다. 이미 상영된 영화나 이야기책을 병행해 지도하면 더욱 쉽게 접근할 수 있다.[68] 새로운 세계 창조하기 활동은 이야기 창작의 형태를 띨 필요는 없다. 만화 그리기, 그림 그리기, 보고서나 설계도 그리기 등 다양한 형태로 새로운 세계를 표현할 수 있다.

새로운 세계 창조하기 활동은 '내러티브 재구성하기'와 관련해 지도할 수 있다. 새로운 세계에서 인물에게 어떤 일이 어떻게 일어났는지 전개하려면 이야기를 구성하는 능력이 필요하기 때문이다. 이 활동은 창작 모형의 근간이 되는 활동이 된다. 창작 모형 단계 중 '대안 그리기'는 비판적 상상력을 전제로 그 비판의 대안이 되는 상황이나 세계를 그린다. 다른 창작 모형 단계에 비해 열려 있는 창작 활동으로서 새로운 세계 창조하기의 활동으로 채워질 수 있다.

68 살아 있는 장난감을 소재로 다룬 이야기로는 『피노키오』, 『토이스토리』, 터무니없는 인물과 상황을 다룬 이야기로는 『제임스와 슈퍼 복숭아』, 『트리갭의 샘물』, 이상하고 기묘한 세계를 다룬 이야기로는 『이상한 나라의 앨리스』, 『피터팬』, 『사자와 마녀와 옷장』, 『사자왕 형제의 모험』, 소인들이 펼치는 이야기로는 『걸리버 여행기』, 도깨비를 소재로 한 이야기로는 『샘마을 몽땅깨비』 등이 있다. 동기 유발 자료로 또는 새로운 세계 창조하기 활동의 주요 텍스트로 활용 가능하다.

8) 연출가 되어보기

희곡이 대서사 양식에 속하는 것처럼 내러티브의 행동적 재현이 연극이다. 연극에 관여하는 감독, 연출가, 배우 등을 놀이로 전환해 교육 효과를 도모할 수 있다. 감독 놀이, 연출가 놀이 등이 그것인데, 내러티브의 극화 과정을 통해 장면을 재해석하면서 창의적 능력이 길러질 수 있다. 연극이든 영화든 극 장르의 연출가가 되어보는 것은 언어로 내러티브를 구성하는 것과는 다른 체험을 할 수 있게 한다. 상황에 어울리는 배우를 선정하고 음악을 결정하고 배경이 될 수 있는 장소를 선택하는 과정에서 주어진 작품을 다양한 각도에서 바라보게 되고 주어진 상황에 대해 깊이 있게 생각해보는 경험을 자연스럽게 할 수 있다. 연출가 되어보기는 일차적으로 텍스트를 이해하고 나름의 감상을 바탕으로 해석한 것을 표현하는 것이기 때문에 더욱 적극적인 감상의 방법이라 할 수 있다.

연출가 되어보기는 종합적인 능력을 필요로 한다. 연출을 하려면 일차적으로 텍스트를 읽고 해석을 해야 한다. 해석을 구체화하고 계획하고 실천하기 위해서는 다른 사람들을 이끌고 갈 수 있는 '행동 실천력'이 있어야 하고, 그 일을 책임지고 마무리하는 '책임감'이 있어야 한다. 또한 무조건 다른 사람을 이끌어가는 것이 아니라 나 역시 작업의 일원으로 참여하는 것이다. 이 과정에서 자신의 견해에 반대하거나 비판하는 동료가 있다 하더라도 타인의 입장과 견해를 이해하고 받아들일 수 있는 열린 마음인 '용서'의 요소를 갖추어야 한다. '연출가 되어보기'는 국어과에서 강조하는 창의 요소와 인성 요소가 결합한 '연출 감수성'을 기르기에 적합한 활동이다. 문학 작품을 극본으로 바꾸고 다시 연극으로 공연하는 과정에서 필요한 세부 활동을 살펴보면 다음과 같다.

첫째, 극본 만들기 활동이다. 교과서에 제시된 극본은 대체로 한 학기에 한 개 정도에 불과하다. 또한 극본이 상업용 도서로 만들어져서 시판되는 경우는 드물기 때문에 학습자 스스로 극본을 구해서 읽는 것도 쉽지 않다. 그렇기 때문에 연출가 되어보기 활동을 하기 전에 읽었던 문학 작품의 일부분을 극본으로 각색하는 과정이 필요하다. 일종의 장르 변환하기이다. 활동의 분량이 많을 경우에는 문학 작품의 일부분을 말과 행동이 중심이 되는 극본 형태로 고치게 한다. 극본 만들기 활동은 원전이 되는 문학 텍스트를 가장 능동적으로 해석하는 감상 과정이 될 수 있다는 점에서 의의가 있다. 부수적으로는 문학 텍스트를 구어적으로 풀어내는 훈련이 되기도 한다.[69]

둘째, 인물 캐스팅하기 활동이 있다. 학습자들이 본 영화 경험을 동원해 인물 캐스팅이 가장 잘되었다고 생각하는 배역과 그 이유를 말해보게 한다. 이때 캐스팅은 배우의 인기가 아니라 그 역할을 어떻게 소화해냈는지에 중점을 둔다. 인물 캐스팅에 동원되는 기제를 파악할 수 있을 것이다. 본격적인 인물 캐스팅하기 활동에 앞서 텍스트를 읽고 인물 구조와 인물 성격을 파악해야 한다. 인물의 성격이나 특성이 드러나야 이에 부합되는 배우를 캐스팅할 수 있기 때문이다. 인물의 성격과 함께 인물 구조도를 그린 후 이에 부합되는 인물을 캐스팅해본다. 1순위, 2순위를 적은 후 모둠별로 인물의 캐스팅 이유를 의논하게 한다.

셋째, 작품의 배경이 되는 장소를 선택하는 것은 연출이 담당해야 할 몫이다. 이와 관련해 작품을 극화했을 때 무대를 어떻게 구성할 것인지 스케치해본다. 무대의 전반적인 배경뿐만 아니라 소품까지 구상해보는 활동이다.

넷째, 극적 장면을 선별하고 이에 어울리는 음악 고르기 활동이다. 음악은 연극이나 드라마에서 중요한 요소이다. 특정한 장소나 상황을 암시할 수 있으며, 불길한 전조와 공포, 코미디 등과 같은 설득력 있는 무드를 창출할 수 있다. 배경음악은 특정 장면의 '감정적 의미 작용'을 효과적으로 전달하기 위한 장치이다.[70] 이야기 제재 중에서 극적인 장면을 선별하고 그 장면을 극본이나 시나리오 형태로 각색한 후 이에 해당하는 음악을 넣는 활동이다. 음악을 통해 '감정적 의미 작용'이 효과적으로 전달될 수 있는지를 평가해본다.

다섯째, 종합적이고 효과적인 방법은 연출 일지 쓰기 활동이다. 자신이 연출가가 되었다고 가정하고 어떤 배우를 캐스팅하고 어떤 방식으로 화면을 구성하고 소품을 배치할 것인지를 기록하게 하는 것이다. 그러나 일회적인 활동에 머무르게 되면 작품에 대해 깊이 있게 생각할 기회를 오히려 빼앗을 우려가 있으므로 실제 극이나 영화를 완성한다고 가정하고 그 일정에 따라 일지를 기록하게 하는 것이 의미 있다. 이 일지에는 다른 작품에 대한 평가, 자신이 만들 작품에 대한 구상, 작품에 대한 자신만의 철학, 사물이나 사람을 보는 관점 등을 기록하도록 한다.

연출가 되어보기는 극본을 완성해 공연하거나 라디오 방송극으로 녹음하거나 또는 시나리오를 바탕으로 영화를 찍어보는 활동과 관련된다. 앞에서 언급한 연출가 되어보기 활

69 국어교육 미래 열기 편, 『국어교육학개론』, 2009, 506쪽.

70 박인기 외, 『국어교육과 미디어텍스트』, 삼지원, 2003, 119쪽.

동은 세부 과정의 연습이 될 수 있지만 '연극 공연하기' 같은 전체 과정에서 이루어질 때 의미가 있다. 따라서 이러한 활동을 위해서는 학습자들에게 충분한 시간적 여유를 주고 한 학기 프로젝트로 진행하는 것이 바람직할 것이다. 학습자들은 스스로 창작한 이야기를 바탕으로 연출할 수도 있고 기존에 있는 이야기를 연출할 수도 있다. 기존의 이야기를 극, 영화 등으로 연출한다면 패러디 활동과도 밀접하게 관련된다. '연출가 되어보기'는 장르를 변환해 다시 쓴다는 점에서 '패러디하기'활동과 연계되며, 활동 방식에 따라서는 '공동체 글쓰기' 활동과 관련지어 공동 사고를 바탕으로 전개할 수 있다. '역할 놀이 모형'이나 '공동 창작 모형'에서 요구되는 활동이기도 하다.

연출가 되어보기는 사물과 세계에 대한 관찰을 바탕으로 어떻게 이야기를 극화할 것인가와 관련되는 동시에 삶을 대하는 한 인간으로서의 관점이나 가치관과도 직결되는 문제이다. 그러므로 연출가 되어보기를 통해 학습자들은 보다 섬세하게 작품을 감상하고 표현하는 것에 대해 학습하게 될 뿐만 아니라 어떤 태도로 세계를 바라보아야 하는지에 대해서도 깊이 생각하게 될 것이다.

5. 언어적 문제 해결로서 창의·인성 활동

1) 언어적 이벤트 기획하기

언어적 이벤트 기획하기는 여러 사람들이 참여하는 행사를 구상해 그 계획을 언어적으로 구체화하는 것이다. 이 활동은 여러 가지 행사 계획을 기존의 틀에서 벗어나 독특하고 새롭게 세워 보는 가운데 계획적으로 여러 가지 일을 생각할 수 있는 사고의 유연성, 기발한 새로운 일을 생각할 수 있는 독창성, 행사를 치밀하게 꾸밀 수 있는 정교성 등의 다양한 창의성 자질을 기를 수 있다. 즉, 이벤트를 기획한다는 것 자체가 다양한 창의성이 요구되는 활동이다. 한편 이벤트는 여러 사람들을 모아놓고 개최하는 잔치나 행사이다. 따라서 자신이 기획한 이벤트는 다른 사람들에게 흥미와 호기심을 유발할 수 있어야 하고 다른 사람의 마음을 움직여 참여할 수 있게 해야 한다는 점에서 인성적인 고려가 필요하다.

그리고 경우에 따라서는 이벤트를 기획할 때 단지 언어적 표현에만 의존하는 것이 아니라 그림이나 매체를 통해 시각화하는 능력이 요구되기도 한다.

색다른 행사 계획을 세울 때는 다음과 같은 과정에 따라 절차적으로 활동할 수 있다. 이벤트 기획은 모둠별로 공동 사고 과정을 거쳐 하나의 기획안을 만들 수도 있고 모둠별 브레인스토밍 후 이벤트를 구체화하는 단계에서 개별 활동으로 계획할 수도 있다.

첫째, 다양한 이벤트를 떠올려보고 이벤트에 참여했던 경험을 이야기하는 단계이다. 집이나 학교에서 치르는 행사에는 어떤 것들이 있는지 알아본다. 먼저 브레인스토밍이나 브레인라이팅(brain-writing) 기법을 활용해 집이나 학교에서 있었던 크고 작은 행사들, 예를 들어 생일 파티, 가족 여행, 학예 발표회, 운동회, 체험 학습, 어린이날 행사, 구민의 날 행사, 어린이나 가족을 위한 캠프 등 되도록 다양한 행사를 떠올려본다. 그리고 그 행사에 참여했던 경험을 상기해 인상 깊었던 점에 대해서 서로 이야기를 나눈다. 각종 행사 계획표가 있다면 계획표를 보고 계획표에 포함되어 있는 내용, 계획표의 구성이나 흐름 등을 검토해보는 것도 효과적인 방법이다.

둘째, 이벤트를 재미있고 새롭게 계획을 세워 구체적으로 기획하는 단계이다. 이벤트 기획사의 실무 담당 책임자라고 가정하고 자신이 기획하고자 하는 행사를 정한 다음에 구체적인 계획을 세워 글이나 그림으로 나타내는 활동이다. 이때 행사의 과정, 할 일, 담당할 사람, 참여할 사람, 필요한 장소, 시설이나 준비물 등에 대해서도 자세하게 계획을 짜도록 한다. 예를 들어 '나의 생일 파티'에 대한 계획을 세울 때 유명한 연예인이나 운동선수가 축하하려고 참석해준다고 가정하고 계획을 짤 수 있다. 또한 학급에서 부모님들을 초대해 공부하는 모습을 보여드리는 '학예회'를 위해 특이하고 재미있고 의미 있는 행사가 되도록 계획을 세워볼 수도 있다.

〔생일 파티 이벤트 기획하기〕

스타 ○○○와 함께 하는 생일 파티 계획	
· 행사 일시 · 행사 장소 · 참석자 · 준비할 물건과 담당할 사람 · 중요한 일들과 담당할 사람 · 행사 진행계획 · 뒤처리 계획	

셋째, 완성한 이벤트 기획안을 발표하고 다른 기획안과 비교해보며 이벤트의 창의성을 평가하는 단계이다. 이때 평가 기준은 현실성의 고려보다는 창의적인 사고 발현에 초점을 두어 '계획적으로 여러 가지 일을 세울 수 있는 사고의 유연성', '구체적으로 자세하게 계획하는 정교성', '기발한 새로운 일을 계획할 수 있는 독창성' 등을 중심으로 평가한다. 또는 이벤트 기획 능력을 평가할 때 이벤트 기획사의 사장 입장에서 PMI 기법[71]을 활용해 기획안의 장점(Plus), 단점(Minus), 흥미로운 점(Interest) 측면에서 분석·평가해 새롭고 개선된 기획안 수정으로 이끌 수도 있다. PMI 기법을 활용한 평가는 더 나은 대안을 찾고 만들기 위해 대안을 긍정적으로 음미함으로써 창의적 사고력을 신장시킬 수 있다.

언어적 이벤트 기획하기 활동은 '체험(놀이)을 통한 창의·인성 활동'들과 친연성을 갖는다. 체험(놀이) 활동이 교사가 설계한 창의·인성 활동 계획에 따라 학습자들이 참여해 이루어진다면, 언어적 이벤트 기획하기 활동은 그러한 체험 활동을 학습자들이 직접 계획한다는 점에서 차별화된다. 따라서 언어적 이벤트 기획하기 활동 중에서 모의 활동이 가능한 부분은 실제적인 체험 놀이로 연계시킬 수 있으며, 역으로 체험 활동에서 그러한 활동들을 기획해보는 단계로 나아갈 수 있을 것이다. 이러한 언어적 이벤트 기획하기는 국어과 절차 수업 모형 중에서 문제 해결 학습 모형의 절차에 따라 이벤트 기획하기 활동을 단계적으로 수행할 수 있는 구체적인 내용 요소로 활용할 수 있다.

2) 생활 언어 양식 개발하기

인간의 생활에서 빼놓을 수 없는 것이 바로 언어이며, 인간의 삶은 언어를 매개로 한 의사소통이라고 해도 과언이 아니다. 우리는 주변 세계에서 일어나고 있는 일, 다른 사람의 아이디어, 소속 집단의 규칙, 일터에서의 과업 수행에 필요한 여러 가지 정보와 지식, 그리고 교회나 각종 사회기관, 단체 등에서 제공하는 여러 가지 알림 등을 활자화된 메시지를 통해 전달하고 진달받는다. 읽기와 쓰기를 통해 이 메시지들을 주고받으며 사회인으로 살아가는

71 보노(Edward de Bono)가 구안한 기법으로 학생들에게 제안된 아이디어를 다각적 측면에서 분석하고 평가하는 사고력을 신장시킬 수 있다. PMI 기법은 아이디어의 한 측면에 쏠려 평가하는 폐단을 막고 여러 측면에서 깊이 있는 분석을 통해 새롭고 개선된 아이디어를 이끌어 내는 데 유용하다.

데 불편을 느끼지 않는 것은 바로 기능적 문식성(functional literacy)을 갖고 있기 때문이다. 이처럼 일상생활에서 기능적 문식성을 수행할 때 정형화된 형식이나 양식을 활용하는 경우가 있지만 때로는 그러한 특정한 양식이 없는 경우도 있다. 특정한 생활 언어 양식이 존재하는 경우 형식적인 틀이 새롭고 참신한 발상의 제약 요인이 되기도 한다. 따라서 일상생활에서 널리 활용되는 언어 양식을 새롭게 만들어보는 것 자체가 사고의 유연성과 독창성을 기를 수 있는 활동이다. 이러한 언어 양식 속에 담겨질 내용이 자신과 다른 사람에 대해 반성적으로 성찰하는 내용이라면 자연스럽게 인성 교육과도 연계 접점을 찾을 수 있다.

일상에서 활용할 수 있는 생활 언어 양식을 개발하는 것은 학습자들의 문식 능력을 자신의 삶에 적용해보는 일이다. 이와 같은 활동은 학습자들이 문자 언어로 된 메시지를 단순히 받아들이고 해석하는 것이 아니라 자기 자신이나 다른 사람과의 관계 속에서 발생하는 문제에 관심을 갖고 능동적이고 자율적으로 메시지를 생성해 내는 주체적인 문식자로서 그 위상을 확보할 수 있다는 점에서 의의를 찾을 수 있다.

첫째, 자기 소개서 쓰기이다. 자기 소개서는 진실성을 바탕으로 자신의 삶을 서사화하고 삶의 경험 중 의미 있는 것들을 선택해 재구성하는 글쓰기이다. 이는 서사적 사고력에 바탕을 둔 것으로 자신의 삶에 의미를 부여하게 하는 교육적인 활동이다. 자기 소개의 글쓰기는 다른 종류의 글쓰기에 비해 특히 더 개성적인 표현이 중요한 비중을 차지한다. 학습자가 자신을 개성 있게 표현하려면 학습자 스스로 창의적 사고를 충분히 발휘해야 한다. 소개하는 목적과 소개를 듣는 대상과 상황에 따라 스스로 탐구한 여러 자료를 추가해 글을 쓴다면 형식적이고 피상적인 소개의 글을 벗어나 참신한 소개서가 될 것이다. 특히 특정 형식에 얽매이기보다 다양한 형식(수필, 편지, 동영상이나 UCC)으로 자기 소개서를 써볼 수 있다. 더 나아가 지금까지의 자신의 모습을 소개하는 것에서 나아가 20~30년 후 미래의 모습을 상상해보고 생김새, 가족 구성원과 생활 모습, 직장에서 직위와 생활 등을 그림(초상화)이나 글로 표현하는 활동이나 명함 만들기 활동은 사고의 유연성을 길러줄 수도 있다. 이러한 활동은 자신의 정체성을 파악하고 이를 자신의 꿈과 연계시킬 수 있다는 점에서도 의미가 있다.

둘째, 특이한 상장 만들기이다. 학교나 기관에서 주는 상장의 양식이나 문구는 관습적인 틀과 형식에 얽매여 있어 칭찬하는 사람이나 상장을 주는 사람의 마음을 전달하기 힘들다. 따라서 상장을 전하는 사람의 진정성을 표할 수 있는 문구를 만드는 것에 초점을 두어 특별한 상장을 만들어보는 활동이다. 누군가에게 주는 특별한 상장은 세상에서 단 하나밖에 없는 것이어야 하며, 그 사람에게 감동이나 기쁨을 줄 수 있어야 한다.[72] 상장을 만들 때 부여하는 이러한 조건은 기존의 형식에서 탈피해 주위 사람들을 애정 어린 마음으로 관찰한 후 생각이나 느낌을 정교화하는 데 도움을 줄 수 있다. 그리고 누구에게 상장을 줄 것인지, 어떤 점을 칭찬하는 또는 어떤 점이 특이해서 상장을 주는 것인지 생각하는 과정에서 타인에 대한 관심과 이해의 폭을 넓힐 수 있다는 점에서 인성적인 판단력을 길러줄 수 있으며, 직접 상장을 제작·전달함으로써 타인과의 관계를 긍정적으로 발전시켜나갈 수 있다. 이런 상장 만들기 활동은 왜 그러한 상장을 만들게 되었는지, 상장을 받았을 때 어떤 생각이나 느낌이 들었는지를 발표하거나 글로 써보는 활동과 연계해 지도할 수도 있다.

셋째, 건의문 쓰기이다. 건의문은 건의하는 사람의 의견이나 희망 등을 담아 다른 사람에게 무언가를 바라고 요구하는 글이다. 따라서 자칫 건의하는 방식에 따라 자신의 의견이 수용되기보다는 상대방의 감정을 상하게 해서 관계의 소원함을 가져오기도 한다. 따라서 상대방의 입장을 배려하면서 효과적으로 자신의 의도를 전달할 수 있는 건의문을 작성하는 것은 결코 쉬운 일이 아니다. 또한 상장 만들기 활동과 마찬가지로 자신이 쓴 건의문으로 인해 생활의 변화를 가져온다면 교육적인 효과는 더욱 클 것이다. 건의문의 내용은 학습자들의 실생활에서 직면하는 문제 상황들을 포착하는 것에서 시작하는 것이 좋다. 특히 누구나 문제라고 생각하는 상황보다 잘 느끼지 못하거나 감지하지 못하는 문제, 도덕적인 예민함이 요구되는 상황, 자신의 생활에서 문제가 되거나 바라는 구체적인 장면이나 상황 등을 찾아본다. 그리고 다수의 사람이나 특정 상대가 마음 상하지 않고 기분 좋게 자신의 의견을 수용할 수 있는 건의문을 쓴다. 그리고 교실이나 수업에서의 활동으로 그치는 것이 아니라 실생활에 직접 적용해보도록 한다. 예를 들어 주말에 자신과 놀아주지 않는 부모에게 건의하는 글을 쓸 때 다음과 같은 시를 써서 자신의 마음을 전한다면, 단지 논리나 근거를 내세워 주장하는 건의문보다 훨씬 효과적인 소통 효과가 일어날 것이다.

72 이때 상장을 받는 대상이 타인이 아니라 자기 자신이어도 무방하다. 자기 자신의 생활 모습에 대해 반성적으로 회고한 후 자신이 가지고 있는 장점을 발견하고 이를 긍정적으로 평가하는 표창장을 만들어보는 것은 바람직한 행동을 일상생활에서 지속적으로 실천할 수 있는 동인(動因)이 될 수 있다.

비 오는 날

–김용택

하루 종일 비가 서 있고
하루 종일 나무가 서 있고
하루 종일 산이 서 있고
하루 종일 옥수수가 서 있고
하루 종일 우리 아빠 누워서 자네

넷째, 사과문 쓰기이다. 누군가에게 잘못을 인정하고 미안한 마음을 전하는 글은 다분히 인성적인 판단 능력과 정직, 약속, 배려, 책임, 소유 등과 같은 인간관계 덕목에 밀접하게 관련된다. 자신의 잘못을 솔직히 인정하고 정중히 사과하기란 쉬운 일이 아니다. '용기 있는 사람만이 사과할 줄 안다'는 말이 있듯이 용기를 내어 상대방에게 정중하게 잘못을 사과할 수 있어야 한다. 그러면 스스로의 마음이 후련해질 뿐만 아니라 상대방은 너그러운 마음으로 용서하는 게 인지상정이다. 이렇게 사과와 용서를 주고받으면 서로의 관계가 돈독해지고 정신적으로도 성장하게 된다. 말로 전하지 못하는 마음을 글을 통해 꾸밈없이 드러낼 수 있다는 점에서도 가치 있다. 이때 사과의 대상이나 내용을 굳이 실생활의 누군가로 상정할 필요는 없다. 즉, 자신의 주변에 있는 대상이나 자신의 무의식적인 행동이 사과의 대상이나 내용이 될 수 있다. 또 자신의 마음을 솔직히 드러내어 사과하기 힘들다면 이야기에 등장하는 인물의 입장에서 사과와 용서하는 글을 써볼 수도 있다.[73] 또한 제삼자의 입장에서 다른 사람들 사이에서 일어난 갈등을 해결하기 위한 화해 약정서나 권고문을 써보는 활동도 관련해 지도할 수 있다. 예를 들어 친구들끼리 싸웠을 때 화해를 권하고 그 내용을 실천에 옮길 수 있는 약정서를 꾸미는 것이다. 부모가 부부싸움을 한 경우 화해할 수 있는 화해 약정서와 같은 방식이다. 이런 활동은 갈등을 해결한다는 측면에서 문제해결력을 필요로 하지만, 문제의 성격이 사람과 사람 사이에서 일어나는 갈등이며 그것이 일상생활에서 실천으로 이어진다는 점에서 인성적 판단력과도 자연스럽게 연계된다.

73 『여우와 황새』에서 여우는 자신만 이용할 수 있는 접시를 내놓았고, 황새도 일부러 항아리에 음식을 담아 내놓았다. 집에 돌아온 여우가 자신의 잘못을 깨닫고 황새에게 사과하는 편지를 보냈다면 어떻게 썼을까? 또 여우의 사과 편지를 받은 황새는 어떻게 용서의 마음을 담아 답장했을까? 이런 방식으로 사과문을 써볼 수 있다

생활 언어 양식 개발하기 활동은 인간 이해를 위한 다양한 창의·인성 활동(동기와 욕구 이해하기, 처지 변환하기, 공감 소통하기, 자아 탐구하기, 반성적 사고 확장하기 등)과 체험(놀이)을 통한 창의·인성 활동 중 공동체 글쓰기 활동과 연계해 지도할 수 있다. 그리고 생활 언어 양식이 주로 문어적인 소통 장르를 만들고 제작하는 것이므로 창작 모형의 하위 활동으로 활용할 수 있다.

3) 공동체 문제 발견 및 해결하기

국어과에서의 문제 해결 학습은 엄격한 가설 검증과 일반화를 통한 결과를 중시하는 것이 아니라 그 결과에 도달하기까지의 과정에 초점을 둔다. 즉, 교사나 친구들과 함께 해결할 문제를 확인하고 해결 방법을 찾아 문제를 해결하고 이를 일반화하는 활동을 강조하는 것이다. 이때 최대한 학습자 스스로 문제 해결 방법을 찾아 문제를 해결하도록 함으로써 자발적인 학습 참여를 유도하고 학습자의 탐구력을 신장시키는 데 초점을 둔다. 이 과정은 창의성의 문제해결력과 일치한다. 문제 발견과 해결의 과정에서 문제 발견의 대상을 '공동체'로 초점화하고 '공동체'가 문제의 발견과 해결의 주체로 개입하는 방식은 창의적인 문제 해결 과정에 자연스럽게 인성적인 덕목이나 판단력이 결합된다. 지식 기반 사회에서는 창의성과 문제해결력을 통합하는 창의적 문제해결력이 요구되는데 기존의 학교 교육에서 강조해온 문제해결력과는 문제 찾기(problem finding)를 강조한다는 점에서 차이가 있다. 즉, 기존의 문제해결력이란 주어진 문제를 해결하는 데 초점을 두는 반면에, 창의적 문제해결력은 새로운 문제를 학생이 스스로 찾아서 해결하는 것을 더욱 강조한다.[74]

창의적 문제 해결 과정은 문제의 참신성과 문제 해결 방법을 통합하면 크게 세 가지로 분류할 수 있다. ① 암시적 또는 잠재적으로 존재하는 새로운 문제를 찾아서 기존의 방식으로 문제를 해결하는 방법이다. 이는 가장 낮은 수준의 창의적 문제 해결이다. ② 명시적으로 존재하는 폐쇄형 문제를 새로운 방법으로 해결하는 방법이다. 첫 번째보다는 어려운 것으로 누구나 쉽게 해결하는 방법이 아니라 독창적인 방법으로 문제를 해결하는 방법

74 D. J. Treffinger, S. G. Isaksen & K. B. Dorval, 김영채 역, 『CPS: 창의적 문제해결』, 박영사, 2004.

이다. ③ 암시적으로 또는 잠재적으로 존재하는 새로운 문제를 찾아서 새로운 방식으로 해결책을 얻는 방법이다. 이는 가장 높은 수준의 창의적 문제 해결이다.[75] 이와 같은 창의적 문제 해결 방식을 근간으로 국어과에서는 각각다음과 같은 공동체 문제 발견 및 해결하기 활동을 고려할 수 있다.

첫째, ①은 문제 자체가 새롭기 때문에 그 해결 과정이 이미 알려진 방법이라 해도 결과는 창의적일 수 있다. 그런데 새로운 문제를 기존의 방법으로 해결하므로 상대적으로 문제 해결이 쉽다. 알려진 방법으로 문제를 해결할 때는 유추를 이용하는 것이 유용하다. 새로운 문제를 해결할 때는 그 문제와 가장 유사한 기존의 문제를 찾고 문제를 해결했던 기존의 방법을 찾아서 새로운 문제를 해결하는 데 적용하는 것이다. 예를 들어 언어적인 문제 사태를 해결하기 위해 브레인스토밍이나 SCAMPER 기법[76]처럼 기존에 널리 알려진 창의성 개발 기법을 적용해볼 수 있다. 즉, 언어적 문제 상황을 제시하고 대체하기(Substitute), 결합하기(Combine), 적용하기(Adapt), 변형 · 확대 · 축소하기(Modify/Magnify/Minify), 다른 활용법 대입하기(Put to other Uses), 제거하기(Eliminate), 재배열 · 역전환하기(Rearrange/Reverse) 방법을 활용해 문제를 해결하는 것이다.

둘째, ②는 널리 알려진 문제를 새로운 방법으로 해결하는 높은 창의적 문제해결력을 요구한다. 기존에 문제를 해결하지 못했거나 기존의 해결방법이 너무 어렵거나 해결 과정에 오류가 발생할 확률이 높은 경우에 이런 방법이 필요하다. 이때 문제는 불편한 상태나 바람직하지 못한 상태를 의미하는데, 공동체가 직면하고 있는 어려움이나 장애가 된다고 인식하는 공동체의 현안적인 관심거리가 적절할 것이다. 흔히 학생들의 일상생활에서 선정되는 토의 · 토론 주제들이 이에 해당된다. 토의 · 토론 활동으로 해결 방법을 모색하는 과정이 창의적 문제 해결 과정이다. 그리고 토의 · 토론 활동은 집단적으로 이루어지기 때문에 다양한 인성적 자질이 동원될 수밖에 없다. 토의 · 토론 활동을 통해 새로운 문제 해결을 시도할 때 드 보노(De Bono)의 육색 모자 사고(six thinking hats) 기법을 활용할 수 있다. 육색 모자 사고 기법은 자신의 생각에 갇힌 상태를 의도적으로 벗어나게 해주는 활

75 김정섭 외, 『동화를 통한 창의성 교육』, 서현사, 2004, 132쪽.

76 문제와 대안을 다른 관점에서 생각하도록 사고 과정을 자극하는 활동을 포함하는 사고 기법으로서 여기에 포함된 개별 활동의 앞글자를 조합한 단어이다. 에벌리(Bob Eberle)가 오스본(Alex Osborn)의 브레인스토밍 기법을 보완 · 확장하는 개념으로 제시했다.

동이다. 흰색 모자는 사실과 수치 정보, 빨간 모자는 감정과 느낌, 검은 모자는 부정적인 요인, 노란 모자는 긍정적인 요인, 녹색 모자는 부정적인 요인을 극복하는 아이디어, 파란 모자는 사고에 대한 사고를 하도록 한다.

〔육색 모자 사고 기법을 활용한 새롭게 바라보기의 예〕

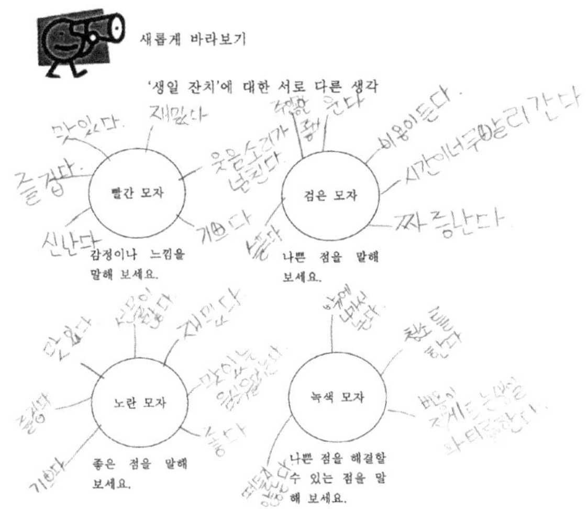

위의 예처럼 육색 모자 사고 기법은 개인적으로 활용할 수도 있고 집단적으로도 활용할 수 있다. 개인이 육색 사고 모자 기법을 활용할 때는 한 번에 한 가지 색깔의 모자를 쓰고 그 색깔에 해당하는 사고방식으로 문제를 바라본다. 다양한 색깔의 모자를 쓰고 생각을 집중하면 전혀 다른 시각에서 문제를 지각하는 것을 배울 수 있다. 육색 모자 사고 기법을 집단에 적용하면 더 역동적이고 재미있는 활동이 된다. 구성원 각자가 한 가지 색깔의 모자를 쓰고 그에 해당하는 사고를 하다가 서로 모자를 돌려가면서 쓰고 자기 생각을 말하면서 이전에 미처 생각하지 못했던 새로운 생각을 떠올려 다각적인 입장을 고려하며 토의·토론을 전개할 수 있게 된다.

셋째, ③은 새로운 문제를 새로운 방법으로 해결하는 것이다. 이는 학생들 스스로 새로운 문제를 찾아서 새로운 방법으로 해결하는 것을 의미한다. 이 경우는 문제가 명료하게 드러난 것이 아니기 때문에 문제를 발견하거나 창조하는 과정이 필요하다. 이때 가장 쉬우면서도 효율적인 새로운 문제 탐색 방법은 융통성을 이용하는 것이다. 어려움, 모순, 놀라운 사실 등의 문제를 질문, 기회, 의사결정 등과 같은 문제로 바꾸는 것이다. 이렇게 새로운 문제를 생성하거나 새로운 방법으로 해결하기 위해서는 브레인스토밍이나 브레인라이팅 같은 확산적 사고 기법이 요구된다.

문제 찾기는 문제가 존재하는 방식과 새로움을 기준으로 할 때 새로운 문제를 생성하거나 구성하는 것이다. 문제를 생성하는 것은 기존의 것 또는 누군가 생성해놓은 것을 제시받는 것이 아니라 이제까지 존재하지 않았거나 인식되지 않았던 새로운 문제를 만드는 것이다. 이는 문제 찾기에서 가장 중요한 것이며 창의성과 관련이 많다. 문제 찾기는 최초의 문제를 생성하는 것뿐만 아니라 새롭게 생성된 문제를 재구성하는 것을 포함한다. 문제를 재구성하는 것에는 문제를 다른 관점에서 보는 것과 구조를 변형시키는 것이 있다. 또한 문제들 사이의 위계에 초점을 두면 정교화가 문제 찾기의 주요한 방법이 된다.[77] 이와 같은 문제 찾기 방법을 원용해 국어과의 문제 상황으로 대입해보면 다음과 같은 활동들이 가능하다.

- 언어·문화적 문제 인식하기: 우리의 언어생활 속에는 지각하는 것보다 더 많은 문제가 내재되어 있지만 어떤 것은 문제로 인식되지 않는다. 직면한 문제를 문제로 인식하지 않는 이유는 그것이 일상적이기 때문이다. 그 문제가 오랫동안 해결되지 않았기 때문에 더 이상 문제로 인식하지 않고 더 이상 민감하지 않다. 그러므로 일상생활 속의 언어적 문제를 문제로 인식하기 위해서는 그에 대해 민감해져야 한다.
- 언어·문화적 문제 발견하기: 암시적 문제일 경우 그것을 문제로 인식하기는 대단히 어렵다. 주변 상황이나 추이를 면밀히 검토한 후 새로운 문제를 마음속에 그려보거나 발견할 수 있다. 이러한 유형의 문제 찾기는 창의성에 중요한 역할을 한다.
- 언어·문화적 문제 창출하기: 문제가 잠재적으로만 존재할 때 문제 창출이 필요하다. 환경적 요인보다는 심리적 활동이 새로운 문제를 창출하는 데 중요한 역할을 한다. 즉, 현실 세계에는 문제가 존재하지 않는 것처럼 보이지만 유추, 확산적 사고, 추론, 반성적 사고 등과 같은 심리적 활동을 이용해 새로운 문제를 창출할 수 있다.
- 언어·문화적 문제 변형하기: 문제는 관점에 따라 그 모습이 달라질 수 있다. 출발선에서의 어려움이나 모순을 기회로 바꾸고 여러 가지 기회로부터 의사결정을 이끌어내는 것이 대표적인 변형의 예이다. 즉, 어려움을 질문으로 바꾸어보는 것은 창의성이 발현되는 국면이다.

77 김정섭 외, 『동화를 통한 창의성 교육』, 128쪽

- 언어 · 문화적 문제 재구조화하기: 처음 생성된 문제가 비구조화된 문제이면 이를 해결하기 전에 반드시 재구조화해야 한다. 목표 상태를 재정의하거나 범위를 제한시킴으로써 문제를 재구조화할 수 있다.
- 언어 · 문화적 문제 정교화하기: 정교화는 심화되고 복잡한 문제를 창출하기 위한 방법이다. 어떤 문제를 해결했을 때 그 해결책 속에 더 복잡하고 수준 높은 문제가 내재될 수도 있다. 정교화는 본래의 문제보다 더 깊이 있는 새로운 문제를 생성한다는 점에서 본래의 문제를 변형하는 것과 다르다. 따라서 문제 해결의 마지막 단계는 새로운 문제 찾기를 위한 출발점이기도 하다.

공동체 문제 발견과 해결하기는 공동체에서 발생하는 문제나 집단적으로 문제 해결을 시도할 때 인성적인 요소 측면을, 새로운 문제를 찾거나 다양한 문제 해결을 모색한다는 점에서 창의성을 함양할 수 있는 활동이다. 이 활동은 국어과 수업 모형으로 소개된 '문제 해결 학습 모형'과 높은 상호성을 발휘할 수 있음을 쉽게 파악할 수 있다. 다만 기존의 '문제 해결 학습 모형'이 문제 해결과 일반화에 초점을 두었다면, 문제 찾기와 비록 일반화는 힘들지만 다양한 해결 가능태를 모색해보는 데 초점을 둔다면 좀 더 확장된 국면에서 창의성을 지도할 수 있다. 그리고 문제 해결의 장면에서는 '공동체 글쓰기' 활동과 연계해 지도할 수 있다.

4) 화용적 전략으로 내러티브 활용하기

내러티브는 문제 해결의 도구로 사용할 수 있다. 사랑의 고민에 빠진 사람에게 사랑을 주제로 한 소설을 예로 들어 갈등을 해소해줄 수도 있고 도덕적 판단을 위해 소설의 갈등이 집약적으로 나타나 있는 부분을 활용할 수도 있다. 또한 작품의 내용을 끌어와 현실 사회에서 당면한 문제를 해결하기 위한 설득의 근거로 사용할 수도 있다. 내러티브는 복합적 소통의 핵심적 장치이다. 비유담이나 일화, 예화, 역사적 사건의 이야기, 속담 등이 소통에 활용되는 예는 무수히 많다. 구체적인 내러티브를 특정 대화 장면에서 활용할 수 있는데 이는 넓은 의미의 '인용하기'에 해당한다.[78] 대화 상황에서 내러티브를 적절히 활용하는 데에서 창의적 능력이 드러나며, 대화를 하는 쌍방이 공유하고 있는 내러티브를 활용하면 공감이 배가된다. 즉, 속담이나 이야기를 주장의 근거나 설득력 있는 주장을 펼치는 데 활용할 수 있는데, 속담이나 이야기에는 교훈적인 내용이 담겨 있는 경우가 많아서 적절히 활용할 경우 듣는 이의 공감을 이끌어내는 좋은 자료가 될 수 있다.

화용은 말의 실제적인 쓰임, 즉 의사소통을 뜻한다. 내러티브는 그것이 갖는 구체성의 힘으로 인해 의사소통 과정에서 문제 해결을 위한 전략으로 다양하고 효과적으로 사용될 수 있다. 그렇다면 내러티브를 어떻게 구체적인 화용적인 전략으로 활용할 수 있는지 살펴보자.

첫째, 내러티브는 현실 사태에 대한 인식의 틀로 활용할 수 있다. 언어를 사용한다는 것은 언어로 표현하거나 이해하는 것에 한정되지 않고 언어로 인식하는 것을 포함한다. 현실 세계에 대한 인식의 틀로 내러티브를 가져올 때는 주로 '비유'의 방식을 취한다. "철수에게 충고하는 것은 쇠귀에 경 읽기이다"의 경우 '쇠귀에 경 읽기'는 '철수에게 충고하는 것'에 대한 비유적인 서술이다.[79] 이때 속담은 단순한 수사적인 비유가 아니라 비유의 대상에 대해 일정한 판단을 내리고 있다. 즉, 비유는 특정한 새로운 경험을 이미 알고 있는 다른 것에 비유함으로써 대상을 인식하는 방법이다. 많은 사람들이 이미 알고 있는 속담이나 이야기(특히 전래 동화나 우화 등)는 특정한 현실 사태가 어떤 경우에 해당되는지 판단하는 잣대로 활용된다. 결국 내러티브는 일상생활에서 다양한 경험들을 이해하는 인식의 틀로 작용하며, 이렇게 화자가 경험하는 현실 사태의 본질을 헤아리고 구체적인 내러티브를 관련시켜 판단하는 능력에 창의성이 내재되어 있다. 예를 들어 "그 사람 참 놀부 심보군!" 같은 말은 『흥부전』에 등장하는 놀부의 성격을 인용한 것이다. 이렇게 어떤 사람을 성격화해 인식하거나 표현하는 것은 훨씬 생동감을 갖게 되는데 이 역시 창의적인 언어 활동이라 할 수 있다.

둘째, 내러티브는 참신한 발상과 표현 방법으로 활용될 수 있다. 흔히 이야기를 읽고 감동적이거나 인상적인 부분에 밑줄을 친다든지 구체적인 문구를 메모하는 경우가 있다.

78 쓰기에서도 자신의 생각을 타당화하는 방법으로 인용하기 전략을 활용한다. 이때 인용한 내용과 자신이 쓴 글이 매끄럽게 연결되어야 한다. 마찬가지로 대화에서 인용되는 내러티브도 맥락에 적절하게 어울려야 한다.

79 이를 기호화하면 "X는 Y이다"로 어떤 사항에 대해 정의를 내리는 방식이다. 속담에서 정의를 내리는 방식은 이미 잘 알려진 다른 대상과의 관련성 혹은 유사성으로 정의한다. 따라서 비유적 정의는 피정의항과 정의항이 관련되는 여러 가지 정보를 구체적으로 서술하지 않고 뛰어넘는 정의라고 할 수 있다. 따라서 "철수에게 충고하는 것은 바보짓이다"라고 '수렴적'으로 정의하는 경우와 비교해보면 비유적 정의는 많은 의미를 내포하고 있는 '확산적 정의'라고 할 수 있다(이성영, 『국어교육의 내용 연구』, 서울대학교출판부, 1995, 364쪽).

감동의 구체적인 장면을 직시하는 행위에서 나아가 인식과 표현을 다른 소통 맥락에서 활용하기도 한다. 이때 이야기의 내용이나 인물의 행동 등은 비유적인 정의로 간접적으로 인용되기도 하고 인물의 말이나 속담·격언 등과 같은 짧고 간결한 표현들은 직접 인용되기도 한다. 이렇게 인용되는 이야기나 속담은 효과적인 화용을 도와주는데 그 까닭은 상대방이 거부할 수 없게 하는 힘을 지니고 있기 때문이다. 이는 이야기나 속담이 비유적으로 사용되었다는 측면 이외에 사회적·문화적으로 '공인된 목소리'이기 때문이다. 화자는 자신의 목소리 대신 이야기나 속담을 사용함으로써 사회·문화적으로 공인된 목소리를 불러들이는 것이다. 그 목소리는 사회적인 목소리이기 때문에 청자가 공감하게 되고 높은 감화력을 지니게 되는 것이다.

셋째, 내러티브는 상대방을 설득하는 기제로 활용될 수 있다. 자신의 주장과 관련지어 전래 이야기, 우화, 일화 등을 활용하거나 이야기에 내포되어 있는 교훈을 자신의 주장으로 이끌어내는 방식으로 말할 수 있다. 속담의 경우에는 속담의 유래담을 활용하거나 주장을 뒷받침하는 근거로 속담을 인용해 주장하는 말을 할 수 있다. 주장하는 말은 어떤 문제 상황에서 문제를 해결하기 위해 듣는 이의 생각이나 행동을 변화시키거나 강화할 목적으로 하는 말이다. 주장을 뒷받침하는 데 다양한 근거 자료를 활용할 수 있는데 이야기나 속담이 가지는 설득성에 주목해 학습자들이 이를 활용할 수 있도록 하는 것이다. 일상생활에서는 논리적인 설득보다 한 편의 이야기나 한마디의 속담이 더 큰 감화력을 갖는 경우가 많다. 이야기나 속담을 활용하려면 먼저 의견이 대립하는 문제나 해결책이 필요한 문제에 대한 자신의 주장을 정하고 이를 뒷받침할 수 있는 이야기나 속담을 조사하도록 지도한다. 그리고 이야기는 내용을 간추려 기억하고 속담은 그 뜻을 정확하게 이해해 주장하는 말을 할 때 활용할 수 있도록 준비하게 한다. 주장하는 말을 할 때에는 자신의 주장을 먼저 밝히고 이야기나 속담을 인용해 주장을 뒷받침하는 방식(❶)과 반대로 먼저 이야기나 속담을 인용하고 이로부터 자신의 주장을 이끌어내는 방식(❷) 두 가지를 모두 활용해볼 수 있다.

〔속담을 활용해 주장하는 말의 예〕

❶ 나는 우리 반 친구들이 모두 함께 청소를 하면 좋겠어. 옛말에 "백지장도 맞들면 낫다"는 말이 있어. 이 말은 아무리 쉬운 일이라도 서로 힘을 합치면 더 쉽게 할 수 있다는 뜻이지. 청소할 때에도 힘을 모아 함께하면 쉽고 즐겁게 할 수 있잖아?

❷ 옛말에 "백지장도 맞들면 낫다"는 말이 있어. 이 말은 아무리 쉬운 일이라도 서로 힘을 합치면 더 쉽게 할 수 있다는 뜻이지. 청소할 때에도 힘을 모아 함께하면 쉽고 즐겁게 할 수 있잖아? 그래서 나는 우리 반 친구들이 모두 함께 청소를 하면 좋겠어.

화용적 전략으로 내러티브 활용하기는 현실의 담화 상황과 내러티브의 연관성을 고려한다는 점에서 '패러디하기' 활동이나 화용 전략으로 내러티브를 가져올 때 담화 상황에 맞게 재구성할 수 있기 때문에 '내러티브 재구성하기'와 연계할 수도 있다. 그리고 이 활동은 비유적 속성을 강조해 '은유적 사고 모형'이나 표현의 일반적인 과정에 따라 내러티브를 활용해 말할 때 '문제 해결 학습 모형'과 연계해 지도할 수 있다.

5) 비판적 사고와 대안적 사고 이어가기

비판적 사고(critical thinking)는 어떤 사태에 처했을 때 감정 또는 편견에 사로잡히거나 권위에 맹종하지 않고 합리적이고 논리적으로 분석·평가·분류하는 사고를 말한다. 이는 주어진 진술, 기존의 규범 또는 행동양식에 무조건 회의를 품는 것이 아니라 고려 중인 문제 영역 내에서 특히 반성적 회의를 적절히 이용하는 것이다. 그러한 반성적 회의를 효과적으로 적용하는 방법과 때를 아는 것은 해당 분야에 관해 어떤 것을 알고 있을 때 가능한 것이다. 그러므로 비판적 사고는 항상 'X에 관한 비판적 사고'이기 때문에 다른 분야의 지식과 밀접하게 관련되어 있으며 결코 고립되어 나타나지 않는다. 이러한 비판적 사고는 사고의 질적 측면과 관련되며, 문제 해결 과정이나 의사 결정을 위한 인지적 과정과 구별되며, 생산적인 특성을 지닌 창의적 사고에 비해 평가적이다. 그러므로 비판적 사고는 대상에 대한 평가와 더불어 문제 해결과 적극적 참여를 포함하는 사고 과정[80]이라 할 수 있다.

80 비판적 사고 성향의 하위 요소로는 건전한 회의성(懷疑性), 지적 정직성, 객관성, 체계성, 철저성 등 다섯 가지가 있다. 건전한 회의성은 일반적 진리로 받아들여지는 사실 또는 신념에도 의문을 제기하며 사고 과정에 오류 가능성이 있음을 인정하는 성향을 말한다. 지적 정직성은 어떤 진술이 자신이 참이라고 알고 있는 지식을 부정하는 것이라 해도 충분한 근거가 있으면 그것을 진리로 받아들이며, 특정 입장을 지지하기 위해 사실을 왜곡하지 않으려는 성향을 말한다. 객관성은 감정적이거나 주관적인 요소를 배제하고 타당한 근거를 토대로 결론을 도출하려는 성향이며, 체계성은 논의나 사고의 전 과정에 걸쳐 문제의 핵심에서 벗어나지 않으며 내적인 일관성을 유지하려는 성향이고, 철저성은 타

비판적 사고는 어떤 준거를 마련하고 그 준거를 바탕으로 일의 가치를 평가하는 일이다. 이때 준거는 평가하는 사람의 내부에 존재하기도 하고 외적으로 주어진 조건이기도 하다. 그리고 일어난 일의 가치 평가는 현상에 대한 문제 인식이 전제되어 있고 그에 따른 대안을 마련하는 것을 필연적인 과정으로 여기는 문제 해결의 구조 속에서 이루어지는 경우가 많다. 이렇게 비판에 따른 대안을 마련하는 것은 창의성을 필요로 하는 사항이다. 문제에 대한 비판적 인식은 있되 대안이 없으면 무책임한 일이다. 그리고 누구나 쉽게 할 수 있는 일이다. 하지만 비판에 따른 최선의 대안을 적극적으로 제시하는 태도를 지닌 사람은 비판에 대한 책임을 지는 인성적 자질을 겸비했다고 할 수 있다. 비판적 사고는 대안적 사고를 동반한다. 이는 마치 창의적 사고 과정에서 확산적으로 많은 아이디어를 생성하는 과정이 필수적이지만, 확산적 사고에서 생성된 많은 아이디어를 분석·선별·평가하는 수렴적 사고를 통해 완성하는 것과 유사하다. 그렇다면 비판적 사고와 대안적 사고를 이어가기 위한 구체적인 활동의 예를 살펴보자.

첫째, 일상의 문제를 비판적으로 들여다보고 현실적인 대안을 마련하는 것이다. 현실적인 대안이란 실천의 장으로 연결시킨다는 의미이다. 강구한 대안을 실천으로 옮기는 과정에서 약속, 정직, 책임 등과 같은 다양한 인성적 요소가 결부될 수밖에 없다. 현실에 대한 비판적 인식이 담겨 있는 작품을 이해하는 과정에서 작품과 현실 사이의 연관성에 대해 유추해 현실을 인식하고 비판적·대안적 사고까지 나아가는 것이 창의적 능력인 셈이다. 이왕이면 작품에 형상화된 일상의 문제를 비판적으로 들여다보고 자신의 생활에 적용해봄으로써 새로운 대안을 모색할 때 학습자들의 일상생활을 반영한 생활동화를 활용하는 것이 효과적이다. 예를 들어 『양파의 왕따 일기』나 『초대받은 아이들』 같은 작품들은 초등학교 고학년이 흔히 겪는 또래집단에서의 관계 형성 및 따돌림 등의 문제들을 다루고 있다. 따라서 이와 같은 생활동화에 묘사된 사건을 인성 중심으로 접근해 창의적으로 문제를 해결하는 과정은 이야기 속의 문제를 현실의 나와 우리들의 문제로 연관시켜서 보다 폭넓은 창의·인성 활동으로 계획할 수 있다.

당하고 충분한 근거가 확보될 때까지 결론짓기를 보류하려는 성향이다(서울대학교 국어교육연구소, 『국어교육학사전』, 372쪽).

스티커 제도에 찬성합니다

3학년 때 우리 반에도 스티커 판이 있었습니다. 우리 반에서는 3월 달에 선생님과 우리들이 함께 약속을 했습니다. 우리 선생님은 착하게 행동하고 공부 열심히 하고 친구들을 잘 도와주면 스티커를 주셨습니다. 그리고 우리들은 스티커를 많이 모으면 선물을 받았습니다. 그래서 더욱 열심히 공부하고 착한 일도 많이 하기 위해 노력했습니다. 물론 건우처럼 착한 일을 해도 스티커를 받지 못하는 경우도 있습니다. 선생님이 모르시면 받을 수가 없습니다. 그러나 선생님께서 일부러 그러시는 게 아니니까 문제가 될 게 없습니다.

건우가 스티커 제도가 싫어서 나쁜 어린이 표를 버리고 선생님을 미워하기도 했지만, 그건 나쁜 어린이 표가 있었기 때문에 그런 것입니다. 따라서 스티커 제도가 있어도 착한 어린이 표만 주면 아무런 문제가 없을 것이라고 생각합니다. 오히려 우리 모두가 더욱 열심히 학교 생활을 잘하게 만들어 주니까 좋다고 생각합니다.

그래서 저는 스티커 제도에 찬성합니다. 나쁜 행동이나 잘못을 했을 때는 나쁜 어린이표를 주지 말고, 그냥 착한 어린이 표를 주지 않으면 됩니다. 그리고 착한 일을 했을 때만 착한 어린이 표를 주면 공부하는 데 많은 도움이 된다고 생각합니다. 착한 어린이 표를 받으면 기분이 좋아지고, 더 잘하기 위해서 노력하기 때문입니다.

위의 글은 학생들의 학교생활을 소재로 한 창작동화 『나쁜 어린이 표』에 등장하는 '스티커 제도'에 대해 자신의 경험과 연관지어 입장을 정해 토론하고 자신의 의견을 쓴 것이다. 이렇게 활동의 결과로 산출된 글은 다시 문제를 비판적으로 바라보고 합리적인 대안을 제시했는지를 평가하는 활동으로 연계해 지도할 수 있다.

둘째, 사건이 일어난 상황과 인물이 한 행동을 객관적으로 판단해보는 활동이다. 사건을 둘러싼 상황은 어떤지, 사건을 둘러싼 인물들의 행동에 잘못은 없는지 찾아서 객관적으로 판단해보는 것이다. 사건의 옳고 그름이나 좋고 나쁨을 판단해 결정하기 위한 활동으로는 '판결문 쓰기'가 있다. 인물의 행동과 그렇게 행동한 까닭을 정리해 객관적인 판단의 근거를 마련한 후 정리한 내용을 바탕으로 친구들과 의견을 주고받고, 사건을 맡은 판사라고 가정하고 사건에 대한 판결문을 써보도록 한다. 이야기를 읽고 인물의 행동을 객관적으로 판단해 사건에 대한 판결문을 쓸 때 판사 입장에서 내리는 판결은 대안적 사고와 그렇게 판결을 내린 까닭은 비판적 사고와 관련된다. 예를 들어 '너무 비싼 화장실' 사건[81]을 맡은 판사라고 가정하고, 이 사건에 대한 판결문을 써본다. 다음은 '너무 비싼 화장실' 사건에 대한 판결문의 예이다.

판결	피고(화장실 사용한 사람)는 사용료로 1/10에 해당하는 만 원을 벌금으로 내야 한다. 그리고 원고(관리인)는 화장실 이용료를 천 원 이내에서 정하도록 명한다.
판결 이유	1. 피고는 아무리 급하다 하더라도 이미 가격이 십만 원인 것을 알고 화장실을 이용했으므로 유죄이다. 그러나 화장실 이용료가 너무 비싼 것은 사실이므로 이를 반영해 만 원의 벌금형에 처한다. 2. 원고는 화장실을 최신식으로 바꾸기 위해 돈이 많이 든 것은 이해하나 화장실을 한 번 이용하는데 십만 원을 받는 것은 폭리를 취했다고 사료된다. 이에 따라 다른 화장실 가격과 비교해 천 원 이내에서 가격을 정할 것을 명한다.

셋째, 작품의 배경(시간)을 현실의 생활과 관련지어보는 것이다. 과거의 일을 현재적 관점에서 들여다보고 재평가하는 것이다. 흔히 어른들이 우리들 젊었을 때는 어떠어떠했다 하면서 요즈음 젊은이들이 어떠하다고 나무라는 경우를 본다. 자신의 젊었을 때를 준거로 삼아 현재를 평가하는 일이다. 그러면 '어떻게 하라는 것인가' 하는 물음에 대한 답이 대안인 셈이다. 예를 들어 고전 문학 작품을 현대적 관점에 맞게 다시 쓰기를 한다고 가정해보자. 흥부와 놀부에 대한 이야기를 지금의 시대적 상황에서 자신의 가치관이나 세계관을 바탕으로 다시 쓸 때 다양한 관점에서 인물이 재조명된다. 따라서 새롭게 쓰는 '신흥부와 놀부'에서는 흥부의 착한 심성과 우애가 강조되기보다는 흥부의 경제적 무능력이 부각될 수 있다. 또한 제비가 물어다 준 박씨가 복권으로 대치되며 놀부는 흥부의 부를 부러워하며 복권에 가산을 탕진할 수도 있다. 새롭게 쓴 흥부와 놀부 이야기는 학습자들 각자가 처한 상황, 즉 삶에 비추어 저마다 다른 양상을 보일 것이다. 이렇게 문학 텍스트의 소통 맥락을 현재의 삶에 과거나 미래를 통합해 바꾸어보는 것은 문학 작품을 현재적 관점에서 비판적으로 들여다봄으로써 전혀 새로운 의미와 감동을 추구할 수 있다.

넷째, 등장인물의 입장이 되어 문제를 새롭게 해결해보는 활동이다. '내가 만약 주인공이라면 그 사건을 어떻게 해결했을까'라는 물음에 답하는 활동이다. 위의 작품의 배경을 현실과 관련지어보는 활동이 비판적 사고를 초점을 둔 활동이라면 이는 대안적 사고

81 이 사건의 피고는 볼일이 너무 다급한 나머지 화장실 이용료가 십만 원이라는 사실을 알고도 화장실을 이용한 후 그 이용료를 관리인에게 지불하지 않았다. 피고는 화장실을 한 번 이용하는 데 십만 원은 너무 비싸며 전에 사용했던 것처럼 백 원이면 충분하다고 주장하고, 관리인은 화장실 시설을 최신식으로 바꾸어서 사용료를 올린 거고 화장실을 사용하기 전에 분명히 십만 원을 내기로 약속했기 때문에 십만 원을 지불해야 한다는 입장이다(박인기 외, 2007, 『독서논술 한마당 5학년』, 두산, 32-33쪽).

를 강조하지만 비판적 인식을 전제로 하는 활동이다. 『우리들의 일그러진 영웅』과 같이 현실에 대한 비판적 인식이 담겨 있는 작품을 이해하는 과정에서 작품과 현실 사이의 연관성에 대해 유추해 현실을 인식하고 비판적·대안적 사고까지 나아가는 능력이 창의적 능력이다. 『우리들의 일그러진 영웅』을 교실로 끌어와 '우리 교실의 모순이나 문제점은 무엇인가', '내가 만약 선생님이라면 그 문제를 어떻게 해결할 것인가' 등의 모습을 생각해보고 묘사해볼 수 있다. 현실 공간의 대안은 합리성과 더불어 실천 가능성이 요구되기 때문에 상당히 어려운 과업이다. 또한 공동체의 동의나 합의까지 도출해내야 하는 상황이라는 공동의 선을 추구하는 대의를 마련하는 것은 어쩌면 불가능한 일인지도 모른다. 하지만 문학 세계에서 그리는 대안은 다소 그 성격이 다르다. 즉, 비판적 사고를 전제로 그 비판의 대안이 되는 상황이나 세계를 상상력을 통해 그리기 때문이다. 예를 들어 허균의 『홍길동전』은 당대 사회가 가지고 있던 문제들을 인식하고 비판적으로 형상화하고 있는 작품으로, 길동은 당대 사회의 모순과 정면으로 맞서다가 율도국이라는 새로운 공간에서 이상적인 국가를 만든다. 작가는 현실을 넘어서는 초월적 상상력을 통해 현실의 문제를 극복하는 방법을 모색했던 것이다. 이러한 활동이 바로 문학적 상상력을 동원한 '대안 그리기'이다.

비판적 사고와 대안 이어가기 활동은 문제에 대한 비판적 사고를 통해 합리적인 대안을 모색하는 토론 수업의 본질과도 맞닿아 있다. 따라서 이 활동을 토의·토론 수업의 주된 활동으로 활용한다면 그 효과가 배가될 것이다. 그리고 인간 이해를 위한 '회의하기와 가치 유보하기'와 '반성적 사고 확장하기' 활동과 밀접하게 관련되며, 이 활동들과 연계할 때는 갈등 이해 모형이나 감정이입 모형을 기반으로 해 지도할 때 효과적으로 활용할 수 있다.

6) 유머로 관계 맺기

일반적으로 언어적 또는 정신적 자극으로 마음을 즐겁게 하거나 웃음이라는 반사행동을 일으키는 의사소통의 한 형태를 유머(humour)라고 한다. 유머에 들어 있는 분위기와 요소는 매우 다양하지만, 유머에 들어 있는 기본적이고 필요한 요소는 '공격성', '불안', '악의가 담긴 충동' 등이다. 유머의 공격성은 아이들의 짓궂은 장난이나 어른들의 고의적인 장난에서처럼 분명하게 나타날 때도 있다. 아니면 공격성은 보다 미묘하게 굴절되어, 이를

테면 말장난으로 진지한 대화를 별안간 우스꽝스러운 것으로 만들어버릴 수도 있다. 풍자가 들어 있는 위트가 공격적이라면 유머는 동정과 관용의 정신 위에서 피어나는 말이다.

소통 상황에 어울리게 말이나 글을 재치 있고 능란하게 구사하는 것은 창의적인 지적 능력에 바탕을 두고 있으며, 웃음의 대상에 대한 동정이나 연민의 감정을 수반하는 정적(情的)인 작용을 포함한다는 점에서 인성적인 측면을 발견할 수 있다. 또한 일상 언어생활에서 유머는 품격 있는 언어 사용으로 소통의 관계를 변화[82]시키지만, 부정적이고 파괴적인 기능을 수행한다는 점에서 교육적인 대처가 필요하기도 하다. 유머로 관계 맺기는 유머 감수성과 유머 표현 익히기를 목표로 다음과 같은 활동을 할 수 있다.

첫째, 유머 있는 사람의 말이나 성격의 특징을 분석한다. 주위에서 유머 있는 사람을 선정해 그 사람이 하는 말이나 성격의 특징을 찾아본다. 먼저 각자가 생각하는 유머 있는 사람의 언어적·심성적 특징을 생각나는 대로 열거한 다음에 같은 범주의 특징들을 유목화해 범주를 만들어볼 수도 있다. 대체적으로 다음과 같은 특징이 열거될 것이며, 이는 창의·인성 교육에서 추구하는 인간상의 일면이기도 하다.

언어적인 특징	성격상의 특징
- 모두가 관심 가지는 화제에 대해서 이야기한다. - 장황하게 말하지는 않지만, 다양한 표정과 몸짓을 수행해 말한다. - 격렬하게 이야기하지 않으며, 투쟁적인 어조를 사용하지 않는다. - 남의 이야기를 잘 듣는 편이며, 독서를 많이 한다. - 말하기의 전체적 상황과 맥락을 잘 살필 줄 안다. - 관찰력이 강하고 좋은 웃음거리는 연구하고 기록한다. - 표현의 다양성을 추구해 변화감을 중시하고, 언어적 퍼포먼스가 능하다.	- 사람을 사랑하며 화해적이고 사교적이며 이기적이지 않다. - 인생의 고통과 상처를 비관하지 않고 긍정적으로 극복하려 한다. - 사람들의 감성과 행동 특성을 잘 이해하고, 사람의 심리 파악에 능하다. - 세상 일어나는 일과 사람의 사는 일에 대해서 친화적 포용적 관심을 가진다. - 상황과 맥락을 잘 살피고, 창의적으로 문제를 해결하려 한다. - 독서나 영화를 좋아하며, 낙천적이고 매사에 긍정적이다. - 어려움과 고통을 잘 감내하고 너그러움의 덕성을 지니고 있다.

82 유머가 만드는 소통의 변화로는 다음과 같은 것들을 들 수 있다. 첫째, 다른 사람과의 행복한 소통을 통해 인생을 즐겁게 살도록 한다. 둘째, 생활 속의 지루하고 따분한 분위기를 쇄신하게 한다. 셋째, 지나치게 긴장된 분위기를 적절히 완화시켜준다. 넷째, 처음 만난 사람들이 서로 서먹서먹할 때 금방 친해지게 한다. 다섯째, 무안하고 민망한 상황을 자연스럽게 돌파하게 한다. 여섯째, 다툼과 갈등의 분위기를 화해의 분위기로 만들어준다. 일곱째, 자신을 적극적인 행동인으로 만들어주며 좌중의 시선을 모으게 한다.

둘째, 유머의 긍정적 가치를 인식하도록 한다. 유머는 단지 상대방을 웃기고 즐겁게 할 뿐만 아니라 자신의 어려움과 고통을 견디고 극복할 수 있는 방편이 될 수 있다. 예를 들어 김제동의 유머는 참 수준이 있다고 평가받는다. 이런 식이다.

> "저는 눈이 작아서 좋습니다. 지금까지 한 번도 아폴로 눈병에 안 걸려봤어요. 하하."
> "저는 눈이 작아서, 사람을 볼 때 눈으로 보는 것이 아니라 마음으로 봅니다. 하하하"
> "저도 고민이 있습니다. 제 이마의 주름이 고민인데……. 세상을 앞서 가려고 열심히 살았더니 엉뚱하게도 이마의 주름이 앞서갔습니다. 하하하! 아마도 하나님께서 세상을 주름잡고 살라고 주름을 주신 것 같습니다. 하하하!"
> "제가 올해 21살입니다. 하하하! 그런데 20살은 무거워서 집에 두고 다닙니다."

이 유머가 훌륭하고 값진 것은 자신의 아픔과 단점을 부정적으로 인식하지 않고 그것을 밝고 긍정적이고 유쾌한 것으로 바꾸어놓는 데 있다. 이 유머를 듣는 사람들을 흔쾌히 어떤 긍정적 분위기에 들어갈 수 있게 하는 것이다. 김제동 자신이 스스로 긍정적 강화를 받게 되는 것은 너무도 당연하다. 이처럼 각자의 단점과 아픔을 긍정적 유머로 당당히 표현해보도록 한다.

셋째, 구체적인 상황 사례를 완곡하게 표현해보는 활동이다. 언어를 다듬지 않고 함부로 사용해 상대방을 무안하게 하는 것은 품위 있는 의사소통의 분위기를 방해한다. 우리의 언어생활 전통에서는 감추지 않고 원색적으로 말해 혐오감을 가지게 하는 것을 피했다. 예를 들어 창피하고 부끄러운 일을 직접 거론하기보다는 '불미스러운 일'이라고 표현했다. '죽었다'는 사실을 두고 '세상을 떠났다', '숨을 거두었다', '작고(作故)했다' 등으로 완곡하게 표현하는 것이 바로 그러한 예이다. 이러한 완곡어법은 국어 생활에서 서로의 인격을 존중하고 삶의 품위를 갖추려는 문화 의식이라 할 수 있다. 우리의 언어생활에는 자기의 의견이나 생각을 딱 부러지게 나타내기보다는 빙 돌려서 표현하는 경우가 많다. 이처럼 우리는 직접 시비를 가리는 어법보다 완곡어법을 중시하는 경향이 있는데 품격, 인간적 존중, 체면 등의 긍정적 효과를 기대할 수 있기 때문이다. 하지만 완곡어법이 심해지면 대상의 본질이 왜곡될 수 있다.

〔완곡어법의 구체적 상황 사례〕

- 사건의 실체를 적나라하게 드러내어 표현하지 않고 돌려서 말하기(예: 불미스러운 일)
- 한문투를 사용해 추상적이고 미화된 표현으로 나타내기(예: 옥동자)
- 감정의 진실됨을 강조하기 위해서 어조를 완곡하게 표현하기(예: 머리 숙여 감사드립니다.)
- 언어 표현의 상투적 격식으로서 완곡하게 말하기(예: 감사해 마지않습니다.)
- 높임, 겸양의 격식으로서 완곡하게 표현하기(예: 세상을 떠나다.)

넷째, 다양한 소통 상황에서 유머에 대한 감수성을 기르는 활동이다. 다양한 소통 상황에서 유머를 활용해보고 그 가치를 판단하는 것이다. 비판적인 대화에서 풍자를 통해 유머를 활용하는 경우 직설적인 비판이 주는 경직된 긴장이나 민망함을 면하면서 비판적 지적의 효과는 살리도록 한다. 사람의 성격이나 기질을 풍자하는 경우 동물의 특성에 비유해 유머러스하게 표현하면 효과적이다. 일의 전개 형편이나 상황 자체를 풍자적으로 비판하는 경우는 주로 재미있는 속담을 활용할 수 있다. 윤리·도덕적 측면의 잘못을 풍자하는 경우에는 우스꽝스러운 인물(영화, 소설 등)에 빗대어서 재미있게 풍자한다. 풍자는 어디까지나 그것을 보는 사람에게 웃음의 효과를 수반하는 것이어야 한다. 지나친 자극으로 너무 비꼬아서 보는 사람을 민망하게 하는 풍자는 소통 전체의 효과로는 문제가 있다. 또한 상담 대화 상황에서 필요한 유머는 상대가 자신의 고충과 어려움을 잘 털어놓게 하기 위한 효과적인 방편이 되기도 한다. 따라서 다음과 같은 의도를 가지고 다양한 유머를 구사해볼 수도 있다.

- 반갑고 따뜻하게 응대해주는 마음을 보여주는 밝은 유머
- 나도 인간적 허점을 지닌 존재임을 보여주는 꾸밈없는 소탈한 유머
- 수치감이나 부끄러움을 느끼지 않도록 배려하는 인간 이해의 유머
- 고충이 해결된다는 희망을 가지도록 심각성을 완화하는 유머
- 지속적 신뢰로 상담이 계속되도록 안심(용기)을 주는 유머

유머 효과는 반드시 언어 표현의 상황에만 나타나는 것은 아니다. 전자 매체에서 소통할 때 재미있고 소통 친화적인 이모티콘의 활용으로 유머 효과를 낼 수 있다. 인터넷 글쓰

기에서 이모티콘은 새로운 언어 생태 또는 새로운 언어 환경으로 엄연한 현실이다. 이모티콘 사용은 언어 규범을 일탈하는 것이 아니라 기호를 통해 의미를 창조하는 것이며 상대방과의 관계 증진을 위한 소통 수단으로 활용된다는 점에서 이모티콘의 기능을 분석하고 새롭게 만들어보는 활동을 해볼 수 있다.

유머로 관계 맺기 활동은 주제·내용 중심의 수업 모형 중에서 표상할 대상을 찾아 직설적 또는 은유적으로 표상하고 그 효과를 알아보는 '은유적 사고 모형'에서 활용 가능하다. 그리고 비유로 사물 보기, 상징 만들기, 패러디하기 등과 같은 창작을 통한 창의·인성 활동과도 연계해 지도할 수도 있다.

3장 창의·인성 교수·학습 모형

1. 언어 놀이 모형

1) 언어 놀이 모형의 개관

인간은 언어로 유희를 하면서 소통한다. 언어 유희는 생활에 재미와 흥미를 주고 언어 생활에 활력을 주기도 한다. 언어를 변형해 언어 유희를 만들어내는데, 특히 언어를 능숙하게 구사하면 재미있는 언어 변형이 가능해진다. 언어 유희를 만들려면 언어의 규범·규칙을 알고 있어야 하고 이 규칙에서 의도적으로 이탈해 부가적 의미를 만들어낼 수 있어야 한다. 따라서 다양한 언어 변형을 만들려면 고도의 창의성을 필요로 한다. 언어 유희는 놀이로 다시 변형된다. 놀이판에 직접 참여해 놀고 새로운 규칙을 추가해 새로운 언어 유희를 끊임없이 만들어낸다. 상대방과 언어 놀이로 소통하고 친화력을 기르기도 한다. 언어 놀이는 창의성과 인성을 자연스럽게 습득할 수 있는 공부이자 놀이이다.

언어 놀이 모형은 크게 두 가지로 나눌 수 있다. 하나는 언어의 구조 단위인 음운, 형태, 통사, 의미 차원으로 구분해 말놀이를 함으로써 우리말의 특성을 은연중에 파악하고 언어에 대한 민감성을 익혀나가는 것이다. 이와 관련된 언어 놀이를 사례 중심으로 살펴보면 '언어 놀이 학습 모형 I'과 같다.

언어 놀이 학습 모형 I

과정	주요 활동 내용
음운 중심 놀이	- 음운(소리) 차원의 언어 놀이 예: 리 리 리 자로 끝나는 말은?
형태 중심 놀이	- 형태 차원의 언어 놀이 예: 앞으로 읽어도 뒤로 읽어도 같은 말은?
의미 중심 놀이	- 의미 차원의 언어 놀이 예: 십리 못 가 그 중간에 있는 나무는? 오리나무
소통 중심 놀이	- 소통 차원의 언어 놀이 예: 스무고개, 만담하기
언어 놀이 재구성	- 기존의 언어 놀이에 새 규칙을 추가해 언어 놀이하기

'음운 중심 놀이'는 개별 소리에 주목하거나 소리를 조합해 단어를 만드는 언어 놀이를 말한다. '리 리 리 자로 끝나는 말은' 같은 언어 놀이나 '끝말 잇기' 놀이가 그 예에 해당한다. '형태 중심 놀이'는 낱말의 형태적 특성에 바탕을 둔 놀이이다. 조사나 어미를 붙여서 문법적 관계를 만들거나 단어와 단어를 조합해 새로운 단어를 만드는 놀이이다. 예를 들어 앞으로 읽어도 뒤로 읽어도 같은 '소주만병만주소'와 같은 말 만들기가 있다. '의미 중심 놀이'는 의미의 유사성과 다의성, 동음이의성 등 단어의 의미소를 중심으로 하는 놀이이다. 동음이의어를 바탕으로 한 농담 만들기 활동이나 나무 이름에 의미를 부여해 만든 〈나무타령〉 등이 있다. '소통 중심 놀이'는 '스무 고개 놀이하기'나 '만담하기'와 같이 소통 위주의 언어 놀이로서 언어학에서는 통사론의 영역이나 화용론의 영역을 넘나들게 된다. 언어 놀이를 언어의 구조 단위를 기준으로 소리 중심, 형태 중심, 의미 중심, 소통 중심으로 나누어서 접근하면 다양한 형태의 언어 놀이를 구성할 수 있다. 언어의 구조 단위는 말놀이 규칙을 생성시키는 기본 원리가 된다. '언어 놀이 재구성'은 기존의 말놀이에 새로운 규칙을 추가해 새로운 언어 놀이를 만드는 단계이다.

'언어 놀이 학습 모형 II'는 '언어 놀이 재구성' 단계를 본격적으로 모형화한 것이다. 이 모형은 학습자들이 다양한 언어 놀이를 직접 해보고 언어 놀이의 유용성을 점차적으로 발견하고 적용해 새로운 언어 놀이를 만드는 방식의 수업 모형이다. 주요 활동 내용을 살펴보면 다음과 같다.

언어 놀이 학습 모형 II

과정	주요 활동 내용
언어에서 놀이 요소 발견하기	- 기존의 언어 놀이 발견하기 - 언어 현상 가운데 놀이 요소 찾아보기
언어 놀이 참여하기, 비교하기	- 놀이의 흥미 포인트 찾아보기 - 놀이들의 특색과 흥미 순위 매기기
언어 놀이 활용하기, 확장하기	- 언어 놀이의 규칙 정교화하기 - 언어 놀이를 새로운 상황에 맞게 활용하기 - 기존의 놀이에서 새로운 언어 놀이 확장하기

'언어 놀이 학습 모형 II'는 '언어 놀이 학습 모형 I'에 대한 메타 모형으로 볼 수 있다. 우선 기존의 언어 놀이에서 재미를 주는 요소와 특징을 찾아보고 언어 놀이 간의 특징을 서로 비교해 흥미 요소 순위를 매겨본다. 이 때 직접 언어 놀이를 체험해보고 놀이 순위를 매겨보는 것이 필요하다. 여기에서 더 나아가 언어 놀이를 활용하고 확장한다. 기존의 언어 놀이의 규칙을 보다 정교화하거나 새로운 상황에 맞게 활용하거나 확장해 새로운 언어 놀이로 만드는 것이다. 이때 창의적 사고 기법인 스캠퍼(SCAMPER)의 구성 요소가 새로운 언어 놀이 확장하기에 도움을 줄 수 있다. 대체, 결합, 적용, 변형, 대입, 제거, 재배열은 새로운 언어 놀이를 확장하는 방법을 마련해준다.

2) 언어 놀이 모형의 운용 전략

언어 놀이 모형은 다양하게 변용·확장될 수 있다. '언어 놀이 모형 I'이 언어 놀이를 만드는 기본 구조 단위로서 콘텐츠를 제공한다면, '언어 놀이 모형 II'는 기존의 언어 놀이를 다양하게 적용 및 확장할 수 있는 방법을 제공한다. 우선 언어의 구조 단위인 음운·형태·의미·통사 차원에서 언어 유희가 될 수 있는 요소를 찾아본다. 기존의 말놀이를 분석해 언어의 어느 단위에서 파생되는 유희인가를 파악하는 것도 도움이 된다. 새로운 언어 놀이를 만들 수 있는 기제이기 때문이다. '소리 중심 놀이', '형태 중심 놀이', '의미 중심 놀이', '소통 중심 놀이'는 단계별로 적용되는 모형이 아니며, 놀이의 성격에 따라 각 단계를 취사선택하거나 결합할 수 있다.

'언어 놀이 모형 II'를 통해서 언어 놀이를 적용해 확장해가도록 한다. 언어 놀이 모형 I에서 '소리 중심 놀이'를 중심으로 하고 언어 놀이 모형 II를 적용해 언어 놀이를 확장할 수 있다. 예를 들어 의미 중심 놀이인 〈나무타령〉을 배우고 언어 놀이 모형 II에 적용한다. 언어 놀이 요소와 이 놀이의 흥미 포인트를 찾아보고, 이것을 스마트폰 환경에 맞추어 카톡으로 타령 주고받기를 하거나 학습자들의 관심이나 흥미 위주의 새로운 타령을 만들 수 있다.

언어 놀이 모형은 '언어적 유희 참여하기' 활동과 관련된다. '언어적 유희 참여하기' 활동을 보다 체계화해 모형화한 것이 '언어 놀이 모형 I'이라 할 수 있다. 속담이나 관용어 속에 내재되어 있는 언어의 유희를 활용한다는 점에서 '관용어 속의 문화 읽기' 활동은 언어 놀이 모형의 하위 활동이 된다. 또한 의미의 다층성에서 의미를 파생시키는 '패러디하기' 활동 역시 의미 중심의 언어 유희가 될 수 있다. 넓게는 '비유로 사물 보기'나 '상징 만들기'는 언어의 민감성을 토대로 한 언어 다루기 활동으로 언어 놀이 모형의 관련 활동으로 범주화할 수 있다.

언어 놀이 모형은 국어 교과 시간뿐만 아니라 재량 활동이나 창의적 체험 활동 시간에 함께 참여해 즐길 수 있는 놀이이기도 하다. 또한 학기 초나 학기 말에 친목 도모를 위한 레크리에이션 활동으로 유용하게 사용될 수 있으며, 학습의 동기를 높여주기 위한 동기 유발 자료로도 활용 가치가 높다. 언어 놀이가 학습자들 간의 놀이 문화로 자리 매김하는 것이 가장 이상적이다. 이는 우리 조상들이 파자 놀이나 차자 놀이를 했듯이 학습자들이 쉬는 시간이나 여가 시간에 언어 놀이를 스스로 향유하는 것을 말한다.

3) 언어 놀이 모형의 교육과정적 접근

국어과 교육과정에서 언어 놀이 모형을 활용해 지도하기에 용이한 내용은 다음과 같다.

• (1) 여러 가지 말놀이에 즐겨 참여한다.

• (2) 재미있는 글에 나타난 상황을 상상한다.
• (3) 낱말과 낱말 간의 의미 관계를 이해한다.

(1)은 말놀이를 통해 언어에 대한 관심을 높이고 어휘 능력, 추론력, 사회적 상호작용 능력을 향상시키기 위해 설정한 성취 기준이다. 말놀이는 말을 주고받으며 즐기는 놀이로 스무고개, 수수께끼, 끝말 이어가기, 말 전하기, 새말 짓기, 빨리 발음하기, 어려운 문장 말하기 등이 있다. 말놀이는 단순한 놀이에서 그치는 것이 아니라 어휘 능력과 추론력을 높여주고 사회적 상호작용을 촉진하는 데도 기여할 수 있다. 이 성취 기준은 여러 가지 말놀이의 규칙과 요령을 익히고 즐겁게 참여하는 데 중점을 둔 것으로 '음운 중심 놀이', '형태 중심 놀이', '의미 중심 놀이', '소통 중심 놀이'가 모두 학습 활동의 대상이 된다.

(2)는 글에서 재미를 유발하는 상황이나 표현을 충분히 상상하거나 음미해 즐거움을 주는 데 중점을 둔다. 말장난이나 반어, 돌려 말하기 등 재미를 유발하는 표현을 인식하고, 이들 표현이 연상시키는 상황을 상상함으로써 상황의 연관성과 표현의 어울림을 깨닫고 재미있는 표현의 묘미를 느낄 수 있도록 한다. 재미있는 내용과 표현을 담은 유머, 난센스 퀴즈, 수수께끼 등이 포함되는데 언어 놀이 모형의 주요 활동 내용이 될 수 있다. 언어 놀이 학습 모형 II와 관련해 기존의 언어 현상 가운데서 놀이가 될 수 있는 요소를 찾아보거나 언어 놀이의 흥미 포인트를 찾고 놀이 특색을 찾아 비교하는 활동을 할 수 있다.

(3)은 낱말과 낱말 간의 의미 관계를 지도해 낱말들이 서로 어떤 관계를 맺을 수 있는지 이해하는 데 중점을 두고 있다. 유의 관계와 반의 관계의 개념에 대한 이해를 바탕으로 여러 낱말들에 흥미를 가지고 더 많은 낱말을 알게 한다. 낱말 간의 관계를 중심으로 언어 놀이 활동을 구성할 수 있는데 예를 들어 유의어나 반의어를 넣어 짧은 글을 쓰거나 문장을 완성하는 활동이 이에 해당한다.

교육과정 성취 기준과 관련 교과서 단원을 토대로 '다양한 언어 놀이에 즐겁게 참여할 수 있다'를 수업 모형의 지도 목표로 설정했다. 언어 놀이 모형을 기반으로 관련 교육과정과 연계 교과서를 분석해 수업 목표를 추출하는 과정을 정리하면 다음과 같다.

	성취 기준	내용 요소의 예
관련 교육과정	여러 가지 말놀이에 즐겨 참여한다.	• 알맞은 말놀이 선정하기 • 말놀이의 규칙 이해하고 지키기 • 말놀이에 즐겁게 참여하기
	재미있는 글에 나타난 상황을 상상한다.	• 글에 나타난 상황을 상상하기 • 재미있는 표현을 찾아 정리하기 • 웃음을 유발하는 글의 효과 이해하기
	낱말과 낱말 간의 의미관계를 이해한다.	• 유의관계, 반의관계 등의 개념 이해하기 • 낱말들 간의 의미관계를 바탕으로 어휘 더 알기 • 낱말들 간의 다양한 의미관계에 관심 가지기

⇩

수업 목표	• 다양한 언어 놀이에 즐겁게 참여할 수 있다.

⇧

연계 교과서 단원 목표	다양한 방법으로 말놀이를 할 수 있다.

이 수업은 학생들이 말놀이에 즐겨 참여하게 하는 데 목적을 둔다. 교과서에서는 '끝말 잇기 놀이', '말 덧붙이기 놀이' 등 다양한 언어 놀이를 하면서 언어적 유희를 경험하도록 한다. 언어적 유희를 통한 말놀이는 창의성과 상상력을 기르는 경험이다. 말놀이의 맛을 즐기려면 학습자들이 실제로 말놀이를 해보는 것과 말놀이의 놀이 요소를 활용해 확장하는 경험이 중요하다. 여기서는 '언어 놀이 학습 모형 I'로 언어 놀이를 재구성하는 활동과 '언어 놀이 학습 모형 II'를 중심으로 기존의 언어 놀이를 비교하면서 언어 놀이를 확장하는 활동을 중심으로 설계했다.

4) 언어 놀이 모형의 적용 사례: 말놀이 한마당

(1) 학습 목표

이 수업은 '다양한 언어 놀이에 즐겁게 참여할 수 있다'를 목표로 삼아 '언어적 유희 참여하기', '모의 놀이하기' 창의·인성 활동에 기반을 두어 구성했다. 이 수업의 목표와 차시별 학습 목표를 정리하면 다음과 같다.

수업 목표: 다양한 언어 놀이에 즐겁게 참여할 수 있다.

차시별 학습 목표		언어 놀이 모형의 주요 활동
1차시 〈교과서 연계〉	다양한 방법으로 '말 덧붙이기 놀이'를 할 수 있다.	소통 중심 언어 놀이하기 – 언어 놀이 재구성하기
2~3차시	다양한 언어 놀이를 확장해 즐겨 참여할 수 있다.	언어에서 놀이 요소 발견하기 – 언어 놀이 참여하기·비교하기 – 언어 놀이 확장하기

이 수업은 다양한 언어 놀이에 즐겨 참여하게 하기 위해 언어 놀이 모형에 기반을 두어 구안되었다. 1차시는 교과서와 연계되는 차시로 '말 덧붙이기 놀이'를 해보고, 이 놀이를 재구성해 '말 덧붙이기 놀이 업그레이드 버전[1]'을 구안했다. 2~3차시는 다양한 언어 놀이를 하는 활동으로 학습자들이 알고 있는 언어 놀이를 모두 나열해보고 즐겨 할 수 있는 언어 놀이를 선택하는 활동을 한다. 언어 놀이의 역동성을 위해 수업을 모둠별 게임식으로 구성했다. 언어 놀이에 직접 참여하고 비교해보면서 언어 놀이를 확장하는 데 중점을 둔다. 무엇보다도 학습자들이 실제로 언어 놀이를 하면서 언어적 유희를 즐기는 데 목적을 둔다.

(2) 창의·인성 교육 요소

언어적 유희를 즐기려면 언어에 대한 예민한 감각으로 민감하게 반응해야 한다. 이를 '언어적 감수성'이라 할 수 있다. 진부하고 상투적인 언어의 사용을 피하고 참신하고 유연하게 언어를 사용하는 확산적 사고도 필요하다. 또한 놀이 자체에 흥미를 지속적으로 유지해야 한다. 언어 놀이가 원만하게 이루어지 위해서는 놀이 규칙을 이해하고 협의하는 과정에서 '의사결정 능력'과 자기 역할에 최선을 다하는 책임감이 필요하다. 언어 놀이 모형을 기반으로 한 수업과 관련된 창의·인성 교육 요소를 살펴보면 다음과 같다.

1 언어 놀이 모형은 놀이나 게임이 주축이 된 학습 모형이므로 재구성한 놀이를 '업그레이드 버전'이라는 용어를 사용했다. 학습자들은 인터넷 게임에 익숙하기 때문에 '업그레이드 버전'이 외국어이나 친숙하고 정확하게 의미를 수용할 수 있는 용어라고 판단된다.

창의성 교육 요소
감수성 확산적 사고
흥미

인성 교육 요소
의사결정 능력 책임

이 수업의 계획 및 실행에서 가장 중점을 두고 있는 요소는 창의성 교육 요소인 '감수성'과 '확산적 사고'이며, '창의 중심 지도 범주'에 속한다.

(3) 주요 학습 활동 및 내용

〈1차시〉 '말 덧붙이기 놀이' 하기

1차시는 교과서 연계 차시로 교과서 학습 활동인 '말 덧붙이기 놀이'를 한 후 놀이를 확장해 '말 덧붙이기 놀이 업그레이드 버전'을 추가한다.

동기 유발 및 학습 목표 확인하기: 흥미

- 마음 열기 또는 생각 펼치기
  - 〈시장에 가면〉 노래를 4박자로 불러보기
- 학습 목표 안내
  - 다양한 방법으로 말 덧붙이기 놀이를 할 수 있다.

말 덧붙이기 놀이하기: 흥미, 확산적 사고

- 말 덧붙이기 놀이 방법 알기
  - 처음 사람이 "시장에 가면 ○○○도 있고"의 형태로 말하기
  - 두 번째 사람이 처음 사람의 말에 하나의 낱말을 덧붙이기
    예) 시장에 가면 생선도 있고, 떡볶이도 있고
  - 세 번째 사람은 두 번째 사람이 한 말에 낱말 하나를 덧붙이기
    예) 시장에 가면 생선도 있고, 떡볶이도 있고, 운동화도 있고
- 말 덧붙이기 놀이하기
  - 모둠별로 '시장'을 중심으로 '말 덧붙이기 놀이하기'

* 놀이에 흥미 요소를 추가하기 위해서는 놀이에서 진 사람에게 간단한 벌칙을 줄 수 있다.

장소를 바꾸어 말 덧붙이기 놀이하기: 흥미, 확산적 사고

• 장소를 바꾸어 말 덧붙이기 놀이하기

- '우리 집에 가면', '교실에 가면', '놀이터에 가면'으로 장소를 바꾸어 말 덧붙이기 놀이하기

  * 각 장소에 어울리는 사물의 이름을 대야 한다.

업그레이드 버전 말 덧붙이기 놀이하기: 흥미, 확산적 사고, 감수성

• 사물과 사물의 단위를 덧붙여 말 덧붙이기 놀이하기

- 말 덧붙이기 놀이를 하되, 열거하는 사물에 단위까지 추가하는 방식으로 놀이를 재구성한다.
- 첫 번째 사람은 '시장에 가서 물건을 사자. 공책 세 권'이라고 말한다.
- 두 번째 사람은 '시장에 가서 물건을 사자. 공책 세 권, 양말 두 켤레'라고 말한다.
- 세 번째 사람은 '시장에 가서 물건을 사자. 공책 세 권, 양말 두 켤레, 김밥 한 줄'이라고 말한다.

  * 말 덧붙이기 놀이와 같은 방식이되 사물의 단위까지 덧붙이기 때문에 사물에 대한 단위 인식을 요구하며, 암기 요소에 대한 인지적 부담이 추가되는 놀이 형태이다.
  * 장소를 바꾸고 사물에 단위까지 붙여서 말 덧붙이기 놀이를 할 수도 있다.

놀이 정리하기: 의사결정 능력, 책임

• 놀이왕 선발하기

- '말 덧붙이기 놀이'도 놀이 형태이므로 최후까지 승자가 된 놀이왕을 선발하거나 진 사람에게는 간단하게 벌칙을 주는 방식으로 진행한다.

〈2~3차시〉 언어 놀이 확장해 참여하기

2~3차시는 '언어 놀이 한마당' 형태로 기존에 했던 다양한 언어 놀이를 통합 운영하는 것이 효과적이다.

언어 놀이 발견하기: 확산적 사고, 감수성

- 다양한 언어 놀이 소개하기
  - 다양한 형식의 '끝말 잇기'
  - 말 덧붙이기 놀이
  - 절대음감 놀이
  - 꽁지따기 놀이
  - 말 만들기 놀이
  - 스무고개 놀이
  - 어려운 문장 말하기 놀이

  * '끝말 잇기', '말 덧붙이기 놀이', '스무고개 놀이'는 교과서 관련 놀이이다.
  * '절대음감 놀이'는 다섯 음절로 구성된 단어의 각 음절을 차례대로 바꾸어가면서 악센트를 주어서 말하는 놀이이다.
  * '꽁지따기 놀이'는 하나의 특징을 찾아 그것의 특징을 똑같이 가지고 있는 사물을 찾아 연결하는 놀이이다. 잘 알고 있는 '원숭이 엉덩이는 빨개, 빨가면 사과……'가 이에 해당한다.
  * '말 만들기 놀이'는 학생들이 쪽지에 낱말을 적어 낱말 제비를 모은다. 놀이하는 사람은 쪽지를 뽑아서 이 쪽지에 들어간 말을 넣어 문장을 만드는 놀이이다. 놀이의 흥미를 위해서는 숫자 쪽지(1~5)도 함께 뽑아서 제시된 숫자만큼 쪽지를 뽑고 쪽지에 나온 낱말을 모두 조합해 한 문장으로 만들게 한다. 예를 들어, 숫자 3을 뽑았으면 낱말 쪽지를 세 장 뽑는다. 뽑은 낱말 쪽지에 '파도', '바보', '뛰어가다'가 있을 경우 이 낱말을 연결해 '철썩이는 파도 위에서 뛰어가는 모습이 바보 같다'와 같이 말하면 된다. 숫자 5를 뽑을 경우 문장 속에서 사용해야 할 낱말이 5개가 되는 것이다.
  * '어려운 문장 말하기 놀이'는 발음하기 어려운 문장을 만들어서 말하는 놀이로

'잰말놀이'라고 한다. '간장공장 공장장은 간 공장장이고, 된장공장 공장장은 강 공장장이다'와 같이 발음하기 어려운 문장을 만들어서 빨리 말하는 놀이이다.

언어 놀이 참여하기: 감수성, 흥미, 의사결정 능력

- 모둠 편성하기
  - 모둠을 편성하여 다양한 언어 놀이를 한다.
  - 모둠별로 다양한 놀이를 해보고 특정 놀이를 잘하는 사람을 선발한다.
    * 선발된 사람이 특정 놀이를 할 때 모둠 대표로 참여하는 방식으로 한다.
- 모둠별로 놀이하기
  - 모둠별 대항을 할 언어 놀이 선택하기
  - 선택한 놀이를 모둠별로 해 보고 놀이별 대표 뽑기

언어 놀이 비교하기: 감수성, 흥미, 의사결정 능력

- 모둠 대항 언어 놀이하기
  - 각 놀이마다 모둠 대표를 선정하고, 이 모둠 대표가 각각의 언어 놀이하기
  - 다른 친구들은 언어 놀이를 하는 모습을 보고, 각각의 언어 놀이의 특색과 흥미 순위를 매기기
    * 언어 놀이에 이긴 사람과 진 사람에게 적절한 보상과 벌칙이 주어지도록 수업을 기획한다. 놀이에서 보상과 벌칙은 놀이의 흥미와 즐거움을 가미하는 요소가 된다.

언어 놀이 확장하기: 개방성, 흥미, 책임

- 흥미 순위가 높은 언어 놀이 확장하기
  - 학생들이 뽑은 흥미 순위가 높은 언어 놀이를 선택하기
  - 선택한 언어 놀이 변형하거나 확장하기

* 놀이 규칙의 변형, 놀이 규칙의 추가, 참여하는 인원 수, 수행하는 벌칙 등 다양한 형태로 언어 놀이가 확장될 수 있다.

언어 놀이 활용하기: 흥미, 의사결정 능력, 책임

- 일상의 언어 생활에서 할 수 있는 놀이 형태를 개발해 활용하기
  - 특정 단어 말하지 않기 놀이
    예) '대박', '쩔어'라는 말 하지 않기, 영어 단어 사용하지 않기 등과 같이 특정 단어를 정해놓는다.
  - 세 시간 침묵 수행 놀이(침묵 수행에 걸린 학생에게만 적용하는 규칙이다.)
  - 말하기 단위가 4음절이 되도록 문장 구성해 말하기 놀이
    예) '우리집에/ 네시까지/ 와줄거지'와 같이 말하는 놀이이다. 가령 '우리집에/ 네시에/ 와라'라고 말하면 4음절이 되지 않으므로 규칙에 위배된다.
    * 언어 놀이는 규칙만 적용하면 일상 언어 생활 중에서도 할 수 있는 놀이이다. '수업이 끝난 후 방과 후까지' 또는 '내일 하루 종일'과 같이 특정 시간을 정해 언어 놀이를 유지할 수 있다.

(4) 평가

교과서 중심의 수업에서는 성취 기준인 '즐거운 마음으로 말놀이를 할 수 있다'에 초점을 두어 평가한다. 하지만 창의·인성 교육 요소를 부각해 놀이를 하는 과정에서 다음과 같이 평가할 수 있다.

창의성	• 재구성된 '말 전하기 놀이'의 규칙을 잘 지키며 놀이를 할 수 있는가? • 다양한 형식의 언어 놀이의 방법을 민첩하게 수용할 수 있는가?
인성	• '말 전하기 놀이'의 규칙을 잘 지키며 놀이를 할 수 있는가? • 모둠원과 협력해 언어 놀이 대표 참가자를 선별하는가?
창의·인성	• 기존의 언어 놀이를 변형하고 확장해 새로운 놀이로 만들 수 있는가? • 일상의 언어 생활에서 언어 놀이의 규칙을 만들고 지켜가며 지속적으로 언어 놀이에 참여하는가?

이와 같이 전체적인 평가 계획을 수립하되 특정 언어 놀이가 가지는 창의·인성적 속성에 초점을 두어 평가할 수도 있다. '언어 놀이를 빠르게 습득하고 잘하는가'와 '언어 놀이 자체에 즐겨서 참여하는가'를 창의성과 인성의 요소로 각각 평가한다.

2. 가치 탐구 모형

1) 가치 탐구 모형의 개관

가치 탐구 학습은 주입식으로 가치를 받아들이는 학습법이 아니라 가치를 학생 나름대로 발견하고 정당화해보는 학습법이다. 따라서 가치 탐구 학습은 가치를 일방적으로 강요하거나 주입하는 교육이나 가치를 명제화된 지식의 형태로 제시하고 이를 반복하고 암기해 무비판적으로 수용하는 가치 교육을 지양한다. 가치를 둘러싸고 있는 맥락, 가치를 정당화하는 근거, 어떤 가치와 대립되는 가치와 반론들에 대해 스스로 탐구해보면서 인간의 삶과 사회, 자연과 우주에 대해 느끼고 고민하면서 자신만의 가치를 구성하는 과정을 유도하는 것이 가치 탐구 학습의 목적이다. 가치 탐구 학습은 주로 도덕과 수업에서 원용되어왔다. 그러나 조금만 유연하게 생각해보면 국어과 문학 영역 학습에서 창의·인성의 자질들을 인지의 차원에서 형성하고, 다시 그것을 태도로 내면화해 형성하는 데 가치 탐구 모형이 일정한 기여를 할 수 있음을 알 수 있다.

문학 작품은 현실을 언어로 재현하는 형상물이므로 불가피하게 가치를 반영하고 가치로서 작용한다. 가치 탐구 수업 모형은 문학 작품에 대한 학습자들의 해석과 사고를 내용 면에서 더욱 심화시키는 효과를 가지게 하는 데 유용하다. 특히 국어과에서는 기능(전략) 중심의 학습 영역이 한 축을 형성한다면, 그와는 다른 차원에서 텍스트에 내재하는 또는 텍스트의 맥락으로 작용하는 가치나 이념의 학습 영역이 있다는 것을 보여준다. 동시에 '언어'와 '사고(가치)'가 불가분의 관계임을 체득하게 하는 데도 이 모형이 유용하다.

가치 탐구 모형

과정	주요 활동 내용
사건 분석하기	작품 세계를 재현된 상황에 따라 이해하는 활동을 한다. 예를 들어 논리성과 총체성의 이해를 위한 사건의 인과적 관련 이해하기, 사건의 방향 예측하기 등의 활동이 가능하다.
인물의 생각 찾기	사건의 맥락과 배경을 참조해 인물의 생각과 의식을 찾아내는 활동을 한다. 인물의 드러난 생각 또는 숨은 생각 찾기, 생각의 흐름 찾기 등의 활동이 이루어진다.

가치 찾아보기	가치를 찾아보는 방법은 인물의 생각 일반화하기, 인물의 생각을 현실에서 발견하기, 인물의 생각을 현실 가치와 호응시키기 등이 있다.
가치 합리화하기 (내면화하기)	가치 합리화는 가치를 내면화하는 과정으로 인물의 생각에 맞서보기 또는 옹호하기, 인물의 생각 확장해보기, 인물을 현실에서 재생해보기 등과 같은 활동이 있다.

여기서는 창의와 인성의 자질을 익히고 키우는 데 주안점을 두고 가치 탐구 모형을 적용하였으며, 주로 내러티브 제재들을 중심으로 수업이 이루어지는 것을 전제로 했다. 가치의 주체는 인물이고, 그 인물을 이해하는 상황이 사건이다. 그 맥락 안에서 가치를 발견하고 해석하는 활동이 일어나도록 하는 것이 중요하다. 이러한 가치 탐구 모형의 일반적인 과정과 주요 활동은 다음과 같이 구체화할 수 있다.[2]

가치 탐구 모형에서 '사건 분석하기'는 어떤 상황과 사건 속에서 가치의 충돌이 발생하는지에 대한 사실적 이해 활동이다. 작품 속에서 가치의 충돌은 사건을 통해 이루어진다. 가치는 작품 속의 세계가 가지고 있는 전체적인 맥락 속에서 형성되고 충돌하며 하나 혹은 다수의 사건을 이루면서 작품을 만들어간다. 따라서 사건 분석하기는 실제 작품을 읽고 작품 안의 가치 대립과 갈등·해소가 어떤 사건을 통해 형상화되고 있는지를 파악하는 활동이며, 작품 안에 재현된 상황을 인과관계와 작품의 구조·논리에 따라 명확히 이해하는 활동이다. 작품 속에서 가치의 갈등이 일어나는 상황의 구도를 그려보는 활동이며, 개별 사건의 이해도 중요하지만 전체적인 맥락을 이해하는 것에 초점이 있는 활동이다. 또한 사실적으로 이해하는 것이 목적인 단계이지만, 이후 학습자가 자신의 처한 상황에서 갈등 관계를 해석하고 자신의 의견을 제시할 수 있어야 하므로 사건에 대한 사실적 이해 단계

2 국어과 교사용 지도서에 소개된 가치 탐구 학습 모형과도 유사하다. 하지만 기존에 국어과에서 수용된 가치 탐구 학습 모형이 절차적으로 각각의 단계에 따른 주요 활동을 제시했다면, 여기에서 가치 탐구 모형의 하위 과정은 제시 형식은 비슷하지만 각각의 과정을 단계적이고 절차적이라기보다 임의적이고 선택적으로 활용해야 한다는 인식이 전제되어 있다는 점에서 차별화된다.

단계	주요 활동	
문제 분석하기	• 동기유발 • 학습의 필요성 또는 중요성 확인	• 학습 문제 확인 • 문제 상황 분석
가치 확인하기	• 가치 발견 또는 추출	• 발견 또는 추출한 가치의 근거 확인
가치 평가하기	• 가치의 비교 및 평가	• 가치의 선택
가치 일반화	• 가치 일반화	

에서부터 배경이나 인물에 대한 이미지를 포착할 수 있도록 실제 상황과 연관해 연상해보는 활동이 필요하다.

'인물의 생각 찾기'는 사건 이해하기를 통해 그려진 작품 속 사건의 구도 속에서 각각의 인물들이 어디에 위치하는지를 살펴보는 활동이다. 사건의 전개에 따라 가치의 충돌과 갈등이 형상화되는 과정에서 작품 속의 가치들은 인물의 생각과 행동을 통해 상징적으로 드러난다. 인물의 생각 찾기도 사실적 이해에 중점을 두는 활동으로 가치의 충돌과 갈등 속에서 인물들은 어떤 입장을 취하고 있는지를 살펴보는 활동이다.

'사건 이해하기'와 '인물의 생각 찾기'는 본격적인 가치 탐구 활동 이전에 작품에 대한 이해에 초점을 둔 활동으로 작품의 사실적 요소들에 대한 정확한 이해를 목적으로 한다. 그러나 본격적인 가치 탐구를 위해 작품의 상황을 학습자들의 현실과 연관시킬 필요가 있다. 작품을 구조적으로 이해하는 활동뿐만 아니라 연관된 경험을 떠올려 가치 갈등이 일어나는 상황을 학습자가 현실 상황에서 생각해보고 체험할 수 있도록 유도하는 것이 바람직하다.

'가치 찾아보기'는 이전 활동을 통해 사건의 전개 속에서 인물의 위치를 파악한 후에 그것이 상징하는 것이 무엇인지에 대해 추론하고, 나아가 작품 속에서 충돌하고 있는 가치를 추상화·일반화하는 활동이다. 말하자면 본격적인 가치 탐구를 위해 '가치' 자체를 대상화하기 위한 활동이다. '인물의 생각 찾기' 단계까지는 사건이 발생하는 구체적인 상황과 맥락, 인물의 행동과 태도·생각을 정리하는 활동이 이루어졌다면, '가치 찾아보기'는 그러한 활동을 통해 작품 속에서 전반적으로 대립하고 있는 가치들을 추출하고 어떤 인물 또는 어떤 행동이 어떤 가치를 표상하고 있는지를 정리하는 단계라고 할 수 있다. 작품 속에 드러나는 가치들은 명확하게 대립적 구도를 가지고 나타날 수도 있지만 그렇지 않은 경우가 많으며, 따라서 학습자에 따라 포착해 문제 삼는 가치가 다르게 나타날 수 있다. 이런 경우에는 교사가 학습자가 도출해낸 가치의 대립 구도를 일방적으로 교정하기보다는 발표와 토론을 통해 그 이유를 스스로 살펴보고 공유하면서 타당한 합리성을 가지고 있는 의견으로 인정되면 그 의견을 수용해주어야 한다.

이 단계는 가치를 추상화·대상화해 작품의 내용을 넘어서는 가치 탐구의 계기를 만드는 것이 목적이다. 가치 탐구 모형은 작품의 내용에 대한 심도 있는 토론이라기보다는 작품을 바탕으로 새로운 사고와 토론을 이끌어내는 활동을 유도하는 모형이다. 작품에 나타난 가치를 체험해보고 자신의 처지에서 서로 의견을 나누어보는 활동이기 때문에 작품에 대한 사실적 이해가 바탕이 되기는 하지만 지나치게 작품 내용에 얽매일 필요는 없다. 따라서 작품의 구체적인 형상화 양상을 통해 이해한 가치를 개념화해 대상화할 필요가 있으며, 이를 통해 해당 가치를 작품에서뿐만 아니라 현실 상황에서 적용해 보고 생산적으로 논의할 수 있는 기회를 제공할 수 있다.

가치가 형상화되고 충돌하는 상황과 인물이 표상하고 있는 가치에 대한 탐색을 마친 후에 해당 가치들에 대한 근거를 찾는 활동으로 이어질 수 있다. 이 과정은 학습자가 찾아낸 가치들 중에 스스로 합리적이거나 좋다고 생각하는 가치를 선택하게 한 후 그 가치가 옳다고 생각하는 이유를 작품 내외에서 찾는 활동을 한다. 이 활동의 핵심은 작품 속에 나타나는 가치가 단지 신념 차원의 선언적 가치라기보다는 작품의 내용, 인간의 삶과 세계의 모습을 통해 뒷받침되고 설명되는 가치라는 것을 인식하는 것이다. 그리고 그러한 가치를 자신의 삶 속에서 근거를 찾아 다시 설명하고 정당화해보는 체험을 하는 것이다. 따라서 가치에 대한 근거를 작품 안에서 찾을 때에는 작품에 대한 꼼꼼한 읽기가 바탕이 되어야 한다. 작품 속에는 나타난 가치에 개연성을 부여하기 위한 상징적 소재들, 각종 복선과 암시들이 들어있으며, 이를 파악해 자신이 선택한 가치를 합리화하는 근거로 삼을 수 있다. 또한 작품 속에서 정당화되는 가치들은 작품의 전체적인 맥락 속에서 정당화되는 것이기 때문에 작품 속의 사실을 바탕으로 가치를 정당화할 때에는 그 사실이 제시된 맥락을 함께 고려해야 한다. 작품 바깥에서 근거를 찾는 것은 작품의 내용을 바탕으로 정당화된 가치가 실제 자신의 삶 속에서는 어떤 관계구도 속에서 정당화될 수 있는지를 생각해보는 활동이다. 발산적 사고를 통해 고려할 수 있는 경험의 폭을 넓히는 것이 좋으며, 자신의 직접 경험과 함께 다양한 매체에 나타나 있는 경험 양상도 폭넓게 활용할 수 있도록 한다. 실제 생활 속에서 경험했던 일화를 소개하는 것은 다른 학습자에게 실감을 주고, 공감을 얻기 쉽지만 논리적 인과관계 없이 흥밋거리에 그치거나 감정에만 호소하는 오류를 범하기 쉬우니, 일화 소개에만 그칠 것이 아니라 그 일화의 의미와 소개하는 의도를 명확히 밝히도록 유도한다.

'가치 합리화하기'는 찾은 가치들을 학습자들이 공유하고 검증함으로써 가치를 재구성 또는 내면화하는 단계이다. 이전 활동을 통해 작품 속에서 가치를 추출하고 그 가치를 뒷받침할 수 있는 근거들을 수집한 후 자기 스스로가 선택한 가치를 대변하는 논리를 세워 다른 학습자들과 소통하는 활동이다. 이 활동은 작품 속에 나타난 가치 대립에 대해 보다 실천적이고 현실적인 맥락에서 생각을 전개하고 작품에 대한 공감적 이해와 발산적 사고뿐만 아니라 의견 공유와 조정 과정으로 가치의 공동체적 소통까지 경험할 수 있는 활동이다.

이 활동에서는 가치를 둘러싼 학습자들의 소통이 활발하고 생산적으로 진행될 수 있도록 유도하는 교사의 역할이 중요하다. 학습자의 삶의 맥락에서 다양한 사고와 이야기를 유도하다보면 논리적인 의견보다는 일화의 흥미도와 학습자의 성격 특성 등을 바탕으로 흥미 위주의 이야기나 억지스런 의견들이 주가 되어 소통의 의미를 잊게 되는 상황이 벌어지기 쉽다. 따라서 다소간의 통제가 필요한데 발언권을 제한하는 등의 직접적인 통제보다는 지속적인 설명을 요구하는 추가질문 등으로 무책임한 발언을 통제하는 방식 등이 적절하다. 또한 이전 활동들을 바탕으로 학습자들의 가치 체험이 절정에 이르는 활동이므로 스스로 몰입할 수 있게 하는 것이 중요하다. 이때 역할 놀이와 같은 놀이 차원의 접근도 고려해 봄직하다. 그리고 직접적인 토론으로 가치를 소통하고 공유할 수도 있다. 직접적인 토론 방식은 학습자가 다소 딱딱하고 접근이 어렵다고 느끼기 쉽다는 단점이 있으나, 밀도 있는 의견 교환이 가능하다는 장점이 있다. 물론 두 방식을 절충해 역할 놀이 방식을 취하되 직접적인 의견 교환이 이루어질 수 있도록 배경이나 조건을 설정하는 것도 한 방법이 될 수 있다. 그리고 역할과 상황을 설정할 때에는 꼭 작품에 직접 드러난 인물이 아니어도 상관없다. 작품의 전체 맥락 속에서 가능한 인물을 가상으로 설정해 토론 상황을 구성하는 것도 좋은 방법이 될 수 있다.

2) 가치 탐구 모형의 운용 전략

가치 탐구 모형은 이야기를 가치 탐구 수단으로서 활용함으로써 역할 놀이 모형과 연계할 수 있다. 가치를 찾고 근거를 찾는 과정에서 작품의 배경 속에서 가능한 구체적인 맥락과 자신의 경험을 바탕으로 각각의 가치를 정당화할 수 있는 이야기들을 상상력을 발휘해 구성한다. 이렇게 만들어진 이야기를 역할 놀이를 통해 구현함으로써 역동적인 수업이 가능하게 된다. 역할 놀이 모형은 학습자 스스로가 가상의 역할 놀이를 통해 학습 내용을 직접 체험하는 것으로, 가치 탐구 모형과 함께 사용하면 학습자가 가치에 대해 명제적인 이해를 넘어서서 자기 삶의 맥락에서 보다 다양하고 구체화된 이해를 할 수 있게 된다. 역할 놀이를 통해 직접 인물이 되어 연기하면서 인물과 그 인물이 가지고 있는 가치를 자신의 삶으로 끌어와 다양한 이야기들로 구체성을 부여해 정당화하면서 작품의 상황과 인물의 이야기에 몰입하면서 이해를 심화하고 내면화하는 것이다. 그리고 상대와 토론하는 상황의 역할 놀이를 통해 상대에게 자신의 가치와 상황을 설명하고 상대의 가치를 이해해 갈등을 해소하는 과정도 체험할 수 있다.

가치 탐구 모형의 구체적인 실현을 위한 활동으로는 인물 현동화하기, 가치 유보하기, 집단 창작하기 등을 들 수 있다. '인물 현동화하기'는 인물을 현실의 세계로 끌어내어 구체화시킴으로써 작품에 대해 확산적으로 사고하고 이해를 심화하는 활동으로 상상력을 통한 창의적 사고와 작품 속 인물과 현실 맥락의 접목에 대한 유추적 사고가 결합되는 활동이다. 실제 교수·학습 상황에서는 인물과 인물이 가진 가치에 대해 보다 현실적이고 구체화된 맥락에서 살펴볼 수 있도록 '인물 현동화하기'의 요소를 적용할 수 있으며, 학습자가 새로운 상황을 설정하고 그 상황 속에서 해당 인물들을 연기하는 활동을 구성할 수 있다.

'가치 유보하기'는 작품 속 인물과 사건에 대해 판단을 유보하면서 가치를 탐구하는 활동이다. 이해할 수 없는 인물과 사건을 접했을 때 그것을 거부하거나 비난하는 것이 아니라 일단 인정하고 가치 판단을 유보한 후에 그것에 대해 자세히 탐구해보는 활동으로, 모호함에 대한 참을성과 연관되며 해석의 다원성을 여는 계기가 된다. 가치 탐구 활동을 통해 가치에 대해 논쟁적인 상황이 교실 안에 연출되면 서로의 가치에 대해 지금 당장 이해하지 못하더라도 일단 배려하고 존중하는 태도가 특히 중요하게 되며, 따라서 가치 유보하기는 활동의 태도 측면에서 학습자들에게 강조되어야 한다.

'집단 창작하기'는 집단으로 작품을 창작하는 활동으로 협동을 통해 학습자 서로의 창의성이 상승효과를 일으키며 창작에 어려움을 느끼는 학습자들이 좀 더 쉽게 창작에 접근할 수 있게 하는 효과를 기대할 수 있다. 실제 교수·학습 상황에서 가치에 대한 탐구는 다소 추상적인 사고와 판단 능력을 필요로 하기 때문에 학습자들이 생산적인 논의로 나아가지 못하는 경우가 있을 수 있다. 이런 경우 가치의 근거가 되는 이야기를 구성하는 활동에 집단 창작하기를 적용하여 보다 다양하고 구체적인 이야기가 만들어질 수 있도록 유도한다.

3) 가치 탐구 모형의 교육과정적 접근

국어과 교육과정에서 가치 탐구 모형을 적용하기에 적절한 내용은 다음과 같다.

- (1) 의견이 대립되는 논제를 정해 규칙을 지키면서 토론한다.
- (2) 전기문을 읽고 인물의 가치관, 신념, 삶의 모습을 평가한다.
- (3) 다른 사람의 입장과 관점에 대해 찬성하거나 반대하는 글을 쓴다.

(1)은 토론의 특성을 이해하고 토론의 구체적인 수행 과정을 학습할 수 있도록 하기 위해 설정된 것이다. 이 성취 기준에서는 논제의 설정과 규칙의 준수에 중점을 두고 있다. 이 성취 기준은 가치 탐구 모형에서 가치를 탐구하는 방법적인 측면에서 도움을 받을 수 있다. 그런데 토론의 특성이나 규칙 준수를 전제로 특히 논제를 설정할 때 의견이 대립되는 가치를 토론 주제로 설정할 필요가 있다.

(2)는 삶에 대한 성찰과 전망을 가지게 해주는 글인 전기문을 즐겨 읽게 하기 위해 설정된 것이다. 전기는 인물의 위대성과 함께 그 이면에 존재하는 인간적인 면모를 그린 글로서, 허구적인 글과는 달리 실존했던 인물의 삶이라는 점에서 감동과 여운이 더 클 수 있다. 인생에 대한 꿈을 키워야 할 시기에 전기문의 가치를 알고 즐겨 읽게 함으로써 자기 자신을 되돌아보고 삶의 방향을 세우게 하는 것은 참으로 중요한 일이다. 따라서 가치 있는 삶이 어떤 것인지, 배울 점은 무엇인지, 나에게 개선해야 할 점은 무엇인지 등을 생각하며 전기문을 읽도록 하는 데 중점을 두고 있다.

전기문은 인물의 삶을 사실에 근거해 기록한 글이다. 전기문에는 인물이 살았던 당대의 현실에 대해 설명하는 내용과 인물의 생애 및 그에 대한 평가가 담겨 있다. 따라서 전기문을 읽으며 인물이 한 일이나 겪은 일, 주요 사건과 업적 등을 파악하게 하고 이러한 삶을 살았던 당대의 시대적 상황과 사회문화적 분위기나 여건 등에 대해 파악하게 한다. 그리고 당대의 현실에 대해 인물이 취했던 태도나 신념·행동 등에 비추어 인물의 가치관과 됨됨이를 판단하고 오늘의 관점에서 인물의 이런 면모에 대해 평가하게 한다. 전기문은 인물의 위대함에 대해 외경감을 갖게 하는 면이 있지만, 위대함의 이면에 꿈꾸면서도 갈등하고 의연하면서도 고통스러워하는 인간적인 면모가 있음에 주목하게 한다. 이러한 이해 및 평가와 함께 인물의 삶에 비추어 자신의 삶을 성찰하는 계기가 되고 삶에 대한 원대한 전망을 가질 수 있도록 이끈다. 이 성취 기준은 인물의 행동에 대한 가치 판단이 자신의 삶을 성찰하는 장면으로 나아간다는 점에서 가치 탐구 모형과 직접적으로 관련되는 상관성이 매우 높은 내용이다.

(3)은 다른 사람의 입장과 관점에 대해 찬성하거나 반대하는 글을 쓰게 함으로써 비판적·논리적 표현 능력을 신장시키고, 쓰기를 통해 공동체에 적극적으로 참여하는 자세를 갖게 하기 위해 설정된 것이다. 이 성취 기준은 가치 탐구 학습을 할 때 글에 나타난 글쓴이의 입장이나 관점에 대해 또는 글의 주제나 문제의식에 대해 찬성하거나 반대하는 논리를 전개할 수 있다는 점에서 관련성을 찾을 수 있다.

교육과정 성취 기준과 관련 교과서 단원을 토대로 '인물의 생각을 평가하고 자신의 삶에 적용해 볼 수 있다'를 수업 모형의 지도 목표로 설정했다. 가치 탐구 모형을 기반으로 관련 교육과정과 연계 교과서를 분석해 수업 목표를 추출하는 과정을 정리하면 다음과 같다.

	성취 기준	내용 요소의 예
관련 교육과정	전기문을 읽고 인물의 가치관, 신념, 삶의 모습을 평가한다.	• 전기문의 특성 이해하기 • 인물의 생애와 역사적 현실 파악하기 • 인물의 가치관이나 신념에 대해 평가하기 • 전기문의 인물과 비교해 자신의 삶을 성찰하기
	의견이 대립되는 논제를 정해 규칙을 지키면서 토론한다.	• 논제를 정하고 토론 준비하기 • 근거를 들어가며 주장 펼치기 • 다른 사람의 의견을 존중하면서 토론하기
	다른 사람의 입장과 관점에 대해 찬성하거나 반대하는 글을 쓴다.	• 다른 사람의 입장과 관점에 대해 의견 제시하기 • 찬성, 반대하는 이유나 근거를 정리해 쓰기 • 문제 상황에 대한 인식과 해결 방안이 다를 수 있음을 이해하기

⇩

수업 목표	• 인물의 생각을 평가하고 자신의 삶에 적용해볼 수 있다.

⇧

연계 교과서 단원 목표	전기문을 읽고 인물의 가치관을 파악할 수 있다.

4) 가치 탐구 모형의 적용 사례: 비판적으로 바라보고 되돌아보기

(1) 학습 목표

수업 목표는 '인물의 가치관을 평가하고 자신의 삶에 적용해볼 수 있다'이다. 이 목표를 달성하기 위해 가치 탐구 모형에 기반을 두어 다음과 같이 차시별 목표를 설정했다.

수업 목표: 인물의 가치관을 평가하고 자신의 삶에 적용해볼 수 있다.

차시별 학습 목표		언어 놀이 모형의 주요 활동
1~2차시 〈교과서 연계〉	인물의 가치관을 평가하고 자신의 삶에 적용해볼 수 있다.	사건 분석하기-인물의 생각 찾기-가치 찾아보기-가치 합리화하기

이 수업은 1~2차시를 교과서와 연계해 가치 탐구 모형의 일반적인 과정에 따라 적용해본다. 교과서에 수록된 제재글을 중심의 가치 탐구 모형에 따라 지도 방안을 재구성하도록 한다.

(2) 창의·인성 교육 요소

가치 탐구 모형에서는 작품 속에 나타나는 인물의 삶을 인물 간에 갈등이 만들어지는 원인과 전개되는 양상을 중심으로 살펴보고 각 인물이 처한 상황과 태도를 이해한 후 토의·토론 활동을 통해 인물의 입장에서 생각해보고 자신의 삶과 연관지어보는 활동으로 구체화시킬 수 있다. 이야기나 글에 등장하는 인물의 가치를 탐구하는 활동은 인물에 대한 해석과 평가를 전제로 한다. 인물에 대한 해석과 평가는 학습자의 지식이나 경험, 가치관, 인식 수준, 관심 등의 요소에 의해 달라질 수 있다. 그러나 가치 탐구는 단순한 기호의 표현이 아니라 근거를 들어 옳고 그름을 판단하고 논증하는 활동이기 때문에 인물에 대한 직관적이고 추상적인 감상 차원의 해석이 아니라 납득할 수 있는 근거를 가진 해석과 평가를 필요로 한다.

인물에 대한 근거를 가진 해석 이후에는 그러한 해석을 통해 구성된 가치 요소들에 대한 발산적인 사고를 하게 된다. 인물과 관련해 이야기하는 가치들은 대부분 인간의 본질에 연결되어 있는 문제의식들이며, 특수한 작품 속의 상황을 통해 형상화가 되었지만 학습자들의 삶의 맥락과도 충분히 연관될 수 있다. 학습자들이 자신의 삶과 경험을 돌아보면서 가치에 대해 고민해보는 활동은 발산적인 사고를 유도하면서 동시에 인물이나 이야기에 대한 새로운 측면의 의미 구성 활동이 될 수 있다. 따라서 이야기의 내용을 있는 그대로 이해하기보다 인물과 상황을 현실 세계로 끌어내어 자신의 삶의 맥락을 바탕으로 다양한 근거와 이야기를 구성하면서 이야기 안에 반영된 가치와 인물의 상황에 대한 다양한 해석과 평가를 통해 창의 요소를 자연스럽게 발현시킬 수 있다.

이와 같은 창의·인성의 교육 내용 요소를 창의성과 인성 요소에 따라 핵심적인 교육 내용 요소와 부수적인 교육 내용 요소로 구분하면 다음과 같다.

창의성 교육 요소
비판적 사고
문제발견 문제해결 다양성 감수성

인성 교육 요소
배려
정직 도덕적 판단력 의사결정 능력

이 수업에서는 창의 중심 또는 창의 중심 인성 배합형 지도 범주에 속하는데 창의성 요소 중에서 '비판적 사고', 인성 요소의 '배려'를 핵심적인 교육 내용 요소로 삼고, 다른 요소들을 부수적인 교육 내용 요소로 설정할 수 있다. 이때 창의·인성 교육 내용 요소는 절대적 실현 요소라기보다 다른 요소에 비해 상대적으로 부각되는 것이다.

(3) 제재 선정 및 활용

「슈바이처」는 교과서에 수록된 제재글이다. 교과서에는 슈바이처의 전기를 요약해 제시했다. 따라서 실제 수업에 들어가기 전에 슈바이처 일대기를 전기로 쓴 책을 미리 읽어보거나 교사가 슈바이처의 생애나 업적에 대해 이야기를 들려주어 슈바이처에 대한 배경지식을 활성화시켜줄 필요가 있다.

(4) 주요 학습 활동 및 내용

다음은 1~2차 연속 차시로 가치 탐구 수업 모형의 일반적 절차에 따라 구안한 수업안의 예이다.

동기 유발 및 학습 목표 확인하기

- 마음 열기 및 생각 펼치기
  - 슈바이처에 대해 알고 있는 내용 말하기
- 학습 목표 안내
  - 인물의 가치관을 평가하고 자신의 삶에 적용해볼 수 있다.

사건 분석하기: 문제발견, 문제해결

- 인물이 한 일과 원인 파악하기
  - 노벨상 수상 소식을 듣고 난 후의 반응
  - 노벨상 상금으로 하려고 한 일
  - 노벨상 상금을 자신에게 쓰지 않은 까닭
  - 고기 수프를 먹지 않으려고 한 까닭
  - 초록색 서류를 읽고 한 결심
  - 의사가 되기로 결심한 까닭
  - 아프리카에서 봉사 활동을 시작했을 때 힘들었던 점
  - 생명에 대한 신념
- 인물이 살았던 시대 상황 파악하기
  - 어렸을 때 친구들과의 생활에 대해 인터뷰하기
  - 아프리카의 상황에 대해 인터뷰하기
    * '타임머신을 타고'와 같은 활동으로 슈바이처가 살았던 시대 상황으로 돌아가 슈바이처를 인터뷰하는 방식으로 그 시대 상황을 파악하도록 한다.

인물의 생각 찾기: 문제해결, 감수성, 배려, 정직

- 상황에 맞게 역할 놀이 수행하기
  - 〈상황 1〉 노벨상 상금으로 병원을 지으려고 하는 상황
  - 〈상황 2〉 고기 수프를 먹지 않으려고 하는 상황

- 역할 놀이를 한 후 슈바이처 입장에서 생각이나 느낌 말하기
  * 역할 놀이를 통해 이야기에 직접 드러나지 않은 인물의 생각이나 마음을 찾아보고, 인물의 생각이나 가치를 뒷받침하는 실제적인 근거는 이어지는 활동을 통해 정리해보도록 한다.

가치 찾기: 비판적 사고, 문제발견, 문제해결, 의사결정 능력

- 인물이 한 말, 행동, 업적을 바탕으로 가치관 파악하기
  - 인물이 한 말, 행동, 업적을 생각하며 표를 완성하기

말	행동	업적

  - 인물의 삶과 업적을 생각하며 가치관 파악하기
    * 슈바이처가 한 말, 행동, 업적을 종합적으로 평가해 슈바이처의 가치관을 파악하도록 한다. 말과 행동만을 살펴서는 가치관을 파악할 수 없음에 주의하도록 한다.

가치 합리화하기: 비판적 사고, 문제발견, 문제해결, 다양성, 감수성, 배려, 정직, 의사결정 능력

- 인물의 가치관에 대해 토의·토론하기
  - 〈논제 1〉 슈바이처가 고기 수프를 먹지 않으려고 한 행동(평등 정신)
  - 〈논제 2〉 '생명은 소중하다'는 슈바이처의 생각(박애 정신)
- 위대한 인물이 되었다고 가정하고 자서전 쓰기
  - 자신의 인생 아리랑 곡선 그리기
  - 자서전 꾸며서 쓰기
    * 토의·토론 활동으로 슈바이처가 한 말, 행동, 업적을 살펴보고 그의 가치관에 대해 입장이나 관점을 분명히 드러내어 비판적으로 말해보도록 한다.

되돌아보기 및 정리하기: 문제해결, 다양성, 감수성, 정직, 도덕적 판단력

- 되돌아보기
  - 공부한 내용 되돌아보며 얼마만큼 잘 했는지 점검하기

- 인물의 가치관을 평가하고 자신의 삶에 적용해 볼 수 있는가?

• 정리 학습
  - '슈바이처가 지금 이 시대에 다시 태어난다면' 어떻게 할지 상상해보기
    * '평등 정신'과 '박애 정신'을 가지고 있다면 무슨 일을 어떻게 할지 상상해보도록 한다.

(5) 평가 계획

교과서 중심의 수업에서는 단원 목표에 따라 '전기문을 읽고 인물의 가치관 파악하기'에 초점을 두어 평가해야 한다. 하지만 가치 탐구 모형에 기반을 둔 수업에서는 '인물의 가치관을 평가하고 자신의 삶에 적용해보기'에 초점을 두어 다음과 같은 창의성 요소와 인성 요소를 중점적으로 평가하도록 한다.

창의성	• 인물이 한 일과 원인을 파악했는가? • 인물이 살았던 시대 상황을 파악했는가? • '슈바이처가 지금 이 시대에 다시 태어난다면' 어떻게 할지 상상해보았는가?
인성	• 역할 놀이를 한 후 인물의 입장에서 생각이나 느낌을 말했는가?
창의 · 인성	• 상황에 맞게 역할 놀이를 수행하였는가? • 인물이 한 말, 행동, 업적을 바탕으로 가치관을 파악했는가? • 인물의 가치관에 대해 토의 · 토론했는가? • 위대한 인물이 되었다고 가정하고 자서전을 썼는가?

이와 같이 전체적인 평가 계획을 수립하되 가치 탐구 모형의 지도 양태가 창의 중심 인성 배합의 경우이므로 창의성 요소와 창의·인성 요소를 중심으로 평가하는 것이 현실적인 방안일 것이다. 아울러 이러한 평가 기준은 수행 평가 및 서술형 평가와 연계시킬 수 있는 방안을 함께 고려해볼 필요가 있다.

3. 갈등 이해 모형

1) 갈등 이해 모형의 개관

등장 인물들의 연쇄적인 행위가 무의미하게 나열되거나 단순히 일상 삶의 습관적인 반복을 재현하면 이야기가 독자를 사로잡기 어렵게 될 것이다. 이야기란 우선 재미있어야 하고 그렇게 되기 위해서는 독자를 사로잡을 수 있는 얼크러진 이야기가 필요하다. 갈등이란 이야기의 무의미한 나열이나 습관적인 반복에서 벗어나 이야기를 재미있게 얼크러지게 하는 주요 요인 중 하나이다.[3] 희곡이나 소설 등에서 '갈등'은 의지적인 두 성격의 대립 관계를 뜻한다. 인물과 인물, 인물과 환경 사이의 갈등을 외적 갈등이라 하고, 한 인물 내부의 대립적 욕구로 인한 갈등을 내적 갈등이라고 한다.[4] 갈등은 이야기를 이끌어나가는 원동력 중 하나가 된다.

갈등 이해 모형은 문학 작품에서 갈등을 이해하는 과정을 단계화해 모형으로 제시한 것이다. 이야기 속에서 펼쳐지는 다양한 삶의 문제를 구체적으로 이해하고 주체적으로 해석해보도록 한다. 문학 세계 안에서 펼쳐지는 삶의 다양한 문제 속에서 삶의 다양성과 다원성을 알게 되고 주체적으로 해석하는 과정은 독창성을 길러줄 것이다. 갈등 이해 모형을 성격 분석하기, 갈등 요인 찾기, 갈등 과정 분석하기, 평가하기(내면화하기)의 네 단계로 접근했다. 구체적인 내용을 살펴보면 다음 표와 같다.

갈등 이해 모형

과정	주요 활동 내용
인물의 성격 분석하기	- 갈등의 주체인 인물의 성격을 분석하기 - 인물의 개성 발견하기 - 성격의 선천성/후천성 구분하기 - 성격 특징 짚어내기

3 한용환, 『소설학 사전』, 고려원, 1992.
4 이상섭, 『문학비평용어사전』, 민음사, 2009.

갈등 요인 찾기	- 갈등의 요인을 다양하게 발견하기 - 갈등 요인을 먼 요인 가까운 요인으로 구분해 보기 - 갈등 요인들 간의 인과관계 찾기
갈등과정 분석하기	- 갈등의 흐름 진단하기 - 갈등의 방향 예측하기 - 갈등으로 인한 나쁜 영향과 좋은 영향 분석하기
평가하기 (내면화하기)	- 인물들 심판하기 - 인물들이 갈등을 만드는 방식 비교하기 - 인물들이 갈등을 해결하는 방식 평가하기 - 이야기 속 갈등과 현실 속 갈등과 비교해 평가하기

'성격 분석하기'는 갈등을 이해하는 기초 작업에 해당한다. 갈등은 인물의 성격을 드러내고 세계관과 가치관의 대립 양상을 드러내는 데 주요한 역할을 하므로 인물의 성격을 파악하는 것이 우선시된다. 인물의 성격이 선천적인 것인지 후천적인 것인지를 구별하고, 후천적이라면 왜 이러한 성격을 가지게 되었는지 생각해봄으로써 인물 탐구 학습을 할 수 있다.

'갈등 요인 찾기'는 갈등 요인을 다양하게 찾아서 해석하는 활동이다. 갈등은 인물 상호 간에 또는 인물과 환경(운명) 사이에서 일어나는 외적 갈등이 있을 수 있으며, 인물 내부에서 일어나는 내적 갈등이 일어날 수 있다. 하나의 사건은 다양한 갈등 요인에 의해 발생한다. 그 요인들을 발산적으로 찾아내는 활동은 창의성과 직결된다. 갈등 요인이 같은 비중으로 사건 전개에 영향을 미치는 것은 아니다. 갈등 요인 중에서 심한 갈등을 일으키는 요인이 있으며 부수적으로 갈등을 유발하는 것이 있을 수 있다. 갈등 요인의 수준을 파악하거나 갈등 요인들 간의 원인과 결과를 파악해봄으로써 갈등 요인과 관련된 인성적 자질을 학습할 수 있다.

'갈등 과정 분석하기'는 갈등의 흐름을 파악하는 것이다. 갈등의 심화 정도에 따라서 이야기가 어떻게 얼크러지고 풀어지는지를 분석하는 활동이다. 이야기 속의 갈등의 방향을 파악한 후에는 특정 상황에 따라서 갈등이 달라짐을 인식하게 한다. '인물의 성격이 달라진다면? 특정 사건이 일어나지 않았다면? 새로운 사건이 일어난다면?'과 같은 가상의 상황을 설정하고 갈등이 어떻게 전개되어나갈 것인지 상상해봄으로써 창의적 사고를 확장할 수 있다.

'평가하기(내면화하기)'는 인물들이 갈등을 만들고 해결하는 방식에 대한 비판적 활동이다. 갈등을 중심으로 인물을 평가하고 인물의 행동에 공감하기도 하고 인물을 비난할 수도 있다. 아무리 악한 인물이라도 갈등의 원인과 결과를 놓고 보면 인물이 악한 행동을 할 수밖에 없는 처지가 이해가 되고 때로는 공감의 정서를 느끼기도 한다. 또한 이야기 속 인물의 갈등을 현실 속 갈등과 비교해 평가하는 활동도 전개할 수 있다. 문학 속의 갈등을 자기 삶의 자리에 가져와 실제적인 문제 해결 과정으로 활용해보도록 한다. 더 나아가 학습자 자신이 직면하고 있는 갈등과 문학 속의 갈등을 비교해 갈등의 전개 과정과 해결 방식을 스스로 평가해보도록 한다.

2) 갈등 이해 모형의 운용 전략

갈등 이해 모형의 운용을 위해서는 갈등의 전개 과정이 잘 드러난 텍스트를 선택하는 것이 좋다. 초등학생이라면 쉽게 갈등을 찾아내고 갈등을 자신의 눈으로 해석할 수 있는 텍스트를 선택할 필요가 있다. 갈등이 명시적으로 드러난 텍스트는 '갈등 과정 분석하기'나 '평가하기'에서 효율적으로 활용될 수 있다. 텍스트에 따라서는 갈등의 전개 과정이 분명하게 드러나지 않는 경우도 있는데, 이 경우에는 '갈등 요인 찾기'에 보다 중점을 두어 지도할 수 있다. 갈등이 될 만한 여러 요인들을 탐색하고 인과관계를 찾아보는 활동이 가능하다.

갈등 이해 모형을 운용할 때에는 이야기 속의 상황을 학습자 자신의 삶과 연계해 평가해보는 활동을 고려한다. 이야기 속의 상황은 이야기 안에서만 머무르는 것이 아니라 학습자의 삶과 만날 수 있어야 한다. 이럴 때 이야기 읽기가 문학 경험이 될 수 있다. 학생은 문학 작품 속으로 들어가 인물들의 갈등을 체험하고 그 해결 방법을 진지하고 구체적으로 고민해본다. 또한 문학 작품 밖으로 나와 자신의 삶에서 만나는 갈등을 어떻게 해결할 것인지, 어떤 시각과 태도로 갈등을 다루어야 할 것인지 대안을 마련해본다.

갈등 이해 모형은 인간 이해의 창의·인성 활동과 연결된다. 갈등을 이해한다는 것은 인물이 갈등을 가지게 된 동기와 욕구를 이해하는 것이며 이야기 속에 전개되는 갈등의 양상을 보면서 '나라면 어떻게 할 것인가'를 끊임없이 생각하고, 인물이 처한 상황과 나의 상황을 비교하면서 나의 위치와 현실을 깨닫는 것이다. 이러한 점에서 '동기와 욕구 이해하기' 활동이나 '자아 탐구하기' 활동과 연계된다. 갈등 요인을 찾기 위해서는 인물을 다양한 시각에서 조망할 필요가 있다. 인물을 어떤 현실 상황 맥락에 놓느냐, 인물을 누구와 만나게 하느냐에 따라서 인물은 다양한 갈등을 유발하게 된다. 결국 '인물 살려내기' 활동은 갈등 요인을 찾는 단서가 되기도 한다.

갈등 이해 모형은 작품 내의 가치를 탐색하고 이를 자신의 가치와 비교해 보는 '가치 탐구 모형'과 관련이 깊다. 서로 다른 인물들의 가치가 부딪쳐 만들어지는 것이 갈등이기 때문에 가치를 이해하고 탐구하는 과정은 갈등 이해의 과정과 유기적으로 연결할 수 있다. 또한 '갈등 이해 모형'을 실제 삶으로 가져와서 활용하는 차원을 강조하면 '소통 확장 모형'이 된다. '소통 확장 모형'은 특정한 문제 상황에서 문학이 실제적인 해결의 방안으로 작용할 수 있으며 친교나 설득 등 특정한 소통 목적을 이루는 데 활용될 수 있다는 점에서 갈등 이해 모형과 유사하면서도 상이한 특성을 지닌다.

3) 갈등 이해 모형의 교육과정적 접근

국어과 교육과정에서 갈등 이해 모형을 활용해 지도하기에 용이한 내용은 다음과 같다.

- (1) 문학 작품에 나타나는 인물 간의 갈등을 이해한다.
- (2) 드라마를 보거나 듣고 이어질 내용을 예측한다.
- (3) 학습 상황이나 일상생활에서 제기되는 문제를 토의를 통해 해결한다.

(1)은 문학 작품이 갈등을 기초로 해 전개됨에 착안해 갈등의 개념을 익히고, 인물의 특성과 인물이 처한 처지를 이해하며 입장의 차이에 따라 행위의 원인이 달라짐을 알게 하는 데 중점을 둔다. 문학 작품에 나타난 갈등의 개념을 이해하려면 그 갈등의 구체적인 근거가 되는 인물의 성격이나 그 인물이 처한 객관적 입장을 동시에 고려해야 한다. 또한 주어진 상황에 대해 두 인물 혹은 한 인물 속 두 가지 대처 방식의 차이로 인해 발생하는 구체적인 갈등 내용과 그 의미를 이해해야 한다. 이 성취 기준은 '갈등 이해 모형'에서 단계로 설정한 '갈등 요인 찾기'나 '갈등 과정 분석하기'의 목표이기도 하다.

(2)는 드라마의 특성을 이해하고 드라마의 사건 전개 과정을 파악하고, 나아가 뒷부분의 내용을 예측하는 능력을 기르기 위해 설정된 성취 기준이다. 텔레비전 드라마는 소설, 영화, 연극 등과 비교해볼 때 플롯 자체의 해결보다는 등장 인물의 감정, 성격, 관계 등에 의해 사건이 전개되는 경우가 많다. 또한 드라마가 여러 회에 걸쳐 방영될 경우 각 회마다 갈등이 심화되거나 새로운 갈등이 제시되기도 한다. 이 성취 기준은 텔레비전 드라마의 특성상 인물 간의 갈등이 부각되므로 '갈등 이해 모형'과 관련지어 인물의 성격 파악하기나 인물들이 갈등을 만들고 해결하는 방식에 대해 평가하는 활동이 가능하다.

(3)은 학습 상황이나 일상생활에서 제기되는 문제를 해결하는 데 토의를 통한 협력적 상호작용이 중요하다는 걸 파악하는 데 중점이 있다. 토의는 문제의 해결 과정으로 문제 확인, 해결책 제안, 해결책 검토, 최선책 도출로 재구성할 수 있다. 이 성취 기준은 '갈등 이해 모형'에서 갈등의 방향을 예측하거나 갈등으로 인한 나쁜 영향과 좋은 영향을 분석할 때 유용한 방법을 제공해준다. 또한 학습 상황이나 일상생활에서 제기되는 문제를 기반으로 삼기 때문에 이야기 속 갈등과 현실 속 갈등을 비교해 평가하는 장면에서도 적절하게 활용될 수 있다.

갈등 이해 모형을 기반으로 관련 교육과정과 연계 교과서를 분석해 수업 목표를 추출하는 과정을 정리하면 다음과 같다.

	성취 기준	내용 요소의 예
관련 교육과정	문학 작품에 나타나는 인물 간의 갈등을 이해한다.	• 갈등의 개념 이해하기 • 인물의 성격과 처지 파악하기 • 인물 간의 갈등 파악하기
	드라마를 보거나 듣고 이어질 내용을 예측한다.	• 드라마의 특성 이해하기 • 사건의 전개 과정 파악하기 • 앞부분을 토대로 뒷부분 내용 예측하기
	학습 상황이나 일상생활에서 제기되는 문제를 토의를 통해 해결한다.	• 토의의 절차와 방법 알기 • 면담이나 자료 조사를 통해 내용 생성하기 • 의견의 장단점을 비교해 해결 방안 도출하기

⇩

수업 목표	• 이야기에 나타난 인물의 갈등을 이해할 수 있다.

⇧

연계 교과서 단원 목표	인물 사이의 갈등을 생각하며 동화를 읽을 수 있다.

갈등이 시작되는 주요 사건과 인물의 성격을 파악하고 이를 토대로 갈등 요인을 찾는다. 갈등 요인은 외형상 인물 간의 갈등으로 드러나지만 인물의 처지에서 비롯된 내적 갈등도 존재한다. 여기서 인물의 갈등이란 외적 갈등과 내적 갈등을 포함한다. 그리고 갈등 요인을 중심으로 갈등이 어떻게 전개되는지 파악하고 갈등을 평가하는 활동으로 심화시킨다. '인물의 성격이 달라진다면?', '특정 사건이 일어나지 않았다면?', '다른 사건이 일어났다면?' 등 특정 가정하에 인물의 갈등이 어떻게 전개될지 창작해봄으로써 갈등을 재구성하고 평가하는 데 중점을 둔다.

4) 갈등 이해 모형의 적용 사례: 살며 다투며 이해하며

(1) 학습 목표

이 수업은 갈등 이해 모형을 기반으로 '이야기에 나타난 인물의 갈등을 이해할 수 있다'를 목표로 구성했다. 관련된 창의·인성 활동으로는 '동기와 욕구 이해하기', '자아 탐구하기'가 있다. 이 수업의 목표와 차시별 학습 목표를 정리하면 다음과 같다.

수업 목표: 이야기에 나타난 인물의 갈등을 이해할 수 있다.		
차시별 학습 목표		**언어 놀이 모형의 주요 활동**
1차시 〈교과서 연계〉	인물의 성격과 처지를 파악할 수 있다.	성격 분석하기
2~3차시 〈교과서 연계〉	인물 간의 갈등과 내적 갈등을 이해하고 갈등 과정 분석하기	갈등 요인 찾기 – 갈등 과정 분석하기
4차시	이야기에 나타난 인물의 갈등을 내면화할 수 있다.	갈등 요인 찾기 – 평가하기

이 수업은 이야기에 나타난 인물의 갈등을 이해하기 위해 갈등 이해 모형에 기반을 두고 구안했다. 교과서 제재를 창의·인성 활동을 심화한 것으로 1~3차시는 교과서 활동과 연계되어 있다. 1차시는 이야기의 주요 사건과 인물의 성격 파악하기에 중점을 두었고, 2~3차시는 이야기를 부분적으로 쪼개어 인물 간의 갈등이 드러난 부분과 내적 갈등이 드

러난 부분을 찾아보게 함으로써 갈등 요인을 분석적으로 접근한다. 그리고 갈등의 심화와 완화를 수치화한 표로 나타내보는 활동을 통해 갈등 과정을 분석해보고, 다른 상황에 놓일 경우 이야기의 흐름이 어떻게 전개되는지 유추해보도록 했다. 4차시는 갈등을 기반으로 한 다양한 문학 작품 읽기 기회를 제공해주고 갈등 요인 찾기와 평가하기에 초점을 두었다.

(2) 창의·인성 교육 요소

이 수업과 관련되는 창의성 교육 요소로는 논리·분석적 사고, 비판적 사고, 문제 발견, 복합적 성격이 있으며, 인성 교육 요소로는 도덕적 예민성, 도덕적 판단력이 있다.

이야기의 갈등을 이해하려면 이야기를 구성하는 인물, 사건, 배경을 꼼꼼하게 분석해 따져보는 활동이 필요하다. 이는 인물 간의 이해 갈등, 인물이 처한 환경, 이를 토대로 이루어지는 연속된 사건 등 각각의 요소를 분석하고 다시 이를 조합해 갈등 구조로 논리화하는 과정이다. 작품 속 인물을 편견 없이 객관적이고 타당하게 판단하거나 인물이 처한 현실을 냉정하게 판단할 수 있는 비판적 사고가 필요하다. 갈등의 근본적인 원인이 무엇인지 파헤치는 문제 발견과 인물이 가진 모순되는 성격을 동시에 이해할 수 있는 복합적 성격을 요한다.

인물의 갈등을 이해하기 위해서는 작품 속 상황을 도덕적 관점에서 받아들이고 인식할 수 있는 도덕적 예민성과 인물의 행동 선택을 바람직한 이유와 정당성을 가지고 판단할 수 있는 도덕적 판단력이 필요하다. 갈등 이해 모형을 기반으로 이 수업과 관련된 창의·인성 교육 요소를 살펴보면 다음과 같다.

창의성 교육 요소
논리·분석적 사고 비판적 사고 문제 발견 복합적 성격

인성 교육 요소
도덕적 예민성 도덕적 판단력

이 수업의 계획 및 실행에서 가장 중점을 두고 있는 요소는 인성 교육 요소인 '도덕적 예민성'과 '도덕적 판단력'이며, '인성 중심 지도 범주'에 속한다.

(3) 제재 선정 및 활용

『바람 건너 불어 온 향기』는 한별이가 베트남에서 온 새엄마를 받아들이기까지의 과정을 담고 있다. 한별이는 돌아가신 엄마에 대한 그리움을 가지고 있으며 이 내적 갈등으로 인해 새엄마를 받아들이지 못한다. 내적 갈등은 할머니와의 갈등, 아버지와의 갈등, 새엄마의 갈등으로 이어진다. 내적 갈등과 외적 갈등이 잘 드러난 제재이다. 총 3차시에 걸쳐서 교과서 활동 중심으로 외적 갈등과 내적 갈등에 나타난 인물의 심리를 파악하는 데 중점을 두고, 여러 가지 사건에 따라서 한별이의 갈등 정도를 그래프로 표현해보도록 했다.

『이 세상에 태어나길 참 잘 했다』는 박완서가 지은 창작 동화로서 교과서 제재와 유사하게 다문화 상황에서 인물이 겪는 갈등을 그리고 있다. 주인공인 복동이는 복동이를 낳다가 엄마는 죽고 아빠는 미국으로 떠나고 결국 이모와 외할머니의 손에서 자라는 현실에 처해 있다. 그러던 중 미국에서 새 가정을 꾸미고 사는 아버지에게 가게 되면서 여러 가지 고민을 하게 된다. 이 수업에서는 복동이가 여름방학을 앞두고 미국으로 떠나기 전 자신의 내적 갈등과 외할머니, 이모, 친구 간에 겪는 외부 갈등이 드러난 부분을 수록했다. 이 제재와 관련해 자신의 현실을 받아들이고 낯선 아버지와 가족을 받아들여야 하는 과정에 주안점을 두고, 복잡한 복동이의 마음과 갈등을 뇌 구조로 표현해보는 활동을 전개했다.

(4) 주요 학습 활동 및 내용

〈1차시〉 인물의 상황을 인식하고 인물의 성격 파악하기

1차시는 교과서 연계 차시로 교과서 학습 활동을 선행한 후에 창의·인성 학습으로 이어지도록 계획했다.

동기 유발 및 학습 목표 확인하기: 도덕적 예민성

- 마음 열기 및 생각 펼치기
  - 부모님 몰래 성적표 확인 도장을 찍은 학생의 고민 상담해주기
- 학습 목표 안내
  - 인물의 성격과 처지를 파악하기

인물 상황 인식하기: 도덕적 판단력, 논리·분석적 사고, 문제 발견

- 한별이와 새엄마의 마음 상태 파악하기
  - 갈등이 시작되는 주요 사건 파악하기
  - 새엄마가 겪을 어려움을 예상해 세 가지 적어보기
  - 한별이 상황에서 새엄마가 생겨서 좋은 점과 나쁜 점 쓰기

인물의 성격 파악하기: 복합적 성격, 도덕적 예민성

- 교과서 제재글 읽기
- 인물의 성격 꼼꼼히 따져보기
  - 한별이, 아빠, 할머니, 새엄마의 성격을 한 단어로 표현하기
  - 인물의 성격을 판단한 근거 찾아 쓰기
    * 한별이, 아빠, 할머니, 새엄마의 성격 찾기는 다양한 학습 전략을 사용할 수 있다.

갈등 상황 파악하기: 비판적 사고, 도덕적 판단력, 복합적 성격

- 갈등 상황에 대해 이야기 나누기
  - 새엄마가 들어오게 되는 사건이 왜 갈등을 불러일으키는 사건이 되는지 이야기 나누어보기
  - 새엄마가 베트남인이기 때문에 발생할 수 있는 갈등 이야기 나누어보기
    * 새엄마를 맞아들이게 되는 사건에서 새엄마와 한별이가 겪을 수 있는 어려움을 실생활과 관련지어 이야기를 한다.

〈2~3차시〉 갈등 파악하고 갈등 지수를 통해 사건 흐름 재구성하기

2~3차시는 1차시에서 파악한 인물의 성격을 바탕으로 갈등 요인을 찾고, 갈등 요인에 따라서 갈등 과정이 어떻게 전개되는지를 재구성해보는 활동으로 구성했다.

동기 유발 및 학습 목표 확인하기: 도덕적 예민성

- 동기유발

- 마음을 나타내는 다양한 심리 테스트와 심리 표현 방법을 소개하기

• 학습 목표 안내
  - 갈등 파악하고 갈등 지수를 통해 사건 흐름 재구성하기

갈등 요인 찾기: 문제 발견, 논리·분석적 사고, 비판적 사고

• 인물 간의 갈등 파악하기
  - '나'와 아버지의 갈등이 잘 드러나는 장면 찾고 아버지의 마음 파악하기
  - '나'와 할머니의 갈등 장면 찾고 '나'의 속마음을 드러내는 비밀 낙서 해보기
  - '나'와 새엄마의 갈등 장면과 갈등이 해결되는 장면 찾기

• 한별이의 내적 갈등 파악하기
  - '나'의 내부 갈등과 갈등의 원인 찾기

갈등 요인 관계 찾기: 문제 발견, 복합적 성격, 도덕적 예민성, 도덕적 판단력

• 갈등 요인 마인드맵으로 표현하기
  - 한별이의 갈등을 마인드맵 형식으로 자유롭게 표현하기
  - 표현한 마인드맵 공유하기

예)

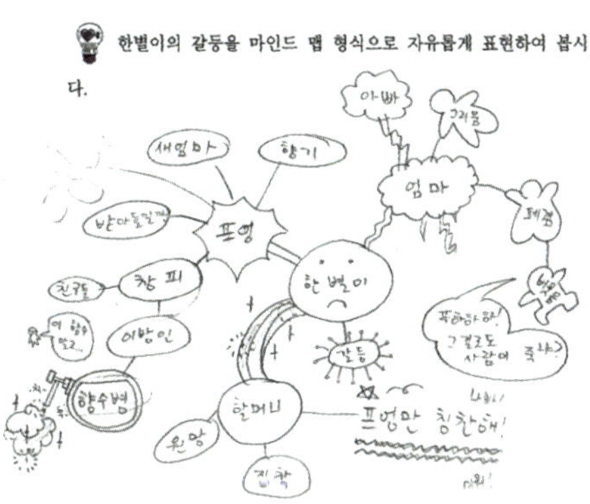

갈등의 심화 표현하기: 도덕적 예민성, 도덕적 판단력

• 심리 지수 표현하기
  - 마음을 나타내는 다양한 심리 테스트와 심리 표현 방법을 소개한다.

• 갈등 과정 분석하기

- 갈등 요인을 중심으로 갈등 지수를 표로 나타내기

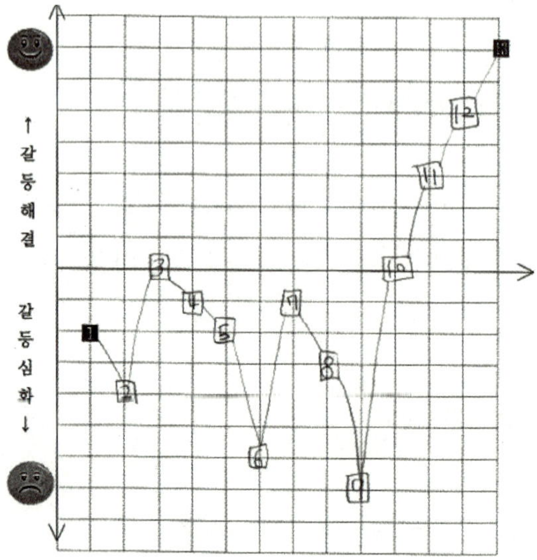

* 장면을 가로선의 눈금 하나로 설정하고, 각 장면마다 갈등의 해결과 심화 정도를 세로선 위에 표시한다.

- 친구들과 갈등 지수를 비교하기

상황 바꾸어 뒷이야기 재구성하기: 비판적 사고, 문제 발견

• 상황 중에서 하나를 골라 이야기가 어떻게 흘러갈지 써보기

- 아버지가 화를 잘 내시고 엄격한 분이었다면
- 새엄마가 아픈 일이 일어나지 않았다면
- 새엄마가 쾌활하고 적극적인 성격이었다면
- 한별이가 새엄마에게 무반응을 보였다면
- 한별이가 끝까지 새엄마를 가족으로 받아들이지 않았다면

• 새로운 이야기 공유하기

- 상황에 따라 이야기가 달라짐을 공유한다.

* 갈등은 인물의 성격이나 특정 사건에 따라서 달라질 수 있음을 알게 한다.

〈4차시〉 인물의 고민을 중심으로 뇌 구조 만들기

4차시는 '이 세상에 태어나길 참 잘 했다'라는 제재글을 읽고 인물이 가지는 내적 갈등을 뇌 구조로 그려보는 활동으로 구안했다.

동기 유발 및 문제 파악하기: 문제 발견

- 인물 간의 갈등이 잘 드러난 이야기 나누기
  - 자기가 읽었던 이야기책 중에서 인물 간의 갈등이 가장 잘 드러난 이야기 소개하기
- 제재글 읽기
  - 박완서, 『이 세상에 태어나길 참 잘 했다』 읽기
- 복동이가 처한 환경 파악하기
  - 복동이가 어떤 환경에서 자랐는지 파악하기(어머니가 태어나자마자 돌아가시고 이모의 손에서 자라났으며, 아버지는 미국에서 새로운 가정을 꾸려서 살고 계심)
    * 활동에 주안점을 두기보다는 갈등이 드러난 이야기 읽기에 중점을 두고 수업한다.

인물들의 뇌 구조 그려보기: 도덕적 예민성, 도덕적 판단력

- 이모의 뇌 구조 그리기
  - 결혼할 시점에 이모가 어떤 생각을 하고 있었을지 뇌 구조를 완성해보기
    * 뇌 구조 그리기는 인물이 어떤 생각을 가지고 있는지 그려보는 활동이다. 중요한 생각은 넓은 면적으로 가운데에, 세부적인 생각은 좁은 면적을 차지하도록 그린다.
    * 이모의 뇌 구조 그리기는 뇌 구조를 어떤 방식으로 그리는지에 대한 예를 드는 활동이라고 볼 수 있다.
- 내가 복동이라면
  - 내가 복동이라면 어학 연수 상황에서 어떻게 했을지 이야기 나누기
- 복동이의 뇌 구조 그리기
  - 태어날 때 어머니가 돌아가시고 이모의 손에서 자란 복동이. 태어나서 몇 번 보지도 못한 아버지가 계신 미국으로 어학 연수를 가려는 복동이가 가진 갈등이나 복

동이 머릿속의 생각을 글과 그림으로 나타내기

예)

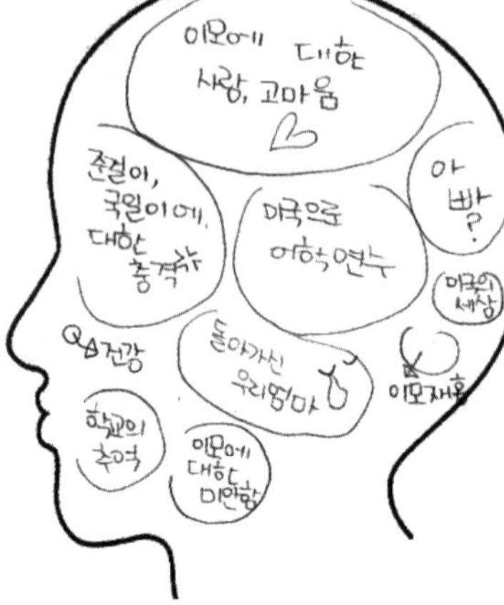

• 평가하기

- 자기 평가하기
- 『이 세상에 태어나길 참 잘했다』에서 아빠와 나 사이에 일어날 수 있는 갈등 말하기

• 창의 인성 과제 이야기 나누기

- 갈등 이해와 관련된 수업 평가 및 활동 반성하기

(5) 평가 계획

교과서 중심의 수업에서는 성취 기준에 따라 '인물 간의 갈등을 파악하며 동화 읽기'에 초점을 두어 평가해야 한다. 하지만 이 단원은 창의·인성 교육 요소를 특화한 단원으로 문학 작품을 이해하고 수용하는 과정에서 다음과 같은 창의성 요소와 인성 요소를 중점적으로 평가한다.

창의성	• 상황에 따른 이야기 재구성이 자연스러운가?
인성	• 갈등지수를 상황에 맞게 그래프로 잘 표현했는가? • 인물의 성격을 한 단어로 표현하고 왜 그렇게 생각하는지 잘 묘사했는가?
창의 · 인성	• 한별이의 갈등을 마인드맵으로 효과적으로 표현했는가? • 복동이가 가진 생각을 글과 그림으로 잘 표현했는가?

이와 같은 전체적인 평가 계획을 수립하되, 갈등 이해 모형의 지도 양태를 고려해 인물 이해와 같은 내용 파악에 중점을 두어 평가할 수도 있다. 또한 갈등의 심화를 얼마나 잘

이해했는지를 서술형 평가와 연계할 수 있는 방안도 있다.

4. 해석 교환 모형

1) 해석 교환 모형의 개관

문학 작품 읽기는 텍스트에 의해 야기된 것이나 독자가 자율성을 발휘해 인지한 것으로 텍스트의 의미를 구성하는 과정이다. 곧 독서는 텍스트와 독자 사이의 역동적인 상호작용이다.[5] 문학은 다양한 해석으로 풍부한 의미를 구성할 가능성이 높은 열려 있는 텍스트이다. 따라서 텍스트를 읽고 학습자가 타당한 근거를 바탕으로 해석해나갈 수만 있다면 텍스트의 의미를 구성해내고 세계에 대한 인식의 지평을 확장시킬 수 있다. 바로 이러한 텍스트의 특성이 해석 교환 모형을 가능하게 한다.

문학 작품을 지도할 때 작품을 읽은 독자의 반응을 중시하라는 원리는 반응 중심 수업 모형에서 강조되었다. 교조적이고 주입식의 정답 찾기 방식의 문학 교육을 극복해야 한다는 노력에는 모두가 공감하고 있다. 그러나 실제 문학 교실에서 학습자들의 다양한 해석이나 오독일 수도 있는 반응을 모두 수용하면서 수업을 해나가는 것은 현실적으로 어려우며 적절한 방법도 아니다. 모든 반응이 다 타당한 반응은 아니기 때문이다.

학습자 간에 해석을 교환하는 과정은 학습자의 내적 반응을 보다 충실하게 하고 타인의 해석을 이해하고 해석을 심화시키는 계기가 된다. 다시 말하면, 해석 교환 모형은 학습자들 각자의 반응과 해석을 서로 교환하는 순환 과정을 거침으로써 해석의 정당성을 스스로 모색하고 발견하도록 해준다. 이를 통해서 학습자들은 작품이 지니고 있는 여러 가지 해석의 가치와 주제의 다양성을 경험할 수 있으며 자연스럽게 창의적 경험을 자극받을 수 있게 된다. 해석 교환 모형은 반응 중심 수업 모형과 같은 효과를 도모하면서도 학습자들 반응의 일반화·합리화 과정을 더 충실하게 반영한 것이라 할 수 있다. 인성 교육 차원에서는 역지사지의 배려를 익힐 수 있는 계기를 제공해줄 수 있다.

학습자가 작품을 스스로 해석하며 의미를 생산해내는 한편으로 다른 학습자의 해석을

5 볼프강 이저, 이유선 역, 『독서행위』, 신원문화사, 1993, 186쪽.

경험할 수 있도록 해석 교환 모형을 설정했다. 이 모형은 학습자 개인의 해석 지평을 넓히게 하고 작품에 대한 보다 의미 있는 해석 텍스트를 생산하는 데 도움을 줄 수 있다.

해석 교환 모형

과정	주요 활동 내용
객관적 해석 과정	- 해석의 기본 단계로 객관적 준거를 중심으로 반응과 해석하기
주관적 해석 과정	- 주관적 기준에 따라 텍스트의 심층 해석하기
해석의 교환 절충	- 객관:객관, 객관:주관, 주관:주관 사이의 해석들을 교환 및 순환하기
해석 일반화	- 해석의 공유 부분과 차이 정리하기 - 해석 일반화하기 - 새로운 해석 가능성 발견하기

'객관적 해석 과정'은 해석의 기본 단계로서 객관적 준거를 바탕으로 해석하는 과정이다. 예를 들면, 어떤 언어 표현이 사용되었고, 작가가 누구이며, 어떤 매체를 사용했고, 시대적 배경이 무엇인지 등을 인지하는 것이다. 인물 구성은 어떻게 이루어져 있으며 이야기의 흐름이 어떻게 전개되는지를 파악하는 과정이다. 다시 말하면, 텍스트를 꼼꼼히 읽으며 텍스트 내적·외적으로 관련되어 있는 다양한 요소들을 검토하는 것이다. 텍스트와 관련된 다양한 요인들을 고찰하는 텍스트의 의미 해석을 위한 기초 작업으로도 볼 수 있다.

'주관적 해석 과정'에서는 '객관적 해석 과정'에서 찾은 요인들을 바탕으로 학습자가 자율적으로 텍스트의 의미를 구성해나간다. 텍스트의 심층에 있는 의미를 발견하는 것과 자신의 인식 지평의 상호작용 속에서 풍부한 의미를 생성해가는 데 중점을 둔다.

'해석의 교환 절충'은 해석 교환 모형에서 가장 중요하고 핵심적인 단계이다. 절충하는 과정은 다양한 양상으로 구성할 수 있다. 우선 객관적인 요인들끼리 의견 교환이 이루어지게 한다. 또한 객관적 요인과 주관적 요인을 아울러서 교환하고 서로 절충해보도록 한다. 주관적 요인들끼리 의견을 교환하고 절충할 수도 있다. 다른 학습자의 해석과 자신의 해석을 비교하고 절충하는 과정을 통해 학습자들은 자신이 발견하지 못한 텍스트의 요인들을 새롭게 발견할 수 있으며 작품의 의미를 더욱 풍부하게 구성할 수 있다. 그리고 자신이 발견한 요인 중 텍스트의 맥락에서 벗어나는 요인들이나 오독으로 판단할 수 있는 것들을 자체적으로 판단할 수 있게 된다.

'해석 일반화'는 학습자들이 객관적인 요인을 고려하며 텍스트를 읽고 주관적으로 그 의미를 생산하며 다양한 학습자들과 의견 교류를 한 후에 나름대로 하나의 텍스트의 의미를 정리하는 단계이다. 우선 의견을 교류하는 과정에서 발견한 공통점과 차이점을 정리하고 텍스트의 맥락을 고려해 일반화한다. 여기에서 말하는 해석 일반화는 기존의 텍스트 비평 내용을 좇아가는 것이 아니며, 하나의 해석으로 작품을 규정하는 것도 아니다. 텍스트에서 비롯되었고 텍스트 내적·외적 맥락과 역동적으로 상호작용하면서 생산된 의미라면 모두 타당한 일반화된 해석으로 받아들여질 수 있다. 일반화된 해석은 다양할 수 있으며, 이 점에서 학습자들은 텍스트가 열려 있으며 다양한 의미로 수용됨을 체험할 수 있다.

2) 해석 교환 모형의 운용 전략

해석 교환 모형에서 교사의 역할은 특히 중요하다. 교사의 해석이 학생들의 해석에 영향을 미치지 않도록 한다. 교사가 지적을 한다든지 학습자의 감상을 일정한 방향으로 유도하려고 하면 수업의 의도를 제대로 살리기 어렵다. 객관적 해석 단계에서부터 학습자는 해석의 근거들을 발표할 수 있도록 교사가 수업 분위기를 조성할 필요가 있다. 따라서 모형 초반에는 학습자들이 보이는 반응에 수용적인 태도를 보여준다. 그리고 학습자의 다양한 반응들이 텍스트의 맥락을 고려한 풍부한 의미 생산으로 이어질 수 있도록 모형 후반에는 비평가로서의 역할을 담당해야 한다. 결국 학습자가 보인 다양한 반응이 타당한 감상이고 수용할 만한 감상인지 스스로 판단할 수 있도록 유도하는 것이 필요하다.

객관적 해석 기준을 제시할 경우 수업이 좀더 원활하게 진행될 수 있다. 텍스트의 표현에 주의하여 해석하기, 작가 요인을 중심으로 해석하기, 독자 요인을 고려해 해석하기, 시대적 배경을 감안해 해석하기 등을 제시하면 객관적 해석 과정이 명료해진다. 또한 학습자들의 해석 중 타당한 해석이 있음을 인식시킨다. 텍스트의 해석은 텍스트와 독자, 세계의 역동적인 상호작용이다. 텍스트의 맥락과 부합되는, 그러면서 세계에 대한 인식을 넓히는 타당한 해석이 존재한다. 텍스트에서 벗어나거나 단순한 감정적 반응에서 심층적인 텍스트의 의미를 발견하는 과정으로 해석이 이루어져야 한다.

해석 교환 모형의 핵심은 의견의 교환과 절충이다. 학습자들이 서로 자신이 해석한 내용을 발표하고 의견을 교류하는 과정이 반드시 존재해야 한다. 경직된 수업 분위기 속에서 자신의 의사를 자유롭게 발표하기 어렵다. 자유로운 분위기에서, 조금은 시끄럽더라도 학습자들이 자신 있게 의견을 발표하고 서로 토의하는 분위기를 이끌어야 한다. 정재찬은 문학 교실을 미술관에 비유한다.[6] 우리의 문학 교실도 살아 있는 미술관이 되어야 하며 문학 교사는 큐레이터 또는 미술관 가이드가 되어야 한다. 문학에는 많은 사이와 차이, 그로부터 빚어지는 많은 대화와 논쟁거리들이 있다. 한편으로는 소통이 되는 듯 서로 공유하면서도 다른 한편으로는 메울 수 없는 틈이 항상 존재하기 때문이다.

'회의하기와 가치 유보하기' 활동은 사고 과정 면에서 해석 교환 모형과 유사하다. 작품을 해석하면서 인물에 대해 회의(懷疑)하는 것은 작품에 창의적으로 접근하는 일차적 과업이다. 작품 속 인물을 해석할 때 일단은 충분한 근거가 없기 때문에 가치 판단을 보류하거나 중지하고 여러 가지 조건을 따져보면서 다양한 해석을 시도한다. '자아 탐구하기'는 해석 교환 모형에서 다양한 해석의 코드를 제공한다. 이야기를 읽으면서 나를 찾아가는 과정은 다층위의 자아에 대한 분석을 요한다. 물질적 존재로서의 자아, 동물적 존재로서의 자아, 감성적 자아, 이성적 자아, 윤리적 자아 등 자아의 층위를 다층적으로 상정할 수 있어야 하고, 이는 해석의 지평을 넓혀준다.

'해석 교환 모형'은 해석의 지평을 넓혀 줄 수 있는 '텍스트 상호성 모형', '가치 탐구 모형', '갈등 이해 모형'과 연계해 지도할 수 있다. 해석을 교환하고 절충하기 위해서는 다양한 상호 텍스트가 개입되기 마련이다. 상호 텍스트를 통해서 해석의 타당성을 확보하고 감상의 질을 높일 수 있기 때문에 '텍스트 상호성 모형'과 관련된다. 인물 간의 갈등, 인물을 둘러싼 사회 인식, 그 가운데 가치 판단을 하는 것은 주관적 해석 과정에서 사용될 수 있다. 학습자가 나름대로 가치를 발견하고 정당화하는 과정에 초점을 둔 '가치 탐구 모형'은 '해석 교환 모형'과 절충될 수 있다. 또한 삶의 구체적이고 다양한 모습을 이해하고 주체적인 관점으로 해석할 때 '갈등 이해 모형'과 결합할 수 있다.

6 정재찬, 「상호텍스트성을 통한 현대시 교육 연구」, 『국어교육학연구』, 제29집, 국어교육학회, 2007.

3) 해석 교환 모형의 교육과정적 접근

국어과 교육과정에서 해석 교환 모형을 활용해 지도하기에 용이한 내용은 다음과 같다.

- (1) 문학 작품에서 인상적인 부분을 찾고 그 까닭을 이해한다.
- (2) 문학 작품은 읽는 이에 따라 다르게 수용될 수 있음을 이해한다.
- (3) 다른 사람의 입장과 관점에 대해 찬성하거나 반대하는 글을 쓴다.

(1)은 작품에서 인상적으로 표현한 부분을 찾아보고, 그 표현이 왜 인상적인가를 따져보는 데 중점이 있다. 작품에서 효과적으로 표현한 부분이나 느낌을 잘 살려 표현한 부분을 찾아보는 활동을 통해 표현 효과를 파악할 수 있다. 표현 효과를 이해하려면 사용된 표현 형식을 발견하고 추출해보는 활동이 필요하다. 이것은 해석 교환 모형에서 '객관적 해석 과정'에 해당한다. 여기에서 더 나아가 어떤 표현이 왜 인상적인가를 따져보고 말해보거나 써보는 활동을 하게 되는데 이는 '주관적 해석 과정'과 연결된다. 그리고 표현 형식을 비교해보는 활동을 통해 표현 효과의 본질과 구체적인 모습을 알게 되는데 이는 '해석의 교환 절충'을 통해 이루어질 수 있다.

(2)는 동일한 작품이라도 읽는 이가 가지는 생각이나 느낌 등에 따라 다르게 수용됨을 파악하는 데 목적이 있다. 동일한 작품에 대한 느낌을 짝과 둘이서 또는 조별로 또는 반 전체와 더불어 이야기하고, 자신의 생각과 어떤 점이 같으며 어떤 점이 다른지 비교하면서 자신의 작품 수용을 성찰하고 다른 사람의 작품 수용 양상을 이해하게 된다. 이 성취 기준은 해석 교환 모형 중 '해석의 교환 절충' 단계의 목적과 과정을 잘 드러내준다. 타인의 문학적 수용의 특성을 이해하면서 자기 자신의 문학적 수용의 특성을 객관화하는 기회를 늘릴 수 있고 그 바탕에서 문학적 소통 능력을 기를 수 있다.

(3)은 여러 가지 입장과 관점 중에서 찬성하거나 반대하는 입장과 관점을 정하고, 그렇게 생각하는 이유나 근거를 정리해 글을 쓰는 내용이다. 찬성과 반대로 나누어진 주제를 중심으로 쟁점 논쟁을 한다는 점이 다를 뿐 '해석의 교환 절충'에서 이루어지는 학습 과정과 속성이 유사하다.

해석 교환 모형을 기반으로 관련 교육과정과 연계 교과서 분석을 통해 수업 목표를 추출하는 과정을 정리하면 다음과 같다.

<table>
<tr><th></th><th>성취 기준</th><th>내용 요소의 예</th></tr>
<tr><td rowspan="3">관련 교육과정</td><td>문학 작품에서 인상적인 부분을 찾고 그 까닭을 이해한다.</td><td>• 작품에서 인상적이거나 재미있게 표현한 부분 찾기
• 인상적인 표현을 넣어 짧은 글 지어보기
• 재미있게 표현한 부분이나 느낌을 잘 살려 표현한 부분을 음미하고 다른 표현과 비교하기</td></tr>
<tr><td>문학 작품은 읽는 이에 따라 다르게 수용될 수 있음을 이해한다.</td><td>• 작품에 대한 생각이나 느낌 표현하기
• 작품에 대한 해석이 읽는 이의 생각이나 느낌에 따라 달라질 수 있음을 이해하기</td></tr>
<tr><td>다른 사람의 입장과 관점에 대해 찬성하거나 반대하는 글을 쓴다.</td><td>• 다른 사람의 입장과 관점 파악하기
• 다른 사람의 입장과 관점에 대해 의견 제시하기
• 찬성, 반대를 하는 이유나 근거를 정리해 쓰기
• 문제 상황에 대한 인식과 해결 방안이 다를 수 있음을 이해하기</td></tr>
<tr><td colspan="3">⇩</td></tr>
<tr><td>수업 목표</td><td colspan="2">• 이야기에 나타난 인상적인 부분을 해석하고 교환할 수 있다.</td></tr>
<tr><td colspan="3">⇧</td></tr>
<tr><td>연계 교과서 단원 목표</td><td colspan="2">이야기를 읽고 인상적인 부분을 찾아 그 까닭을 말해봅시다.</td></tr>
</table>

'인상'이란 대상을 접하면서 마음에 느끼어 일어나는 정신 작용을 말하는데 일단 '이미지'라도 불러도 좋다. 교과서에서는 인상적인 표현으로 말이나 행동이 실감 나게 표현된 부분, 장면이나 상황이 실감 나게 표현된 부분, 이야기에서 사건이 극적으로 변하는 부분을 제시하고 있는데, 인상적인 부분의 객관적 준거로 삼을 수 있을 것이다. 이와 더불어 주관적으로 인상적인 부분을 찾고 텍스트의 심층 의미를 해석하는 것은 주관적 해석 단계로 설정할 수 있다. 결국 인상적인 부분은 객관적 해석 과정과 주관적 해석 과정이 교환 절충해서 나온 반응을 토대로 해석의 일반화로 진행할 수 있을 것이다.

4) 해석 교환 모형의 적용 사례: 내 해석과 네 해석이 만날 때

(1) 학습 목표

이 수업은 '이야기에 나타난 인상적인 부분을 해석하고 교환할 수 있다'를 목표로 삼아 '자아 탐구하기', '회의하기와 가치 유보하기' 활동에 기반을 두고 해석 교환 모형을 적용해 구성했다. 이 수업의 목표와 차시별 학습 목표를 표로 나타내면 다음과 같다.

수업 목표: 이야기에 나타난 인상적인 부분을 해석하고 교환할 수 있다.

차시별 학습 목표		언어 놀이 모형의 주요 활동
1차시 〈교과서 연계〉	이야기에서 인상적인 부분에 대해 알 수 있다.	객관적 해석 과정
2~3차시 〈교과서 연계〉	이야기를 읽고 인상적인 부분을 찾아 그 까닭을 말할 수 있다.	주관적 해석 과정 - 해석의 교환 절충

이 수업은 이야기에 나타난 인상적인 부분을 해석하고 교환하기 위해 해석 교환 모형에 기반을 두어 구안했다. 교과서 제재인 「나를 싫어하는 진돗개」를 1~3차시에 걸쳐 '해석 교환 모형'을 중심으로 구성했다. 교과서에서 제시한 기준에 따른 인상적인 부분 찾기를 '객관적 해석 과정'으로 본다면 학습자 스스로 찾은 인상적인 부분과 그 이유를 '주관적 해석 과정'으로 제시할 수 있다. 이를 서로 교환하면서 해석의 교환 절충에 이를 수 있다.

(2) 창의·인성 교육 요소

이 수업과 관련되는 창의성 교육 요소로는 비판적 사고, 모호함에 대한 참을성, 복합적 성격이 있으며, 인성 교육 요소로는 책임, 용서, 도덕적 판단력이 있다. 이 요소는 재제글과 관련된 것도 있고 해석 교환 모형을 적용한 수업 활동에서 비롯된 것도 있다. 객관적 해석 단계나 해석의 교환 절충 단계에서는 편견, 불일치, 견해 등을 인식할 수 있는 능력이 필요하다. 객관적이고 타당한 근거에 입각해 판단하고 사고하기 위해서는 비판적 사고를 요한다. 해석을 하기 전에는 불확실함과 모호함이 동반되기 마련인데, 이를 잘 견딤으로써 새로운 방향의 해석으로 이끌기 때문에 모호함에 대한 참을성과 관련된다. 해석 교환 과정에서 해석이 서로 모순되는 정반대의 성격을 동시에 가지고 있을 경우에는 복합적 성격 요소와 관련된다.

자기의 능력을 조절하는 임무를 완성하고 자기의 역할을 다하는 책임은 제재글에서 도리도리를 대하는 아버지의 태도를 통해서도 배울 수 있으며, 해석을 해나가는 과정 자체에서도 배울 수 있다. 해석 교환이 이루어지려면 자신의 견해에 반대하거나 비판하더라도 타인의 입장과 견해를 받아들일 수 있는 열린 마음인 용서의 태도가 필요하다. 도리도리를 대하는 주인공의 행동과 태도에 대한 바람직한 이유와 정당성을 판단할 수 있는 능력인 도덕적 판단력도 기를 수 있다.

해석 교환 모형을 기반으로 한 이 수업과 관련된 창의·인성 교육 요소를 살펴보면 다음과 같다.

창의성 교육 요소
비판적 사고
모호함에 대한 참을성 복합적 성격

인성 교육 요소
도덕적 판단력
용서 책임

이 수업의 계획 및 실행에서 가장 중점을 두고 있는 요소는 창의성 교육 요소인 '비판적 사고'와 인성 교육 요소인 '도덕적 판단력'이며 '인성 중심 창의 연계 지도 범주'에 속한다.

(3) 제제 선정 및 활용

「나를 싫어한 진돗개」는 김남중이 쓴 『자존심』[7]의 일부이다. 사건의 변화에 따라 중풍에 걸린 진돗개를 바라보는 민호의 마음이 잘 드러난 작품으로 인상적인 부분을 찾기에 적합한 텍스트이다. 학습자들이 좋아하는 애완동물의 문제를 작품과 관련지어 해석할 수 있으므로 주관적 해석도 가능하다.

(4) 주요 학습 활동 및 내용

〈1차시〉 이야기에서 인상적인 부분에 대해 알기

1차시는 교과서에서 제시한 인상적인 부분을 객관적인 해석 기준으로 삼아 인상적인 부분을 찾아보는 데 주안점을 두었다.

7 김남중, 『자존심』, 창비, 2006.

동기 유발 및 학습 목표 확인하기: 복합적 성격

- 마음 열기 또는 생각 펼치기
  - 서운한 마음을 인상적으로 표현해보기
  - 기쁜 마음을 인상적으로 표현해보기
- 학습 목표 안내
  - 이야기에서 인상적인 부분에 대해 알 수 있다.
- 제재글 읽기
  - 「나를 싫어한 진돗개」 읽기

객관적 해석 준거 학습하기: 비판적 사고, 도덕적 판단력

- 인상적인 부분에 대한 기준 설정하기
  - 말이나 행동이 실감나게 표현된 부분, 장면이나 상황이 실감나게 표현된 부분, 사건이 극적으로 변하는 부분
- 인상적인 부분 찾아 읽으면서 색깔별 읽기
  - 말이나 행동이 실감나게 표현된 부분에 빨간색 펜으로 줄치기
  - 장면이나 상황이 실감나게 표현된 부분에 파란색 펜으로 줄치기
  - 이야기에서 사건이 극적으로 변하는 부분에 검은색 펜으로 줄치기

객관적 해석 과정에 따라 반응하기: 비판적 사고, 도덕적 판단력

- 객관적 해석에 따른 나의 생각 적기
  - 색깔별로 줄 친 부분에 대해서 인상적이라고 생각한 이유 간단하게 적기

해석 내용 이야기 나누기: 용서

- 객관적 해석에 따른 나의 생각 이야기 나누기
  - 간단하게 메모한 부분을 중심으로 인상적이라고 생각하는 이유를 말한다.

〈2~3차시〉 이야기를 읽고 인상적인 부분을 찾아 그 까닭을 말하기

2~3차시는 교과서 제재로 하지만 학습 주체의 주관적 기준에 따라서 인상적인 부분

을 찾고 그 이유를 적는 데 주안점을 둔다. 주관적 기준에 따른 인상적인 부분과 교과서에서 제시한 인상적인 부분이 겹칠 수도 있다.

동기 유발: 책임, 용서, 도덕적 판단력

- 제재글과 유사한 경험 나누기
  - 제재글 「나를 싫어한 진돗개」와 같이 주인에게 제대로 보살핌을 받지 못하거나 버려진 애완동물 이야기 나누기
  - 보잘것없는 애완동물이지만 주인의 극진한 보살핌을 받고 있는 사례 이야기 나누기
    * 애완동물과 관련된 사례는 개인의 직접 경험이나 간접 경험을 환기시킴으로써 주관적 해석을 내릴 수 있는 자원이 될 수 있다.

주관적 해석 과정: 모호함에 대한 너그러움, 복합적 성격, 비판적 사고

- 제재글을 읽으면서 주관적으로 인상적인 부분 찾기
  - 인물의 마음에 공감할 수 있는 부분
  - 학습자 자신의 경험과 유사한 경험을 표현한 부분
  - 감동적인 부분
  - 뛰어난 비유를 사용해 표현한 부분
  - 흉내 내는 말이 내용과 어울려서 효과적으로 나타난 부분
- 주관적 해석에 따른 나의 생각 이야기 나누기
  - 간단하게 메모한 부분을 중심으로 인상적이라고 생각하는 이유를 말한다.
    * 사람마다 인상적인 부분이 같을 수도 있지만 다를 수도 있음을 알게 한다.
    * 주관적으로 인상적인 부분을 색깔 펜을 달리해 표시하고, 인상적인 부분이라고 생각하는 이유를 간단하게 메모한다.

해석의 교환 절충: 복합적 성격, 비판적 사고, 도덕적 판단력, 책임

- 인상적인 부분에 대한 해석 교환하기
  - 객관적인 해석 기준, 주관적인 해석 기준에 따라서 선택한 인상적인 부분에 대해

토의하기

- 인상적인 부분이라고 설정한 부분에 대한 학습자의 기준이나 생각이 타당한지 판단하기

해석 일반화하기: 비판적 사고, 도덕적 판단력, 용서

• 인상적인 부분 3개 선정하기
  - 해석 교환 과정의 의견을 반영해 「나를 싫어한 진돗개」에서 가장 인상적인 부분 3곳 선정하기
• 비평문 쓰기
  - 인상적인 부분을 중심으로 「나를 싫어한 진돗개」에 대한 비평문 쓰기
    * 비평문을 쓸 때에는 인상적인 부분을 인용하고, 그 부분에 대한 해석을 곁들이는 방식으로 쓴다.

(5) 평가 계획

교과서 중심의 수업에서는 성취 기준에 따라 '이야기를 읽고 인상적인 부분을 찾아 그 까닭을 말하기'에 초점을 두어 평가한다. 하지만 이 단원은 창의·인성 교육 요소를 특화한 단원으로 문학 작품을 이해하고 수용하는 과정에서 다음과 같은 창의성 요소와 인성 요소를 중점적으로 평가하도록 한다.

창의성	• 객관적 해석 기준에 따라 적절한 인상적인 부분을 찾았는가? • 인상적인 부분을 중심으로 작성한 비평문에 창의적인 해석이 잘 드러나는가?
인성	• 독자의 경험 범주에 따른 인상적인 부분을 찾았는가?
창의·인성	• 객관적인 해석 기준과 주관적인 해석 기준이 조화를 이루면서 해석을 교환했는가? • 인상적인 부분을 중심으로 작성한 비평문에 공감할 수 있는가?

이와 같은 전체적인 평가 계획을 수립하되, 해석 교환 모형의 지도 양태가 인성 중심 창의 배합 범주이므로 인성 요소와 창의·인성 요소를 중심으로 평가하는 것이 현실적인 방안이 될 것이다. 평가 기준은 수행 평가 및 서술형 평가와 연계시킬 수 있는 방안을 함께

고려해볼 필요가 있다.

5. 텍스트 상호성 모형

1) 텍스트 상호성 모형의 개관

텍스트 상호성(intertextuality)은 텍스트 사이의 상호 작용성을 의미한다. 모든 텍스트는 독창적인 산물이기는 하지만 하나의 텍스트는 다른 텍스트를 향해 열려 있고 다른 텍스트들과 불가피하게 연관된다. 엄밀한 의미에서 어떤 텍스트든 그 자체로 고유한 특성을 지닐 수 없으며 하나의 텍스트는 다른 텍스트에 그림자를 드리우거나 다른 텍스트의 메아리가 되기도 한다.[8] 텍스트 상호성은 텍스트가 지니고 있는 형식, 구조, 의미작용 등이 상호적 연관을 지니고 있음을 말하는 것이지만, 이러한 상호성의 구현은 독자의 이해 활동 속에서 극대화될 수 있다.

"모든 텍스트는 다른 텍스트를 향해서 열려 있다"는 유명한 명제가 텍스트 상호성 모형의 이론적 근거이다. 글을 쓰는 사람이나 글을 읽는 사람이나, 자기가 지금 붙잡고 있는 글은 이미 자신이 이전에 경험한 다른 텍스트들과 알게 모르게 강한 상호성을 지니고 있다는 것이다. 이 점은 글을 읽고 쓸 때 창의적 능력을 발휘하는 매우 의미 있는 기제가 된다. 따라서 국어 수업에서 이와 같은 텍스트 상호성의 원리를 학습자들이 잘 활용할 수 있

8 '상호 텍스트성'이라고도 하는데, 크리스테바에 의하면 모든 텍스트는 예외 없이 '인용의 모자이크'거나 '다른 텍스트들을 흡수하고 변형시킨 것'이다. 이러한 견해는 텍스트의 개념을 일반적인 문화의미론의 입장에서 극단적으로 일반화한 것으로 상호 텍스트성의 개념을 다음과 같이 명시적으로 정의한다. "우리가 상호 텍스트성이라고 부르는 것은 유일한 하나의 텍스트 내부에서 진행되는 텍스트 간의 공동 연주이다." 텍스트 개념과 텍스트의 탈경계화, 그리고 그와 관련되어 있는 서술 주체 또는 독서 주체의 지양 또는 분산화는 무한한 다양성을 가진 텍스트의 형상이 나타나도록 했는데, 무한한 관계 속에서 주체를 상실한 개개의 텍스트는 항상 다른 것, 그리고 원칙적으로 여타의 모든 텍스트에 관련되어 있다. 왜냐하면 개별적인 텍스트는 언제나 이미 텍스트화되어버린 현실 및 역사와 같이하는 텍스트 일반에서 단지 하나의 부분에 불과하기 때문이다(서울대학교 국어교육연구소, 『국어교육학사전』, 대교, 1999, 406쪽).

도록 수업을 이끌어 나간다면 창의 능력을 효과적으로 도모할 수 있다.[9] 또한 텍스트의 세계나 사람의 삶의 세계나 넓고도 긴밀한 관계의 섭리 속에 있음을 이해함으로써 배려의 인성과 인내의 인성을 내면화할 수 있다. 텍스트 상호성을 어떤 준거로 따져볼 것인가 하는 문제는 다양한 측면에서 살펴볼 수 있다. 대체로 주제의 상호성, 장르의 상호성, 경험(소재)의 상호성, 읽고 쓰는 목적이나 상황의 상호성, 인물이나 사건의 상호성, 작가의 상호성, 독자의 상호성 등을 다룰 수 있다.

텍스트 상호성 모형은 학습자가 모든 작품이 인간의 보편적 속성 속에서 서로 관련성을 지니고 존재하고 있음을 인지하게 함으로써 폭넓은 문학 경험을 제공해준다. 모든 텍스트는 다른 텍스트를 향해서 열려 있기 때문에 학습자가 지금 경험하고 있는 작품과 이미 경험했던 작품의 연관성을 바탕으로 텍스트를 감상하게 되면 한 편의 작품을 감상할 때는 알 수 없었던 새로운 면을 발견할 수 있다. 다양한 텍스트들의 연관성을 살펴보며 주어진 텍스트를 감상하게 하는 텍스트 상호성 모형은 학습자에게 문학 작품을 주체적으로 감상할 수 있는 능력을 길러줄 뿐만 아니라 자유로운 사고의 확장을 바탕으로 작품과 소통하고 해석하는 능력을 갖게 된다. 이 과정에서 학습자가 경험하는 가능성의 세계는 더욱 확장된다.

텍스트 상호성 모형

과정	주요 활동 내용
작품 내용 비교하기	두 개 이상의 텍스트를 비교해보며 상호성을 지닐 수 있는 가능성을 짚어본다. 두 텍스트의 내용을 연관되는 코드로 묶어본다.
상호성의 준거 정하기	두 개 이상의 텍스트를 같은 틀에서 비교하고 분석하고 종합할 수 있는 상호성 준거를 정한다. (예: 주제, 경험, 사건, 배경, 독자 등)
상호성으로 의미 확장하기	한 작품 내에서 단일한 요소였던 것을 상호성으로 다른 작품과 연관지으면서 경험, 해석, 가치, 주제 등을 확산시켜본다.
새 이야기 구성하기	두 작품의 상호성으로 인해 확장된 경험이나 주제를 가지고 제3의 이야기(또는 새로운 결말 만들기 등)를 구성해본다.

9 특히 텍스트 상호성은 읽기 교육이나 문학 교육에서 매우 중요한 개념이다. 하나의 텍스트는 그를 둘러싼 또 다른 텍스트들과의 관계 속에서 비로소 온전히 해명된다. 다른 텍스트들과의 겹침과 다름을 통해 텍스트가 우리에게 주는 의미의 자장은 더욱 풍부해진다. 이러한 텍스트 간의 상호 연관성은 쓰기 교육에서도 유용하다. 쓰기는 텍스트와 나 사이에 새로운 상호성을 만들어내는 것이기 때문이다.

텍스트 상호성 모형에서 '작품 내용 비교하기'는 상호 텍스트성을 활용해 작품을 풍부하게 해석하기 위한 준비 단계라 할 수 있다. 모든 텍스트는 다른 텍스트를 향해 열려 있으나 공통되는 부분에 대한 깊이 있는 탐구 없이 일부분을 통해서 연관관계를 찾는 경우 해석의 폭이 한정될 수 있다. 따라서 내용에 대한 깊이 있는 탐구를 통해 하나의 텍스트를 충분히 감상한 후에 다른 텍스트와 내용 비교를 통해 서로 관련되는 부분, 공통점과 차이점 등을 생각해보는 단계로 나아가야 한다.

'상호성의 준거 정하기'는 복수의 텍스트를 같은 틀에서 비교·분석·종합할 수 있는 준거를 마련하는 것이다. 한 작품을 감상한 후에 학습자 스스로 관련되는 작품을 떠올려 비교해보고 준거를 마련해보거나 교사가 학습자에게 상호 친연성이 높은 텍스트[10]를 제공하고 내용을 비교하는 과정에서 학습자 스스로 준거를 마련하게 하는 것도 가능하다. 전자의 경우 학습자의 선경험이 수업의 성패를 좌우하기 때문에 학습자의 수준이 다양한 문학작품을 감상한 작품과 연계시킬 능력이 있다고 판단될 때 시도해봄 직하나 일반적인 수업의 장에서는 교사가 상호 관련성이 있는 작품을 제시해준 후 비교 준거를 학습자가 마련함으로써 감상의 폭을 확장하도록 지도하는 것이 현실적이다.

'상호성으로 의미 확장하기'는 비교 준거를 중심으로 본격적인 감상 활동을 하는 단계이다. 학습자는 이 과정을 통해 한 작품 내에서 단일한 요소였던 것을 상호성으로 다른 작품과 연관지으면서 경험, 해석, 가치, 주제 등을 확산시키게 된다. 학습자의 창의성이 요구되는 단계로 작품에 대한 분석적이고 수렴적인 이해가 다양한 의미로 발산되고 전환될 수 있다. 이 단계는 비교 준거를 바탕으로 본격적으로 작품의 의미를 해석하고 학습자의 삶과 세계에 대한 안목을 넓혀가는 과정이다.

'새 이야기 구성하기'는 두 작품의 상호성으로 인해 확장된 경험이나 주제를 가지고 제3의 이야기나 새로운 결말을 만들어보는 활동이다. 이는 텍스트에서 비롯된 경험이지만 텍스트 안에서만 머무르지 않고 삶의 세계 또는 새로운 텍스트로 경험과 인식의 폭을 확장시키는 것이다. 텍스트를 바탕으로 한 생산적인 경험은 학습자들이 텍스트를 소비하는 데 머무르지 않고 의미를 생산하는 활동에 능동적으로 참여해 새로운 텍스트 창작으로 이

10 반대의 경우도 가정해볼 수 있다. 예를 들어 비교하는 두 작품의 내용이나 형식이 유사하지 않은 작품을 서로 공통점을 찾기 위한 준거를 마련하고 그에 따라 내용을 비교해보는 활동에서 기발함과 참신함의 창의성이 동원될 수도 있다.

어지게 한다. 이런 텍스트 생산 경험을 통해 학습자들은 삶의 세계에 대한 이해의 폭, 자기 인식의 정도를 확장시키고 정교화시킬 수 있다.

2) 텍스트 상호성 모형의 운용 전략

텍스트 상호성 모형은 학습자의 감상 능력, 문학적 의사소통 능력을 길러주는 데 효과적으로 활용될 수 있다. 학습자는 텍스트와 텍스트를 연관시키면서 다양한 장르를 넘나들고 다양한 이야기를 경험하는 것을 통해 텍스트 저변에 있는 인간 삶의 총체성을 경험하고 의사소통 능력 및 해석 능력을 향상시키게 된다. 텍스트의 상호성을 염두에 두고 작품을 감상하는 것은 텍스트와 소통하는 의사소통 능력과 관련된다. 따라서 텍스트 상호성 모형은 학습자와 작품 간의 소통적인 관계를 매우 효과적으로 경험하게 할 수 있다. 학습자가 다양한 작품을 연관시켜 감상하는 과정 속에서 작품과 학습자, 작품과 작품, 자신의 감상과 타인의 감상, 자신이 연관시킨 텍스트와 타인의 상호 텍스트 등의 소통이 매우 복합적으로 이루어지기 때문이다. 그뿐만 아니라 여러 편의 텍스트를 비교하고 이해하는 과정은 사고의 개방성과 독립성, 배려심을 키우는 데에도 적합하다. 특히 작품을 서로 비교하는 활동을 통해 자연스럽게 사고의 확장과 수렴이 가능하기 때문에 학습자들은 다양한 작품을 접하는 과정 속에서 개방적이고 유연한 사고를 할 수 있다. 이를 바탕으로 학습자들은 작품에 대한 자신의 생각이나 느낌을 보다 적극적으로 표현하고 공유하는 능력을 내면화하게 된다.

텍스트 상호성 모형을 수업에 적용할 때에는 다음과 같은 사항에 대한 고려가 필요하다. 첫째, 학습자에게 다양한 문학적 경험이 있을수록 효과적인 목표 성취가 가능하다. 따라서 다양한 텍스트를 경험해본 고학년 학습자에게 보다 유용하다. 학습자가 다양한 문학적 경험이 없다면 이전 차시까지의 수업을 통해 다양한 경험을 확충한 다음에 텍스트 상호싱 모형을 적용할 필요가 있다. 이때 좁게는 현 시점까지 배운 교과서 내의 작품들을 활용하는 방법부터 넓게는 개인적으로 접했던 텍스트들을 연계시키는 것에 이르기까지 학습자의 텍스트 경험을 확장시켜줄 수 있는 방법을 구안할 필요가 있다.

둘째, 텍스트 간의 연계는 동일한 장르에 한정하지 않아도 된다. 모든 텍스트는 다른 텍스트를 향해 열려 있기 때문에 여러 장르의 텍스트들이 서로 연계되고 교섭되며 감상의 폭을 확장할 수 있다. 따라서 학습자들이 흔히 접하고 있는 영화, 가요, 만화 등의 대중적인 장르도 텍스트와의 연계성 속에서 의미 있게 수용할 수 있다. 다만 감상의 주된 대상은 교육적으로 의미 있는 텍스트를 풍부하게 감상하는 것이어야지 영화나 가요, 만화가 주가 되어서는 풍부한 감상을 위한 모형 활용의 의미가 퇴색될 수 있다.

셋째, 텍스트 상호성 모형은 특정 텍스트를 깊이 있게 이해하는 데 다양한 텍스트를 활용하는 것이다. 그러므로 교사는 수업에서 주가 될 교육적인 텍스트를 선정하고 학습자들이 상호 텍스트들을 떠올리기 이전에 주가 되는 텍스트에 대한 깊이 있는 감상이 가능하도록 다양한 해석 활동들에 참여하게 하는 과정이 필요하다. 텍스트의 피상적인 면만을 보고 상호 텍스트를 연계시킬 경우에는 흥미 위주의 수업으로 전락할 위험이 크고 작품의 감상이 인간의 보편성을 이해하는 차원에까지 확장되지 못할 우려가 있기 때문이다. 텍스트 상호성 모형은 학습자의 해석 능력을 향상시키고 자율적으로 사고해 작품을 향유하는 독자를 교육하는 데 그 목적이 있으므로 무엇보다 작품을 감상할 시간을 충분히 제공하는 방향으로 수업이 진행되어야 한다.

또한 텍스트 상호성 모형은 다음과 같이 다양한 모형과 접목해 수업에 적용할 수 있다. 첫째, 텍스트 상호성 모형은 '창작 모형'과 연계해 텍스트에 대한 학습자의 감상을 새롭게 생산할 수 있다. 이렇게 생산된 학습자의 감상은 그 자체로 창작으로 볼 수 있지만, 이를 보다 적극적으로 활용해 새로운 텍스트를 구성할 수 있다. 두 작품을 연계해 상호 연관성 속에서 패러디하기, 공동 창작하기 등은 학습자가 텍스트 간의 상호 비교를 통해 감상한 내용을 개인적으로 또는 집단 내에서 발전시킬 수 있는 활동이다. 또한 텍스트 상호성 모형을 통해 학습자들은 비슷한 상황에 대한 다양한 사건 전개, 인물 등을 경험했다. 이를 바탕으로 유사한 상황을 소재로 한 내러티브를 창작하게 하는 활동으로 발전시키는 것도 가능하다.

둘째, 텍스트 상호성 모형은 '해석 교환 모형'과 연계해 작품에 대한 깊이 있는 감상이 있을 때 보다 풍부한 감상으로 발전할 수 있다. 따라서 학습 활동 과정 속에 자신의 해석을 발표하고 다른 이들과 의견을 교환하면서 자신의 해석을 절충하고 일반화하는 활동을 적용할 수 있다. 이를 통해 학습자는 자신이 연계한 상호 텍스트의 타당성을 확보하고 자신이 감상한 내용의 질도 높일 수 있다. 이 과정에서 학습자들은 텍스트와의 소통 능력뿐만 아니라 타인과의 의사소통 능력, 자기 내적 소통 능력도 확충할 수 있다.

셋째, 텍스트 상호성 모형은 '갈등 이해 모형'과 연계하여 내러티브 문학의 갈등을 중심으로 텍스트를 이해하고 텍스트 간의 상호 연관성을 발견하는 데 유용하다. 우선 한 텍스트의 인물들의 성격을 분석하고 인물 간 갈등의 요인을 찾고 과정을 분석하는 활동을 제시한다. 학습자는 주어진 텍스트를 경험하면서 갈등의 성격을 파악하게 되고 연계할 상호 텍스트들의 갈등을 비교하게 된다. 이러한 모형을 적용할 경우 학습자는 세계 내의 다양한 갈등들을 이해하고 해결하는 능력을 함양하게 되고 텍스트 상호성의 연결고리를 보다 쉽게 발견할 수 있게 된다.

3) 텍스트 상호성 모형의 교육과정적 접근

국어과 교육과정에서 텍스트 상호성 모형을 활용해 지도하기에 용이한 내용은 다음과 같다.

- (1) 문학 작품을 읽고 느낀 점을 말이나 글로 표현한다.
- (2) 문학 작품에는 일상의 세계와 비슷한 상상의 세계가 담겨 있음을 이해한다.
- (3) 문학 작품 속 인물의 특성을 살려 새로운 이야기를 꾸민다.
- (4) 글을 읽고, 자신의 생각과 느낌을 표현하는 글을 쓴다.

(1)은 문학 작품을 읽고 느낀 점을 바탕으로 해 글쓰기나 말하기로 표현할 수 있는 작품 감상 능력을 기르기 위한 것이다. 문학 작품에 대한 감상 능력을 기르기 위해 특별히 제재가 제한될 필요는 없지만 발달 수준을 고려할 때, 뛰어난 인물이 등장하는 이야기를 배경으로 하는 작품이나 친숙한 세계 또는 상상적인 세계를 배경으로 하는 작품을 감상하도록 작품의 범위를 안내하고 있다. 이 성취 기준은 하나의 문학 작품이 아니라 복수의 문학 작품을 대상으로 할 때 효과적인 성취 기준이다. 즉, 문학 작품들을 읽고 느낀 점을 말이나 글로 표현하는 것 자체가 텍스트 상호성을 살리는 방법인 것이다.

(2)는 작품의 세계가 근거 없이 꾸며낸 허황된 이야기가 아니라 일상 세계와 비슷한

인간의 삶의 모습이 나타나 있음을 인식할 때 작품에 대한 친밀감을 높일 수 있다는 점을 중시해 설정된 성취 기준이다. 이야기나 극본에 드러난 인물, 사건, 배경 등이나 동시의 정경 등을 우리가 살고 있는 주위 환경과 비교해보고 비슷한 점을 찾아보게 하며 이야기나 극본에는 인간의 삶의 모습이 나타나 있고 동시에 일상생활의 기쁨이나 슬픔 등의 정서가 압축되어 나타나 있다는 것을 알게 한다. 결국 작품의 세계는 일상의 세계를 반영한 것임을 인식하도록 하는 데 지도의 중점을 둔다. 이때 일상의 세계와 상상의 세계를 비교할 수 있게 하고 각각의 특성을 이해하도록 도와줄 수 있는 다양한 작품을 감상하도록 안내하고 있다. 이 성취 기준은 문학 작품 속 상상의 세계와 일상 세계를 대비해 상호 텍스트성을 발휘한다면, 다른 문학 작품 속 상상의 세계가 서로 관련되며 이들은 또 일상 세계와도 관련된다는 복합적인 상호 텍스트성 관계 구도 속에서 지도할 수 있다.

(3)은 인물에 중점을 두어서 새로운 이야기를 꾸미거나 기존의 이야기를 창의적으로 바꾸어 쓰는 능력을 기를 수 있도록 하기 위해 설정된 것이다. 이야기를 꾸미는 방법은 다양하지만 인물의 특성 파악이나 인물과 사건의 관계 파악 등을 토대로 해 이야기를 꾸미는 데 중점을 둔 것이다. 이 성취 기준은 두 작품에 등장하는 인물에 중점을 두어 성격을 바꾼다든지 인물이 처한 상황을 바꿔 새롭게 이야기를 꾸미는 방식으로 상호 텍스트성을 살려 지도할 수 있다.

(4)는 글을 읽고 감상문을 쓰는 것이 글에 대한 깊이 있는 이해를 돕고 글쓰기 능력을 신장시킨다는 점을 중시한다. 감상문을 쓰는 데 필요한 다양한 학습 경험을 하도록 하되, 특히 글을 읽고 감상문을 즐겨 쓰는 태도, 쓴 감상문을 다른 사람과 공유하려는 태도를 형성하는 데 중점을 두고 있다. 이때 생각과 느낌을 표현하는 감상문을 쓰기 위한 제재는 생활동화, 전래동화, 우화, 시 등을 읽고 생각과 느낌을 자유롭게 표현하도록 한다. 이 성취 기준은 학습자들이 상호 텍스트성을 살려 감상한 후 감상문을 공유하는 활동을 통해 2차적인 상호 텍스트성을 발현할 수 있다는 점에서 텍스트 상호성 모형에 기반을 두어 지도할 수 있다.

교육과정 성취 기준과 관련 교과서 단원을 토대로 '이야기 세계와 우리가 사는 세계를 비교해 생각과 느낌으로 표현할 수 있다'를 수업 모형의 지도 목표로 설정했다. 텍스트 상호성 모형을 기반으로 관련 교육과정과 연계 교과서를 분석해 수업 목표를 추출하는 과정을 정리하면 다음과 같다.

	성취 기준	내용 요소의 예
관련 교육과정	문학 작품에는 일상의 세계와 비슷한 상상의 세계가 담겨 있음을 이해한다.	• 일상의 세계와 상상의 세계 이해하기 • 작품 속의 세계는 글쓴이가 꾸며낸 세계임을 이해하기 • 또래의 인물이 등장하는 이야기를 읽고 자신의 일상과 비교하기
	문학 작품을 읽고 느낀 점을 말이나 글로 표현한다.	• 작품을 읽는 느낌 떠올리기 • 작품의 전체적인 느낌 정리하기 • 작품에 대한 전체적인 느낌을 말이나 글로 표현하기
	글을 읽고, 자신의 생각과 느낌을 표현하는 글을 쓴다.	• 감상문의 특성 이해하기 • 자신의 경험과 글의 내용을 관련짓기 • 글에 대한 자신의 생각과 느낌을 정리하기 • 글에 대한 자신의 생각과 느낌을 다른 사람과 공유하려는 태도 가지기
	문학 작품 속 인물의 특성을 살려 새로운 이야기를 꾸민다.	• 작품 속 인물의 특성 이해하기 • 인물의 특성과 사건의 관계 파악하기 • 인물의 특성을 살려 다른 이야기로 꾸미기

⇩

수업 목표	• 이야기 세계와 우리가 사는 세계를 비교해 생각과 느낌으로 표현할 수 있다.

⇧

연계 교과서 단원 목표	이야기의 세계와 우리가 사는 세계를 비교할 수 있다.

이와 같이 텍스트 상호성 모형을 기반으로 지도할 때 관련 교육과정과 연계 교과서 분석을 통해 수업 목표를 추출할 수 있다. 이 수업은 '이야기 세계와 우리가 사는 세계를 비교해 생각과 느낌으로 표현할 수 있다'를 목표로 두 작품의 이야기 세계를 서로 비교해봄으로써 작품 감상에서 나아가 창작 활동으로 연계해 지도할 수 있다.

4) 텍스트 상호성 모형의 적용 사례: 이야기 vs 이야기

(1) 학습 목표

수업 목표는 '이야기 세계와 우리가 사는 세계를 비교해 생각이나 느낌으로 표현할 수 있다'이다. 이 목표를 달성하기 위해 텍스트 상호성 모형에 기반을 두어 다음과 같이 차시별 목표를 설정했다.

수업 목표: 이야기 세계와 우리가 사는 세계를 비교해 생각과 느낌으로 표현할 수 있다.

차시별 학습 목표		텍스트 상호성 모형의 주요 활동
1차시 〈교과서 연계〉	이야기의 세계와 우리가 사는 세계를 비교할 수 있다.	상호성의 준거 정하기 – 상호성으로 의미 확장하기 – 새 이야기 구성하기
2차시	이야기의 세계와 우리가 사는 세계를 비교할 수 있다.	상호성의 준거 정하기 – 상호성으로 의미 확장하기
3~4차시	이야기 세계를 비교해 새로운 이야기를 꾸밀 수 있다.	작품 내용 비교하기 – 상호성의 준거 정하기 – 상호성으로 의미 확장하기 – 새 이야기 구성하기

이 수업은 작품 속 세계를 서로 비교해 생각과 느낌을 표현하기 위해 텍스트 상호성 모형에 기반을 두어 구안하였다. 텍스트 상호성 모형의 주요 활동을 단계적이고 절차적으로 운용하지 않고 선택적으로 적용함으로써 창의·인성 활동의 특성을 부각시키고자 했다. 1차시는 교과서와 연계되는 차시로 교과서에 수록된 작품을 중심으로 텍스트 상호성 모형을 적용하되, 이야기 세계와 일상 세계를 비교하는 것이므로 작품 내용 비교하기 활동은 생략하고 3단계의 활동으로 구성했다. 2차시는 1차시와 학습 목표는 동일하지만 교과서 외의 작품을 다루게 되므로 텍스트 상호성 모형의 핵심적인 활동(상호성의 준거 정하기와 상호성으로 의미 확장하기)만 적용하면서 작품의 내용 이해에 초점을 둔다. 3~4차시는 1, 2차시에서 다룬 작품을 대상으로 텍스트 상호성 모형의 제반 활동을 집중적으로 적용해 보는 차시이다.

(2) 창의·인성 교육 요소

두 작품을 관계된 하나의 틀에서 바라보고 새로운 의미를 확장한다는 점에서 텍스트 상호성 모형은 본질적으로 창의성 지도에 유용하다. 이야기의 내용 비교를 통해 상호성의 준거를 마련하는 과정에서는 수렴적 사고가 동원되며, 이를 바탕으로 새로운 생각이나 느낌을 표현하는 과정은 사고가 확장되는 단계이다. 그리고 새 이야기를 구성하는 과정은 개방성이나 독립성을 필요로 한다. 상호 텍스트를 비교하는 활동을 통해서 자연스럽게 사고의 확장과 수렴이 가능하기 때문에 학습자들은 다양한 작품을 접하는 과정 속에서 개방적이고 유연한 사고를 하게 된다. 이를 바탕으로 학습자들은 작품에 대한 자신의 생각이나 느낌을 보다 적극적으로 표현하고 공유할 수 있게 된다.

텍스트의 상호성을 염두에 두고 작품을 감상하는 것은 텍스트와 소통할 수 있는 의사소통 능력과 관련된다. 작품 감상은 텍스트와 소통하는 것이다. 이 과정에서 학습자는 사고의 확장과 수렴을 경험하며 상호 텍스트를 비교하게 되고 작품의 의미를 해석하게 된다. 이렇게 여러 편의 텍스트를 비교하고 이해하는 과정은 사고의 개방성과 독립성·배려심을 키우는 데 적합하다. 학습자들은 인간 삶의 보편성에 대한 인식을 통해 인간에 대한 이해를 넓히고 이를 바탕으로 바람직한 인성을 함양할 수 있다. 또한 감상의 내용이나 재구성한 내러티브를 발표하는 과정은 자연스럽게 타인과의 소통 능력을 향상시키는 것으로 귀결된다.

이와 같은 창의·인성의 교육 요소를 창의성, 인성 요소에 따라 핵심적인 교육 요소와 부수적인 교육 요소로 구분하면 다음과 같다.

창의성 교육 요소
확산적 사고
수렴적 사고 독창성 다양성

인성 교육 요소
배려
정직 책임 행동실천력

이 수업은 창의 중심 또는 창의 중심 인성 배합형 지도 범주에 속하는데 창의성 요소의 '확산적 사고', 인성 요소의 '배려'를 핵심적인 교육 요소로 삼고, 다른 요소들을 부수적인 교육 요소로 설정할 수 있다. 이때 창의·인성 교육 요소는 절대적 실현 요소라기보다 다른 요소에 비해 상대적으로 부각되는 것이다.

(3) 제재 선정 및 활용

『짜장 짬뽕 탕수육』의 주인공은 장미반점을 하는 3학년 종민이다. 종민이는 전학 온 지 얼마 안 되는데 화장실에서 아이들이 '왕 거지' 놀이를 하면서 종민이를 거지라 약 올린다. 그러나 종민이는 '짜장, 짬뽕, 탕수육'을 외치면서 지혜롭게 맞서나가는 이야기이다. 이 제재는 이야기의 세계와 우리가 사는 세계를 비교할 수 있도록 또래 집단인 3학년의 이야기를 통해 공감을 불러일으킨다.

『내 짝궁 최영대』는 4월 어느 날 아침, 더벅머리를 한 남자아이가 교실 문을 열고 들어오면서 시작된다. 그 남자아이 이름은 영대이다. 영대는 아빠와 단 둘이 살고 엄마가 돌아가신 후 시골에서 전학 온 아이다. 말도 못하고 옷도 더럽고 준비물도 안 챙겨오는 영대는 반에서 '왕따'가 된다. 영대는 울지도 웃지도 않고 놀림을 받아도 화도 안 낸다. 그런데 경주로 1박 2일 단체 여행을 가서 영대와 반 아이들은 극적으로 화해하게 된다. 사람과 사람이 마음을 열고 이해하는 일이 얼마나 아름다운가를 담담하면서도 인상적으로 그리고 있는 작품이다.

(4) 주요 학습 활동 및 내용

〈1차시〉 이야기의 세계와 우리가 사는 세계 비교하기

1차시는 교과서 연계 차시로 교과서 학습 활동을 선행한 후 창의·인성 학습으로 이어지도록 계획한다. 따라서 작품 내용에 대한 이해 학습을 전제로 텍스트 상호성 모형에 기반을 두고 창의·인성 활동을 구안한다.

동기 유발 및 학습 목표 확인하기

- 마음 열기 및 생각 펼치기
  - 『짜장 짬뽕 탕수육』을 처음 보았을 때 떠오른 생각 말하기
  - 『짜장 짬뽕 탕수육』을 읽고 난 후에 제목 바꾸어보기
- 학습 목표 안내
  - 이야기의 세계와 우리가 사는 세계를 비교할 수 있다.

상호성의 준거 정하기: 수렴적 사고, 다양성, 정직

- 이야기의 세계와 우리가 사는 세계 비교하기
  - 이야기에서 일어난 '일'과 생활에서 일어나는 일의 비슷한 점과 다른 점 이야기하기
  - 이야기에 나오는 '인물'들의 관계도 그리기

    * 상호성의 준거를 마련하는 것 자체가 하나의 창의적인 활동이지만 1차시에서는 교사가 상호성의 준거를 정해주고 학생들이 이에 따른 반응을 하도록 한다.

상호성의 의미 확장하기: 확산적 사고, 수렴적 사고, 배려

- 이야기의 내용과 비슷한 경험 공유하기
  - 친구를 놀리거나 놀림을 받았을 때
  - 다른 학교로 전학을 가거나 새로 전학 온 친구를 만났을 때
  - 학교가 힘들다고 느꼈을 때
  - 친구에게 다정한 말을 들었을 때
  - 친구와 갑자기 친해졌을 때
- 이야기의 인물과 비슷한 사람 찾아 비교하기
  - 따돌림을 당하는 친구
  - 힘이 센 친구, 자기 멋대로 행동하는 친구 등
  - 다정한 친구, 생각이 깊은 친구, 친구를 잘 챙기는 친구 등
  - 힘센 친구를 따라다니는 친구, 친구 놀리기를 좋아하는 친구 등
  - 노는 것을 좋아하는 친구, 힘센 친구의 눈치를 보는 친구 등

    * 이야기 속 인물들의 성격과 비슷한 인물로 자신이 지목되었을 때 감정적으로 대응하지 말고 왜 다른 사람들이 자신을 그렇게 생각하는지를 반성적으로 되돌아볼 수 있도록 지도한다.

새 이야기 구성하기: 확산적 사고, 독창성, 배려, 행동실천력

- 새로운 언어 놀이 만들기
  - '왕 거지 놀이'와 '짜장 짬뽕 탕수육' 놀이의 장단점 말하기
  - 아무도 놀림 받지 않을 새로운 언어 놀이 개발하기

    * 모둠별로 새로운 언어 놀이를 만들고 그 놀이의 장단점에 대해 이야기해보도록 한다.

언어 놀이 시연하기: 다양성, 배려

- 언어 놀이 시연하기
  - 모둠별로 개발한 언어 놀이를 직접 시연하기
  - 친구들이 개발한 언어 놀이를 보고 의견 말하기

〈2차시〉 이야기의 세계와 우리가 사는 세계 비교하기

2차시의 학습 목표는 1차시와 동일하다. 하지만 2차시에서는 교과서 외의 작품을 다루게 되므로, 작품 내용에 대한 이해가 필수적으로 이루어져야 한다. 따라서 텍스트 상호성 모형의 2단계만을 중심으로 학습 활동을 구안한다.

동기 유발 및 학습 목표 확인하기

- 마음 열기 및 생각 펼치기
  - 초등학교 어린이들의 생활이 잘 드러난 작품 생각나는 대로 말하기
  - 초등학교 3학년 어린이가 주인공인 작품 말하기
  - 『내 짝궁 최영대』에 대해 소개하기
- 학습 목표 안내
  - 이야기의 세계와 우리가 사는 세계를 비교할 수 있다.

상호성의 준거 정하기: 수렴적 사고, 다양성, 확산적 사고, 배려

- 제재글 『내 짝궁 최영대』 읽기
  - 인물과 일어난 일을 중심으로 이야기의 내용 파악하기
  - 이야기에서 일어난 일과 인물의 마음을 그래프로 나타내기
- 이야기 세계와 일상 세계 비교하기
  - 모둠별로 이야기 세계와 일상 세계를 비교할 준거 정하기
  - 모둠별로 정한 준거에 따라 이야기 세계와 일상 세계 비교하기

    * 1차시에서는 교사가 비교할 수 있는 준거(일, 인물)를 마련해주었다면, 2차시에서는 이야기의 세계와 일상 세계를 비교하는 준거를 마련한 후 비슷한 점과 다른 점을 스스로 발견해 발표하도록 지도한다. 준거를 정할 때 귀납적인 방법도 가능하다. 즉, 비슷한 점과 다른 점에 대해 브레인라이팅을 한 후에 이들을 유목화해 상호성의 준거를 추출하는 것이다.

상호성의 의미 확장하기: 확산적 사고, 다양성, 배려

- 이야기의 내용과 비슷한 경험 공유하기

- 멋있는 친구 또는 그렇지 않은 친구가 전학 왔을 때
- 친구를 놀리거나 놀림을 받았을 때
- 짝이 없이 혼자 앉았을 때
- 친구를 괴롭혔거나 괴롭힘을 당했을 때
- 친구들과 단체 여행을 갔을 때
- 친구 또는 내가 갑자기 울었을 때
- 친구들과 함께 단체로 벌을 받았을 때
- 친구에게 미안한 마음이 들었을 때
- 친구와 화해했을 때
- 친구의 모습이 달라졌을 때

• 인물의 행동에 대한 의견 주고받기
- 영대의 외모나 말투를 보고 놀리거나 괴롭힌 친구들의 행동
- 친구들이 놀리거나 때려도 아무런 반응을 보이지 않는 영대의 태도
- 영대를 괴롭히는 친구들과 괴롭힘을 당하는 영대의 모습을 지켜보는 선생님의 태도

* 이야기 내용에 대해 자신의 의견과 친구들의 의견을 주고받으며 공통점과 차이점이 무엇인지를 인식하는 데 초점을 두어 토의·토론 활동을 전개한다.

생활에 적용하기: 배려, 정직

• 생활 주변에서 비슷한 경험 찾아보기
- 학급이나 생활 주변에서 따돌림을 당한 친구들을 보았을 때의 생각과 느낌 말하기
- 따돌림을 당하는 친구들을 도와주거나 도와주려고 노력한 경험 말하기

〈3~4차시〉 이야기 세계를 비교하며 새로운 이야기 꾸미기

3~4차시는 1·2차시에서 학습한 내용을 토대로 두 작품을 텍스트 상호성 모형의 전반적인 단계에 따라 지도하는 데 중점을 둔 차시이며, 수업 정리 단계에서는 이제까지의 학습 활동을 되돌아보고 정리하는 활동으로 마무리한다.

동기 유발 및 학습 목표 확인하기

- 마음 열기 및 생각 펼치기
  - 『콩쥐팥쥐』와 『신데렐라』 비교해 공통점 찾기
  - 『콩쥐팥쥐』와 『신데렐라』 비교해 차이점 찾기
- 학습 목표 안내
  - 이야기 세계를 비교하며 새로운 이야기를 꾸밀 수 있다.

작품 내용 비교하기: 확산적 사고, 독창성, 다양성, 배려, 정직

- 『짜장 짬뽕 탕수육』에 대해 브레인스토밍하기
  - 『짜장 짬뽕 탕수육』의 내용을 이어서 말하기
  - 『짜장 짬뽕 탕수육』에 대한 생각과 느낌을 한 문장으로 표현하기
- 『내 짝궁 최영대』에 대해 브레인스토밍하기
  - 『내 짝궁 최영대』의 내용을 이어서 말하기
  - 『내 짝궁 최영대』에 대한 생각과 느낌을 한 문장으로 표현하기

  * 작품 내용을 이어서 말할 때는 모둠별 게임 형식으로 진행해 흥미 있게 내용을 환기하도록 한다.

  * 생각과 느낌을 한 문장으로 표현할 때는 사고의 유창성에 초점을 두어 허용적인 분위기 속에서 더 이상 새로운 내용이 나오지 않을 때까지 이야기할 수 있도록 한다. 이때 작품의 내용과 관련성 여부에 대한 판정은 교사가 직접 평가하기보다 동료 학생들의 판단에 따라 수용 여부를 결정하도록 한다.

상호성의 준거 정하기: 다양성, 확산적 사고, 수렴적 사고, 배려

- 두 작품 서로 맞대어 보기
  - 『짜장 짬뽕 탕수육』과 『내 짝궁 최영대』의 비슷한 점 찾기
  - 『짜장 짬뽕 탕수육』과 『내 짝궁 최영대』의 다른 점 찾기
- 기준을 정해 공통점과 차이점 정리하기
  - 두 작품을 비교할 준거 정하기
  - 준거에 따라 두 작품의 내용을 표나 벤다이어그램으로 나타내기

* '작품 내용 비교하기' 단계에서 각각의 작품에 대해 브레인스토밍한 내용을 토대로 비슷한 점과 다른 점을 찾아본 후 비교·분석한 기준을 중심으로 정리해 보도록 한다.

상호성의 의미 확장하기: 수렴적 사고, 독창성, 확산적 사고, 배려, 책임

• '이야기 vs 이야기' 코너 구성하기
  - 『짜장 짬뽕 탕수육』과 『내 짝궁 최영대』 두 이야기의 두드러진 특징을 중심으로 간략히 소개하기
  - 인물 간의 관계에서 공통점을 찾아 제목 붙이기
  - 사건 전개에서 공통점을 찾아 제목 붙이기
  - 인물 간의 관계에서 차이점을 찾아 제목 붙이기
  - 사건 전개에서 차이점을 찾아 제목 붙이기

• '이야기 vs 이야기' 코너 발표하기
  - 모둠별로 '이야기 vs 이야기' 코너 발표하기
  - 다른 모둠의 발표를 듣고 자기 모둠이 구성한 내용과 비교하기
    * 모둠별로 '이야기 vs 이야기' 코너를 구성할 때 인물이나 사건 이외에 다른 비교 준거를 마련해 자유롭게 구성할 수도 있다.

새 이야기 구성하기: 확산적 사고, 독창성

• 새롭게 이야기 만들기
  - 두 이야기를 부분적으로 패러디해 새로운 이야기 꾸미기
  - 새롭게 꾸민 이야기를 홍보하는 광고 만들기
    * 모둠별로 새롭게 이야기를 꾸미고 홍보하는 광고 문구를 만든다.

되돌아보기 및 정리하기: 수렴적 사고, 배려, 정직, 행동실천력

• 되돌아보기
  - 공부한 내용 되돌아보며 얼마만큼 잘 했는지 점검하기
    [1] 이야기의 세계와 우리가 사는 세계를 비교하는가?

[2] 이야기 세계를 비교하며 새로운 이야기를 꾸미는가?

- 정리 학습
  - 따돌림을 예방하기 위한 선언문 만들기
  - 따돌림 예방을 위한 실천 규칙 정하고 다짐하기
    * 모둠별로 따돌림 예방을 위한 선언문을 개조식으로 만들어 발표한 후 그중에서 의미 있고 실천 가능한 항목을 10가지 선정해 학급 규칙으로 정하고 게시해 실생활에 적용할 수 있도록 한다.

(5) 평가 계획

교과서 중심의 수업에서는 단원 목표에 따라 '이야기에 나타난 세계를 상상하고 우리가 사는 세계와 비교하기'에 초점을 두어 평가해야 한다. 하지만 텍스트 상호성 모형에 기반을 둔 수업에서는 '이야기 세계와 이야기 세계를 비교해 생각과 느낌 표현하기'에 초점을 두어 다음과 같은 창의성 요소와 인성 요소를 중점적으로 평가하도록 한다.

창의성	• 이야기에서 일어난 일과 인물의 마음을 그래프로 나타냈는가? • 비교할 준거 정해 이야기 세계와 일상 세계 비교했는가? • 이야기에 대해 브레인스토밍을 했는가? • 준거에 따라 두 작품의 내용을 표나 벤다이어그램으로 나타냈는가? • '이야기 vs 이야기' 코너를 구성해 발표했는가?
인성	• 이야기에 나오는 인물들의 관계도 그렸는가? • 이야기의 내용과 비슷한 경험을 이야기했는가?
창의 · 인성	• 이야기의 인물과 비슷한 사람을 찾아 비교했는가? • 다른 사람이 상처받지 않을 새로운 언어 놀이를 만들었는가? • 인물의 행동에 대한 의견을 주고받았는가? • 두 이야기를 부분적으로 패러디해 새로운 이야기를 꾸몄는가? • 따돌림을 예방하기 위한 선언문을 만들었는가?

이와 같이 전체적인 평가 계획을 수립하되, 텍스트 상호성 모형의 적용 양태가 창의 중심 인성 배합의 경우이므로 창의성 요소와 창의·인성 요소를 중심으로 평가하는 것이 현실적인 방안일 것이다. 아울러 이러한 평가 기준은 수행 평가 및 서술형 평가와 연계시킬 수 있는 방안도 함께 고려해볼 필요가 있다.

6. 소통 확장 모형

1) 소통 확장 모형의 개관

학습자가 한 편의 작품을 몰입해 읽고 감흥을 받아 다른 작품을 써보는 과정은 문학을 매개로 한 소통의 과정이기도 하다. 그러나 자신의 작품 감상과 창작 과정에만 집중하게 될 경우에는 다른 사람과 소통해보는 경험을 놓치기 쉽다. 학습자별로 개별화된 문학 감상과 창작 경험이 개인의 창의성과 인성 성장에 일조하는 측면도 있으나 이야기 감상과 창작의 목적이 개인적 차원뿐만 아니라 '소통'의 측면과도 깊이 닿아 있다는 점을 간과해서는 안 된다. 작가가 작품을 쓰는 것은 결국 독자와 만나기 위해서이다. 작품의 창작 주체는 작품을 통해 비로소 독자와 만나 독자의 반응을 접함으로써 작품의 새로운 의미를 발견하기도 하고 독자의 비평을 통해 자신의 작품 세계에 대해 더욱 진지하게 탐구해나갈 수 있다. 문학 작품의 존재 이유는 본질적으로 작가와 독자의 소통에 있다고 보아도 과언이 아니다.

인터넷의 발달과 스마트폰의 대중화는 타인과의 소통을 더욱 원활하게 만들어주었다. 작가는 웹상에 커뮤니티를 만들고 독자들과 수시로 소통한다. 독자는 문학 작품을 매개로 작가와도 소통하고 다른 독자들과도 소통한다. 소통 커뮤니티 속에서 독자는 작가가 되기도 한다. "소통되지 않는 문학은 죽은 문학이다"는 수용 미학의 원리는 요즘 시대에 더 잘 어울리는 듯하다. 자신의 문학적 성과들을 부지런히 소통하는 일은 그 자체로 교육적 가치를 가진다. 문학과 더불어서 자신의 정서, 의식, 감동, 이념 등을 소통함으로써 윤리적 경험을 하게 되고, 자신을 의미 있는 존재로서 자각하고, 실존적 의미 작용을 할 수 있다. 또한 문학과 현실을 오가면서 문제를 발견하고 해결하는 창의 자질을 실천적으로 습득할 수 있다. 말하자면 문화적 실천 경험을 동반한다. 문학의 소통에 기반해 다음과 같이 '소통 확장 모형'을 구안했다.

소통 확장 모형

과정	주요 활동 내용
문학을 실용적으로 동원하기	- 감상하거나 창작한 작품을 일상생활에서 어떻게 활용하면 좋을지 활용 상황과 활용 효과를 떠올려보기
문학으로 친교 활동하기	- 기존의 대인관계 상황에서 문학적 경험 활용하기 - 새로 알게 된 인물과의 친교 활동에 문학적 경험 활용하기
매체를 활용해 소통하기	- 문학 소통의 상황과 목적에 따라 다양한 매체를 이용하기 - 매체 이용의 경험을 반성적으로 평가하고 새로운 소통 전략 세우기
문학 경험을 활용해 문제 해결하기	- 특정한 문제 상황에서 문학을 통해 그 문제를 해결할 수 있는 방안 찾아보기 - 문제해결 실천하고 평가하기

'문학을 실용적으로 동원하기'는 문학 경험을 삶과 연관짓는 활동에 중점을 둔다. 감상하거나 창작한 작품을 끊임없이 학습자의 일상 생활과 관련지어 활용해보도록 지도한다. 특히 아동 문학은 아동의 관심을 토대로 작품이 창작되는 경우가 많기 때문에 작품 속에 아동의 삶의 경험, 이해, 감정 등이 반영된 것이 많다. 따라서 아동 스스로 이야기를 그들 자신의 삶으로 전이시켜 생각해보고 이야기와 자신의 삶을 연결해보도록 한다.[11] 어떤 상황에 문학적 경험을 어떻게 활용할 것인지를 발산하는 과정에 중점을 두되 문학적 경험을 지속적으로 축적할 수 있는 방법과 이 경험을 활용할 수 있는 소통 창구의 창의적 발상을 생각해보도록 한다.

'문학으로 친교 활동하기'는 문학 경험의 실천 과정으로서 문학적 경험을 친교 활동과 결합하는 단계이다. 작품을 감상한 경험이나 창작한 경험을 중심으로 친구나 가족, 선생님 등 주변 인물들과 대화를 나누어보게 한다. 예를 들어 부모님 생신에 적합한 시 찾아서 낭송해드리기, 작품에 나온 문구를 3번 이상 인용해 친구에게 편지 쓰기, 작품과 관련된 나의 경험 돌려 말하기 등 다양한 활동 전략을 세워서 자연스러운 분위기에서 문학적 경험을 나누도록 한다. '문학을 실용적으로 동원하기'에서 세웠던 계획이나 발상을 실천하는 단계라고 볼 수 있다.

'매체를 활용해 소통하기'에서는 작품을 감상하거나 창작했던 경험을 음악이나 영상,

11 K. G. Shortk, "Children's Literature: Connecting and Transforming Children's Worlds," B. J. Guzzentti eds., *Literacy for the New Millionnium: vol.2. Childhood Literacy*, Praeger Publishers, 2007, pp.95-96.

사진 등으로 제작해 발표해봄으로써 의사소통의 폭과 깊이를 더할 수 있다. 이 단계에서는 학습자들이 자신의 문학적 경험을 효과적으로 드러내기 위해 어떤 방식을 선택하면 좋을지 아이디어를 생성해봄으로써 창의성을 신장시킬 수 있고, 매체를 활용한 문학 경험을 소통하는 과정에서 인성적 자질을 습득할 수 있다. 스마트폰의 대중화는 매체를 활용해 손쉽게 소통할 수 있는 다양한 도구를 제공해주었다. 특히 스마트폰의 활용을 적극 고려해본다.

'문학적 경험을 활용해 문제 해결하기'에서는 문학 작품에서 읽은 이야기, 작품을 통해 깨닫게 된 점, 또는 자신이 창작한 이야기나 시 자체, 작품을 창작했던 경험 등을 두루 활용해 일상에서의 문제점을 직접 해결해보는 활동을 하게 된다. 인간과 삶, 인간과 문학, 문학과 삶의 관계를 좀 더 긴밀하게 고찰할 수 있다.

2) 소통 확장 모형의 운용 전략

소통 확장 모형을 적용해 성공적인 수업을 구안하려면 학습자들의 삶과 연결시키기 적합한 텍스트를 선별할 필요가 있다. 소통 확장 모형에서는 학습자 자신의 삶의 문제나 또래의 문제를 소재로 삼고 있는 텍스트를 선정하는 것이 중요하다. 사실동화는 현실에서 작품의 소재를 찾아 현실을 탐구하며 아동의 삶을 둘러싸고 있는 현실적인 사건들이 이야기의 소재가 된다. 예를 들어 성장기 아동 발달이나 자아 개념, 정체성 문제, 부모 형제 등을 둘러싼 가족 이야기, 친구 관계나 학교생활 그리고 사회, 인류, 문화, 환경 등을 둘러싼 다양한 현실적 문제들을 작품의 소재로 다룬다.[12] 특히 학생들의 삶과 관련된 사실동화를 알아두면 소통 확장 모형에서 유용하게 활용할 수 있다.

소통 확장 모형을 위해서 지속적인 독서 경험을 축적해놓는 전략을 계발할 필요가 있다. 문학을 실용적으로 동원하고 문학으로 친교 활동을 하고 매체로 소통해보는 활동을 하려면 문학 경험이 축적되어 있어야 한다. 소통의 방법은 알고 있으되 소통의 내용, 다시 말하면 콘텐츠가 부족하면 효과적인 소통이 일어나기 어렵다. 따라서 평상시에 독서를 지도하여 소통의 내용을 축적해놓도록 한다. 예를 들어 책을 읽으면서 마음에 드는 구절 옮겨 쓰기, 내가 읽은 도서 목록 만들기, 나만의 방법으로 책 소개하기 등의 독서 전략을 활용해

12 신헌재 · 권혁준 · 곽춘옥, 『아동문학과 교육』, 박이정, 2007, 305쪽.

독서 경험을 누적해놓고 이를 활용하도록 한다.

자신의 삶을 되돌아보며 문제적 경험을 떠올리는 과정은 곧 '자아 탐구하기' 활동으로 구안될 수 있다. 자신의 삶에서 현재 겪고 있는 문제의 본질을 깊이 이해하기 위해서는 자신의 속마음은 물론 타인과의 의사소통 과정까지 두루 살펴봄으로써 내적·외적 갈등의 실체를 파악하는 과정이 필요하다. 소통 확장 모형은 문학적 경험을 바탕으로 타인과 깊이 있게 소통하는 과정인 '공감 소통하기' 활동, 자기 자신의 경험을 들여다보며 인간의 가치를 옹호하는 단서를 찾아가는 '반성적 사고 확장하기' 활동 등과도 적극적으로 연계될 수 있다. 소통에 비중을 둘 경우에는 다문화 사회나 지역이나 세대 간의 문화에 대한 소통에 비중을 두는 '다른 문화와 대화하기' 활동이나 감정이나 정서의 공감에 비중을 둔 '생활 속 표현 문화 공유하기' 활동과도 연결될 수 있다. 또한 여행을 소재로 소통을 한다면 '여행 감수성 기르기' 활동이 도움이 된다.

소통 확장 모형은 '관점 변환 모형', '창작 모형'과 조합되어 활용될 가능성이 높다. 관점 변환 모형은 새로운 관점에 따라 작품을 바라봄으로써 문학 작품에 대한 이해와 감상의 폭과 깊이를 확장하고 심화하는 데 초점을 둔다. 이때 작품 해석에 대한 의견을 교환하면서 다른 독자의 관점과 해석을 수용하게 될 경우 소통 확장 모형과 연계할 수 있다. 창작 모형과 소통 확장 모형을 결합해 작품을 패러디하거나 새롭게 창작하는 과정을 중심으로 실제 상황에 특정 문제를 가상으로 해결해보는 활동, 작품을 패러디 및 재창작한 경험 자체를 중심으로 타인과 의사소통해보는 활동, 작품 창작을 통해 삶의 문제 상황에 대한 대안을 제시해보는 활동 등을 구안할 수 있다.

3) 소통 확장 모형의 교육과정적 접근

국어과 교육과정에서 소통 확장 모형을 활용해 지도하기에 용이한 내용은 다음과 같다.

- (1) 문학 작품에서 받은 감동을 적절한 표현을 사용해 말한다.
- (2) 문학 작품을 읽고 떠오른 느낌이나 생각을 바탕으로 감상문을 쓴다.
- (3) 글과 그림이 잘 어울리게 그림책을 만든다.

(1)은 문학 작품에 대한 감상을 언어로 표현하고 다른 이와 소통하는 능력을 길러주기 위한 것이다. 작품에 대한 감동을 소통하는 일은 작품에 대한 이해를 심화시키고 참여자 간의 상호 이해를 높인다. 감동의 요소는 작품 내적 요소뿐만 아니라 그것을 읽는 독자의 체험이나 처지 또는 생각과도 밀접하게 관련된다. 개인적인 반응을 다른 사람과 소통함으로써 상호 이해를 할 수 있게 된다. 이 성취 기준은 소통 확장 모형에서 문학으로 친교 활동하기와 밀접한 관련을 가진다.

(2)는 작품을 읽고 떠오른 느낌이나 생각을 포함한 감동을 감상문의 형식을 활용해 표현하는 데 중점을 둔다. 다른 사람과 문학을 통해 소통하기 위해서는 작품을 읽은 느낌과 생각을 정리하는 과정이 필요하다. 직접 써보는 과정은 머릿속의 생각을 구체화시켜준다. 이 과정을 거칠 때 비로소 다른 독자와 소통을 할 때 자신의 생각이나 느낌을 구체화할 수 있고 소통도 원활하게 이룰 수 있다.

(3)은 학습자에게 친숙한 그림책 만들기를 통해 매체의 특성을 고려해 전달하고자 하는 내용을 표현하는 데 목적이 있다. 그림책 만들기 활동은 소통 확장 모형 중 '매체를 활용해 소통하기' 단계에서 효과적으로 사용할 수 있는 방법이다. 그림책은 글과 그림을 통해 뜻을 전달하는 매체이다. 그림책에서는 글과 그림이 서로를 보완해 뜻하는 바를 전달한다. 어렵고 복잡한 정보나 지식도 글과 그림으로 함께 표현하면 좀 더 쉽고 재미있게 전달할 수 있고, 동화 속 인물, 배경, 사건 등도 글과 그림을 통해 보다 생생하게 보여줄 수 있다. 그림책은 문학 소통에서 상황과 목적에 따라 두루 사용할 수 있는 전략 중 하나이다.

소통 확장 모형을 기반으로 해 관련 교육과정과 연계 교과서 분석을 통해 수업 목표를 추출하는 과정을 정리하면 다음과 같다.

	성취 기준	내용 요소의 예
관련 교육과정	문학 작품에서 받은 감동을 적절한 표현을 사용해 말한다.	• 내용을 요약하고 생각이나 느낌 덧붙이기 • 작품에서 감동적인 부분을 찾아 경험과 관련짓기 • 꾸며 주는 말을 효과적으로 사용해 말하기 • 작품에 대한 생각이나 느낌을 통해 자신을 드러내기
	문학 작품을 읽고 떠오른 느낌이나 생각을 바탕으로 감상문을 쓴다.	• 문학 감상문의 특징 이해하기 • 작품을 읽고 떠오른 느낌이나 생각 정리하기 • 작품에서 느낀 감동을 정리하고 표현하기

관련 교육과정	글과 그림이 잘 어울리게 그림책을 만든다.	• 읽는 이를 고려해 내용 생성하기 • 글과 그림을 통해 표현할 수 있는 내용을 구분해 표현하기 • 글과 그림이 서로 어울리도록 구성하기 • 완성된 그림책을 발표하고 전시하기

⇩

수업 목표	• 이야기를 읽고, 내 생각이나 느낌을 다양한 방법으로 소통할 수 있다.

⇧

연계 교과서 단원 목표	이야기를 듣고, 기억에 남는 장면에 대한 내 생각이나 느낌을 친구들과 이야기할 수 있다.

이 수업은 기억에 남는 장면을 다른 사람에게 실용적으로 전달할 수 있는 다양한 방법을 찾는 데서 출발한다. 다양한 방법 중 하나를 선택해 문학을 통한 친교 활동을 실천할 수 있다. 또한 '기억에 남는 장면 PPT로 만들기', '동영상 편지 제작하기' 등 매체를 활용해 소통을 확장하고 문학 경험을 활용해 특정 상황과 목적에 맞게 문제를 해결하는 과정으로 연결했다. 문학과 현실을 오가면서 문제를 발견하고 해결하는 창의·인성 활동으로 구체화했다.

4) 소통 확장 모형의 적용 사례: 내 마음이 보이니?

(1) 학습 목표

이 수업은 '이야기를 읽고, 내 생각이나 느낌을 다양한 방법으로 소통할 수 있다'를 목표로 삼아 '공감 소통하기', '비판적 사고와 대안적 사고 이어가기' 창의·인성 활동에 기반을 두어 구성했다. 이 수업의 목표와 차시별 학습 목표를 표로 나타내면 다음과 같다.

수업 목표: 이야기를 읽고, 내 생각이나 느낌을 다양한 방법으로 소통할 수 있다.

차시별 학습 목표		**감정 이입 모형의 주요 활동**
1~2차시 〈교과서 연계〉	이야기를 듣고, 기억에 남는 장면에 대한 내 생각이나 느낌을 친구들과 이야기할 수 있다.	문학을 실용적으로 동원하기-문학으로 친교 활동하기

3~4차시	이야기를 읽고, 소통 상황과 목적에 따라 매체를 이용해 문제 상황을 해결할 수 있다.	매체를 활용해 소통하기 – 문학 경험을 활용해 문제 해결하기

이 수업은 이야기를 읽고 내 생각이나 느낌을 소통하기 위해 소통 확장 모형에 기반을 두어 구안했다. 소통 확장 모형의 단계에 따라 구성해 모형에 대한 이해를 돕고자 했다. 이는 모형에 대한 예시 안이므로 실제 수업에서는 단계를 취사선택해 재구성할 수 있다. 1~2차시에서는 우선 교과서의 제재를 활용해 문학을 실용적으로 동원하는 방법을 찾아보았다. 그리고 교과서에서 제시한 활동을 재구성해 릴레이 방식으로 실감나게 이야기의 장면을 표현하도록 하고 이를 녹음해 프레젠테이션하도록 구안했다.

3~4차시에서는 교과서 외의 제재인 『좋은 엄마 학원』의 일부분을 읽고, 학생들이 가진 학원에 대한 생각을 부모님과 소통하는 데 중점을 두었다. 이야기를 읽고 나서 매체를 활용해 영상물을 만들고 이를 부모와 소통함으로써 특정 문제 상황을 해결하는 실천의지를 높이고자 했다.

(2) 창의·인성 교육 요소

이 수업과 관련되는 창의성 교육 요소로는 문제 발견, 문제 해결, 유추, 독창성이 있으며, 인성 교육 요소로는 행동실천력, 의사결정 능력, 배려가 있다.

이야기를 읽고 소통 상황과 목적에 따라 활용하기 위해서는 문제의 발견과 문제의 해결이 가장 중요하다. 이야기를 통해서 나와 관련된 또는 다른 사람과 소통할 만한 새로운 문제를 찾고 찾은 문제의 해결에 이르기 위한 복잡한 사고 활동을 필요로 한다. 또한 이야기의 현상을 나와 주변의 상황으로 유추하는 능력과 자기만의 방식으로 현상을 판단하고 문학 경험을 활용해 문제를 해결하는 독창성을 기를 수 있다.

소통 확장 모형에서는 '소통'이 핵심이므로 문학을 실용적 차원에서, 동원하고 친교 활동을 하고, 매체를 활용해 소통한다. 그러므로 실천할 수 있는 능력인 행동실천력이 중요하다. 바람직한 가치를 판단하고 이해할 수 있는 의사결정 능력과 소통하는 주체들의 다양성을 받아들이고 상충될 경우 의견과 합의에 이를 수 있는 배려심이 요구된다. 이 수업과 관련된 창의·인성 교육 요소를 살펴보면 다음과 같다.

창의성 교육 요소
문제 발견 문제 해결
유추 독창성

인성 교육 요소
행동실천력 의사결정 능력 배려

이 수업의 계획 및 실행에서 가장 중점을 두고 있는 요소는 창의성 교육 요소인 '문제 발견'과 '문제 해결'이며, '창의 중심 지도 범주'에 속한다.

(3) 제제 선정 및 활용

「이야기 귀신」은 서정오의 『우리가 정말 알아야 할 우리 옛이야기 백 가지 1』[13]에 제시되어 있다. 이야기를 듣기만 하면 종이에 적어서 주머니 안에 넣어두었더니 이야기들이 주머니 안에 오래 갇혀서 귀신이 되었다는 옛이야기이다.

「좋은 엄마 학원」은 김녹두의 『좋은 엄마 학원』[14]에 수록된 동화이다. 주인공인 다정이는 학교 수업이 끝나자마자 서너 개의 학원을 도느라 바쁘나 엄마는 옆집 친구와 비교하면서 발레도 배우고 수학 학습지도 하라고 한다. 다정이는 엄마의 바람이 버겁고 짜증스럽기만 하고, 결국 엄마를 '좋은 엄마 학원'에 보내고 엄마는 엄마 학원을 다니게 되면서 다정이를 이해하게 된다. 이 제재를 3~4차시에 활용해 자신의 학원 문제에 대해 부모와 소통할 수 있도록 활동을 설계했다.

(4) 주요 학습 활동 및 내용

〈1~2차시〉 이야기로 친교 활동하기

1~2차시는 교과서 연계 차시로 교과서 제재와 학습 활동을 중심으로 창의·인성 학습으로 이어지도록 계획했다.

13 서정오, 『우리가 정말 알아야 할 우리 옛이야기 백 가지 1』, 현암사, 1996.

14 김녹두, 『좋은 엄마 학원』, 문학동네, 2012.

동기 유발 및 학습 목표 확인하기: 독창성, 의사결정 능력

- 마음 열기/생각 펼치기
  - 내가 생각하는 최고의 이야기 뽑기
- 학습 목표 안내
  - 이야기를 듣고, 기억에 남는 장면에 대한 내 생각이나 느낌을 친구들과 이야기할 수 있다.
- 제재글 듣기
  - 「이야기 귀신」 듣기

문학을 실용적으로 동원하기: 문제 발견, 독창성, 의사결정 능력

- 기억에 남는 장면을 다른 사람에게 표현하는 창의적인 방법 찾아보기
  - 이야기 그림 카드 만들어 보내기
  - 기억에 남는 부분을 적고 나의 생각을 함께 써서 PPT로 구성하기
  - 기억에 남는 부분을 음악과 함께 낭독하고 녹음하기, 녹음한 내용 전달하기
  - 명대사·명구절 그림책 만들어 전시하기
  - 기억에 남는 부분을 간단한 애니메이션으로 제작하기
    * 문학적 경험을 다른 사람과 소통할 수 있는 다양한 방법을 찾아보는 데 중점을 둔다. 따라서 학습자들이 실제로 할 수 있는 활동은 물론 실제로 활동하기 어려운 방법도 찾아보도록 한다. 이 활동은 매체를 활용해 소통하기나 문학 경험을 활용해 문제 해결하기 활동의 방법을 제공해줄 수 있다.

문학으로 친교 활동하기: 문제 해결, 유추, 행동실천력

- 기억에 남는 장면에 대해 친구들과 이야기 나누기
  - 「이야기 귀신」 중에서 가장 기억에 남는 장면 고르기
  - 기억에 남는 장면에 대해서 지신의 생각이나 느낌 나누기
- 이야기 장면별로 릴레이 표현하기
  - 그림 카드 뒷면에 이야기 간추리기
  - 6명을 한 모둠으로 구성하고, 자기가 표현할 이야기 카드 뽑기

- 모둠원끼리 돌아가며 이야기 실감나게 말하기
  * 모둠원이 말한 내용은 음성 녹음을 한다. 음성 녹음을 중심으로 다양한 친교 활동을 구성할 수 있다.

모둠 이야기 발표하기: 행동실천력, 문제 해결, 배려

- 모둠별로 구성한 이야기 발표하기
  - 그림 카드를 PPT에 담아 프레젠테이션하면서 동시에 녹음한 자료 들려주기
  - 모둠의 발표를 들으면서 친구들의 말하기 평가하기
    * 교과서 연계 활동으로 하되, 그림 카드를 프레젠테이션화하고 학습자들의 말하기 활동 자료를 녹음해 학습자들의 감상 결과가 모둠별 감상 작품이 되도록 한다.

〈3~4차시〉 소통 상황과 목적에 맞게 영상 편지 제작하기

3~4차시는 이야기를 읽고 매체를 활용해 다른 사람과 소통하는 데 중점을 둔 활동이다. 「좋은 엄마 학원」에서 부모에게 들려주고 싶은 대목을 영상 편지 형식으로 낭독하고 자기의 생각을 덧붙이는 활동이다.

동기 유발 및 학습 목표 확인하기: 문제 발견

- 동기 유발
  - 내가 가는 학원에 대한 나의 생각 말하기
  - '학원' 문제로 부모와 의견을 나누었던 경험 공유하기
    * 자기의 경험을 바탕으로 진솔하게 이야기를 나눌 수 있도록 한다.
- 학습 목표 안내
  - 이야기를 읽고, 소통 상황과 목적에 따라 매체를 이용해 문제 상황을 해결할 수 있다.

비판적으로 이야기 읽고 친구들과 소통하기: 의사결정 능력, 유추

- 제재글 읽기
  - 자기의 경험을 토대로 「좋은 엄마 학원」 읽기
  - 「좋은 엄마 학원」에 대해 모둠별로 이야기 나누기

* 제재글과 관련해 공감하는 점, 다정이와 다정이 엄마에 대한 생각, 다정이와 자신과의 비교 등 특정 주제를 주고 이야기를 나누도록 한다.

목적과 상황을 고려해 영상 편지 제작 준비하기: 유추, 독창성, 문제 발견, 문제 해결

- 목적과 상황 정하기
  - 자신의 학업 문제 및 부모와의 관계 형성과 관련해 부모에게 보낼 영상 편지 제작하기
- 「좋은 엄마 학원」에서 부모에게 낭독해주고 싶은 부분 선정하기
  - 이야기를 다시 읽으면서 유사한 상황이나 공감 가는 부분을 찾아서 밑줄 치기
- 이야기를 중심으로 부모님께 보낼 편지 쓰기
  - 이야기의 특정 부분을 들려주고, 이 이야기에 대한 자신의 생각이나 느낌을 부모님께 전달하는 영상 편지를 쓰기 위한 초고 편지 쓰기

    * 이 책에 대한 소개 및 책에 대한 느낌과 감상을 토대로 부모와 소통할 내용을 마련한다.

영상 편지 제작하기: 문제 해결, 독창성, 행동실천력

- 영상 편지 제작하기
  - 부모에게 들려주는 이야기의 형식으로 이야기의 일부분을 낭독하고, 이를 동영상으로 찍는다.

    * 이야기의 내용을 전달하는 다양한 방법을 고려한다. 예를 들어 비디오를 친구들이 찍어줄 수도 있고 셀프 비디오 형태로 찍을 수도 있다. 책 내용을 PPT로 사전에 제작하고 이를 e-book이나 비디오에 담을 수 있다.
  - 부모에게 전달할 영상 편지 만들기. 이야기 전달이 끝나면, 이야기와 관련해 자신의 생각이나 느낌을 영상 편지로 들려준다. 미리 구상한 초고 편지를 읽을 수도 있으며, 부모님과 대화하듯 진행할 수 있다.

    * 영상 편지 내용에 어울리는 배경 음악을 미리 선정해 배경 음악을 넣어서 동영상으로 만들 수도 있다.

되돌아보기 및 정리하기: 의사결정 능력, 배려

• 되돌아보기
  - 공부한 내용 되돌아보며 얼마만큼 잘 했는지 점검하기
  - 동영상 만든 경험에 대한 자기 평가 글쓰기
• 정리 학습
  - 자기 평가 글쓰기 친구들과 비교해보기
    * 되돌아보기에서 쓴 자기 평가 글쓰기를 평가 자료로 활용할 수 있다.

(5) 평가 계획

교과서 중심의 수업에서는 성취 기준에 따라 '이야기에 대한 생각이나 느낌이 서로 다른 까닭을 알기'와 '이야기에 대한 생각이나 느낌을 서로 비교하기'에 초점을 두어 평가해야 한다. 하지만 이 단원은 창의·인성 교육 요소를 특화한 단원으로 문학 작품을 이해하고 수용하는 과정에서 다음과 같은 창의성 요소와 인성 요소를 중점적으로 평가하도록 한다.

창의성	• 이야기를 읽고 다른 사람에게 전달하는 방식을 다양하게 제시했는가? • 「이야기 귀신」의 일부 장면을 실감나게 표현했는가? • 창의적인 방식으로 영상 편지를 제작했는가?
인성	• 모둠별로 협력해 릴레이 이야기를 잘 녹음했는가? • 부모에게 보낼 영상 편지에 대한 자기 평가 글쓰기에 과정이 잘 나타나 있는가? • 부모의 상황이나 입장을 고려해 영상 편지를 제작했는가?
창의 · 인성	• 「좋은 엄마 학원」에 대해 자신의 생각이나 느낌을 잘 살려 친구들과 이야기를 나누는가? • 제작한 영상 편지에 자기의 생각이나 느낌을 「좋은 엄마 학원」과 관련지어 효과적으로 소통하고 있는가?

이와 같은 전체적인 평가 계획을 수립하되, 제작물의 과정과 결과를 중심으로 평가할 수 있다. 제작물을 창의성, 인성, 창의·인성 요소로 나누어 평가하는 방안도 있다. 문학 소통이 중심이 되어야 하므로 자신의 소통 과정에 문학을 적절하게 활용했는지를 중점적으로 평가할 필요가 있다.

7. 은유적 사고 모형

1) 은유적 사고 모형의 개관

은유는 사물을 직설적으로 이야기하지 않고 다른 사물과의 관련성을 통해 나타내는 언어적 활동으로 국어과의 문학 영역에서 추구할 수 있는 본질적인 창의 활동이다. 여기에서 '은유적 사고'란 구체적인 시적 표현 방법 중 하나인 '은유'를 가리킨다기보다는 사물을 의미화하는 문학적인 발상법을 가리키는 것으로 비유와 상징을 포괄하는 개념이다. 즉, 둘 이상의 상이한 대상들 사이에서 공통성을 추출해 그 공통성에 기반을 둔 사고 방식 전반을 일컫는다.

인간의 언어적 창의에는 은유적 사고가 작동하지 않을 수 없다. 또 이런 사고 훈련을 통해 인간은 상징을 만들어내고 상징으로 문화 체계를 가꾸어가는 존재가 된 것이다. '사물·대상·현상'을 직설적으로 설명하지 않고 다른 '사물·대상·현상'의 양태, 속성, 분위기, 감각적 인상 등에 의탁해 원래의 '사물·대상·현상'을 드러내려는 언어적 노력(또는 사고 노력)이 은유의 작동 원리이다. 이러한 은유는 '사물·대상·현상'을 구태의연하지 않고 창의적으로 지각하고 인식하고 표현하고 소통하려는 창의 본능에 해당하고 언어적 창의의 전략으로 놓이기도 한다. 이렇게 훈련된 언어 창의는 이 자체로는 하위의 분절된 기능으로 보이지만, 이 기능이 다른 기능들과 통합되는 과정을 겪음으로써 보다 높은 수준의 창의로 전이될 수 있다. 또 은유의 사고(언어)는 언어의 품격을 일구는 데 기여한다. 인간 존중과 존엄의 가치를 실천하는 데 품위 있는 말의 중요성을 깨닫고 실천하려 한다면 그것은 매우 중요한 인성 교육의 영역이 될 수 있다. 그리고 학습자들은 은유 경험을 통해서 대상에 대한 미적 감수성을 발달시켜가기도 한다.

요컨대 은유적 사고는 그 범위가 포괄적이고 지도할 수 있는 발달 층위도 다양해 널리 쓰일 수 있으나, 그렇기 때문에 특별히 모형의 한 양태로 인식되기 어려운 점도 있다. 그러나 바람직한 모형은 공학적 체제로부터 조금이라도 자유로운 것이 되어야 한다는 점에서 이 모형은 학교 현장의 국어과 수업에서는 두루 널리 간편하게 쓰일 수 있다. 은유적 사고 모형은 문학적 발상에 기반을 둔 모형이기 때문에 일반적으로 수용과 창작 중에서 창작 영역에 적용되기 쉬운 측면이 있다. 그러나 은유적으로 구성된 문학 작품 속에서 표상된 대상들을 파악하고 그 대상들이 연결된 얼개를 파악하는 활동 역시 은유적 사고라고 할 수 있으며, 따라서 은유적 사고 모형은 창작 영역뿐만 아니라 수용 영역에서도 적용될 수 있는 여지를 가진다.

은유적 사고 모형

과정	주요 활동 내용
표상할 대상 찾아보기	관심 있는 사물, 대상, 현상을 찾아서 그것을 표상(설명)할 수 있는 전략을 세워본다.
직설적으로 표상하기	은유 이전 단계의 여러 방법으로 선정한 사물, 대상, 현상을 표상해본다. 직설의 언어, 영상, 아이콘 등 다양한 방법 가능
은유로 표상하기	은유적 방식으로 표상한다. 다양한 은유를 경험하고 표상해본다. 여러 은유의 질적 차이를 경험한다.
효과 정리하기	은유의 효과를 다양한 소통 맥락에서 평가해본다. 새로운 은유 전략을 마련해본다.

은유적 사고 모형에서 '표상할 대상 찾아보기'는 은유적인 사고를 시작하기 위해서 은유적인 사고에 동기 유발을 할 수 있는 적절한 대상을 선정하는 과정이다. 은유적 사고는 대상에 대한 추상적·형이상학적 접근과 해석인데, 이러한 활동은 대상에 대한 관심과 흥미가 전제되어야 원활하게 진행될 수 있다. 따라서 표상할 대상을 선정할 때 교사가 직접 제시하는 것이 학생의 혼란이나 막연함을 보완할 수도 있지만, 학습자 스스로 관심을 가지고 있는 대상을 선정하는 것이 보다 적극적이고 생산적인 은유적 사고를 이끌어낼 수 있다.

또한 은유적 사고는 선정한 대상을 있는 그대로 보여주는 것이 아니라 새로운 방식의 연결고리를 발견해 표상하는 것이기 때문에 실제 표상하기 활동 이전에 충분하고 풍부한 의미 생성이 이루어져야 한다. 일상적인 대상을 바라볼 때는 의식이 자동화되어 아무런 감흥이나 감동 없이 자동적으로 대상과 그에 대한 인식이 연결된다. 처음 대상을 접했을 때 그 대상은 마음속에 있는 수많은 호기심과 경이, 신비로움, 두려움 등 많은 반응들을 이끌어내고 그러한 반응들 속에서 처음 접하는 대상을 인식하기 위해 적극적이고 능동적인 인식작용을 수행한다. 그러나 반복적으로 대상을 접하게 될 경우 대상과 그 대상이 가지는 의미 사이에 자동적인 연결고리가 생긴다. 이러한 작용이 인식의 자동화이며 은유적 사고는 이러한 인식적 자동화를 깨고 대상을 낯설게 보는 문학의 방법 중 하나이다.

따라서 은유적 사고 과정에 따라 본격적인 활동을 진행하기 전에 대상에 대한 자신의 자동화된 인식을 점검하고 그 안에서 새롭게 발견할 수 있는 요소가 있는지 그리고 표현하고자 하는 맥락과 표상하려는 대상들의 연관 관계 속에서 새로운 의미가 만들어질 가능성에는 어떤 것이 있는지에 대한 개방적이고 자유로운 발산적 사고가 필요하다. 예를 들어 은유적 사고의 대상을 '가을'로 선정했다면 먼저 가을에 대한 자신의 경험과 인식을 돌아볼 필요가 있다. 구체적인 일화나 가을에 대해 인상 깊은 기억, 평소에 가지고 있었던 생각 등을 자유롭게 떠올리며 지금까지 가을에 대해 가지고 있었던 인식을 점검하고 그러한 과정 속에서 자신이 보지 못하고 있었던 의미를 새롭게 발견할 수 있는 계기를 찾는 것이다.

'직설적으로 표상하기' 단계는 대상을 선정하고 그 대상에 대한 발산적 사고 이후에 구체적이고 실제적인 은유로 표상하기 이전의 과정이다. 은유는 추상적인 사고방식이기 때문에 활동에 막연함을 호소하거나 어려움을 느낄 수 있다. 따라서 본격적인 은유적 사고로 들어가기 전에 대상을 직설적으로 표현해보는 활동이 필요하다. 대상에 대해 발산적으로 사고한 가능성들을 직접적인 표현으로 옮겨보는 활동이라고 할 수 있다. 예를 들어 '표상할 대상 찾아보기' 단계에서 '가을'이라는 대상에 대해 발산적으로 생각해보았으면, 가을을 여러 가지 방법으로 표현하는 활동을 하는 것이다. 가을의 이미지에 대해 직접 서술하거나 그림으로 그리거나 사진으로 찍어서 표현할 수도 있다. 가능한 다양한 방식으로 가을을 표현하는 방법을 생각해보고 직접 표상해봄으로써 가을에 대한 다양한 관점과 시각을 경험하고 대상에 대한 틀 깨기와 관점 전환을 유도할 수 있는 활동이다.

'은유로 표상하기'는 발산적인 사고와 직설적인 표현으로 대상에 대한 풍부한 의미와 관점 전환을 경험한 다음에 본격적인 은유 표현을 하는 단계이다.[15] 은유로 표상하는 활동을 할 때 초점을 맞추어야 할 부분은 기존 대상의 일반적인 이미지에서 벗어나는 것과 대상들 간의 공통점을 찾는 것이다. 은유의 여러 가지 방식을 학습하고 체험하는 것은 필요하지만 그것 자체가 목적이라기보다는 그러한 경험을 통해 대상의 일상성을 깨고 새로운 의미망을 연결하는 체험을 하고 그러한 사고방식을 내면화하는 데 활동의 목적이 있다. 따라서 가능한 자유로운 분위기 속에서 다양한 방식의 은유 표상을 할 수 있도록 한다. 단편

15 은유적 사고를 표현하는 방식으로는 은유, 직유, 비유, 환유, 상징 등 다양한 양식들이 있으며, 이러한 표현 양식에 맞추어서 다양한 방법으로 은유 표상 활동을 해보고 각 방법들 간의 질적 차이를 체험한다. 이 과정에서는 각각의 방법에 대한 교사의 지식적 설명이 필요하다.

적인 은유 표현을 만들어보는 활동에서부터 실제 시나 이야기를 창작하는 활동, 나아가 은유적 영상물이나 광고물 등을 창작해보는 활동 등이 이 단계에서 가능하다. 그리고 은유 표상이 어떤 틀을 깨고 새로이 연결된 의미망이 어떤 방법과 어떤 과정을 거쳐서 어떤 근거를 바탕으로 형성된 것인지에 대한 합리적인 설명을 요구할 수도 있다. 즉, 자신의 은유적 사고 과정을 정리해보는 것이다. 이때 은유적 의미 연결에는 정답이 없으며 해석 공동체에서 납득할 수 있을 정도의 내적 합리성을 가지고 있다면 모두 은유적 사고로 수용해야 한다.

'효과 정리하기'는 은유적 사고 활동의 결과를 정리하고 확장하는 단계이다. 이전 활동을 통해 학습한 은유적 사고의 결과를 서로 공유하고 그 효과와 참신함, 완성도 등을 교사 또는 학습자 상호간에 평가하는 시간을 갖는다. 의견 공유를 통해 자신의 은유적 사고를 설명하고 다른 사람의 사고를 듣는 과정을 통해 스스로 보지 못했던 것을 다시 발견하거나 오류를 바로잡을 수 있는 기회를 갖게 된다.

나아가 은유적 사고의 효과를 실제 소통 맥락에서 다양하게 활용할 수 있는 방법을 생각해볼 수 있다. 은유와 상징으로 구성된 속담이 일상생활의 대화 속에서 의미 있는 쓰임을 보이듯이, 은유적 사고를 통한 언어 생활은 문학작품의 창작과 수용의 범위를 넘어서서 일상의 언어 생활 속에서 효용성을 가질 수 있다. 은유적 사고에 바탕을 둔 표현은 일반적인 표현에 비해 직관성을 바탕으로 보다 강한 표현 효과를 가지며 의사전달과 동시에 공감과 감동을 유발하는 효과를 가진다. 이러한 활용 경험을 통해 단순한 은유적 사고의 창조를 넘어서서 은유적 사고의 소통과 소통을 위한 전략적 차원까지 학습의 범위를 확장할 수 있다.

2) 은유적 사고 모형의 운용 전략

은유적 사고 모형은 인간의 본질적인 사고방식 중 하나인 은유를 주제로 하는 수업 모형이기 때문에 다른 모형과의 연계가 비교적 용이하다. 역할 놀이 모형이나 토의·토론 모형 같은 절차 모형과 연계해 은유적 사고를 바탕으로 역할극을 구성해 서사 체험을 한다든지 토의·토론을 통해 은유적 사고의 타당성과 효과성을 도출하는 방식이 가능하다. 그리고 생활 속 또는 작품 속에 나타나는 가치의 갈등과 대립을 탐구하는 가치 탐구 모형과 연계할 수 있다. 은유적 사고 모형은 갈등을 일으키는 요소와 갈등의 상황, 갈등에 얽힌 인물들의 정서 등을 상징적으로 표현할 수 있게 해준다. 따라서 가치 탐구 모형에서 은유적 사고는 가치에 대한 이해와 검토에 도움을 줄 수 있다.

은유는 세계 해석의 한 방법이다. 은유로 해석하고 표상하기의 활동은 수사학적 차원의 은유가 아닌 은유의 동기와 목적 차원에서 은유적 사고 자체를 이해하고 자신의 창의·인성적 요소를 발현시키는 활동이다. 시에는 시인이 세계를 은유적으로 해석하고 표상해놓은 이미지들이 담겨 있으며, 소설은 소설가가 세계를 은유적 발상으로 해석하고 형상화해놓은 결과물이다. 따라서 시의 은유적 코드를 해석해 그것을 기호로 삼아 내러티브를 만들어내는 활동 과정에서 은유를 통해 만들어진 이미지를 학습자들이 경험하고 시적인 은유를 이야기로 바꾸어보는 활동을 통해 은유적 사고를 직접 체험해볼 수 있다.

시에 그려진 은유적 이미지는 다양한 이야기의 계기를 만들어준다. 시에 '그리움'이라는 의미가 은유를 통해 형상화되어 있다면, 은유의 의미를 읽어내고 그리움을 이야기를 통해 재형상화함으로써 의미에 대한 해석과 자신의 해석의 고유성 및 다양성 표현을 동시에 할 수 있다.

3) 은유적 사고 모형의 교육과정적 접근

국어과 교육과정에서 은유적 사고 모형을 적용해 지도하기에 적합한 내용은 다음과 같다.

- (1) 문학 작품에 나타난 비유적 표현의 특성과 효과를 이해한다.
- (2) 문학 작품을 다른 문학 갈래로 바꾸어 쓴다.

(1)은 비유적 표현 방식을 접하게 함으로써 언어 생활에서 다채로운 표현 방법을 익히고 스스로 활용하는 한편 문학 작품에 대해 깊이 있게 이해하는 능력을 기르도록 하기 위해 설정된 것이다. 비유적 표현의 생생한 힘과 효과를 이해하고 경험하도록 교수·학습 활동을 계획하되, 비유적 표현에 대한 단순한 언급이나 분류법 자체보다 발상법과 특징에 대한 이

해를 표현 의도의 실현 여부와 관련시켜 이해하는 능력을 기르는 데 중점을 두고 있다.

비유적 표현 방법은 문학 작품에서 다양하게 원용되지만, 일상 언어에서도 많이 사용된다. 그러므로 문학 작품에 대한 이해를 높이기 위해서뿐만 아니라 일상 언어 생활을 더욱 원활하게 하기 위해서도 비유를 이해하는 것은 중요하다. 비유를 잘 이해하고 활용하려면 비유적 표현의 특징을 파악하고 그 표현의 발상법을 파악하며 그 효과를 평가하고, 또 실제의 문학 작품이나 일상적인 말이나 글에 나타나는 표현법을 이해하게 하는 활동을 지도할 수 있다. 나아가 그 이해에 기초해 실제적인 작품 창작 활동에 다시 송환하는 것이 가능하도록 지도할 수 있다. 비유적 표현법의 이해는 비유적 표현의 효과에 대한 이해와 함께 이루어질 때 효과적이다. 이 성취 기준은 은유적 사고 모형으로 지도할 때 매우 상관성이 높은 성취 기준이다. 따라서 이 성취 기준을 중심으로 은유적 사고 모형을 적용해 비유적 표현의 특성과 효과를 이해하는 방향으로 지도할 수 있지만, 은유적 표상을 직접 경험하기 위해서는 작품 창작 활동과 연계시킬 필요가 있다.

(2)는 문학 갈래의 특성을 이해하고 작품을 다른 문학 갈래로 바꾸어 써보는 능력을 기름으로써 문학 갈래에 따른 표현 방식을 이해하는 한편 문학 갈래에 따른 창작 능력을 기르도록 하기 위해 설정된 것이다. 문학 갈래별 특성의 이해에 근거해 갈래에 따른 표현 방식의 차이를 숙지하고 이를 구체적인 작품 창작에 활용하는 능력을 기르는 데 중점을 두고 있다.

교육과정 성취 기준과 관련 교과서 단원을 토대로 '시에 나타난 비유적 표현의 특성과 효과를 이해하고 이야기로 바꾸어 쓸 수 있다'를 수업 모형의 지도 목표로 설정했다.

	성취 기준	내용 요소의 예
관련 교육과정	문학 작품에 나타난 비유적 표현의 특성과 효과를 이해한다.	• 여러 가지 비유적 표현 찾기 • 비유적 표현의 발상과 특징 파악하기 • 비유적 표현의 효과 평가하기 • 문학 작품에 나오는 비유적 표현 음미하기
	문학 작품을 다른 문학 갈래로 바꾸어 쓴다.	• 문학 작품의 갈래별 특성 이해하기 • 문학 갈래에 따라 표현 방식이 달라짐을 이해하기 • 다른 문학 갈래로 문학 작품 바꾸어 쓰기

⇩

수업 목표	• 시에 나타난 비유적 표현의 특성과 효과를 이해하고 이야기로 바꾸어 쓸 수 있다.
	⇧
연계 교과서 단원 목표	비유적 표현의 특성을 생각하며 시를 읽을 수 있다.

이 수업은 은유적 사고방식을 활용해 시에 나타난 비유적 표현의 특성과 효과를 이해하고 이야기로 바꾸어 쓰는 것을 목표로 한다.

4) 은유적 사고 모형의 적용 사례: 참신하고 새롭게!

(1) 학습 목표

수업 목표는 '시에 나타난 비유적 표현의 특성과 효과를 이해하고 이야기로 바꾸어 쓸 수 있다'이다. 이 목표를 달성하기 위해 은유적 사고 모형에 기반을 두어 다음과 같이 차시별 목표를 설정했다.

수업 목표: 시에 나타난 비유적 표현의 특성과 효과를 이해하고 이야기로 바꾸어 쓸 수 있다

차시별 학습 목표		은유적 사고 모형의 주요 활동
1차시 〈교과서 연계〉	시에 나타난 비유적 표현 방식을 이해할 수 있다.	은유로 표상된 대상 찾아보기 – 은유의 표상 방식 이해하기
2~3차시	시의 내용을 새롭게 해석해 이야기로 바꾸어 쓸 수 있다.	표상할 대상 찾아보기 – 직설적으로 표상하기–은유로 표상하기 – 효과 정리하기

1차시는 교과서와 연계되는 차시로 은유적 사고 수업 모형의 일반적인 단계를 절차적으로 적용하지 않고 교육과정의 성취 기준을 고려해 재구성했다. 즉, 은유적 사고 수업 모형이 창작 활동에 초점이 맞춰져 있다면 작품을 수용하는 과정에서 은유를 해석하는 활동으로 수업을 계획했다. 2~3차시는 교과서의 시 제재를 대상으로 해 은유적 사고 모형의 본질적인 속성에 맞춰 창작 활동에 주안점을 둔 것이다.

(2) 창의·인성 교육 요소

시를 감상하고 감상의 결과를 서사적 상상력을 동원해 재구성해보는 활동은 창의성 요소와 여러 측면에서 관련성을 가진다. 시에서 제시된 시어와 상황을 바탕으로 의미를 파악하는 활동에서는 은유적 사고에 대한 이해와 더불어 상당한 수준의 논리적·분석적 사고가 발현된다. 단순한 감상을 이야기하는 데에서 그치는 것이 아니라 자신이 느끼고 생각한 의미와 근거를 작품 속에서 찾아 설명하는 활동이기 때문이다.

이렇게 해석된 의미를 바탕으로 새로운 이야기를 만드는 과정에서는 사고의 확장과 수렴이 일어나게 된다. 우선 시에서 제시된 인물과 상황을 새로운 인물과 상황·사건으로 재구성해 이야기로 만들어내는 과정에서 서사적 상상력이 발휘되므로 확장된 발산적 사고를 하게 된다. 시에 제시되는 상황 설정이나 규정은 극히 미미하므로 원래 작품에서 이야기되지 않은 무수한 변수와 구성요소들, 그리고 그들을 엮어내는 개연성에 대해 상당한 수준의 발산적 사고가 필요하다.

그러나 한편으로는 원 작품과 의미적 연관성을 유지해야 한다는 조건이 있기 때문에 그렇게 확장된 사고를 갈무리해 작품의 의미에 대한 수렴적인 사고도 동시에 필요로 하게 된다. 작품과 관계없이 무한한 상상력을 발휘하는 것이 아니라 상상력을 발휘하되 그 근원을 원작에 두어야 한다는 것이다. 그러기 위해서는 작품에 대한 정확한 이해가 선결되어야 하고 그러한 이해를 바탕으로 원 작품이 가지고 있는 요소와의 연결고리 속에서 개연성 있는 이야기 구성이 이루어져야 한다. 그리고 그러한 활동의 결과를 서로 발표하고 설명하고 소통하는 과정을 통해 해석과 이야기 재구성의 개방성을 인식하고 상대를 배려하는 태도의 학습 효과를 기대할 수 있다.

이와 같은 창의·인성의 교육내용 요소를 창의성, 인성 요소에 따라 핵심적인 교육 요소와 부수적인 교육 요소로 구분하면 다음과 같다.

창의성 교육 요소
유추·은유적 사고
상상력·시각화 능력 논리·분석적 사고 확산적 사고

인성 교육 요소
배려 책임 용서

수렴적 사고 복합적 성격 감수성	

이 수업은 창의 중심 지도 범주에 속하는데 창의성 요소 중에서 '은유적 사고력'을 핵심적인 교육 요소로 삼고 다른 것들을 부수적인 교육 요소로 설정할 수 있다. 이때 창의·인성 교육 요소는 절대적 실현 요소라기보다 다른 요소에 비해 상대적으로 부각되는 것이다.

(3) 제재 선정 및 활용

1차시에서는 「혼자 있어 봐」를, 2~3차시에서는 「지금은 공사 중」이라는 시를 활용한다.

혼자 있어 봐

이화주

친구와
쌍동밤처럼
어깨동무하는 것도 좋지만

참새 떼처럼
짹째글 짹째글
몰려다니는 것도 좋지만

가끔씩은
아주 가끔씩은
혼자 있어 봐.

별들의 이야기
엿들을 수도 있고,
입속말하던 시계들이
낭랑한 목소리로 말을 걸어온단다.

그래, 운동장 가슴이 쿵쿵 울리도록
뛰놀던 아이들이 가 버린
늦은 저녁
그네에 혼자 앉아
바람처럼 휘파람을 불어 봐.

거인 같은 운동장이
거인 같은 운동장이
이웃집 아저씨처럼
너를 번쩍 안아 올려
네 마음의 무게를 재어 주실 테니까.

지금은 공사 중

박선미

어제는 미안해
별것 아닌 일로
너한테 화를 내고
심술 부렸지?

조금만 기다려 줘
지금은 공사 중이야.

툭 하면 물이 새는
수도관도 고치고
얼룩얼룩 칠이 벗겨진 벽에
페인트칠도 다시 하고

모퉁이 빈터에는
예쁜 꽃나무도 심고 있거든.

공사가 끝날 때까지
조금만 참고
기다려 줄래?

(4) 주요 학습 내용 및 활동

〈1차시〉 시에 나타난 비유적 표현 방식 이해하기

1차시는 교과서 연계 차시로 교과서에 수록된 시를 읽고 해석하는 과정에서 은유적 사고 모형을 적용해 창의·인성 활동을 구안한다.

동기 유발 및 학습 목표 확인하기

• 마음 열기 및 생각 펼치기
 - '~은 ~이다.'
  * '우정', '믿음', '6학년', '남자', '여자', '공부', '시험' 등과 같은 낱말을 제시해 이야기하게 한다.

• 학습 목표 안내
 - 시에 나타난 비유적 표현 방식을 이해할 수 있다.

은유로 표상된 대상 찾아보기: 유추·은유적 사고, 수렴적 사고, 논리·분석적 사고

• 비유적으로 표현된 대상과 비유적인 표현 찾기
 - 비유적으로 표현된 대상 찾기
 - 비유적 표현을 찾아 대상과 관련짓기
  * 대상과 대상을 은유적으로 표현한 부분을 도식적으로 나타내도록 한다.

은유의 표상 방식 이해하기: 유추·은유적 사고, 확산적 사고, 수렴적 사고, 논리·분석적 사고, 용서

• 두 대상 사이의 공통점 발견하기

- 대상의 속성이나 특징을 열거하기
- 대상과 비유적 표현의 관련성 따져보기
- 대상과 비유적 표현의 연결 구조 설명하기

• 대상을 다른 대상에 빗대어 표현하기
- 대상을 새롭게 바라보고 떠오르는 생각 정리하기
- 대상을 빗대어 표현할 다른 대상 정하기
- 대상을 다른 대상에 빗대어 표현하기

* 표상할 대상에 대한 속성이나 특징을 파악할 때 브레인스토밍 기법은 개별 학습자가 미처 인식하지 못한 시각이나 관점을 제공해 대상을 새롭게 바라보고 인식할 수 있다.

비유적 표현 바꾸어 쓰기: 유추·은유적 사고, 논리·분석적 사고, 배려, 용서

• 시의 비유적 표현을 바꾸어 쓰기
- 바꾸어 쓸 대상과 비유적 표현 정하기
- 대상이나 비유적 표현을 바꾸어 쓰기
- 바꾸어 쓴 내용 발표하기

* 이전 활동이 대상을 그대로 두고 새로운 비유적 표현을 찾는 데 초점을 두었다면, 수업의 정리 단계에서는 비유적 표현을 그대로 두고 대상을 바꾸어 써보거나 대상과 대상의 비유적 표현 모두를 바꾸어 써보는 방식으로 확장하도록 한다.

〈2~3차시〉 시의 내용을 새롭게 해석해 이야기로 바꾸어 쓰기

2~3차시는 교과서 수록 제재 시 「지금은 공사 중」을 활용해 은유적 사고 모형의 일반적인 단계에 따라 시어를 대상으로 이야기를 꾸며보는 차시이다. 이때 은유적 표상을 적용한다.

동기 유발 및 학습 목표 확인하기

• 마음 열기 및 생각 펼치기
- '공사 중'에 쓰이는 다양한 표지판을 보고 공통점 이야기하기

• 학습 목표 안내

- 시의 내용을 새롭게 해석해 이야기로 바꾸어 쓸 수 있다.

표상할 대상 찾아보기: 상상력·시각화 능력, 유추·은유적 사고, 수렴적 사고, 논리·분석적 사고

• 시의 서사적 요소 파악하기

- 글쓴이가 처한 상황 파악하기
- 글쓴이에게 일어난 일과 원인 파악하기
- 글쓴이가 갖는 생각과 느낌 파악하기
- 글쓴이의 행동과 그 의미 파악하기

  * 시의 의미 파악은 단순히 시의 내용을 이해하는 차원이 아니라 서사적 요소에 대한 학습자의 해석을 유도하는 활동이다. 학습자들이 서사적 상상력을 발휘해 시 속에 은유적으로 잠재된 의미를 파악해야 한다.

직설적으로 표상하기: 유추·은유적 사고, 복합적 성격, 감수성

• 시어의 소통 의미 해석하기

- 대상 시어의 사전적 의미 파악하기
- 시에서 소통되는 의미와 역할 해석하기

  * 시어의 의미는 낱말의 사전적 의미 파악과 더불어 이 시에서 소통되는 의미가 무엇인지를 자유롭게 해석해보도록 한다.

은유로 표상하기: 유추·은유적 사고, 상상력·시각화 능력, 수렴적 사고, 논리·분석적 사고, 용서

• 시의 내용을 이야기로 바꾸어 쓰기

- 시어와 이야기의 구성요소(인물, 사건, 배경) 대응시키기
- 인물, 사건, 배경을 중심으로 이야기 뼈대 만들기
- 설정한 내용을 바탕으로 이야기 만들기

  * 학습자들이 이야기 설정하기에 막연함과 어려움을 느낄 때는 모둠별로 수업을 진행하는 것이 효과적이다. 모둠별 토의를 통해 아이디어를 모으는 것이 학습자에게 부담을 덜어주며 그 과정에서 자연스럽게 창의적 사고가 자극될 수 있

다. 이야기 설정은 공동으로 했더라도 이야기 만들기는 가급적 개별 과제로 수행하도록 한다.

효과 정리하기: 수렴적 사고, 배려, 용서

- 자신이 만든 이야기 발표하고 점검하기
  - 이야기의 설정 방식과 만든 이야기 발표하기
  - 시의 의미 해석과 이야기 만들기에 대해 평가하기
    - * 이야기를 듣고 평가할 때는 단순히 이야기의 흥미성에만 주목할 것이 아니라 이야기의 설정에 드러나는 시의 의미와 연관성에 주목해 대응된 각각의 소재와 사건의 특성 등을 통해 시와 이야기의 연결을 생각해보도록 한다

되돌아보기 및 정리하기: 수렴적 사고, 개방성, 책임, 배려

- 되돌아보기
  - 공부한 내용 되돌아보며 얼마만큼 잘 했는지 점검하기
    - 1 시에 나타난 비유적 표현 방식을 이해했는가?
    - 2 시의 내용을 새롭게 해석해 이야기로 바꾸어 썼는가?
- 정리 학습
  - 「지금은 공사 중」을 쓴 글쓴이의 마음을 헤아리는 시 쓰기
    - * 글쓴이의 마음을 이해하고 공감하며 배려하는 태도 등 다양한 인성적 자질이 드러나는지를 점검할 필요가 있다.

(5) 평가 계획

교과서 중심의 수업에서는 단원 목표에 따라 '시에 나타난 비유적 표현의 특성 알기'에 초점을 두고 평가해야 한다. 하지만 은유적 사고 모형에 기반을 둔 수업에서는 '시의 내용을 새롭게 해석해 이야기로 바꾸어 쓰기'에 초점을 두어 다음과 같은 창의성 요소와 인성 요소를 중점적으로 평가하도록 한다.

창의성	• 비유적으로 표현된 대상과 비유적인 표현을 찾았는가? • 대상과 비유적 표현의 연결 구조를 설명했는가? • 대상을 다른 대상에 빗대어 표현했는가? • 시의 비유적 표현을 바꾸어 썼는가? • 시의 서사적 요소를 파악했는가? • 시에서 소통되는 시어의 의미와 역할을 해석했는가?
인성	• 자신이 만든 이야기를 발표하고 점검했는가?
창의 · 인성	• 시의 내용을 이야기로 바꾸어 썼는가? • 글쓴이의 마음을 헤아리는 시를 썼는가?

이와 같이 전체적인 평가 계획을 수립하되, 은유적 사고 모형의 적용 양태가 창의 중심일 경우에는 창의성 요소를 중심으로, 창의 중심 인성 배합일 경우에는 창의성 요소와 창의·인성 요소를 중심으로 평가하는 것이 현실적인 방안일 것이다. 아울러 이러한 평가 기준은 수행 평가 및 서술형 평가와 연계시킬 수 있는 방안을 함께 고려해볼 필요가 있다.

8. 감정 이입 모형

1) 감정 이입 모형의 개관

감정 이입(empathy) 모형은 주로 시를 감상할 때 사용해왔던 지도법이다. 시는 원래 대상(세계)을 주관화하는 장르이다. 시를 쓰는 작가나 시를 읽는 독자의 감정을 대상에게 이입하는 것이 감정 이입이다. 물론 이때 대상은 어떤 상황 속에 있는데 그 상황 속의 대상에게 내 감정을 몽땅 옮겨 붓는 것이 감정 이입이다. 또 대상을 나와 같은 처지로 전환해놓고 그 감정을 스스로 느껴보는 것도 감정 이입이다.

그러나 이런 감정 이입은 시 감상에서만 일어날 수 있는 심리 작용이 아니다. 서사 영역에서도 얼마든지 가능하다.[16] 또 일상의 생활 속에서 일어나는 현상에 대해서 감정 이입

16 문학 작품 속에는 인격화된 주체들이 다양하게 등장한다. 작품 속 주체들 중 가장 대표적인 존재가 바로 '서술

을 잘하는 사람은 인정이 많고 공감적 이해력이 높은 인성의 소유자들이다. 상담 전문가들이 꼭 갖추어야 할 자질이 바로 공감적 이해라는 사실을 유의해볼 필요가 있다. 감정 이입 모형은 자신의 감정을 대상으로 이입시키거나 대상의 감정을 자신에게 이입시켜서 서로 공감하는 것으로 독자의 감정을 작품 속 인물에게 이입하는 방법으로 작품을 읽고 감상하는 방법이다. 이 모형은 상투적인 인식의 틀로 작중 인물을 바라보지 않고 내 감정을 옮겨 가서 새롭게 바라본다는 점에서 창의성을 발현할 수 있으며, 상대를 향한 인간적 공감과 이해력을 보여준다는 점에서 인성 교육의 자질이 드러난다.

감정 이입 모형

과정	주요 활동 내용
대상에 감정 투사하기	관심 있는 대상에게 내 감정을 옮겨 쏟아 넣는다. 이때의 대상은 이미 감정을 이입해갈 만한 상황에 놓여 있다. 일종의 시적 대상 찾기라 할 수 있다.
대상 주관화하기	대상을 내 주관의 인식 세계 안으로 불러들여서 내 주관의 방식으로 대상과 관계를 맺도록 한다. 동기와 상황에 대한 정서적 공감 가지기
역지사지하기	감정 이입의 기제를 가지고 대상과 나의 처지를 바꾸어 생각해보고 그럼으로써 상대 이해의 폭을 넓힌다. 역지사지의 효과 이해하기
공감적 이해 넓혀가기	문학 작품 영역에서만 해보던 감정 이입을 일상생활의 현실 영역에 적용함으로써 공감적 인성 자체를 내면화한다.

감정 이입 모형에서 '대상에 감정 투사하기'는 작품 속 인물 중에서 관심 있는 대상에 선택적으로 주목해 그 대상에게 자신의 감정을 옮겨 쏟아 넣게 된다. 하지만 작품에 표현된 희로애락의 감정이나 이야기를 통해 느껴지는 분위기 등은 단순히 줄거리를 읽어내는

자', '초점화자', '인물' 등이다. 작품 속에서 살아 숨 쉬며 다양한 갈등을 겪어내고, 타인과 의사소통하며, 때로는 성장하기도 하는 이들 존재를 이해하는 과정은 실제 삶에서 만나는 인물들의 다양성을 이해하는 과정과 매우 흡사하다. 따라서 문학 작품 속의 인격화된 존재들의 상황과 감정을 이해해보고, 이들의 속마음에 자신의 감정을 투영하는 과정을 통해 실제 삶에서 느끼는 감정의 폭과 깊이를 좀 더 다채롭게 할 수 있을 것이다. 특히 이들 인격화된 존재에 집중하는 과정은 그 자체로 곧 배려심, 상상력, 다양성, 감수성 등 다양한 창의성 요소를 신장시키는 과정이 될 수 있다. 서술자가 초점화자로 정한 인물을 통해 사건을 서술하는 태도와 관점을 이해하는 과정을 중심으로, 서술하지 않은 사건에 대한 상상력이나 인간의 마음을 이해하는 아량 등을 자연스럽게 터득하도록 이끌어줄 수 있기 때문이다. 또한 초점화자를 달리해 작품을 재구성하는 활동을 통해 학습자들 사이의 상호작용을 유도해 자연스레 타인에 대한 배려와 다양한 의견을 존중하는 태도 등을 습득하는 기회를 제공할 수 있다. 이러한 과정을 통해 학습자들은 작품 속 인물들의 다양한 입장과 감정을 깊이 있게 이해해봄으로써 자아와 타인을 이해하는 능력을 신장시킬 수 있다.

것만으로 파악될 수 없는 부분이다. 감정, 분위기, 정서 등의 요소들은 논리적인 층위에서 사건의 인과관계를 정리하는 수준의 활동으로 접근하기 어렵다. 이때 작품 감상의 단초가 되는 요소가 바로 작품에 등장하는 인물이다. 그리고 이렇게 선택적으로 주목받는 대상은 이미 감정을 이입해갈 만한 상황에 놓여 있기 때문에 인물이 처한 상황에 대한 이해가 필수적으로 수반된다.

인물에 대한 감정 투사가 인물에 대한 정서적인 느낌에 초점을 둔다면, '대상 주관화하기'는 인물을 독자의 인식 세계 안으로 불러들여서 자신의 방식으로 대상과 관계를 맺는다는 점에서 구별된다. 이 과정에서는 인물의 행위 동기에 대한 독자 나름의 생각을 강조하며 감정 투사와 아울러 대상을 주관화할 때 비로소 인물에 대한 정서적 공감을 할 수 있게 된다. 인물의 감정을 이해하는 과정은 곧 삶에서 자신과 타인의 감정을 이해하는 과정으로 연결될 수 있다. 문학 작품을 읽으며 웃고 울어본 사람이 타인의 기쁨과 아픔에 좀 더 잘 공감할 수 있다. 이렇게 문학 작품을 읽으며 눈물을 흘렸던 사람이 삶의 여러 인물들을 연민할 수 있음은 곧 '주관적 이해'의 과정으로 설명할 수 있다.

'역지사지하기'는 작품 속 인물과 현실 속 독자(나)의 처지를 바꾸어 생각해보고 그러한 활동을 통해서 작품 속 인물에 대한 공감적 이해의 폭을 넓히는 과정이다. 역지사지의 태도는 상대방의 입장에서 바라봄으로써 새로운 발상과 상대를 존중하고 이해할 수 있기 때문에 창의와 인성을 아울러 지도할 수 효과적인 활동이라 할 수 있다. 자신의 감정을 동원해 타인의 감정을 상상하고 이해하는 과정이 '주관화' 과정이라면, 타인이 처한 객관적 상황을 고려해 그러한 상황에 걸맞은 감정 표현의 범주를 상상해보는 과정이 바로 '역지사지'에 해당한다. 즉, 역지사지의 측면에서 타인을 이해한다는 것은 타인의 반응을 그러한 상황에 걸맞은 '정상적인 반응'으로 인지하는 과정으로 삶에서 겪는 다양한 갈등 상황에 대한 융통성 있는 이해를 돕는 학습 과정이기도 하다.

'공감적 이해 넓혀가기'는 문학 작품을 대상으로 한 감정 이입 활동을 일상생활의 현실 영역에 적용함으로써 공감적 인성을 내면화할 수 있는 활동이다. 즉, 공감적 이해가 작중 인물에 대한 공감에 미무르지 않고 현실 생활의 다양한 사람들에 대한 이해와 수용으로까지 이어질 수 있도록 한다.

2) 감정 이입 모형의 운용 전략

감정 이입 모형은 이와 같은 과정을 절차적으로 또는 선택적으로 활용해 지도할 수 있다. 이 모형에서 독자의 정서적 반응과 인지적 반응에 초점을 두고 감정 투사하기와 대상 주관화하기를 구분하지만, 두 단계를 구분해 분절적으로 지도하지 않고 통합적인 형태로 활동을 구안하거나 계획할 수 있다. 그리고 일상생활 속에서 일어나는 현상에 대해 감정 이입을 잘하는 사람, 즉 인정이 많고 공감적 이해력이 높은 인성 소유자를 분석하고 모델링 삼아 공감적 이해가 실제 삶 속에서 실천될 수 있는 방향으로 변형할 수도 있다.

감정 이입 모형은 여타의 다른 모형과도 결합될 수 있다. 특히 작중 인물이 겪는 갈등의 해결 과정에 주목하는 '갈등 이해 모형'과의 호응도가 가장 높다. 인물의 성격을 분석해 갈등의 요인을 추측해보고 작중 갈등과 현실 속 갈등을 비교해보는 과정으로 요약되는 이 모형은 작중 인물의 모습에 주목해 현실에 대한 이해를 높이는 과정으로 나아간다는 점에서 감정 이입 모형과 유사한 측면이 있다. 즉, 감정 이입 모형과 갈등 이해 모형을 결합해 수업을 설계한다면 인물의 갈등과 심리, 양 측면을 종합적으로 고려함으로써 세계에 대한 깊이 있는 이해의 과정으로 한 걸음 더 깊이 나아갈 수 있게 될 것이다.

또 서로 관련 있는 텍스트를 비교·감상하는 모형인 '텍스트 상호성 모형' 역시 감정 이입 모형과 잘 어우러질 수 있는 모형이다. 특정 작품 속 작중 인물의 감정을 이해하고 표현하는 과정을 심화해 비슷한 상황이 그려진 다른 작품의 인물들의 감정을 두루 느끼고 비교해보는 활동을 통해 감정 이입의 층위를 다양화할 수 있기 때문이다. 다양한 텍스트를 접하면서 감정 이입의 층위를 다양화하는 것은 곧 삶의 다양한 감정에 대한 이해력과 공감력을 높이는 과정이므로 감정 이입 모형을 심화하는 차원에서 텍스트 상호성 모형을 적용하는 것은 매우 효과적인 수업 전략이 될 수 있다.

3) 감정 이입 모형의 교육과정적 접근

국어과 교육과정에서 감정 이입 모형을 활용해 지도하기 용이한 내용은 다음과 같다.

• (1) 문학 작품에 나타난 인물의 삶의 모습을 이해한다.

• (2) 문학 작품을 읽고 떠오른 느낌이나 생각을 바탕으로 감상문을 쓴다.

(1) '문학 작품에 나타난 인물의 삶의 모습을 이해한다'는 작품에 등장하는 인물의 삶의 모습을 인물의 처지 및 작품의 배경이 되는 시대적 상황과 관련해 인식하도록 하기 위해 설정된 것이다. 작품에 나타난 인물의 삶을 인물이 살아가는 시대의 배경 및 우리 일상과의 관계 속에서 이해하는 데 중점을 둔 성취 기준이다. 문학 작품에서 시대 배경이 드러나는 부분을 확인하도록 하고, 작품에 등장하는 인물의 생각이나 말, 행동 등 인물의 삶의 모습이 그 시대의 배경과 관련됨을 이해하도록 하며 인물의 그러한 삶의 모습은 작품의 시대적·문화적 상황이 반영된 것임을 인식하도록 한다. 또한 작품 속 인물의 삶은 우리 시대의 삶 또는 우리 모두가 겪는 일상생활과 유사한 점을 가지고 있음을 이해할 수 있도록 한다.

(2) '문학 작품을 읽고 떠오른 느낌이나 생각을 바탕으로 감상문을 쓴다'는 작품을 읽고 느낀 감동을 표현하는 능력을 기르도록 하기 위해 설정된 것이다. 작품을 읽고 떠오른 느낌이나 생각을 포함한 감동을 감상문의 형식을 활용해 표현할 수 있는 능력을 기르는 데 중점을 둔 성취 기준이다.

이와 같이 교육과정 성취 기준과 관련 교과서 단원을 토대로 이 수업 모형에서는 '인물의 처지를 이해하며 생각이나 느낌을 표현할 수 있다'를 목표로 삼았다. 이 수업 모형을 기반으로 지도할 수 있는 수업 목표와 관련된 교육과정 성취 기준, 그리고 연계해 지도할 수 있는 교과서 단원을 정리하면 다음과 같다.

	성취 기준	내용 요소의 예
관련 교육과정	문학 작품에 나타난 인물의 삶의 모습을 이해한다.	• 작품의 시대적, 공간적 배경 파악하기 • 작품에 나타난 인물이 어떤 삶을 살고 있는지 파악하기 • 작품에 나타난 인물의 삶을 일상생활 속 인물과 연관지어 이해하기
	재미있는 글에 나타난 상황을 상상한다.	• 문학 감상문의 특징 이해하기 • 작품을 읽고 떠오른 느낌이나 생각 정리하기 • 작품에서 느낀 감동을 정리하고 표현하기

⇩

수업 목표	• 인물의 처지를 이해하며 생각이나 느낌을 표현할 수 있다.

⇧

연계 교과서 단원 목표	배경과 인물의 특성을 내 생활과 관련지으며 이야기를 읽을 수 있다.

이 수업 모형은 '인물의 처지를 이해하며 생각이나 느낌을 표현할 수 있다'는 것을 목표로 설정해 문학 작품에 등장하는 인물의 처지, 즉 인물이 처해 있는 사정이나 형편에 대한 감수성과 공감적 이해를 넓히고 인물이 처한 문제 상황을 자신의 생활에 적용해봄으로써 문제해결력을 신장시킬 수 있도록 한다. 문학 작품에서 등장인물의 처지를 이해하려면 이야기 배경에 대한 이해가 필수적인데 이야기에서 배경은 인물이나 사건의 뒷면에 자리 잡고 있는 바탕에 그치지 않고 인물이나 사건과 연계되어 드러나기 때문이다. 이야기에서 인물의 처지를 공감하려면 특정한 시간이나 공간 속에서 펼쳐지는 사건을 종합적으로 이해할 필요가 있다. 특히 현재 학습자들이 처한 시공간과 근접한 생활 이야기의 경우 배경과 사건을 연계해 인물의 처지를 공감적으로 이해하고 인물이 처한 문제 상황을 자기 나름대로 해결해보는 데 도움이 될 것이다.

4) 감정 이입 모형의 적용 사례: 나라면 어떻게 할까

(1) 학습 목표

이 수업은 '인물의 처지를 이해하며 생각이나 느낌을 표현할 수 있다'를 목표로 삼아 감정 이입 모형과 '동기와 욕구 이해하기', '비판적 사고와 대안 이어가기' 같은 활동에 기반을 두어 구성했다. 이 수업의 목표와 차시별 학습 목표를 그림으로 나타내면 다음과 같다.

수업 목표: 인물의 처지를 이해하며 생각이나 느낌을 표현할 수 있다.

차시별 학습 목표		**감정 이입 모형의 주요 활동**
1차시 〈교과서 연계〉	이야기를 읽고 생각이나 느낌을 표현할 수 있다.	대상에 감정 투사하기-대상 주관화하기-역지사지하기

2~3차시	인물의 행동과 마음에 공감하며 생각이나 느낌을 표현할 수 있다.	대상 주관화하기-역지사지하기-대상에 감정 투사하기-역지사지하기
4차시	인물이 처한 상황을 나의 생활과 관련지을 수 있다.	공감적 이해 넓혀가기

이 수업은 인물의 처지를 이해하며 생각이나 느낌을 표현하기 위해 감정 이입 모형에 기반을 두어 구안되었다. 감정 이입 모형의 주요 활동을 단계적이고 절차적으로 운용하지 않고 선택적으로 적용함으로써 창의·인성 활동의 특성을 부각시키고자 했다. 1차시는 교과서와 연계되는 차시로 교과서에 수록된 텍스트를 중심으로 감정 이입 모형의 각각의 활동을 연습해보는 데 초점을 두었다. 2~3차시는 1차시에 활동한 내용을 새로운 작품 속 인물로 전이해 대상 주관화하기, 대상에 감정 투사하기, 역지사지하기 활동에 초점을 둔다. 4차시는 작품과 현실을 연관시켜 1~3차시에서는 다루지 못했던 공감적 이해를 넓혀가는 활동에 초점을 두어 구성한 것이다.

(2) 창의·인성 교육 요소

감정 이입 모형은 창의·인성 내용 요소 중에서 인성 요소에 초점을 두어 지도하는 데 효과적이다. 이 프로그램에서 목표로 하고 있는 인성 요소는 바로 공감이다. 작품에 나타난 인물의 삶의 모습을 총체적으로 이해하려면 인물이 처한 입장이나 상황에 대한 정서적 공감이 필요하다. 인물에 대한 감정 이입 활동을 통해 인물에 대한 정서적 공감과 유대를 형성할 수 있고 이는 상대에 대한 배려와 존중의 인성 요소와 관련된다.

창의성 요소는 인물이 처한 상황을 이해하고 공감할 때 정서적으로 민감하게 반응하고 수용하는 감수성을 필요로 하며, 이는 그 상황에 대한 확산적인 사고력을 전제로 한다. 그리고 창의·인성 요소는 인물이 가지고 있는 동기와 욕구가 문제 상황에서 어떻게 발현되고 해결되는지를 이해하는 과정, '나라면 어떻게 할까'라는 가정을 통해 인물이 처한 문제 상황을 해결하는 과정에서 문제해결력을 신장시킬 수 있도록 한다. 그리고 등장인물에 내해 감정 이입이나 역지사지의 과정을 통해 공감적으로 소통하는 것에서 나아가 일상의 삶 속에서도 다른 사람을 배려하고 존중하는 태도를 기를 수 있도록 한다.

이와 같은 창의·인성의 내용 요소를 창의성과 인성 요소에 따라 핵심적인 교육 요소와 부수적인 교육 요소로 구분하면 다음과 같다.

창의성 교육 요소
감수성 확산적 사고

인성 교육 요소
배려
도덕적 예민성 용서 정직

이 수업은 인성 중심 지도 범주에 속하는데 인성 요소 중에서 '배려'를 핵심적인 교육 요소로 삼고 다른 것들은 부수적인 교육 요소로 설정할 수 있다. 이때 창의·인성 교육 요소는 절대적 실현 요소라기보다 다른 요소에 비해 상대적으로 부각되는 것이다.

(3) 제재 선정 및 활용

『사귀고 싶은 친구』의 원작은 문선이의 『양파의 왕따일기』이다. 『사귀고 싶은 친구』는 공부면 공부, 운동이면 운동 못하는 게 없는 자석처럼 사람을 끄는 묘한 매력이 있는 미희와 친구가 되고 싶어 하는 정화에 대한 이야기이다.

이 제재는 1차시에 교과서와 연계해 대상에 대한 감정을 투사하거나 대상을 주관화하는 활동에 초점을 두어 지도하도록 한다. 그리고 교과서에 소개되지 않은 뒷부분의 이야기를 활용해 공감, 배려, 존중 및 용기 등의 다양한 인성 요소를 지도할 때 효과적으로 활용할 수 있다.

『초대받은 아이들』은 『마당을 나온 암탉』, 『나쁜 어린이 표』로 유명한 황선미의 작품이다. 이 이야기는 자기가 좋아하는 친구의 생일 초대를 받고 싶은 아이의 심리를 섬세하게 표현한 동화이다. 결국 주인공은 생일 초대는 받지 못했지만 그로 인해 더 좋은 친구를 얻게 된다는 이야기이다.

이 제재는 아이들의 일상생활을 반영하고 있다. 이는 교과서에 수록된 작품인 『양파의 왕따일기』 같은 계열의 생활동화이다. 사실동화는 아동의 일상생활을 반영하고 있어서 이야기와 현실의 연관 속에서 창의·인성 활동을 심화하고 확장하기 위해 선정된 것이다. 이 제재는 2~4차시에 걸쳐 활용한다.

(4) 주요 학습 활동 및 내용

〈1차시〉 이야기를 읽고 생각이나 느낌 표현하기

1차시는 교과서 연계 차시로 교과서 학습 활동을 선행한 후에 창의·인성 학습으로 이어지도록 계획한다.

동기 유발 및 학습 목표 확인하기

• 마음 열기 및 생각 펼치기
  - 무인도에 떨어졌다고 상상하기
• 학습 목표 안내
  - 이야기를 읽고 생각이나 느낌을 표현할 수 있다.
• 제재글 읽기
  - 『양파의 왕따일기』 소개하기
  - 경험을 떠올리며 『사귀고 싶은 친구』 읽기

대상에 감정 투사하기: 도덕적 예민성

• 등장인물에 대한 생각이나 느낌 표현하기
  - 정화에 대한 생각이나 느낌 말하기
  - 정화에게 하고 싶은 말을 쪽지에 쓰기

대상 주관화하기: 감수성, 정직, 확산적 사고, 용서

• 등장인물의 행동에 대한 생각 나누기
  - 정화처럼 어쩔 수 없이 거짓말을 했던 일 적어보기
  - 그 행동이 올바른지에 대해 친구들과 이야기하기
  - 하지 말아야 할 거짓말과 이해할 수 있는 거짓말에 대해 생각 나누기
    * 윤리적 가치 덕목으로서 '정직'의 개념에 경직되게 접근하는 것을 벗어나 거짓말이 수용되거나 납득이 되는 상황까지 생각을 펼쳐보도록 한다.

역지사지하기: 확산적 사고, 도덕적 예민성

- 인물의 입장이 되어 일어날 일 상상하기
  - 정화가 선생님께 거짓말을 하지 않았을 경우 상상하기
  - 정화에게 일어날 일을 중심으로 수 있는 이야기 쓰기
    * 학습자들이 상상해 쓴 글의 내용을 보고 인성적인 측면을 점검하고 평가할 수 있다. 예를 들어 학습자의 글이 창의적이지만 인성적으로 부적절한 내용을 담고 있을 수 있다.

글 발표하고 듣기: 배려

- 자신이 쓴 글 발표하기
  - 자신의 상상해 쓴 글 발표하기
  - 친구의 발표를 듣고 의견 말하기

〈2~3차시〉 인물의 행동과 마음에 공감하며 생각이나 느낌을 표현하기

2~3차시는 교과서와 연계하는 1차시와 구분해 제시했지만, 실제 수업에는 교과서 연계 차시와 제재글 읽기 1(『빨간 동그라미 쳐진 날』)까지를 통합 차시로 운영해 상호 텍스트성을 살리는 것도 효과적이다.

동기 유발 및 학습 목표 확인하기

- 동기유발
  - 『초대받은 아이들』 소개하기
- 학습 목표 안내
  - 인물의 입장이 되어 느낌이나 생각을 표현할 수 있다.
    * 『초대받은 아이들』을 소개할 때 1차시 제재인 『양파의 왕따일기』와 비슷한 점을 중심으로 이야기해준다.

대상에 감정 투사하기: 확산적 사고, 감수성, 도덕적 예민성

- 제재글 읽기 1

- 민서와 성모의 관계를 생각하며 『빨간 동그라미 쳐진 날』 읽기
- 『사귀고 싶은 친구』와 『빨간 동그라미 쳐진 날』 비교하기

• 누군가를 좋아하는 사람에게서 볼 수 있는 행동 떠올리기
  - 누군가를 좋아하는 사람 떠올리기
  - 누군가를 좋아하는 사람의 행동에서 나타나는 특징 쓰기

• 내가 좋아하는 친구와 나를 좋아하는 친구 알아보기
  - 내가 좋아하는 친구와 좋아하는 이유 쓰기
  - 나를 좋아하는 친구와 좋아하는 이유 쓰기

대상 주관화하기: 배려, 감수성, 확산적 사고, 용서

• 제재글 읽기 2
  - 민서의 행동을 생각하며 『따돌림』 읽기

• 주인공의 마음 표현하고 성찰하기
  - 민서의 입장이 되어 화난 마음을 낙서로 표현하기
  - 낙서를 보면서 반성적으로 성찰하기

• 엄마 입장에서 주인공의 입장에 처한 나를 위로하기
  - 친구 생일에 초대받지 못한 경험 떠올리기
  - 엄마 입장에서 나를 어떻게 위로해줄지 생각해보기
  - 친구들 어머니의 다양한 위로 방식 들어보기

역지사지하기: 배려, 도덕적 예민성, 용서, 확산적 사고

• 제재글 읽기 3
  - 민서의 마음을 생각하며 『초대받은 아이들』 읽기

• 등장인물의 입장이 되어 역할 놀이하기
  - 등장인물의 입장이 되어 생각해보기
  - 모둠별로 맡은 역할에 따라 연습하기
  - 모둠별 등장인물의 입장이 되어 역할 놀이하기
  - 역할 놀이를 한 후에 소감 말하기

• 사건을 바꾸어 일어날 일 상상하기
  - 다른 선물을 했다면 어떤 일이 일어날지 상상하기
  - 상상한 내용을 사건을 중심으로 쓰기
    * 등장인물의 입장이 되어 역할 놀이를 할 때 몇 가지 상황(싸운다, 참는다, 운다 등)을 설정해 연습하고 역할 놀이가 끝난 후에 소감을 말해보는 활동을 통해 인성 교육으로 나아갈 수 있다.

이야기 꾸며서 말하기: 확산적 사고, 배려

• 이야기를 꾸며서 말하기
  - 자신이 상상해 정리한 내용을 이야기로 꾸며 말하기
  - 친구가 하는 이야기를 듣고 소감 말하기

〈4차시〉: 인물이 처한 상황을 나의 생활과 관련짓기

4차시는 감정 이입 모형의 '공감적 이해 넓혀가기' 활동을 중심으로 전개되며, 수업 정리 단계에서 이제까지의 학습 활동을 되돌아보고 정리하는 차시이다.

동기 유발 및 학습 목표 확인하기

• 동기 유발
  - 생일잔치에서 있었던 기억에 남는 일 이야기하기
• 학습 목표 안내
  - 인물이 처한 상황을 나의 생활과 관련지을 수 있다.
    * 친구나 자신의 생일잔치에 대한 기억을 떠올릴 때 특별한 선물을 보았거나 받았던 경험을 말해보게 한다.

공감적 이해 넓혀가기: 배려, 감수성, 확산적 사고

• 제재글 읽기
  - 민서와 기영이에게 일어날 일 예상하기
  - 민서와 기영이에 대해 생각하며 『둘만 아는 것』 읽기

• 생일잔치에 초대받았을 경우 선물 준비하기
- 민서나 기영이의 생일잔치에 초대받았을 경우 가정하기
- 민서나 기영이에게 줄 선물 말하기
- 민서나 기영이에게 그러한 선물을 주고 싶은 이유 말하기

• 친구에게 줄 생일 쿠폰 만들기
- 축하해줄 친구 떠올리기
- 자신의 마음을 어떻게 쿠폰에 담을지 생각해보기
- 자신의 마음을 담아 친구에게 줄 생일 쿠폰 만들기
- 생일 쿠폰을 주며 친구 생일 미리 축하해주기

* 민서나 기영이가 어떤 선물을 받으면 좋아할지를 생각해보고 줄 선물을 생각해보도록 한다.

* 친구에게 생일 쿠폰을 받은 후에 다양한 방법으로 고마운 마음을 전해보도록 한다.

되돌아보기 및 정리하기: 정직, 배려

• 되돌아보기
- 공부한 내용 되돌아보며 얼마만큼 잘 했는지 점검하기
  1. 이야기 속 등장인물의 처지를 이해했는가?
  2. 인물에 대해 다양한 생각이나 느낌을 갖고 있는가?
  3. 이야기와 관련한 문제 상황을 해결했는가?
- 주인공(정화)이 다른 주인공(민서)에게 편지 쓰기

• 정리 학습
- 정화 입장에서 민서에게 쓴 편지 발표하기
- 친구가 쓴 편지와 내가 쓴 편지를 비교해 보기
- 민서 입장에서 정화에게 편지를 받은 소감 말하기

* 되돌아보기에서 정화 입장에서 민서의 마음을 달래주는 편지는 공감과 문제해결력을 동시에 평가하는 자료로 활용할 수 있다.

(5) 평가 계획

교과서 중심의 수업에서는 단원 목표에 따라 '인물의 삶과 나의 생활을 관련지어 이야기 읽기'에 초점을 두어 평가해야 한다. 하지만 감정 이입 모형에 기반을 둔 수업에서는 창의·인성 교육 요소를 특화한 것으로 인물의 처지를 이해하며 생각이나 느낌을 표현하는 과정에서 다음과 같은 창의성 요소와 인성 요소를 중점적으로 평가하도록 한다.

창의성	• 거짓말을 하지 않았을 때 일어날 일을 상상해 잘 썼는가? • 엄마 입장에서 주인공을 위로하는 말을 잘 했는가? • 다른 선물을 주었을 때 일어날 수 있는 일을 잘 상상했는가?
인성	• 어쩔 수 없이 거짓말을 했던 행동이 올바른지에 대해 친구들과 잘 이야기했는가? • 내가 좋아하는 친구와 나를 좋아하는 친구를 찾고 그 이유를 잘 썼는가? • 주인공 입장에서 한 낙서를 보고 반성적으로 되돌아보았는가? • 인물의 입장이 되어 친구와 함께 역할 놀이를 잘 했는가?
창의 · 인성	• 주인공의 마음 상태를 낙서로 잘 표현했는가? • 생일잔치에 초대 받았을 때 준비할 선물과 그 선물을 준비하는 이유를 잘 말했는가? • 자신의 마음을 담아 생일 쿠폰을 잘 만들었는가?

이와 같은 전체적인 평가 계획을 수립하되, 감정 이입 모형의 지도 양태가 인성 중심이므로 인성 요소와 창의·인성 요소를 중심으로 평가하는 것이 현실적인 방안일 것이다. 아울러 이러한 평가 기준은 수행 평가 및 서술형 평가와 연계시킬 수 있는 방안을 함께 고려해볼 필요가 있다.

9. 창작 모형

1) 창작 모형의 개관

이야기를 쓰는 사람이 있으면 그 이야기를 읽는 사람이 있어야 한다. 어떤 작가도 소설이라는 새로운 장르를 스스로 혼자서 창조해내는 것이 아니다. 이전의 소설을 읽은 경험을 바탕으로 재창조하고 독자는 이전의 독서 경험을 바탕으로 소설을 읽는다. 이런 점에서 소설이라는 현상은 문화적 실천의 양태로 인식되어야 한다. 그러기 위해서는 문학의 창조와 수용이 하나의 논리로 설명되고 그 이론이 모색되어야 한다.[17]

최근 국어과 교육과정에서도 '작품의 창의적 재구성'이라 해서 창작에 대한 관심과 비중이 높아졌다. 제6차 교육과정기까지 문학 교육의 주요 목표는 '문학 작품의 이해와 감상'이었다. 그러나 작품의 이해와 감상의 한계를 인식하고 제7차 교육과정에서 창작 교육을 제시했다. 작품의 창작 활동은 처음부터 높은 수준을 요구하지 말고 학습자의 요구에 따라 개작, 모작, 생활 서정의 표현과 서사문 쓰기 등의 단계를 거치되 자신의 삶과 밀접하게 연관해 지도하는 것으로 제시했다. 이후 2007 개정 교육과정과 2011 개정 교육과정에서는 '문학 작품의 수용과 생산' 교육을 제시하면서 문학적인 글을 다양한 방식으로 표현하고 만들어내는 것을 강조한다.

국어과 영역에서 '창작하기'는 창의 인성 교육의 실현이 비교적 열린 상태로 시도될 수 있다. 창작의 형식과 언어 운용에서 창의 자질이 드러난다면 창작 작품의 주제 요소는 인성 자질과 연계될 수 있다. 그러나 온전한 개념의 창작 생산을 수업에서 하기에는 기술적 제약이 많다. 즉, 창작은 학습의 요소보다는 개인의 능력이나 소질에 좌우되는 면이 없지 않고 수업의 시간과 공간에서 하기에는 기술적 제약이 따른다. 특히 초등 국어 교실에서 창작하기 활동은 즉흥적이고 일회적인 활동으로 끝나기 쉬우며 과제만 제시하고 구체적인 지도 없이 학습자의 몫으로 넘길 가능성도 높다. 그렇기 때문에 다음과 같은 창작 모형을 구안하여 반구조화된 방식으로 창작 교육에 접근하도록 하였다.

창작 모형

창작 방법	주요 활동 내용
패러디하기	- 패러디하고 싶은 작품 선정하고 이유 밝히기 - 바람직한 모방으로 창작 효과를 익히기 - 단순 패러디와 풍자 패러디 구분하기
부분 재구성하기	- 텍스트의 일정 부분을 기존의 것과 다르게 재구성하기 - 재구성 과정에서 창의적 발상과 설계 드러내기
텍스트 상호성 살려 재구성하기	- 두 개 이상의 작품을 상호 연관지으며 작품 재구성하기 - 세계를 만들어내는 창의적 발상에 초점 두기
대안 그리기	- 비교적 제한이 없는 창작 활동으로 비판적 상상력을 전제로 그 비판의 대안이 되는 상황이나 세계 그리기

17 우한용, 『우한용 교수의 창작교육론 – 삶 읽기, 글 읽기, 글 쓰기』, 태학사, 2009, 332쪽.

창작은 다른 이의 전범을 참조하는 모방으로부터 시작된다. 일반적으로 패러디는 풍자와 조롱의 의미를 담아 어떤 작품을 비틀어 표현하는 것을 가리키지만, 모작을 빌려와 그로부터 새로운 의미를 담은 창작물을 이끌어내는 기법을 일컫기도 한다.[18] 두 가지 의미의 패러디 모두 교육 현장에서 유용하게 활용될 수 있다. 다만 초등학생의 경우 후자가 패러디하기 활동으로 보다 적합하리라 예상된다. '패러디하기'는 기존의 작품을 특정 목표나 내용에 맞게 다시 표현하는 것을 말한다. 시나 이야기를 내용과 형식으로 나누어볼 때 형식을 유지하고 기존의 내용을 바꾸어 표현한다. 패러디하기는 시 창작 수업에서 주로 활용할 수 있다. 특정 시를 제시하고 특정 목표나 관점에 따라서 바꾸어 쓰는 방법이다. 일부분을 바꾸어 쓰게 할 수도 있고 시 전체를 바꾸어 쓸 수도 있다.

'부분 재구성하기'는 말 그대로 작품의 일부분을 기존의 것과 다르게 재구성하는 것을 말한다. 재구성하기는 초등 과정에서 많이 다루는 활동으로 교육적으로 활용하기 위한 창작 기법이라 할 것이다. '만약 등장인물이 그렇게 행동했더라면?' 또는 '다른 결말이 가능하다면?' 등의 질문을 던지고 이에 응답하는 방식으로 표현활동이 이루어진다. 즉, 뒷이야기 꾸며 쓰기, 이야기 중간 부분 쓰기 등의 다양한 방식으로 교재화할 수 있다. 예를 들어 동화책의 일부분을 들려주거나 읽게 한 후에 일어날 일을 상상해 쓰도록 한다. 이때 이야기의 맥락이 제시되고, 뒷이야기의 개연성을 확보해줄 수 있는 부분을 제시하는 것이 중요하다. 부분 재구성하기 활동은 창의적 발상과 설계가 드러남과 동시에 사건의 개연성이 잘 나타나도록 지도한다.

'텍스트 상호성'이란 텍스트들 간의 관계성을 의미한다. 어떤 하나의 텍스트는 다른 텍스트들의 메아리가 되거나 다른 텍스트들에 그림자를 드리우게 되고, 다른 텍스트들과 불가피하게 연결된다.[19] 엄밀한 의미에서는 어떤 텍스트든 그 자체로만 고유한 특성을 지닐 수 없다. 텍스트는 다른 텍스트를 흡수하며 생산 과정에서 다른 텍스트들을 전이시키거나 변형시킨다.[20] '텍스트 상호성 살려 재구성하기'는 두 개 이상의 작품을 상호 연관지어 재구성하는 활동이다. '상호 텍스트성'에 기반을 둔 창작 활동으로 볼 수 있다. 특정 인물을 다른 이야기의 배경에 놓기도 하고 서로 다른 이야기에 나오는 인물을 하나의 이야기

18 린다 허천, 김상구·윤여복 역, 『패러디 이론』, 문예출판사, 1998.
19 이명섭, 『세계문학비평용어사전』, 을유문화사, 1985, 470쪽.
20 S. J. 슈미트, 차봉희 역, 『구성주의 문예학』, 민음사, 1995, 71쪽.

로 꾸밀 수도 있다. 이 활동은 이야기 창작 활동의 방법으로 쓰이나 이야기 창작의 소재나 주제 구성 면에서도 다양하게 활용할 수 있다.

'대안 그리기'는 비교적 제한이 적은 창작 활동으로 창의적인 자유 글쓰기 방식에 해당한다. 학습자가 작가가 되어 자유롭게 한 편의 이야기를 구성해 쓰는 활동으로 종합적 창작 활동이라 볼 수 있다. 우리는 문학을 통해 세계를 인식하고 개선하려 노력하며 또한 새로운 세계를 꿈꿀 수 있다. '대안 그리기'는 문학을 통해 구현 가능한 이러한 가능성의 영역을 마음껏 탐색할 수 있는 장을 학습자에게 제공해줄 수 있다.

2) 창작 모형의 운용 전략

창작 모형을 패러디하기, 부분 재구성하기, 텍스트 상호성 살려 재구성하기, 대안 그리기의 네 가지로 나누어 접근했다. 제시한 네 가지 단계는 순서를 밟아 나가야 하는 절차 모형이기보다는 창작 교육을 지도하기 위한 다양한 활동을 종합화한 모형이다. 따라서 기본적으로 각 단계는 독립적인 활동이 될 수 있다. 예를 들어 패러디하기만 중심으로 수업을 전개할 수 있으며 텍스트 상호성 살려 재구성하기를 중심으로 수업을 전개할 수도 있다. 또한 목표나 제재에 따라서 한두 단계를 결합해 융통성 있게 활용하는 것이 효율적이다.

우선 창작은 일상적인 것이며 누구에게나 열려 있는 것이라는 인식이 필요하다. 또한 창작 과정을 구체적으로 제시해 교사나 학생이 어렵지 않게 창작에 접근할 수 있도록 하는 수업 설계가 필요하다. 기본 단계에서는 일부를 변형하거나 보완하는 활동, 짧고 간단한 내러티브 만들기 등의 활동을 설계하고, 심화 단계에서는 창작의 전 과정을 온전하게 수행해볼 수 있는 활동을 배치한다. 다시 말하면, 반구조화된 창작 활동과 열린 창작 활동을 적절하게 분배해 지도한다.

창작 모형의 수업 결과물에 대한 편집 및 출판하기 활동을 추가할 수 있다. 학습자들이 쓴 창작물은 한 편의 이야기이며 책이 될 수 있다. 북아트 형식을 고려해 출판된 책의 형태가 되도록 구성해주면 창작에 대한 성취감을 느끼게 할 수 있다. 또한 글씨 쓰기의 부담을 줄이기 위해서 컴퓨터나 인터넷 매체를 적극 활용하도록 한다. 초등학교 저학년은 말하기 형식이나 놀이 형식으로 창작 활동을 다양하게 구안할 수 있다.

창작 모형에는 창작을 통한 창의·인성 활동들이 동원된다. 인물에 초점을 두어 부분 창작을 할 경우에는 '인물 살려내기' 활동을 활용할 수 있다. 시 창작과 관련해서 '비유로 사물 보기'와 '상징 만들기' 활동을 콘텐츠로 제공할 수 있을 것이다. '패러디하기', '내러티브 재구성하기', '새로운 세계 창조하기'는 활동인 동시에 창작 모형의 단계에서 그대로 사용할 수 있다. 개인의 내부에서 일어나는 창작의 과정을 가시화해 집단의 구성원이 함께 구체화한다면 '공동체 글쓰기'를 창작 모형에 활용할 수 있으며, '공동체 글쓰기' 활동에 중점을 둔다면 절차 중심 모형이기도 한 '공동 창작 모형'과 결합할 수 있다. 또한 창작 모형은 텍스트 상호성 모형과 연계해 구현될 수 있다. 서로 연관된 두 개 이상의 텍스트를 읽고 그 내용을 비교하며 의미를 확장한 후 새로운 이야기로 나아가는 것이 텍스트 상호성 모형이라면 창작 모형은 텍스트 상호성 모형의 마지막 단계로 활용될 수 있다. 창작이 전적으로 새로운 것이 아니라 기존의 성과물들을 바탕으로 해서 태어나는 것임을 생각할 때 텍스트 상호성 모형은 창작 모형의 필수 단계에 해당한다.

3) 창작 모형의 교육과정적 접근

국어과 교육과정에서 창작 모형을 활용해 지도하기에 용이한 내용은 다음과 같다.

- (1) 문학 작품에는 일상의 세계와 비슷한 상상의 세계가 담겨 있음을 이해한다.
- (2) 이야기의 흐름을 파악해 내용을 간추린다.
- (3) 문학 작품 속 인물의 특성을 살려 새로운 이야기를 꾸민다.

(1)은 작품의 세계가 근거 없이 꾸며낸 허황된 이야기가 아니라 일상 세계와 비슷한 인간 삶의 모습이 나타나 있음을 인식하는 데 중점을 둔다. 상상의 세계는 일상의 세계와 밀접한 관련을 갖고 있다. 일상의 세계는 상상 세계의 근거가 되며 상상의 세계는 일상 세계를 바탕으로 이루어지기 때문이다. 일반적으로 작품 속 세계는 일상의 세계에 어떤 변형을 가해 만들어진다. 결국 문학 작품에 등장하는 세계는 상상적인 세계이든 경험적인 세계이든 기본적으로 일상 세계와의 유사성을 바탕으로 한다. 이 성취 기준은 상상

의 세계를 일상의 세계에 바탕으로 두고 패러디하는 활동으로 적용할 수 있다. 또한 3학년 학습자들이 발달 단계의 특성상 상상의 세계를 다룬 환상동화에 관심이 많은 것을 감안해 비교적 제한이 없는 창작 활동으로도 설계 가능하다. 일상의 세계에 대한 비판적 상상력을 전제로 그 비판의 대안이 되는 상황이나 세계를 창작 활동으로 연결할 수 있다.

(2)는 사건의 전개 과정을 파악하는 데 중점을 두고 이야기의 전체 흐름을 명료하게 이해하고 정리하는 활동으로 구성된다. 문학 작품 간추리기는 원래 작품에 근거한 것이기는 하지만 작품에 대한 물리적인 양적 축약 활동만은 아니다. 작품을 읽는 이의 주관에 따라서 내용 간추리기 양상은 달라진다. 이 성취 기준은 사건의 개연성을 파악하고 중심 사건과 세부 사건을 파악하는 능력을 필요로 한다. 따라서 텍스트의 일부분을 기존의 것과 다르게 재구성하는 활동을 하기 위해 필요한 기초 능력으로 볼 수 있다. 부분 재구성하기에서 이야기의 흐름을 파악하지 못하고 재구성할 경우 창작된 이야기는 허황된 결말로 이어지거나 사건의 개연성이 떨어져 이야기로 완성되지 못하기 때문이다.

(3)은 인물에 중점을 두어서 새로운 이야기를 꾸미거나 기존의 이야기를 창의적으로 바꾸어 쓰는 능력을 기르는 데 중점을 둔다. 경험적인 이야기에서는 인물이 추구하는 다른 삶의 가능성을 중심으로 이야기를 꾸밀 수 있다. 허구적인 이야기에서는 주어진 이야기에 나타난 인물의 특성에 다른 특성을 추가하거나 원래 인물의 특성을 조금 바꾸어서 새로운 이야기를 꾸밀 수 있다.

창작 모형을 기반으로 관련 교육과정과 연계 교과서 분석을 통해 수업 목표를 추출하는 과정을 정리하면 다음과 같다.

	성취 기준	내용 요소의 예
관련 교육과정	문학 작품에는 일상의 세계와 비슷한 상상의 세계가 담겨 있음을 이해한다.	• 일상의 세계와 상상의 세계 이해하기 • 작품 속의 세계는 글쓴이가 꾸며낸 세계임을 이해하기 • 또래의 인물이 등장하는 이야기를 읽고 자신의 일상과 비교하기
	이야기의 흐름을 파악해 내용을 간추린다.	• 이야기의 전개 과정 파악하기 • 시간의 흐름에 따라 내용 정리하기 • 간추린 내용 발표하기
	문학 작품 속 인물의 특성을 살려 새로운 이야기를 꾸민다.	• 작품 속 인물의 특성 이해하기 • 인물의 특성과 사건의 관계 파악하기 • 인물의 특성을 살려 다른 이야기로 꾸미기

⇩

수업 목표	• 상상의 세계를 배경으로 현실 속의 인물의 특성을 살려 이야기를 꾸밀 수 있다.
	⇧
연계 교과서 단원 목표	시의 세계와 우리가 사는 세계를 비교할 수 있다.

교육과정 성취 기준과 관련 교과서 단원을 토대로 '상상의 세계를 배경으로 현실 속의 인물의 특성을 살려 이야기를 꾸밀 수 있다'를 수업 모형의 지도 목표로 설정했다. 학습자 주변의 인물을 학습자가 설정한 특수한 상상의 세계에 보내고 상상의 세계에서 무슨 일이 일어날지를 상상해 글 쓰는 활동이다. 이와 더불어 환상 동화의 장르적 특성을 살려 현실 세계에서 상상의 세계로 들어가는 과정에 대한 글쓰기와 비교적 열린 형태의 창작으로 상상의 세계 말판 놀이 만들기를 추가했다.

4) 창작 모형의 적용 사례: 상상으로 만든 세계

(1) 학습 목표

이 수업은 창작 모형을 기반으로 '상상의 세계를 배경으로 현실 속의 인물의 특성을 살려 이야기를 꾸밀 수 있다'를 목표로 구성했다. 관련된 창의·인성 활동으로는 창작을 기반으로 한 '인물 살려내기', '패러디하기', '내러티브 재구성하기', '새로운 세계 창조하기' 등이 있다. 이 수업의 목표와 차시별 학습 목표를 정리하면 다음과 같다.

수업 목표: 상상의 세계를 배경으로 현실 속의 인물의 특성을 살려 이야기를 꾸밀 수 있다.

차시별 학습 목표		**창작 모형 주요 활동 내용**
1차시	작품 속 인물에게 일어날 일을 상상해 쓸 수 있다.	부분 재구성하기
2차시 〈교과서 연계〉	현실 속 인물의 특성을 살려 상상의 세계에서 겪는 일을 시로 바꾸어 쓸 수 있다.	패러디하기
3차시	현실 세계에서 상상의 세계로 들어가는 과정을 이야기로 쓸 수 있다.	상호텍스트성 살려 재구성하기
4차시	현실 속의 인물의 특성을 살려 이야기 세계를 만들 수 있다.	대안그리기

이 수업은 현실 속의 인물이 상상의 세계로 모험을 떠나는 내용을 중심으로 창작하도록 구안했다. 창작 모형에 대한 이해를 높이기 위해서 단계에 따라서 구성했으나 각 단계를 독립적으로 재구성해 운영할 수 있다. 1차시는 '뒷이야기 꾸며 쓰기' 활동으로 부분 재구성하기 단계에 포함되며, 2차시는 기존의 시를 자신이 상상한 세계에 맞추어 바꾸어 쓰는 '패러디하기' 활동으로 구성했다. 3차시는 상상의 세계로 들어가는 과정에 필요한 물건, 인물, 장소 등을 기존에 읽은 이야기에서 끌어와서 아이디어를 모으는 것으로 상호 텍스트성 살려 재구성하기 활동으로 했다. 4차시는 3학년의 수준과 흥미를 고려해 놀이와 결합해 자유롭게 창작하는 활동으로 구성했는데, 1~3차시의 내용을 포괄하는 종합적 활동에 해당한다.

(2) 창의·인성 교육 요소

이 수업과 관련되는 창의성 교육 요소로는 상상력, 독창성, 호기심, 유추가 있으며, 인성 교육 요소로는 도덕적 예민성과 배려가 있다. 창의성 교육 요소는 창작 모형 활동에 기반해 나온 요소이며, 인성 요소는 창작의 내용에서 비롯된 요소이다.

국어과에서 다루는 창작 교육 활동은 초월적 상상력을 길러주는 것을 목표로 하는 경우가 많다. 현실을 넘어서서 새로운 세계를 상정하거나 이를 구체적으로 꾸며서 그것을 언어적으로 형상화하는 문학 창작 활동은 문학적 상상력 교육의 본질이기도 한다. 현실 속의 문제를 상상의 세계에서 겪는 방식으로 유추해 창작하게 하며 자신만의 기발하고 독특한 상상의 세계를 창조하는 경험을 통해 '독창성'을 기를 수 있다. 환상이나 모험의 세계로 여행하는 것을 상상해봄으로써 미지에 세계에 대한 '호기심'을 경험할 수 있다.

학습자가 알고 있는 주변의 인물을 상상의 세계에 보내어 모험하게 하는 것은 주변 인물을 골탕 먹이거나 괴롭게 만들기 위함이 아니다. 주변의 인물이 현실에서 이루지 못하는 소망이나 바람을 상상의 세계에서 펼칠 수 있게 하기 위함이다. 이 과정에서 도덕적 예민성과 배려의 태도를 배울 수 있다.

창작 모형을 기반으로 한 이 수업과 관련된 창의·인성 교육 요소를 살펴보면 다음과 같다.

창의성 교육 요소
상상력 독창성
유추 호기심

인성 교육 요소
도덕적 예민성 배려

이 수업의 계획 및 실행에서 가장 중점을 두고 있는 요소는 창의성 교육 요소인 '상상력'과 '독창성'이며 '창의 중심 지도 범주'에 속한다.

(3) 제재 선정 및 활용

『시계 속으로 들어간 아이들』은 정해 놓은 시간이 답답한 아이들이 시간이 없는 나라로 가서 마음껏 놀다가 평범한 일상이 행복한 곳임을 깨닫고 시간의 나라를 탈출하는 내용이다. 이 수업에서는 시간에 얽매이지 않고 마음껏 컴퓨터 게임을 하고 싶은 아이들의 마음이 드러난 부분을 수록해 학생들의 현실을 비판적으로 생각해볼 수 있도록 했다. 1차시 창의적인 활동으로 '시간'을 모티브로 해 자기가 시간을 조정할 수 있다면 어떻게 할 것인지 쓰도록 했다. 그리고 이야기의 뒷부분을 완성해 보도록 했다.

『거인들이 사는 나라』는 어른의 시각으로 이루어진 현실 세계의 문제를 인식하는 내용을 다루고 있다. 수업에서는 내가 가족이나 친구에게 바라는 점과 추천하는 상상의 세계를 생각해보고 '거인들이 사는 나라'의 시 제재를 패러디해 시로 써보는 활동으로 구안했다.

『사자와 마녀와 옷장』은 학생들에게 친숙한 '나니아 나라 이야기' 중 하나이다. 이 수업에서는 루시가 옷장을 통해서 상상의 세계인 나니아로 들어가는 과정을 제시했다. 이 제재를 통해서 특별한 장소에 들어가서 상상의 세계로 들어가는 방법에 대한 예시를 들고 상상의 세계로 들어가는 창작 활동을 전개했다.

(4) 주요 학습 활동 및 내용

〈1차시〉 작품 속 인물에게 일어날 일 상상해 글쓰기

1차시는 『시계 속으로 들어간 아이들』을 읽고 뒷부분을 상상해 쓰기 활동과 나에게 필요한 특별한 시계를 상상하고 이 시계가 왜 필요한지 쓰는 활동으로 구성했다.

동기 유발 및 학습 목표 확인하기: 호기심, 상상력

• 도입 학습
  - 다른 세상을 상상해본 경험 이야기하기
  - 우리가 사는 세상 이외에 다른 어떤 세상이 있을지 상상해보기
• 마음을 열어요. 생각을 펼쳐요.
  - 자신이 읽은 동화책에 나오는 특별한 상상의 집 이야기하기
    예) 『헨젤과 그레텔』에 나오는 과자집 등
  - 상상의 세계에 나오는 집의 제목을 적고, 이 집을 상상한 이유 적기

제재글 중심 부분 재구성하기: 상상력, 도덕적 예민성, 독창성

• 제재글 중심으로 부분 재구성하기
  - 시간이 없는 곳으로 가고 싶어 하는 아이들의 상황과 마음 파악하기
  - 이야기의 흐름을 생각하며, 아이들이 들어간 세계에서 생길 일 상상해 쓰기
• 제재글과 연계해 이야기 모티브 발견하기
  - 시계의 나라로 들어가는 발상에서 이야기 모티브를 발견해 특별한 시계를 가진 경우 생각해보기
  - 주어진 특별한 시계가 필요한 사람과 그 이유에 대해서 써보기

나의 상황으로 이야기 재구성하기: 상상력, 독창성, 유추

• 나의 상황에 견주어 이야기 재구성하기
  - 내가 가지고 싶어 하는 시계, 이 시계가 필요한 이유 적어보기
  - 나의 상황에 꼭 필요한 시계가 생겼을 때 어떤 일이 벌어질지 이야기 재구성해 말하기
• 시간을 중심으로 상상해보기
  - 자신이 읽은 동화책 중에서 시간을 소재로 해 상상의 세계에 들어가는 이야기 말해보기
  - 타임머신이나 특별한 시계를 중심으로 이야기를 써보는 활동에 대해 평가하기

〈2차시〉 현실 속 인물에게 일어날 일 상상해 글쓰기

2차시는 교과서 연계 활동으로 자기 주변의 인물인 가족이나 친구에게 잘 어울리는 상상의 세계를 그려본다. 이 내용을 패러디하기 방식으로 글쓰기하는 활동이다.

동기 유발 및 제재 시 파악하기: 상상력, 배려

- 상상의 세계를 다룬 동화책 공유하기
  - 모리스 샌닥의 『괴물들이 사는 나라』의 일부분을 보여주며, 맥스가 왜 괴물들이 사는 나라를 상상하게 되었는지 이야기 나누기
- 시에 나타난 글쓴이의 마음 파악하기
  - 글쓴이가 어른들을 거인국에 보내고 싶어 하는 이유에 대해 생각해보기
  - 학습자의 입장에서 어른 중심으로 이루어지는 모습에 대해 이야기 나누기

나의 삶과 관련지어 상상의 세계 구상하기: 상상력, 도덕적 예민성, 독창성

- 나와 함께 생활하는 인물을 상상의 세계와 연결하기
  - 나와 함께 생활하는 가족과 친구들을 떠올리고 나와 관련해 겪게 되는 갈등을 친구들과 이야기 나누기
  - 내가 가족이나 친구들에게 바라는 점을 생각하고, 이를 중심으로 가족이나 친구들을 보내고 싶은 상상의 나라 적기

예)

함께 생활하는 사람	내가 주변의 사람들에게 바라는 점	가 봄직한 상상의 세계
아버지	아빠가 회사에 안가도 돈이 나왔으면 좋겠다	하늘에서 돈이 내려오는 나라
어머지	엄마가 만든 음식이 아빠가 [illegible] 그래서 음식나라 에서 음식을 [illegible]	음식 나라
~~[illegible]~~ 친구	오버우 하지 않았으면 좋겠다	오버하지 않는 나라
친구	욕심이 없었으면 좋겠다	욕심이 없는 나라

* 가족이나 친구에게 바라는 점과 관련지어 상상의 나라를 적도록 한다. 관련 없이 단지 골탕을 먹이거나 나쁜 세계로 보내지 않도록 미리 주의시킨다.

패러디 시 쓰고 공유하기: 유추, 상상력

- 인물이 상상의 세계에서 겪는 일을 중심으로 시 완성하기
  - 앞에서 제시한 나와 함께 생활하는 인물과 그 인물과 연결된 상상의 세계를 한 가지 선택하고, 상상의 세계에서 어떤 일이 일어나서 인물이 어떤 경험을 할지 구상한다.
  - 『거인들이 사는 나라』를 패러디해 시 쓰기
- 패러디 시 공유하기
  - 자신이 지은 시를 발표해 공유하기
  - 자기가 쓴 시에 대한 자기 평가와 상호 평가를 실시한다.

예)

> **스포츠만 있는 나라**
>
> 단 하루만이라도 아버지를 스포츠만 있는 나라로 보내자.
> 그곳에 있는 것들은 모두 스포츠만 있겠지
> 아버지는 스포츠를 구경하고
> 직접해 보기도 하고 즐거운 시간을 보내면서
> 나와 함께 왔으면 하면서
> 아쉬워하고 있겠지
> 아버지는 다음부터 일요일에
> 공원, 골프, 야구, 축구, 농구, 탁구, 테니스, 배드민턴 등 많은 것들을 해야겠다고
> 생각했겠지
> 그때, 아버지는 무슨 생각을 할까?

〈3차시〉 현실 세계에서 상상의 세계로 들어가는 과정 이야기로 쓰기

『사자와 마녀와 옷장』에서 루시가 상상의 세계로 들어가는 부분을 제시하고, 이와 같이 현실 세계에서 상상의 세계로 들어가는 과정을 상상해 써보도록 구안했다.

동기 유발 및 학습 목표 확인하기: 상상력, 유추, 호기심

- 상상의 세계로 들어가는 내용이 나오는 매체 경험 이야기 나누기
  - 애니메이션이나 영화에서 상상의 세계로 들어가는 내용이 나오는 부분에 대해 이야기 나누기

예) 『이상한 나라의 폴』에서 뚝딱 망치를 통해서 들어가는 부분

• 상상의 세계로 들어가는 과정이 필요한 이유 알기
  - 현실 세계에서 상상의 세계로 들어갈 때 특별한 장치를 주는 이유에 대해서 생각해보기
    예) 어색하지 않고 이야기의 흐름을 자연스럽게 하기 위해서
• 『사자와 마녀와 옷장』을 읽고, 루시가 상상의 세계로 들어가는 과정을 자세하게 설명해보기
  * 루시가 상상의 세계로 들어가는 과정을 설명할 때 그림을 그려서 설명하게 하는 것도 좋은 방법이다.

상상의 세계로 들어가는 방법 구상하기: 상상력, 독창성, 호기심

• 자신이 읽은 이야기책 경험을 토대로 상상의 세계로 들어가는 방법 쓰기(모둠 활동으로 전개할 수도 있다.)
• 특별한 인물을 만나서 상상의 세계로 들어가는 방법 쓰기
  - 노파나 〈이상한 나라의 앨리스〉에 나오는 토끼 등 이야기 제재 속에 나오는 특별한 인물을 쓰고, 자신이 생각한 특별한 인물을 상상하게 한다.
• 특별한 장소에 들어가서 상상의 세계로 들어가는 방법 쓰기
  - 옷장이나 동굴 등 무엇인가 특별할 것 같은 장소를 상상의 세계로 들어가는 통로로 상상하게 한다.
• 특별한 물건을 얻어서 상상의 세계로 들어가는 방법 쓰기
  - 도깨비 방망이, 빗자루, 요술 램프 등 특정 물건에 특별한 의미를 부여해 상상의 세계로 들어가는 방법을 구상하게 한다.
• 그 외의 창의적인 방법 찾기
  - 주문을 외운다는지 손오공처럼 또 다른 손오공을 만들어 특별하게 상상의 세계로 들어가는 다양한 생각을 이끌어낼 수 있다.

상상의 세계로 들어가는 글쓰기 및 공유하기: 상상력, 독창성, 호기심

• 상상의 세계로 들어가는 과정 쓰기

- 특별한 인물, 특별한 장소, 특별한 물건 중에 하나를 골라서 상상의 세계로 들어가는 과정을 묘사하는 글을 쓰게 한다.(실감나게 글쓰기, 이야기하기 방식의 글쓰기 형태 등 다양한 방법이 있음을 알려준다.)

• 상상의 세계로 들어가는 글 전시하기
- 상상의 세계로 들어가는 글을 친구들이 공유할 수 있도록 전시한다.
  * 책 만들기 과제를 부과해 자신만의 이야기책으로 완성하게 하는 것도 좋은 방법이다.

〈4차시〉 현실 속의 인물의 특성 살려 이야기 세계 만들기

4차시는 상상의 세계 말판 놀이 만드는 활동으로, 상상의 세계를 여행할 사람, 상상의 세계로 들어가는 방법, 해결해야 할 과제를 토대로, 말판 놀이 전체를 구상하고, 말판 놀이를 채울 요소로 어려움 요소와 도움 요소를 적는다. 말판 놀이를 만드는 활동과 실제로 말판 놀이를 하면서 놀이를 하는 데 중점을 둔다.

상상의 세계 말판 놀이 설계하기: 상상력, 독창성, 유추

• 재미있는 보드 게임 이야기 나누기
- 자기가 한 보드 게임 중에서 재미있는 보드 게임 소개하기(상상의 세계 게임을 하기 위한 동기 유발)

• 상상의 세계 말판 놀이 설계도 만들기
- 상상의 세계의 게임을 만들기 위해서 기본 설계도 작성하기
- 상상의 세계를 여행할 사람, 모험을 떠날 상상의 세계 이름, 상상의 세계로 들어가는 방법, 상상의 세계에서 해결해야 할 과제를 적는다.

• 상상의 세계 어려움 요소, 도움 요소 만들기
- 상상의 세계를 여행하면서 겪는 어려움 요소, 도움 요소를 적는다.

상상의 세계로 들어가는 방법 구상하기: 상상력, 독창성, 호기심

• 상상의 세계 말판 놀이판 만들기
- 화살표를 적절하게 사용해 상상의 말판 놀이판 완성하기

예)

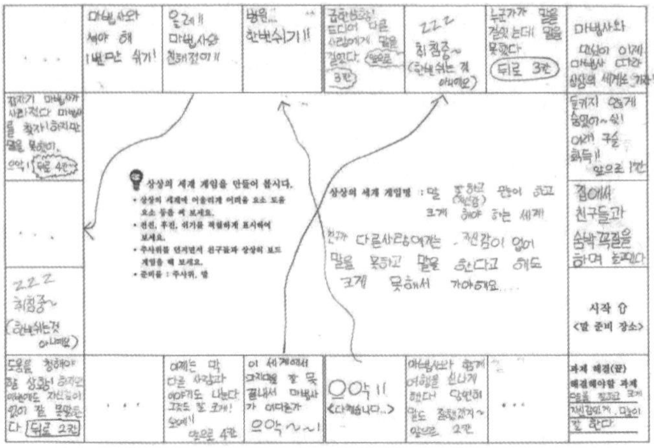

- 상상의 세계 놀이하기
  - 친구들과 함께 상상의 세계 놀이하기

    * 대안 그리기를 놀이 형태로 구안한 활동이다. 창작 활동에 주안점을 두기보다는 3학년 학습자의 수준을 고려해 부담을 줄이고 놀이 위주로 활동하도록 격려한다.
- 되돌아보기
  - 자기 평가하기
  - 말판 놀이 중에서 창의적인 부분 찾아보기
- 창의 인성 과제 이야기 나누기
  - 상상의 세계와 관련된 글쓰기에 대한 수업 평가 및 활동 반성하기

(5) 평가 계획

교과서 중심의 수업에서는 성취 기준에 따라 '시의 세계와 우리가 사는 세계를 비교하기'에 초점을 두어 평가한다. 하지만 이 단원은 창의·인성 교육 요소를 특화한 단원으로 문학 작품을 이해하고 수용하는 과정에서 다음과 같은 창의성 요소와 인성 요소를 중점적으로 평가하도록 한다.

창의성	• 특별한 시계가 필요한 사람과 필요한 이유가 타당한가? • 상상의 세계로 들어가는 방법을 흥미진진하게 이야기로 잘 구성했는가? • 상상의 세계에 어울리게 상상의 세계 말판 놀이를 만들었는가?

인성	• 가족이나 친구에게 바라는 점이 패러디한 시 속에 잘 드러나 있는가? • 즐거운 마음으로 상상의 세계 말판 놀이에 참여했는가?
창의 · 인성	• 시계 나라에서 일어난 일을 중심으로 뒷이야기를 재미있게 표현했는가? • 특정 인물이 상상의 세계에서 겪을 일을 패러디해 잘 표현했는가?

이와 같은 전체적인 평가 계획을 수립하되, 창작 모형의 지도 양태가 창의 중심이므로 창의성 요소를 중심으로 평가하는 것이 현실적인 방안일 것이다. 그러나 창작 모형에서 학습자가 창작하는 내용(주제나 소재)에 따라서 인성 중심으로 평가하는 방안도 있다. 아울러 창작 모형에 따른 수업을 한 후에 자기가 쓴 창작물에 대한 메타 글쓰기를 평가할 수도 있다.

10. 관점 변환 모형

1) 관점 변환 모형의 개관

기존의 생각하던 틀, 즉 고정관념에서 벗어나 새로운 관점으로 현상이나 사물을 바라보는 활동은 일반 창의성 함양 활동으로 널리 활용되고 있다. 국어 교육에서도 '관점 바꾸어 보기'는 그리 낯선 활동이 아니다. 텍스트를 이해하거나 생산할 때 주로 동원되는 방법 중 하나가 바로 '관점(point of view)'을 바꾸어 보는 것으로 창의성 신장과 직결되는 활동이다. 이와 같은 관점 변환 활동은 '다양한' 관점을 취하는 방식에서 창의성의 발현을 기대할 수 있고, 조건화된 관점에서 창의적인 '해석'을 이끌어낼 수 있느냐에 초점을 둘 수 있다. 물론 두 측면을 모두 고려해 교수·학습 활동을 계획할 수 있는데 국어 교육에 폭넓게 적용되고 있는 활동은 다양한 관점을 제시해주고 창의적인 해석을 유도하는 방식을 취하고 있다. 이러한 활동에서 상정하고 있는 목표는 관점에 따라 다양한 텍스트를 생산하고 해석할 수 있다는 것인데, 텍스트의 규범적 의미보다는 학습자나 필자가 구성한 나름의 의미에 가치를 부여하게 된다. 이때 의미 구성의 폭과 깊이 차원에 창의성이 개입되는 것이다.

관점 변환 모형은 기존 국어 교육에서 이미 자리잡고 있는 창의적 텍스트 해석 활동을 유목화한 것으로 다양한 관점에서 작품을 해석하는 과정에서 창의성 요소를 지도하는 방법이다. 이 모형은 문학 작품을 특정 관점에 기대어 이해하는 것이 아니라 새로운 관점에 따라 작품을 바라봄으로써 문학 작품에 대한 이해와 감상의 폭과 깊이를 확장하고 심화하는 데 초점을 둔다. 새로운 관점으로 바라본다는 점에서 창의성이 발현되고, 작품 해석에 대한 의견을 교환하면서 다른 독자의 관점과 해석을 인정한다는 점에서 인성적 자질이 드러난다.

관점 변환 모형

과정	주요 활동 내용
인물의 입장 이해하기	작가가 작품에서 초점화하거나 부각한 인물의 입장이나 처지를 인물의 말이나 행동을 통해 파악한다.
다른 입장에서 바라보기	다른 주변 인물들의 입장이나 독자 자신의 입장에서 인물의 말이나 행동을 다른 각도에서 바라보고 해석하는 활동을 통해 작품의 다양한 의미를 찾는다.
상호 소통하기	작품에 등장하는 인물과의 간접적 소통이나 동일한 작품을 읽는 다른 사람의 입장이나 관점에서는 어떻게 작품의 의미를 이해하고 수용하는지를 다른 독자와 토의·토론 과정을 통해 생각이나 느낌에 공감하며 소통한다.
다가치적 의미 탐구하기	문학 작품이 관점에 따라 다양하게 해석됨을 전제로 잠정적으로 유보했던 작품의 주제나 인물의 행동에 대해 가치를 부여한다.

관점 변환 모형에서 '인물의 입장 이해하기'는 작가가 작품에서 초점화하거나 부각한 인물의 입장이나 처지를 인물의 말이나 행동에 주목하는 것이다. 이 과정에서는 작가가 작품에 형상화한 작품의 주제나 인물의 행동의 의미를 파악하지만, 이에 대한 가치는 잠정적으로 유보할 필요가 있다.

'다른 입장에서 바라보기'는 작가나 주인공의 입장이 아닌 다른 주변 인물들의 입장이나 독자 자신의 입장에서 인물의 말이나 행동을 다른 각도에서 바라보고 해석하는 활동을 통해 작품의 다양한 의미를 찾는 과정이다.

'상호 소통하기'는 작품에 대한 감상의 폭과 깊이를 확장하기 위해 작품에 등장하는 인물과의 간접적 소통이나 동일한 작품을 읽는 다른 사람의 입장이나 관점에서는 어떻게 작품의 의미를 이해하고 수용하는지를 다른 독자와 토의·토론하면서 생각이나 느낌을 공유하는 활동이다.

'다가치적 의미 탐구하기'는 문학 작품이 관점에 따라 다양하게 해석됨을 전제로 잠정적으로 유보했던 작품의 주제나 인물의 행동에 대해 가치를 부여하는 과정이다. 이 과정에서는 여러 가지 문학적 의사소통 활동을 통해 작품을 수용하는 과정이나 작품에 대한 다양한 해석을 기반으로 해 궁극적으로 자신의 내적 자아 문제와 연계해 성찰해보도록 한다.

2) 관점 변환 모형의 운용 전략

관점 변환 모형은 '인물의 입장 이해하기', '다른 입장에서 바라보기', '상호 소통하기', '다가치적 의미 탐구하기' 같은 단계를 절차적으로 또는 선택적으로 활용해 작품을 다양한 시선이나 각도에서 바라보는 활동이다. 이 모형은 문학 작품에 대한 창의적 감상 활동과 아울러 문학 작품이 지니고 있는 의미를 특정 관점에 기대어 수용하기보다는 개방적인 태도로 다양한 가치를 인정하고 존중해 비교해보는 활동을 통해 궁극적으로는 자신의 내적 자아와 의사소통하는 데 주안점을 둔다.

국어 수업에서 본격적으로 관점 변환 모형을 적용하기에 앞서 '다양한 관점'과 관련한 일반 창의성 활동을 통해 관점에 따라 사물이나 현상을 달리 볼 수 있으며 자신이 정한 관점(입장)에 따라 다양한 해석이 가능하다는 것을 인지할 수 있는 교수·학습 활동을 계획할 수 있다. 또한 국어 수업에서 관점 변환 모형을 적용한 후에 확장된 활동으로 주변 사물이나 현상을 다양한 관점으로 바라보는 활동을 통해 관점 변환 활동을 일상의 삶에 적용해볼 수도 있다.

특히 관점 변환 모형은 국어과 절차 중심 수업 모형 중 '토의·토론 학습 모형'과 연계해 지도할 수 있다. 관점 변환 모형의 하위 활동 중 '상호 소통하기'는 토의·토론 학습 모형의 '토의·토론하기' 단계에 초점을 두어 주제에 대해 자신의 입장을 정한 후에 각자 의견(반대 또는 찬성)을 발표하고 그 결과를 정리하고 평가하는 활동으로 수업을 전개할 수 있다.

3) 관점 변환 모형의 교육과정적 접근

국어과 교육과정에서 관점 변환 모형을 활용해 지도하기에 용이한 내용은 다음과 같다.

- (1) 문학 작품은 읽는 이에 따라 다르게 수용될 수 있음을 이해한다.
- (2) 다른 사람의 입장과 관점에 대해 찬성하거나 반대하는 글을 쓴다.

(1)은 동일한 작품이라도 읽는 이가 가진 생각이나 느낌 등에 따라 다르게 수용될 수 있음을 파악하기 위해 설정된 것이다. 동일한 작품에 대한 느낌을 짝과 둘이서 혹은 모둠별로 혹은 학급 전체와 더불어 이야기하고 자신의 생각과 어떤 점이 같으며 어떤 점이 다른지 비교하면서 자신의 작품 수용에 대해 성찰하고 다른 이의 작품 수용 양상을 이해하도록 하는 데 중점을 둔 것이다. 문학 작품에 대한 감상이 모든 읽는 이에게 똑같은 모습으로 나타나지는 않는다. 작품을 읽기 이전이나 작품을 읽는 도중에 생겨나는 생각이나 느낌이 저마다 다르기 때문이다. 학습자들이 자신과 다른 사람들의 다양한 수용 양상을 알아봄으로써 같은 작품이라도 읽는 이에 따라 다르게 수용될 수 있음을 인식할 수 있다면 타인의 문학적 수용의 특성을 이해하면서 자기 자신의 문학적 수용의 특성을 객관화할 수 있는 기회를 늘릴 수 있고 그 바탕에서 문학적 소통 능력 발달의 기회를 확장할 수 있다.

(2)는 다른 사람의 입장과 관점에 대해 찬성하거나 반대하는 글을 쓰게 함으로써 비판적·논리적 표현 능력을 신장시키고 쓰기를 통해 공동체에 적극적으로 참여하는 자세를 갖게 하기 위해 설정된 것이다.

이와 같이 교육과정 성취 기준과 관련 교과서 단원을 토대로 이 수업 모형에서는 '관점에 따라 이야기를 다양하게 해석할 수 있다'를 목표로 삼았다. 이 목표와 관련된 교육과정 성취 기준, 그리고 연계해 지도할 수 있는 교과서 단원을 정리하면 다음과 같다.

	성취 기준	내용 요소의 예
관련 교육과정	문학 작품은 읽는 이에 따라 다르게 수용될 수 있음을 이해한다.	• 작품에 대한 생각이나 느낌 표현하기 • 작품에 대한 해석이 읽는 이의 생각이나 느낌에 따라 달라질 수 있음을 이해하기

관련 교육과정	다른 사람의 입장과 관점에 대해 찬성하거나 반대하는 글을 쓴다.	• 다른 사람의 입장과 관점 파악하기 • 다른 사람의 입장과 관점에 대해 의견 제시하기 • 찬성, 반대를 하는 이유나 근거를 정리해 쓰기 • 문제 상황에 대한 인식과 해결 방안이 다를 수 있음을 이해하기

⇩

수업 목표	• 관점에 따라 이야기를 다양하게 해석할 수 있다.

⇧

연계 교과서 단원 목표	작품을 읽고, 이야기에 대한 생각이나 느낌을 서로 비교할 수 있다.

이 수업은 '관점에 따라 이야기를 다양하게 해석할 수 있다'를 목표로 하는데, 동일한 이야기를 읽더라도 읽는 이가 어떤 입장이나 관점에서 이야기를 바라보느냐에 따라 다양하게 수용될 수 있음을 인식하도록 한다. 그리고 작가가 이야기에서 초점화한 인물의 행동이나 문학 작품의 주제를 그대로 수용하지 않고, 이야기를 다른 시선이나 각도에서 바라봄으로써 다양한 의미를 창의적으로 도출해내고, 다른 동료 학습자들의 문학 작품에 대한 해석을 인정하고 비교하는 과정을 통해 문학적 의사소통 능력을 길러줄 수 있을 것이다.

4) 관점 변환 모형의 적용 사례: 서로 다른 생각

(1) 학습 목표

이 수업은 '관점에 따라 이야기를 다양하게 해석할 수 있다'를 목표로 삼아 관점 변환 모형과 '회의하기와 가치 유보하기', '공감 소통하기' 같은 활동에 기반을 두어 구성했다. 이 수업의 목표와 차시별 학습 목표를 표로 나타내면 다음과 같다.

학습 목표: 관점에 따라 이야기를 다양하게 해석할 수 있다.

차시별 학습 목표		**관점 변환 모형의 주요 활동**
1차시 〈교과서 연계〉	인물의 행동에 대한 서로의 생각을 이야기할 수 있다.	다른 입장에서 바라보기-상호 소통하기-다가치적 의미 탐구하기
2~3차시 〈교과서 연계〉	다양한 관점에 따라 생각이나 느낌을 주고받을 수 있다.	인물의 입장 이해하기-다른 입장에서 바라보기-상호 소통하기-다가치적 의미 탐구하기

이 수업은 관점에 따라 이야기를 다양하게 해석하기 위해 관점 변환 모형에 기반을 두어 구안하였다. 관점 변환 모형의 주요 활동을 단계적이고 절차적으로 운용하지 않고 선택적으로 적용함으로써 창의·인성 활동의 특성을 부각시키고자 했다. 1차시는 학습자들에게 익숙한 텍스트이므로 관점 변환 모형 중에서 텍스트 이해를 위한 인물의 입장 이해하기 활동을 제외했다. 2~3차시는 교과서와 연계되는 차시로 교과서에 수록된 텍스트를 중심으로 관점 변환 모형 중에서 상호 소통하기를 강조해 활동을 구성했다.

(2) 창의·인성 교육 요소

관점 변환 모형이 목표로 하고 있는 창의성 요소는 바로 다양성이다. 작가가 작품에서 초점화하고 있는 주인공의 행동이나 주제를 이해할 때 다른 등장인물의 입장이나 독자의 배경지식이나 경험 등 보는 관점에 따라 창의적인 다양한 해석이 가능하다. 특히 여러 가지 관점에서 작품의 의미를 해석하는 과정에서 상상력과 확산적 사고가 필요하며, 이때 사고 방향은 독자 개인의 독창성을 유도하게 된다.

이야기 속 등장인물 간의 의사소통, 등장인물과 독자 사이의 간접적 의사소통뿐만 아니라 다른 독자들과의 직접적인 의사소통 나아가 독자 자신과의 내적 의사소통을 통해 문학적 소통 능력을 신장시키고, 인물의 행동이나 이야기 주제에 대해 판단을 유보하거나 다른 독자들의 해석을 수용하는 과정에서 개방적인 태도를 취하도록 한다. 그리고 문학적 의사소통 과정에서 다른 독자들의 다양한 생각이나 느낌을 공감하고 존중하는 태도를 기르도록 한다.

이와 같은 창의·인성의 내용 요소를 창의성, 인성, 창의·인성 요소에 따라 핵심적인 교육 요소와 부수적인 교육 요소로 구분하면 다음과 같다.

창의성 교육 요소
다양성
상상력·시각화 능력 독창성 논리·분석적 사고 확산적 사고 수렴적 사고 복합적 성격 감수성

인성 교육 요소
배려
용서 소유 의사결정능력

이 수업은 창의성 중심 인성 연계 지도 범주에 속하는데 창의성 요소의 '다양성', 인성 요소의 '배려'를 핵심적인 교육 요소로 삼고, 다른 것은 부수적인 교육 요소로 설정할 수 있다. 이때 창의·인성 교육 요소는 절대적 실현 요소라기보다 다른 요소에 비해 상대적으로 부각되는 것이다.

(3) 제재 선정 및 활용

『미운 아기 오리』는 동물을 의인화한 이야기이다. 이 작품은 보잘것없는 하층민으로 태어나 전 세계에서 존경받는 작가로 성공한 안데르센의 자전적인 이야기로 미래에 대한 희망은 오늘의 역경이나 어려움을 이길 수 있는 원동력이 된다는 것을 배울 수 있다. 이 제재는 1차시에 2~3차시의 교과서와 연계한 본격적인 창의·인성 활동을 하기에 앞서 학생들이 비교적 잘 알고 있는 이야기를 통해 제재에 대한 부담감을 줄여 창의·인성 활동에 초점을 두어 지도하기 위해 선정한 것이다.

『마당을 나온 암탉』은 알을 품어 병아리의 탄생을 보겠다는 소망을 굳게 간직하고 자기 삶의 주인으로 살아가는 암탉 잎싹의 이야기이다. 이 제재는 교과서에서 이야기에 대한 생각이나 느낌을 서로 비교해보는 활동으로 구성되어 있다. 따라서 교과서에 제시된 학습 활동과 연계해 이야기의 주인공인 잎싹뿐만 아니라 나그네와 족제비 등의 다른 등장인물들의 입장에서 생각해보고, 각각의 인물들의 행동에 대해 다른 독자들과 함께 생각과 느낌을 나누면서 인물의 행동에 나타난 다양한 가치를 탐구하고 수용하는 데 도움이 될 것이다. 하지만 이 제재는 비교적 긴 이야기 글의 일부만이 교과서에 수록되어 있으므로 이야기의 전반적인 내용에 대한 이해를 바탕으로 창의·인성 활동을 전개할 수 있도록 한다.

(4) 주요 학습 내용 및 활동

〈1차시〉 인물의 행동에 대한 서로의 생각을 이야기하기

동기 유발 및 학습 목표 확인하기

- 마음 열기 및 생각 펼치기
  - 관점을 달리해 사물 바라보기

    1 어떤 동물인가요?

    2 무엇으로 보이나요?

• 학습 목표 확인하기
  - 인물의 행동에 대한 서로의 생각을 이야기할 수 있다.
• 제재글 읽기
  - 『미운 아기 오리』 소개하기
  - 인물들의 입장을 생각하며 『미운 아기 오리』 읽기

다른 입장에서 바라보기: 다양성, 독창성, 상상력·시각화 능력, 의사결정 능력

• 자신의 입장에서 이해하기
  - 이야기를 읽고 나서 마음에 남는 낱말 적기
  - 아기 오리에 대한 생각이나 느낌을 문장으로 쓰기
    * 『미운 아기 오리』를 읽고 떠오르는 생각이나 느낌을 중심으로 마음에 남는 낱말을 적도록 한다.
• 다른 인물들 입장에서 생각하기
  - 엄마 오리, 할머니, 농부의 입장이 되어 아기 오리에 대한 생각주머니 만들기
  - 등장인물들의 아기 오리에 대한 생각주머니 만들기
  - 역할을 정해 대화 주고받기
    * 아기 오리와 엄마 오리, 할머니, 농부를 만났을 때와 그들의 곁을 떠났을 때의 상황을 복합적으로 생각해보도록 한다.
    * 엄마 오리, 할머니, 농부, 아기 오리의 역할을 정해 즉흥적으로 대화를 주고받도록 한다.

다른 독자들과 소통하기: 다양성, 배려, 용서, 소유, 의사결정 능력

• 다른 독자들과 소통하기
  - 미운 아기 오리가 집을 나온 행동에 대해 생각해보기
  - 미운 아기 오리의 행동에 대해 이야기 나누기("용감하다고 생각합니다."/"비겁하다고 생각합니다.")

다가치적 의미 탐구하기: 다양성, 배려, 용서, 의사결정 능력

- 내적 자아와 소통하기
  - 자신의 단점(미운 아기 오리의 모습) 발견하기
  - 자신의 단점을 장점(예쁜 백조의 모습)으로 극복하기
    - * 현재의 자신의 모습에서 단점을 찾을 때 외형적인 면에 치중하지 않고 내적인 모습에 대해 생각해볼 수 있도록 안내한다.

단점 극복 과정 발표하기: 용서, 배려

- 자신의 단점 극복 과정 발표하기
  - 자신의 단점을 장점으로 극복하는 과정 발표하기
  - 친구의 단점을 극복하는 과정을 듣고 소감 말하기

〈2~3차시〉 다양한 관점에 따라 생각이나 느낌 주고받기

동기 유발 및 학습 목표 안내하기

- 동기 유발하기
  - 『마당을 나온 암탉』 앞부분 들려주기
- 학습 목표 안내하기
  - 다양한 관점에 따라 생각이나 느낌을 주고받을 수 있다.
- 제재글 읽기
  - 말과 행동을 통해 드러난 인물들의 마음을 생각하며 『마당을 나온 암탉』 읽기
    - * 제재글을 읽을 때 인물의 마음을 나타내는 부분에 밑줄을 긋거나 형광펜으로 색칠한 후 바꾸어 쓸 수도 있다.

등장인물의 마음 알아보기: 다양성, 확산적 사고

- 등장인물의 마음 알아보기
  - 이야기를 읽고 인물의 마음이 나타난 부분 찾기
  - 등장인물의 마음을 나타내는 말 적기

다른 입장에서 바라보기: 배려, 의사결정 능력, 용서

- 자신의 입장에서 이해하기
  - 등장인물의 마음과 같은 경험 적기(두려울 때, 화날 때, 슬플 때, 기쁠 때)
  - 마음 상태에 따라 변하는 행동에 대해 이야기 나누기
    * 네 가지 마음을 떠올릴 때 물리적인 상황보다는 심리적인 상태에 주목하도록 한다.

다른 독자들과 소통하기: 다양성, 의사결정 능력, 확산적 사고, 상상력·시각화 능력, 소유

- 등장인물들에 대한 생각이나 느낌 나누기
  - 이야기에 나오는 인물들에 대해 칭찬이나 꾸짖는 말 쓰기
  - 인물(잎싹, 나그네, 족제비)에 대한 생각이나 느낌을 친구들과 이야기하기
  - 등장인물의 입장에서 자신과 친구들이 나눈 이야기에 대해 생각해보기
  - 등장인물이 되어 자신에게 하고 싶은 말 쓰기
    * 등장인물에 대해 칭찬과 꾸중하는 말과 이 말을 들은 등장인물의 입장이 되어 편지 쓰기 활동을 함께 연계해 지도한다.

다가치적 의미 탐구하기: 상상력·시각화 능력, 확산적 사고, 의사결정 능력, 독창성

- 자신의 꿈에 대해 상상하기
  - 20년 후에 자신의 꿈을 이루는 과정 상상하기
  - 다양한 형식(만화, 그림, 글)으로 상상한 내용을 바탕으로 이야기 꾸미기

정리 단계: 배려, 확산적 사고, 다양성, 용서

- 되돌아보기
  - 공부한 내용 되돌아보고 얼마만큼 잘 했는지 점검하기
    1 이야기에 대해 다양한 생각이나 느낌을 표현했는가?
    2 이야기에 대한 다른 사람의 생각이나 느낌을 듣고 이해했는가?
    3 여러 가지 방법으로 이야기의 내용을 이해하고 해석했는가?
  - 『미운 아기 오리』나 『마당을 나온 암탉』을 읽은 부모의 입장에서 나에게 들려줄

이야기 쓰기

* 부모의 입장에서 나에게 들려줄 이야기 자료는 평가 과제로 활용할 수 있다.

• 정리 학습
  - 부모의 입장에서 나에게 들려줄 이야기 친구에게 소개하기
  - 자신이 쓴 이야기와 비교하며 듣기

(5) 평가 계획

교과서 중심의 수업에서는 성취 기준에 따라 '이야기에 대한 생각이나 느낌이 서로 다른 까닭을 알기'와 '이야기에 대한 생각이나 느낌을 서로 비교하기'에 초점을 두어 평가해야 한다. 하지만 이 단원은 창의·인성 교육 요소를 특화한 단원으로 문학 작품을 이해하고 수용하는 과정에서 다음과 같은 창의성 요소와 인성 요소를 중점적으로 평가하도록 한다.

창의성	• 이야기를 읽고 마음에 남는 낱말을 생각나는 대로 적었는가? • 등장인물의 마음을 나타내는 말을 모두 적었는가? • 부모의 입장에서 자신에게 들려줄 이야기를 썼는가?
인성	• 마음에 남는 낱말을 활용해 등장인물에 대한 생각이나 느낌을 썼는가? • 자신의 단점과 장점을 잘 파악했는가? • 등장인물과 비슷한 마음을 느꼈던 경험을 떠올렸는가?
창의·인성	• 입장을 정해 등장인물의 행동에 대해 이야기를 나누었는가? • 등장인물의 입장에서 자신에게 하고 싶은 말을 잘 썼는가? • 자신의 꿈을 이루기 위한 과정을 상상해 잘 썼는가?

이와 같은 전체적인 평가 계획을 수립하되, 관점 변환 모형의 지도 양태가 창의 중심 인성 배합이므로 창의·인성 요소를 중심으로 평가하는 것이 현실적인 방안일 것이다. 아울러 이러한 평가 기준은 수행 평가 및 서술형 평가와 연계시킬 수 있는 방안을 함께 고려해볼 필요가 있다.

3부

국어과 창의·인성 교육의 가능성 탐색

지상 좌담*

국어과 창의·인성 교육의 가능성

[질문 1] 국어 교육과 관련해서 창의성의 범주를 어떻게 설정하는 것이 바람직하다고 보십니까? 확장해서 보아야 한다는 관점 또는 좁혀서 보아야 한다는 관점 중에서 어느 쪽이 더 타당하다고 보십니까? 또 국어과에서는 어떤 방향으로 잡아야 바람직하다고 보십니까? 기왕에 나와 있는 창의성 일반 이론을 참조해 말씀해주십시오.

박창균 원론적인 이야기인지는 모르겠지만 창의성은 교육을 통해 달성해야 할 상위 차원의 목표입니다. 당연히 모든 교과 교육 목표에서는 창의성 신장을 명시적으로 또는 비명시적으로 추구하고 있습니다. 따라서 상위 목표로 존재하는 창의성의 개념을 교육 보편의 목표나 인간상으로 확장해서 보는 것이 타당할 것입니다. 하지만 교과의 시각에서 보면 추상적이고 상위적인 교육 목표를 구체화하는 작업이 필요한데 그것은 언어의 수용과 생산이라는 국어 교육의 관점에서 창의성을 재해석해야 합니다. 즉, 언어 사용이나 문학 활동에 관련하여 창의성은 무엇인지, 국어 교육을 통해 신장할 수 있는 창의성이 무엇인지를 밝히는 작업이 필요합니다. 국어과에서 교육 보편의 목표인 창의성 신장에 직접적으로 관여

* 이 글은 저자들이 '국어과 창의·인성'에 대한 생각을 정리하고 반추하면서 자신의 주장에 대한 자기 점검 결과를 대담 형식으로 구성한 것이다. 대담의 참가자는 저자들(박인기, 우한용, 박창균, 이지영)이며, 사회자는 논의의 흐름을 위해 가상의 인물로 상정했다.

할 수 있는 부분(예를 들어 언어적 유창성이나 정교성, 상상력 등)과 간접적으로 기여할 수 있는 내용(예를 들어 창의성의 동기나 성향 등)으로 구분해 교육적인 대응 방식이 달라져야 한다고 봅니다.

이지영 박창균 선생님 말씀처럼 창의성은 교육 일반에서 추구해야 할 상위 목표임에 틀림이 없습니다. 그리고 국어 교육을 통해 더 잘 신장할 수 있는 창의성 요소가 있다는 것에도 공감합니다. 그러나 국어과를 중심으로 창의성 관련 작업을 개인적인 경험에 비추어보면 창의성의 범주를 확장해 전개할 때 창의적 활동 구현이 더 용이했습니다. 저는 국어 교육과 관련해 창의성의 범주를 확장해서 보아야 한다는 관점을 가지고 있습니다. 국어 교육과 관련해 창의 교육을 할 경우에 교사 스스로 국어 교육 목표에 부합되는지를 점검하는 기제가 작동하기 때문에 굳이 창의성의 범주 자체를 좁혀서 접근할 필요는 없다고 생각합니다. 창의성을 확장해서 접근할 경우 '이 활동을 국어 교육으로 볼 수 있는가'와 같은 질문이 제기될 수 있고, 국어 교과의 정체성이 모호해진다는 비판을 받을 수 있습니다. 역으로 창의성을 좁혀서 접근할 경우 '이 활동이 창의성 활동인가'라는 질문이 제기될 수 있다고 봅니다. 국어 교육과 관련해 창의성의 범주를 확장할 경우 국어 교육에서 원용할 창의성의 가능역이 넓어지고 다른 교과와의 융합 가능성도 커지기 때문에 보다 창의성의 본질에 부합되는 활동이 만들어질 가능성이 높다고 생각합니다.

사회자 박창균 선생님과 이지영 선생님의 논의는 국어 교육과 관련해 창의성의 범주를 어떻게 설정할 것인가와 관련되어 있습니다. 그렇다면 창의성 교육이 교과 교육과 어떤 관련을 가지고 있나요? 그리고 창의성 교육이 국어 교육에서 원활하게 이루어지기 위해 국어 교육 학문 공동체는 어떤 노력을 해야 할까요?

박인기 창의성의 범주는 지금까지 제시된 것만 해도 대단히 넓습니다. 그리고 현재 우리가 합의하는 창의성 범주 바깥에 있는 것들(창의성 범주에 들지 아니하는 것들)과의 경계도 유연하거나 모호합니다. 이 말은 창의성을 어떤 특정의 범주로 규정하는 것 자체가 창의를 제한하는 기제로 작동할 수 있음을 의미합니다. 동시에 현재 우리가 창의의 범주로 포함시킬 생각조차 못하고 있는 어떤 요소들도 미래의 어떤 인간 발달 상황에서는 창의 범주에 들어올 수 있습니다. 교육에 대한 인식 조건에 따라서는 얼마든지 창의의 요소로 상정될 수 있다는 뜻입니다.

특히 언어를 다루고 소통하는 시간과 공간은 그대로 인간 삶을 영위하는 시간과 공간입니다. 언어를 배우는 일이 언어로 이루어지는 인생살이를 질적인 경험으로 습득하는 일이기 때문에 국어과 창의는 보다 유연하고 융통성 있게 확장되어야 할 것입니다. 국어과는 모국어를 학습하는 교과입니다. '모국어 교육' 안에 들어 있는 '사용 요소', '가치 요소', '문화 요소' 등은 창의의 요소가 무한히 생성되고 전이되는 근원이 됩니다. 국어과 창의 교육에서 범주에 대한 개방적 태도는 그 자체가 창의적 태도의 기반이 됨을 강조하고 싶습니다.

1980년대 이후 우리 교육에서 인지주의 및 구성주의 관점이 지배적 패러다임을 이루면서 이른바 '사고력 교육'을 강조했습니다. '논리적 사고력', '비판적 사고력' 등과 더불어 '창의적 사고력'을 '사고력의 범주'에서 다루어왔습니다. 그러나 창의적 사고는 논리적 사고나 비판적 사고와 같은 궤도에서 다루기가 매우 어렵다는 것을 알게 되었습니다. 이를 가르친다고 했을 때 이른바 교육 내용의 범위(scope)와 계열성(sequence)을 구축하기가 어려웠기 때문이지요. 무슨 교육이든지 그것이 교육과정으로서의 정합성을 갖추자면 교육 내용이나 요소에 대해서도 일정한 논리적 준거를 가져야 한다고 주장하는 학자들은 '창의성'의 교육 내용 실체를 일정한 체계로 구축하는 데 어려움을 겪었습니다. 특히 학문 전통을 중시하고 교과 교육 내용 체계를 학문에서 구하고자 하는 전통적 교과 교육 쪽에서 그러했습니다. '창의성'이 가지는 광범위한 정신 작용과 그것에 관여하는 지식 및 경험의 내용과 그 작용 방식의 불확정성 때문에 창의를 교육과정의 내용으로 구체화하는 데 어려움이 있었기 때문입니다. 그래서 창의성 교육을 모든 교과의 교육과정에서 강조하면서도 어느 교과에서도 안정된 교육 내용으로 그 구체성을 확보하지 못했다고 해야 할 것입니다. 이 점은 지금도 마찬가지입니다. 그런 점에서 각 교과가 창의성 교육을 자신의 내용 체계 안에서 온전하게 호응시키려는 노력을 해야 합니다.

그러기 위해서는 지금까지 구축해온 국어 교과의 내용 체계가 좀 더 유연해질 필요가 있습니다. 배경 학문의 체계를 교과 내용의 체계로 엄격하게 적용하려고 한다면 창의성은 들어와 자리 잡을 공간이 없습니다. 창의성은 지식의 작용 양태(또는 사고 양태, 경험 양식)로 치면 일종의 게릴라와도 같은 작용태(作用態)를 보인다고 할 수 있습니다. 어디에서 발생해 어디로 전이되는지, 또 다른 어떤 경험(지식, 사고, 태도)과 융합하는지가 일반적 인지 논리로는 설명되지 않는 경우가 허다하기 때문입니다. 그렇기 때문에 국어과 안에 있는 기존의 지식 내용들도 그것이 어떤 정신 작용을 통해 '교육'으로 가치화될 수 있는지를 탐구하고 지식이 교육 과정에서 어떻게 질적인 변이를 해나갈 수 있는 것인지를 새롭게 탐구해볼 필요가 있습니다. 저는 이 지점이 바로 국어 교과 교육 전문가들이 해야 할 일이라고 생각합니다. 국어과 창의성 교육도 이런 인식의 틀에서 다루어져야 할 것입니다.

우한용 국어과에서 창의성을 어떤 방향으로 잡아야 하는가에 대해 논의하려 합니다. 국어 교육과 창의성 범주를 논의하려면, 언어적 창의성이 무엇인지 먼저 규정하고 나아가는 것이 편할 듯합니다. 집을 설계한다고 합시다. 다음과 같은 물음이 떠오를 것입니다. 집을 어떤 모양으로 지을까? 집을 지을 터는 어떤 조건을 갖추고 있는가? 건축비는 얼마나 책정할 것인가? 기간은 얼마나 걸릴까? 이런 일들은 모두 언어와 연관이 있습니다. 말하자면 건축의 설계, 시공, 감리 등 전 과정이 언어로 구상되고 실천에서도 언어적 도움이 필요합니다. 이처럼 언어가 관여하는 영역은 매우 넓습니다. 따라서 국어 교육으로 한정한다고 해도 언어적 측면의 창의성은 범위를 넓게 잡고 세부적인 사항을 하위에 설정하는 게 바람직할 것입니다.

국어과 교육이 생산론적인 방향으로 나가도록 해야 할 것입니다. 학습자는 언어 텍스트를 생산하는 주체이고 의미를 생산하는 주체입니다. 한국어로 글쓰기와 글읽기를 하는 주체들입니다. 언어의 창의성은 언어의 생산성과 연관되는 사항입니다. 글쓰기의 결과는 작품으로 남고 글을 읽고 이야기를 나누는 데서, 그리고 그 결과를 글로 쓰는 데서 한국어의 의미층이 두터워집니다. 이 과정에 언어적 창의성과 창조성이 작용합니다. 학습자는 성인이 만들어놓은 언어 자료를 단순히 사용하는 소비자가 아니라 언어문화 창조의 주체입니다.

(질문 2) 언어 능력과 칭의 능력의 관계를 어떻게 규정하시겠습니까? 또 이와 관련해서 언어 능력과 창의 능력을 매개하는(또는 공유하는) 중요한 요소들이 무엇이라고 보십니까?

이지영 "언어 능력이 높은 사람은 창의 능력이 우수하다. 그러나 창의 능력이 우수한 사람이 반드시 언어 능력이 높은 것은 아니다"라고 규정하고 싶습니다. 언어 능력이 높은 사람이 창의 능력이 우수하다고 생각하는 이유는 언어 능력과 창의 능력의 공유 요소가 많기 때문입니다. 창의성 교육 요소인 상상력, 유추, 은유적 사고, 논리·분석적 사고, 비판적 사고, 문제발견, 문제해결, 복합적 성격, 모호함에 대한 참을성, 감수성, 독창성 등은 언어 능력을 통해 길러질 수 있는 요소이기도 하고 언어 능력이 높은 사람이 갖춘 특성이기도 합니다. 언어 능력이 높은 사람은 언어를 바탕으로 이와 같은 창의적 사고 발상이 가능하기 때문에 창의 능력도 우수하다고 봅니다. 그 극단에 있는 학습자가 언어 문학 영재라고 보면 됩니다. 반면 창의 능력이 우수한 사람이 반드시 언어 능력이 높은 것은 아니라고 생각한 이유는 창의 능력 중에서 수학적 능력, 과학적 능력, 예술적 능력, 다시 말하면 특정 분야의 창의성이 유독 발달한 학습자도 있기 때문입니다. 이러한 학습자가 언어 능력까지 갖추고 있다면 자기가 발휘한 창의성에 대해 설명할 수 있어서 금상첨화이겠지만, 때로는 특정 분야의 창의성만을 보이는 학습자도 있습니다.

박인기 이지영 선생님이 언급한 언어 능력과 창의 능력의 관계는 언어 창의로 설명할 수 있을 듯싶습니다. 언어 능력이 곧 창의 능력을 모두 담보하는 것은 아닙니다. 언어 구사가 유창하면서도 창의력은 뛰어나지 않을 수도 있습니다. 언어 유창성은 사고력과 비례하는 내적인 유창성과 음성적 기호를 표출하는 외적인 유창성으로 구분해볼 수도 있을 것입니다. 창의력을 사고력의 차원에서 규정하게 될 때의 언어 능력은 '문제해결 능력'으로서의 언어 능력에 가깝다고 보아야 할 것입니다.

그러나 일반적으로 언어 능력은 창의 능력과 상당한 상관성을 가지는 것으로 보아야 합니다. 여기서 말하는 창의력이 과학 창의나 수학 창의가 아닌 언어 창의를 말할 때는 언어 능력은 대부분 창의 능력과 겹쳐서 나타나는 것으로 보아야 할 것입니다. 언어 영재를 판별하는 도구에 동원되는 문제들이 대체로 창의성 자질을 묻는 것들로 되어 있음에서 이를 확인할 수 있습니다. 언어 창의는 일반적인 언어 능력, 즉 이해력과 표현력 모두를 포괄하면서 이들을 언어 상황에 맞게 융합하는 능력으로 설명될 수 있습니다.

사회자 그렇다면 언어 능력과 창의 능력을 매개하는 요소는 무엇일까요? 이 요소는 국어과 창의성의 관점을 정하는 중요한 논리가 되리라고 생각합니다.

우한용 언어는 기본적으로 사회적 속성을 띠는 기호 체계입니다. 그 체계에 내재되어 있는 규칙을 문법이라고 합니다. 언어를 잘 운용하려면 문법을 익혀야 합니다. 언어 능력의 기본은 익힌 문법을 따라 언어를 수행하는 데서 드러납니다. 이러한 모방 능력 또한 언어적 창의성과 연관됩니다. 연극배우들은 뛰어난 모방 능력을 지닌 사람들입니다. 자연 대상의 속성을 시적 언어로 전환하는 능력도 언어적 창의력에 속합니다. 상황이나 속성의 전환도 일종의 모방인 셈입니다. 은유를 구사하는 능력, 즉 비유를 만들어내는 능력도 창의적 속성이라 할 수 있습니다. 이미지를 만들어내는 능력, 풍부한 어휘력, 어휘를 연결해서 문장을 확장하는 능력 등이 언어적 창의성과 연관되는 능력입니다. 언어적 창의성이나 능력과 연관되는 사항 가운데 가장 중핵적인 것은 '서사 능력'일 것입니다. 서사 능력은 이야기를 만드는 능력인데, 실제 진행된 사건을 이야기로 옮기는 능력에서부터, 소설을 쓰는 것처럼 새로운 이야기를 만들어내는 능력까지 광범한 영역에 걸친 언어 능력이 동원되는 서사에서는 언어적 창의성이 구현될 수 있는 요건이 두루 갖추어져 있습니다.

박창균 언어 능력을 생득적인 보편적 능력이 아니라 맥락에 따라 적절하게 언어를 사용하는 능력(skills)으로 본다면 기초적인 언어 사용을 넘어서는 고등 수준의 언어 사용 능력이 바로 창의 능력과 직결되는 국면이라고 생각합니다. 예를 들어 글을 읽고 내용에 대한 사실적인 이해 수준을 넘어서는 맥락 속에서 글의 의미를 평가하거나 감상하는 단계가 창의 능력과 맞닿아 있는 부분이라 생각합니다. 그렇다고 창의 능력을 신장시키기 위해 사실적 수준의 이해가 불필요한 것은 아니라고 봅니다. 일반적인 창의적 사고 유형인 발산적 사고도 수렴적 사고가 전제될 때 또는 수렴적 사고로 정교화될 때 비로소 진정한 창의성으로 발현될 수 있습니다. 이런 논리에서 보면 국어과에서 글의 내용을 비판적이거나 창의적으로 수용할 때 반드시 사실적인 이해를 필요로 한다고 말할 수 있습니다.

박인기 우한용 선생님이 '서사 능력'을 중요한 매개 요소로 본다면, 박창균 선생님은 '언어 사용 능력'의 중요성을 다시 한 번 언급하고 있습니다. 평범한 이치지만 언어는 두 기지 측면에서 모두 창의성을 발휘하게 하는 기제를 가진다고 봅니다. 하나는 언어로써 어떤 세계를 형상화해내는, 즉 창작 텍스트를 생산하게 하는 측면입니다. 이것은 창의성 발현 자질로서는 가장 순도가 높은 창의성 발현 장면이라 할 수 있습니다. 물론 이 경우도 생산된 창작 텍스트의 창의 자질 정도에 따라 창작 텍스트의 창의성 수준이 평가될 수 있을 것입니다. 이것이 작품의 문학성 또는 작품의 미학적 가치와 같은 것이라 할 수 있는지에 대해서는 더 많은 논의가 필요할 것입니다. 그러나 학교 교육 현장에서 창의성 고양 자체를 목적으로 한 창작 교육의 가능성을 새롭게 설계해볼 필요가 있습니다. 이 경우 이것을 두고 무조건 창작 교육의 왜곡이라는 관점으로만 보지 말고 창작 교육의 한 지류로 인정해두고 그것의 교육적 진화를 열어두고 탐색해볼 필요가 있다고 생각합니다. 특히 초등학교 교육에서는 이런 인식이 필요합니다.

다른 하나는 언어가 다른 창의적 활동을 돕는 수단적 기제로 작동하는 것입니다. 일반적인 언어 기능 분류 항목 중에 추론적 이해나 해석적 표현, 문제해결력으로서의 언어 사용 능력 등이 모두 여기에 해당한다고 봅니다. 이들을 순전히 국어 교육 영역, 즉 100퍼센트 국어 사용 기능으로만 치부하고 지도할 수도 있겠지만, 면밀히 살펴보면 국어과와 다른 교과의 상호작용 영역에 놓여 있는 경우가 많습니다. 이처럼 창의성의 자연스러운 발동은 교과 간, 영역 간, 학문 간 상호성의 영역을 배경 맥락으로 일어나는 경우가 많습니다. 특히 언어는 모든 교과에 도구적이고 내용적인 간섭을 하는 교과임을 주목할 필요가 있습니다. 예컨대 사회 현상을 탐구하고 문제를 해결하는 과정에서 창의성 효과를 높이는 쪽으로 언어라는 도구를 사용할 수 있을 것입니다. 또 과학 창의에서도 언어 능력의 도움이 필요하고, 예술 창의에서도 언어 능력의 호응이 필요합니다. 이런 부분에 대해서는 국어 교육과 여타 창의 교육 부분이 협응할 수 있는 접근이 필요합니다. 또 그렇게 지도할 수 있는 현장 사례들이 지속적으로 개발되고 확장되어야 할 것입니다. 현실적으로는 우선 초등 교육에서 그 가능성을 확인해줄 수 있도록 하고 점차 일반화할 수 있도록 해야 할 것입니다.

[질문 3] 국어과에서 창의력 지도를 할 때 국어과 하위 영역인 기능 영역(듣기, 말하기, 읽기, 쓰기)과 문학 영역 사이의 바람직한 관련에 대해 말씀해주십시오. 덧붙여 현재의 국어과 교육 현실에 비추어 이들 영역 간 상호성을 방해하는 것들이 있다면 무엇인지 말씀해주시기 바랍니다.

박인기 창의적 언어를 실제로 익힐 수 있는 가장 바람직한 학습의 마당은 자연스러운 삶의 장면입니다. 바로 이 장면에 창의적 언어 습득 경험이 녹아들 때이지요. 과학 창의는 실험실의 조건에서도 길러질 수 있는 것이라면 언어적 창의는 특별한 경우를 제외하고는 구체적 언어 상황에 언어 사용의 구체적 경험이 융합될 때 길러집니다. 설령 교실에서 창의 언어 학습을 할 때라도 자연스러운 언어 상황을 효과적으로 조성해주어야 할 것입니다. 언어 사용의 구체적 상황이란 듣고 말하고 읽고 쓰는 기능들이 다 함께 어우러져 동원되는 경우입니다. 또 그런 상황에 문학이 자연스럽게 융합되는 것도 바람직합니다. 언어에 대한 규범도 그것을 고립해 익히기보다는 자연스러운 언어 사용 상황으로 가지고 나와서 지도하는 것이 좋습니다. 추상 법칙으로서의 문법과 구체적 언어 사용으로서의 언어 상황이 학습자의 활동 속에서 서로 조화되는 경험을 제공해주는 것이 바람직합니다.

그렇기 때문에 국어과에서 창의력 지도를 할 때 국어과 하위 영역인 기능 영역(듣기, 말하기, 읽기, 쓰기)들 사이의 상호성을 살려 가급적 통합된 활동을 하도록 하는 것이 좋습니다. 특히 언어적 문제해결력이라는 입지에서 창의성을 다룰 때는 더욱 그러합니다. 이들 기능 영역과 문학 영역 사이에도 마찬가지로 왕성한 상호성을 살려나가는 방식을 취해야 합니다. 이 경우 문학이 언어 기능에 창의 자질을 보완해줄 수 있는 교육적 역할이 무엇인지를 좀 더 진취적으로 고민할 필요가 있습니다. 현재로서는 교육의 장에서 문학을 지나치게 고답적으로 가르치고 있는 면이 있습니다. 이런 점이 국어과 창의성 교육의 가능성을 방해한다고 봅니다. 또 기능 쪽에서도 문학을 언어 기능과는 무관한 별개의 교육 영역으로 인식하고 있는 것이 문제입니다. 문학이 인문학적 영역으로서의 고유성을 강조하는 것에 지나치게 기울어 있다는 생각이 듭니다. '문학'과 '국어 기능'이 왜 '국어 교과'에 함께 들어와 있는지를 살피고, '교과의 논리'와 '교과의 역량' 기르기라는 입지에서 국어과 창의성 교육의 문제를 보았으면 합니다.

박창균 저도 박인기 선생님과 같은 입장에 있습니다. 질문에서 시사하는 바와 같이 국어과에서 창의력을 지도할 때 기능 영역과 문학 영역의 상호성을 발휘하는 것이 이상적인 방향이라 생각합니다. 하지만 이는 비단 창의력 지도의 국면에만 해당하지는 않는 것 같습니다. 국어과에서 무엇을 가르칠 것인가를 영역별로 명시적으로 구획해놓은 것은 추상적인 목표를 구체화한 것이지 그것을 분명히 구분해 지도하라는 의미는 아니기 때문입니다. 결국 국어과의 내용 영역은 분할되어 있지만, 그 영역들의 상호성을 살리는 방향으로 지도해야 합니다. 그간 오랫동안 영역의 특수성 못지않게 통합적인 언어 교육을 주창하는 논의들도 같은 맥락이라 볼 수 있습니다. 하지만 이상적인 명분에는 쉽게 동의할 수 있을지 모르지만 현실적인 대응책은 그리 만만하지 않은 것 같습니다. 영역 간 상호성이나 통합의 어려움은 영역 중심으로 편제된 교과서 체재에서 기인하기도 하는데, 이런 측면에서 보면 2011년 교육과정에 따른 교과서 개발 방향이 '국어'와 '국어 활동'으로 영역 간 연계와 통합을 유도하는 것은 나름 의미 있는 접근이라 여겨집니다.

사회자 앞의 두 분은 현재 국어 교육의 현실을 전제로 기능 영역과 문학 영역의 바람직한 조화에 대해 언급해주셨습니다. 그렇다면 국어과에서 창의력을 지도할 수 있는 다른 관점에는 어떤 것이 있을까요? 이 질문과 관련해 국어 교육의 현실태를 벗어나서 언급해주셔도 좋습니다.

우한용 국어과의 영역을 구분하는 논리는 다시 따져보아야 합니다. 기능 영역과 문학 영역이니 문법 영역이니 하고 나누는 것은 모순입니다. 문학이나 문법은 일종의 장르 개념입니다. 언어가 운용되는 양식에 따라 과학적으로 운용되는 경우가 문법 영역일 것입니다. 문법 영역에서는 언어의 현상을 분석하고 그 결과를 검토해서 법칙을 만들어냅니다. 그래서 과학적인 언어 운용이 이루어집니다. 언어가 예술적으로 운용되는 경우는 문학입니다. 정치적으로 운용되는 영역은 정치 언어 영역입니다.

그런데 기능은 그 내부에 영역이 다시 설정되어야 합니다. 말하고 듣고 읽고 쓰고 하는 것은 물론 행동으로 바꾸어 표현하는 경우도 있습니다. 이들이 기능의 하위 영역입니다. 다른 방식으로 설명하면 이렇습니다. 평론가가 시인의 시를 설명하는 것을 정치가가 듣고 나서 자신의 견해를 말한다고 합시다. 영역 구분이 되지 않습니다. 철학 강의를 듣는 것도 듣기이고, 코미디언이 무대에서 하는 말을 듣는 것도 듣기입니다. 그러나 그게 같은 영역의 듣기가 아니기 때문에 듣기라는 점에서 같은 설명을 할 수 없습니다. 내용 영역을 먼저 설정하고, 내용 영역에 따라 기능이 통합적으로 적용되는 방향을 찾는 것이 바람직할 것입니다. 소설을 읽고 토론한 다음 그 결과를 보고한다면 소설이라는 영역을 중심으로 언어 기능이 통합될 것입니다. 역사도 과학 논문도 그렇게 할 수 있습니다. 그런 점에서 내용에 기능이 종속되는 영역 구분이라야 합니다.

이지영 저는 '사고 과정'을 중심으로 창의성 지도에 접근할 수 있다고 생각합니다. 사고 과정이 바로 창의성 요소가 될 수 있을 것입니다. 언어 사용 기능 영역을 신장시키기 위한 창의성 지도, 문학 영역을 신장시키기 위한 창의성 지도는 성립되지 않습니다. 이 책에서는 내러티브를 기반으로 창의성 교육을 구성했습니다. 이는 내러티브와 문화를 콘텐츠로 삼고 이 콘텐츠를 듣고 말하고 읽고 쓰고 매체로 만드는 창의성 활동이었습니다. 콘텐츠는 문학 작품이든 신문 논설이든 건의하는 글이든 기행문이든 상관없습니다. 창의적 사고와 관련해 효과적으로 활용할 수 있는 콘텐츠라면 다 가능합니다. 이 콘텐츠를 듣고 말하고 읽고 쓰는 과정에서 창의성이 발현된다고 봅니다. 창의성 지도를 놓고 국어과 하위 영역을 논의하는 것은 교과적 발상, 학문적 논리라고 생각합니다. 창의성 지도는 오히려 교육적 실천 영역에 가깝습니다. 그렇다면 창의성 지도를 국어과 하위 영역의 논리와 관련지어 구분하는 것은 다소 무리미한 작업이라고 생각합니다.

〔질문 4〕 국어과 교육에서 '창의성 교육'과 '인성 교육'의 자연스러운 호응을 도모할 수 있는 조건과 상황을 말씀해주십시오. 또 국어과 안에서 '창의성 교육'과 '인성 교육'이 서로 묶이지 않고 각기 자유롭게 운영되어야 할 경우에 대해서도 말씀해주십시오.

우한용 뛰어난 재능을 가지고 있는데 윤리적이지 못한 경우를 가끔 보게 됩니다. 범죄의 수법이 교묘한 경우 저런 머리를 다른 데 쓰면 좋겠는데 하는 이야기를 합니다. 다른 경우도 있습니다. 판단력이 둔해서 잘못을 저지르는 경우입니다. 도덕적·윤리적 판단을 제대로 하려면 명민한 지혜가 필요합니다. 그 명민한 지혜를 창의성이라고 한다면 도덕적·윤리적 판단을 위해서도 창의성은 필요하다는 결론이 나옵니다.

문학을 감상하는 데는 대체로 공감과 거리두기를 같이하게 됩니다. 주인공이 겪는 고통에 마음 아파하기도 하고 또 그가 겪는 일들을 다른 처지에서 이해하게 되기도 합니다. 공감하면서 따져보고 판단하게 되는 일련의 과정이 나타나는 국면에서는 창의성과 인성이 쉽게 연관성을 보이게 됩니다. 창의성과 인성을 결합할 것인가 분리할 것인가 하는 것은 양분법에 이를 수 있습니다. 특히 문학의 경우, 미와 윤리가 상통한다는 점을 참고한다면 이 둘을 분리하기보다는 결합하는 방식으로 다루어야 할 것입니다. 창의성의 특성을 자유로운 자기규정과 상상력 등으로 정리하면서 창의성이 일반적인 규범과 도덕을 넘어서는 특성이 과도하게 강조된 듯합니다. 창의적이지 못해서 기존의 체제와 관습적인 사고를 타성적으로 추종하는 것이 왜 엄청난 비윤리로 추락할 수 있는지 아이히만의 전범 재판에서 명백하게 나타납니다. 한나 아렌트의 분석을 통해 창의적이지 못한 언어가 왜 비윤리적인지를 잘 알 수 있습니다. 『예루살렘의 아이히만』이라는 책에 창의적이지 못한 인간의 범례가 자세히 기록되어 있습니다.

그러나 '악인형'을 그린 소설의 경우 문제가 생깁니다. 소설적으로는 성공했지만 그러한 인물의 성격과 행동을 본받아 실천하라고 할 수 없습니다. 이럴 경우 소설적 진실과 도덕적 진리를 섞어놓는 것보다는 소설 편에서 설명을 해야 할 것입니다. 소설적 성공은 소설 텍스트를 당대의 맥락에서 다시 돌아볼 수 있게 합니다. 이를 '해석'이라 하는데 해석이 창의적으로 이루어지면 소설의 의미가 윤리성을 띠는 방향으로 전환될 수 있습니다.

박인기 창의를 '탈보편(脫普遍)'의 개념으로 파악해 지나치게 '생각의 기발함'을 강조하는 쪽으로만 몰고 가거나 무조건 기성의 방식을 전복시키는 것으로만 지도하게 되면, 본의는 아니라 하더라도 인성 교육의 요소와 충돌할 수 있습니다. 이는 '창의'를 도그마처럼 떠받드는 데서 생기는 교육 실천상의 오류라 할 수 있습니다. 창의성 교육을 추구하는 방식도 창의적이어야 하는데, 그중 가장 중요한 것이 유연성과 융통성의 확보라 할 수 있습니다. 이는 특히 언어 창의에서 중요합니다. 그렇기 때문에 이럴수록 창의성 교육이 포괄하는 개념의 전체 지형도를 되돌아볼 수 있어야 하고 창의 개념의 폭넓은 스펙트럼에 조회해 창의 교육의 방향 감각을 잘 유지하도록 해야 합니다.

국어과 교육에서 창의성 교육과 인성 교육이 자연스러운 호응을 도모할 수 있으려면 인성의 발현이 잘 드러나는 언어적 상황(또는 텍스트)을 국어과 창의성 교육의 자료나 장면으로 삼는 것이 바람직합니다. 일반적으로 문학 텍스트는 그런 요건을 비교적 잘 갖추고 있는 편입니다. 연극적 요소를 창의적 국어 사용 기능을 기르는 데 결합시키는 방법도 고려함 직합니다. 또 창의성 자질 중에 인성 요소와 잘 맞물릴 수 있는 융통성, 유연성, 다양성, 모호함에 대한 너그러움, 매체 비평, 표현 주체 되기, 소통 윤리 등을 중심으로 국어과 교육의 실천 영역을 구체적으로 확장하는 과정에서 만족스러운 성과를 낼 수 있을 것으로 보입니다.

사회자 일반적으로 창의성 교육과 인성 교육은 서로 상반된 것이라는 인식이 있습니다. 그러나 두 분 선생님의 말씀을 들으니 창의성 교육과 인성 교육이 결합되어서 시너지 효과를 얻을 수 있다는 생각이 듭니다. 이와 관련된 구체적인 실천 원리에는 어떤 것이 있을까요?

박창균 내용 중심의 국어 교육에서 탈피해 방법 중심의 국어 교육으로 패러다임이 전환한 이후 국어과에서 창의성 교육은 분명한 지향점 중 하나였습니다. 다만 그것이 교육과정에서 명시적으로 제시되었든지 그렇지 않았든지 하는 차이가 있었을 뿐이었습니다. 국어과에서 이러한 가치 지향은 지금까지 이어져오고 있으며 이에 대한 반증은 교육과정 성취 기준이나 교과서의 학습 목표를 보면 쉽게 확인할 수 있습니다. 즉, 국어과 성취 기준이나 학습 목표상에서 이미 다양한 창의성의 요소를 포함하고 있는 것들을 다수 발견할 수 있는데, 이렇게 창의성의 자질이 담겨 있는 내용을 중심으로 인성 교육과의 연계 접점을 찾는다면 쉽게 호응시킬 수 있을 것입니다. 즉, 전면적으로 국어과의 내용을 창의성과 인성 교육으로 호응시키는 것은 어렵지만, 선별적으로 접근한다면 불가능한 것도 아닙니다. 이런 관점으로 보면 당연히 상호 호응이나 연계가 어려운 경우에는 창의성이나 인성 교육 자체에 초점을 두고 교육하는 것이 보다 효율적일 것입니다.

국어과에서 창의성과 인성 교육의 호응은 교육과정이나 목표 차원에서 연역적으로 접근하지 않더라도 국어 교육의 실천적 국면에서 더욱 절실히 요구되기도 합니다. 예를 들어 국어 수업에서 '뒷이야기 꾸며 쓰기'는 앞서 전개된 이야기와의 상호 텍스트성을 발휘하면서 학습자들이 독창적인 상상력을 동원해 새로운 텍스트를 생산하는 창의성 교육이 실현되는 장면입니다. 이와 같은 수업 장면에서 학습자들이 보인 반응 중에는 독창적이고 기발하다 못해 공동체의 가치 규범에 어긋나거나 인간의 보편적 윤리에서 벗어나는 경우가 있습니다. 이때 필요한 것이 바로 인성적 접근인 것 같습니다. 즉, 기발하고 새로운 생각의 가치와 방향에 대한 적절성을 점검하고 판단해보는 것은 창의성과 인성의 의미 있는 호응이 이루어지는 지점인 것 같습니다. 이처럼 국어 수업 장면에서 창의성과 인성의 연계는 체계적이지는 않지만 지금 여기의 교실에서 필요한 창의성과 인성의 요소를 역동적으로 수용할 수 있고 둘의 호응을 통한 실질적인 교육 효과를 기대할 수 있다는 점에서도 의의가 크다고 볼 수 있습니다.

이지영 창의성 교육과 인성 교육의 관계 설정에 대해서 이 책에서 제안하고 있는 '창의 중심 지도 범주', '창의 중심 인성 연계 지도 범주', '인성 중심 창의 연계 지도 범주', '인성 중심 지도 범주'가 적절하고 실천적인 대안이라고 생각합니다. 국어과는 넓게는 인문 영역에 속하기 때문에 창의성과 인성을 지향하는 것이 가능하다고 판단됩니다. 다시 말하면 한 가지 활동에 창의성과 인성 요소를 모두 포함할 수 있다는 의미입니다. 박창균 선생님께서 제시한 '뒷이야기 꾸며 쓰기' 활동 사례가 대표적인 예일 것입니다. 창의적 발상에 대한 인성적 점검이 이루어져야 하는 경우라면 창의 중심 인성 연계 지도 범주가 될 수 있을 것입니다.

비유적으로 표현하면, 창의성과 인성을 양극단에 놓은 스펙트럼적 인식으로 보는 관점이 필요하다고 봅니다. 활동의 성격에 따라서 '언어적 유희 참여하기'처럼 창의성 교육이 두드러지는 경우도 있고, '반성적 사고 확장하기'처럼 인성 교육이 두드러지는 경우도 있을 것입니다. 그러나 창의성이나 인성 요소가 더 부각된다는 의미이지 100퍼센트 창의성, 100퍼센트 인성 교육을 의미하지는 않습니다. 창의성과 인성 요소가 비율을 달리해 혼재해 있는 것이라 생각합니다. 이러한 발상을 가질 때 학습 활동의 계획이나 운영에서 융통성이 존재합니다. 활동 자체에서 이미 창의성과 인성의 관계를 내포하고 있으며, 교사의 수업 의도에 따라서 창의성과 인성 요소의 비중을 달리 설정할 수 있을 것입니다.

[질문 5] 창의성 교육을 위한 '수업 모형'의 가능성과 효과에 대해 어떤 관점으로 접근해야 하는지 말씀해주십시오. 그리고 이 책에서 제시하고 있는 국어과 창의성 교육을 위한 수업 모형을 실제로 운용할 때의 유의점을 말씀해주십시오.

박인기 수업 모형은 어떤 특정의 수업 목표(또는 수업 효과)를 효과적으로 달성하기 위한 기술적 도식입니다. 또 수업 모형을 강조하는 기저에는 특정의 수업 효과를 동시에 많은 교사들에게 전파하려는 의도가 들어 있습니다. 따라서 수업 모형의 강조에 원하든 원하지 않든 특정의 수업 패턴을 표준화해 이것을 빠른 시간 안에 일반화하려는 장학 전략이 작동하고 있습니다. 그런 점에서 창의성 교육을 '수업 모형'에만 매달려 일반화하려는 발상은 창의적이지 못할 수 있습니다. 특히 수업 모형이 수업 효과를 추구하는 보다 유연한 방식으로 나아가지 못하고 마치 '기계적 도식'처럼 강요된다면 창의성 교육의 본질을 반영해내기 어렵습니다. 이 책에서 제시하는 수업 모형들도 마찬가지입니다. 이들 모형을 교사들이 절대화하는 순간 그 수업 모형은 창의성 교육의 활성화에 진정으로 기여하기 어렵습니다.

창의성 교육을 교육과정 정책 차원에서 강조하는 시발점에서 이들 수업 모형은 일정한 가이드 역할을 할 수 있을 것입니다. 그러나 이들 수업 모형이 어느 교사에게 습득 활용되는 순간 그는 이들 모형에 저항하고 이들 모형을 넘어서야 합니다. 이들 모형에서 창의성 수업에 대한 방향과 감수성과 기술적 토대를 시사 받는 것으로 이들 수업 모형이 현장에서 할 수 있는 역할은 다했다고 봅니다. 이들 모형에 숙달되는 순간 새로운 수업 방식과 새로운 수업 활동 기술을 그야말로 창의적으로 모색해나가야 한다고 봅니다. 그런 점에서 보다 적극적인 의욕을 가진 교사들에게 언어 창의를 기르기 위한 국어과 수업의 새로운 모형, 즉 자기만의 모형 개발을 권유하고 싶습니다. 그럴 경우 이 책에서 제시한 수업 모형들이 참조 준거로서의 좋은 역할을 할 수 있을 것으로 봅니다.

수업 모형이란 한 단위의 수업을 교수 효율 또는 학습 효율의 관점에서 적절히 구조화해놓은 것입니다. 한 단위의 수업이라고 했을 때 그 '단위'는 수업의 물리적 시간 단위인 차시(次時) 단위가 될 수도 있고, 학습 제재인 텍스트를 수업 단위로 삼을 수도 있고, 교과서 공학적으로 조직해놓은 '단원(unit)'이 될 수 있습니다. 더 유장하게 생각하면, 국어과 교육과정의 특정 성취 수준을 수업 단위로 설정할 수 있습니다. 창의성 신장을 도모하기 위한 수업 모형은 이 모든 차원의 수업 단위에 호응될 수 있는 것입니다. 그러나 지금까지 현장에서 우리를 지배해온 수업 모형에 대한 관점은 40분 내지 50분으로 진행되는 차시 단위의 수업에서만 수업 모형을 적용하는 것이었습니다. 이는 수업을 지나치게 공학적인 관점에서 조작(操作, operating)하려는 전통과 그것을 지지하는 고정관념이 강했던 데서 생긴 것입니다.

박창균 이제까지 교육 현장에서 창의성 교육을 표방하고도 실효를 거두지 못한 것은 '기법' 중심의 창의성 교육에서도 그 원인을 찾을 수 있을 것 같습니다. 다양한 창의성 기법 적용이 창의성의 본질을 제대로 건드렸다기보다는 변죽만 울린 꼴이 아닌가 싶습니다. 기법은 어디까지나 창의성에 다가가기 위한 하나의 방법에 불과한데 그러한 기법이 창의성 교육의 전부인 양 착각에 빠지는 우(愚)를 범하지 않았나 생각합니다. 아니 좀 더 극단적으로 말하면 창의성을 지도하는 교사가 그러한 기법을 다루면서 창의성 교육을 하고 있다고 스스로 안심하고 있는지도 모르겠습니다.

이 책에서 다루고 있는 모형도 창의성 기법과 비슷한 처지에 놓여 있습니다. 모형 자체가 창의성 교육의 전부가 아니라는 것입니다. 창의·인성 교육의 감을 잡지 못하는 초기 단계에서 창의와 인성을 결합하거나 통합해 지도할 때 유용한 틀거리가 될 수 있습니다. 하지만 궁극적으로는 교사가 이러한 모형을 제대로 부릴 수 있는 경지까지 나아가야 제대로 된 창의성 교육이 실현될 것입니다. 교사가 모형에 종속되어 있는 한 학습자들이 자신의 생각을 제대로 끄집어내거나 반성적으로 조회하기 어려울 것입니다. 따라서 국어과에서 창의·인성 교육을 지도할 때 기존에 많이 활용되고 있는 절차 중심 모형이나 이 책에서 소개하고 있는 내용·주제 중심 모형의 과정이나 활동에 보다 유연하게 접근할 필요가 있습니다. 그리고 궁극적으로 어떤 수업 모형에 기반을 두고 지도했는지 이론적으로 설명하지 못하지만, 창의와 인성의 자질들을 풍부하게 다루고 학습하는 국어 수업으로 나아가야 할 것입니다.

우한용 창의성의 기본 속성이 모형론을 거부하는 측면이 있습니다. 창의성이 정신적 자유를 기본으로 하기 때문입니다. 그러나 인간의 정신 활동을 탐구할 때 어느 정도 범주를 설정하고 그 범주 안에서 대상을 분석하고 정리하는 것은 유용성이 높습니다. 그러나 그 범주를 고정불변의 원칙으로 삼는다면 지적 유창성을 해치게 됩니다. 따라서 모형은 변형을 위한 기본 범주나 방법의 예시 정도로 이해하는 게 좋을 듯합니다. 특히 절차 모형을 그대로 따라 수업을 진행할 경우 돌발 사태를 당하면 대처하기가 어렵습니다. 모형의 변용과 적절한 적용 방법을 모색하는 일이 중요할 것입니다.

사회자 세 분 모두 교사가 수업 모형에 종속되어 획일적으로 적용할 것을 우려하고 계십니다. 수업 모형은 유연하게 접근해야 한다는 입장입니다. 그렇다면 수업 모형의 운용 원리에는 어떤 것이 있을까요? 또는 운용할 때 어떤 점에 유의해야 할까요?

이지영 창의성 교육을 위한 '수업 모형'은 결합 기제에 해당한다고 생각합니다. 창의적 수업 활동을 유기적으로 연결하고 개별화된 활동을 묶어서 보다 창의성 교육에 가깝게 의미화하는 작업이라고 봅니다. 교사들이 수업의 목표와 내용을 살펴보고 전체 수업 지형을 그리는 것을 '모형화' 과정이라고 볼 수 있습니다. 아이들이 가지고 노는 '레고 블록'을 본 적이 있을 것입니다. 레고 블록 만들기에 비유해보면, 레고 블록 자체는 작은 단위의 창의성 수업 활동이며, 이 레고 블록을 연결해서 하나의 작품으로 완성시키는 과정을 '수업 모형'이라고 봅니다. 레고 블록을 매뉴얼대로도 만들 수 있을 것입니다. 이것은 이 책에서 제시한 내용·주제 중심 수업 모형, 절차 중심 수업 모형이 될 것입니다. 그러나 기존의 수업 모형에만 따르다보면 결국 모형에 종속되고 창의적 사고를 이끌어내는 수업의 전개가 어렵게 됩니다. 레고 블록의 가장 큰 특징은 상황에 따라 사람에 따라 무한대로 변형해 새로운 것을 만드는 데 있습니다. 자기가 원하는 대로 레고 블록을 가지고 노는 창의적인 아이처럼 교사 스스로 창의적 사고에 바탕을 둔 크고 작은 활동들을 생각해내고 이를 수업으로 엮어서 자기만의 모형을 개발할 수 있어야 한다고 생각합니다.

박인기 국어과 창의성 교육을 위한 수업 모형 운용은 다음 두 가지 차원에서 그 지향점과 유의점을 살펴볼 수 있습니다. 문학의 경우는 다른 자리에서 별도로 살펴보도록 하겠습니다.

첫째는 언어 현상에 대한 다양한 민감성을 가지도록 도와주는 수업 모형을 운영하는 것이 중요합니다. 언어에 대한 민감성은 언어 학습에 임하는 학습자들의 능동성을 보장해주는 매우 중요한 기제입니다. 언어가 현상으로 존재하는 층위는 대단히 다양합니다. 그중에서도 일상의 언어적 경험을 중심으로, 이미 익숙해 있는 언어 현상 안에서 무언가 새로운 것을 찾아내게 하는 방향으로 수업을 설계하고 운영해야 합니다. 기존의 많은 국어 수업이 상투화된 언어 사용 패턴을 그냥 익히게 하거나 기성의 해석 방식대로 문학을 수용하게 하는 데 기울어 있었다는 점을 반성해야 할 것입니다.

둘째는 자주 거론되는 것이지만, 언어적 경험 또는 문학 경험이 학습자의 삶과 현실에서 어떤 문제를 해결하는 과정이 될 수 있도록 수업 모형을 설계·운영해야 합니다. 언어를 통해서 어떤 문제를 해결했다는 것은 창의 경험 가운데 매우 실천적 자질이 강한 것이라 할 수 있습니다. 따라서 이러한 언어 경험은 창의 경험을 지속시키는 효과를 발휘합니다. 삶의 현실에서 만나는 문제를 해결하는 과정과 활동으로 언어를 경험하게 하는 수업은 창의성과 인성의 효과적인 통합 효과도 기대할 수 있습니다. 이는 결국 학습자들이 담화 및 텍스트를 스스로 생성하고, 발신자가 되어 그것의 소통을 자기 주도적으로 해나갈 수 있도록 만들어줍니다. 이런 전략과 지향이 담긴 활동을 조직해주는 수업 모형 운용이 되도록 해야 합니다.

우한용 박인기 선생님이 말씀한 두 번째는 서사와 통하는 점이 많은 듯합니다. 서사는 잘 아는 것처럼 언어 운용의 복합적 성격이 잘 구현된 언어 장르에 해당합니다. 따라서 어느 하나의 모형을 운용하려고 한정하지 말고 모형 사이에 복합적 성격을 지닐 수 있는 점을 감안해 병용하고 복합적으로 운용할 필요가 있을 것입니다.

[질문 6] 문학 영역에서의 창의성 교육 요소들은 심미적이고 예술적인 창의에 연결되는 것이 일반적입니다. 그러기 위해서는 어떤 교육적 발상과 지도 전략이 더 필요하다고 보십니까?

우한용 문학과 연관된 창의성은 문학의 본성에 따라 규정됩니다. 한마디로 문학은 언어 예술입니다. 그렇기 때문에 음악이나 미술과 달리, 심미성과 예술성에 의미 요소가 포함됩니다. 문학의 의미 요소는 철학, 역사, 사상 등과 밀접한 연계성을 지니게 됩니다. 따라서 문학의 심미성이나 예술성을 고려한 창의성 교육을 위해서는 문학의 형상성에 주목할 필요가 있습니다. 문학이 인간의 감성에 구체적으로 다가가기 위해 어떤 장치를 활용하는가를 잘 보아야 합니다. 이를 위해서는 장르별로 형상화의 방법이 다르다는 점을 분명히 해야 합니다. 은유가 문학에서 창의성을 드러낼 수 있는 중요한 요건인 것은 사실입니다. 그러나 은유는 시에서 형상화의 핵심 사항이 되지만 소설에서는 부수적인 요건이 됩니다. 소설에서는 인물의 관계와 그에 따라 대상을 바라보는 시각이나 서술 시점이 중요한 역할을 합니다. 그러나 시에서 시점을 따지는 것은 부차적인 일입니다. 따라서 장르에 대한 지식이 기반이 되어야 문학 영역의 창의성 교육이 성공할 수 있습니다.

박인기 국어과 교육 하위 영역 중에서 창의 경험을 총체적으로 접근하기 좋은 영역은 문학 영역입니다. 문학 영역에서의 작품 읽기는 반응의 독창성을 추구하는 데 교육 초점을 두고 있습니다. 문학 영역에서의 작품 쓰기는 경험의 재구성과 상상력의 결합이라는 과정을 거쳐서 독창적 세계를 만들어내는 데 있습니다. 이 과정은 창의를 경험하는 매우 구체적인 언어 실천의 과정이라 할 수 있습니다. 접근하기에 따라서는 일반 언어 기능 영역의 창의와 문학 영역의 창의를 각기 다른 차원의 창의 교육 범주로 설정하는 것도 가능할 것입니다. 그러나 이는 어디까지나 교수·학습 지도의 과정적 또는 기술적 고려를 위한 것일 뿐이며, 언어 기능 창의와 문학 창의는 학습자의 삶과 사고 속에서는 통합되는 것이 바람직합니다.

글쓰기 교육에서는 언어에 대한 심미적 경험을 의미 있게 제공할 수 있어야 합니다. 일상의 언어나 문학을 통해서 아름다움을 경험하는 과정은 그 자체로서 '학습자 자신의 감각'과 '학습자 자신의 언어'가 교섭하는 것이라 할 수 있습니다. 이처럼 이전에 가지고 있던 의미와는 다른 의미의 새로움을 체득하는 과정이므로 창의적입니다. 심미 경험이 구체적으로 드러나는 것은 문학 읽기와 문학 쓰기가 '감동'에 맞물려 있을 때입니다. 모든 감동은 그것을 느끼는 개인에게 매우 개성적이고 독특한 것이기 때문에 그 자체로서 창의적 체험입니다. 또한 인간은 감동의 경험을 통해 자아와 세계의 따뜻한 화해를 느끼고 타자에 대한 공감 능력을 높여갑니다. 따라서 '감동'이라는 것은 인성의 고양을 일깨우는 경험이라 할 수 있습니다. 국어과 교육에서 문학 경험들을 의미 있는 심미 경험이 되도록 하자면, 문학 경험의 감동 기제들을 보다 역동적이 되게 하고 보다 더 학습자 중심으로 문학 경험을 구성하고 반응하도록 하는 수업 운영이 필요합니다.

이지영 문학이 특히 심미적이고 예술적인 창의에 연결되는 국면이 '창작'이라고 생각합니다. 그래서 이 질문을 창작 교육으로 국한시켜 논의하고자 합니다. 창작에서 심미적이고 예술적인 창의를 지나치게 부각시키게 되면 창작 교육을 어렵게 만들 여지가 많아집니다. 그간의 창작 교육에 관한 통념 중에는 창작이 전문적인 작가의 배출과 관련을 맺기 때문에 국어 교육에서 제외해야 한다는 논리도 있었습니다. 창작에 심미성과 예술성을 강조하면 창작은 온전한 문학 작품이 되어야 하며 창작은 개인의 능력이나 소질이 우수한 특정 학생들만의 전유물로 인식하게 됩니다. 창작 교육에 대한 유연한 발상과 지도 전략이 필요합니다. 온전한 창작물을 구상해 쓰게 하기보다는 창의·인성 활동에 기반한 글쓰기 형태로 접근하면 다양한 활동이 가능합니다. 기존의 문학 작품 속 인물을 현실로 불러와서 현동화하기, 패러디하기, 작품의 일부분을 재구성해 새로운 결말을 맺게 하는 내러티브 재구성하기, 역사적 사실에 상상력을 부가하는 역사 이해하기, 여러 작품을 모자이크해 새로운 작품으로 구성하기, 작품을 연극이나 라디오 방송으로 연출해보기 등의 활동이 있습니다. 저는 이러한 활동이 창의·인성에 기반한 창작 활동이라고 생각하고, 대부분의 학습자에게 유사 창작 경험의 기회를 제공해주는 전략이라고 봅니다. 유사 창작 경험이 많이 제공될 때 온전한 문학 창작에 도전할 수 있게 되지 않을까요?

박창균 우한용 선생님은 장르 지식 기반, 박인기 선생님은 문학 경험의 감동 기제, 이지영 선생님은 창작을 강조하셨습니다. 저는 관점을 달리해 창의성 요소에 초점을 두어 언급하고자 합니다. 문학 영역에서는 '성향적 요소'나 '동기적 요소'를 길러줄 수 있다고 생각합니다. 문학 영역의 내러티브는 교육 현상 일반에 두루 접근할 수 있는 유용한 재료이자 방법이 될 수 있습니다. 교육 현상에서 내러티브적 접근은 사회나 과학 같은 내용의 교과뿐만 아니라 특히 음악이나 미술 같은 예능 교과에 상당히 친연성이 높은 것 같습니다. 문학 작품을 감상하는 원리와 예능 교과에서의 감상 원리에서 학습자들의 심미적이고 정서적인 체험은 매우 유사하기 때문입니다. 따라서 교과나 교수 행위에 초점을 두지 말고 학습자를 좀 더 적극적으로 고려한다면 굳이 교과라는 벽을 설정하지 않은 것이 학습자들에게 더욱 의미 있는 변화를 일으킬 수 있을 것 같습니다. 자칫 교과에서 추구하는 목표와 내용이 대상에서 느끼는 감동이나 정서를 파편화시킬 수 있다고 봅니다. 따라서 교과를 뛰어넘는 또는 교과를 통합하는 관점을 가질 필요가 있으며, 이러한 발상은 특히 초등 교육에서는 현실적으로 실천 가능성이 높은 지도 전략이 될 수 있습니다.

국어 수업 내적으로 보면 많은 창의성 수업에서 사고의 확장이나 문제해결력 같은 창의성의 인지적 교육 요소에 주목하는 경향이 있습니다. 하지만 심미적이고 예술적인 창의는 인지적 요소보다 독립성·개방성 같은 '성향적 요소'나 호기심·흥미·몰입 같은 '동기적 요소'와 더욱 밀접하게 맞닿아 있습니다. 따라서 문학 영역의 창의성 수업에서는 성향적·동기적 요소에 보다 적극적으로 관심을 가져야 합니다. 나아가서 국어과 창의성 수업에서 인지적 요소에 편향되기보다는 성향적·동기적 요소를 함께 아우르는 균형 잡힌 시각과 접근이 필요하리라 봅니다.

〔**질문 7**〕 문학 영역에서의 창의성 교육 요소들은 심미적이고 예술적인 창의에 연결되는 것이 일반적입니다. 그러나 이런 생각 자체가 고정관념이라는 지적을 받아들인다면, 문학 영역에서 새롭게 추구함 직한 창의성 교육의 내용과 방향에 대한 미래적 아이디어를 말씀해주십시오.

박창균 문학 현상을 정전이나 텍스트 중심의 협소한 관점으로 바라보지 않는다면 교육 일반에서 창의성을 지도할 때 내러티브를 매개로 하거나 내러티브의 발상을 동원하는 것은 유용한 접근 방법이 될 수 있습니다. 예를 들어 낯설게 보기나 상상하기 기제는 대상에 대한 인식과 그러한 인식을 확장시킬 수 있는 방법으로 비단 문학 영역이나 예술 영역에 국한되는 인식 체계는 아닙니다. 역사적 사실이나 자연 현상을 새롭게 바라보고 회의를 품고 현실적인 인식을 넘어서는 초월적 상상력을 동원하는 것은 사회나 과학 교육에서 창의성을 지도할 때 문학 영역의 인식이나 발상이 매우 의미 있게 교과에 녹아들고 작용하는 모습이 아닌가 싶습니다.

또한 문학이나 문학 현상에 대한 유연한 접근은 교과를 넘나드는 교육 기제가 될 뿐만 아니라 교육과 삶을 연속선상에서 바라보고 다양한 교육적 기획과 구상을 가능하게 합니다. 무엇보다도 학습자들의 삶과 대비하고 조회하는 창의성 교육은 학습자들이 보다 주체적이고 주도적으로 인지적·정의적 사고 과정을 인식하고 점검해 확장시켜나갈 수 있다는 점에서 지향의 가치가 있다고 봅니다.

박인기 문학을 읽고 창작하는 과정에서 누구나 문학이 주는 아름다움을 접하고 미적 경험과 미적 상상력을 키울 수 있습니다. 이는 문학이 자아와 세계를 정서에 의해서 교섭시키거나 이야기(narrative)라는 감동 기제로 돌아보고 상상하게 만들기 때문입니다. 이런 자질 때문에 우리는 문학을 예술의 반열에서 파악하기도 합니다. 이처럼 문학 자체의 예술성 때문에 문학 교육이 창의성 자질을 함양하는 교육 기반으로서 인정받는 것은 타당합니다. 그러나 이런 생각이 굳어지다보면 문학의 창의적 자질을 지나치게 예술 창의로만 고착시켜서 다루게 되는 협소한 인식에 머무를 수 있습니다. 문학은 오로지 예술의 차원에서만 교육해야 하고 그 과정에서 얻는 심미적 예술적 효과들만이 유효한 창의 교육의 전부인 양 말하는 것은 문학이 지닌 언어적·사회적·문화적 역동성(mobility)을 간과한 것으로 보고 싶습니다. 저는 개인적으로 문학을 보다 더 언어 기능 영역과 융합되게 사용함으로써 창의 교육의 효과를 높일 수 있다고 생각합니다.

사회자 문학 현상을 삶과 관련지어 해석해보는 것, 그러자면 문학 영역과 언어 기능 영역의 융합이 그 대안이 될 수 있을 것입니다. 구체적인 실천 아이디어를 말씀해주시면 새롭게 추구할 만한 창의성 교육의 방향을 설정하는 데 도움이 될 듯합니다.

우한용 문학 영역의 창의성 교육을 위해서는 문학적 수행(실천, 실행)을 도입하는 게 좋을 듯합니다. 이는 프로젝트 학습이라든지 역할 놀이를 중심으로 하는 연구 학습 등을 고려할 수 있다는 뜻입니다. 만일 창작극을 만들어서 공연하기로 한다면 전체 과정에서 활용할 수 있는 창의성 교육 요소가 상당히 많습니다. 기획하기, 작품 쓰기, 연출하기, 연기하기, 감상평하기, 전체 평가하기 같은 일련의 과정에서 공부할 수 있는 창의성 요소는 매우 많습니다. 따라서 모형도 여러 가지를 교차적으로 운용할 수 있을 것입니다.

박인기 문학 작품을 바탕으로 해서 다양한 주제론적 탐구 학습을 하도록 하는 것, 문학을 문제 해결의 맥락으로 동원·활용하는 것, 문학과 인접 영역(예술, 역사, 과학, 윤리, 경제 등)과 융합시킴으로써 학습자들의 통섭 능력과 사고력을 키워주는 것, 문학 언어와 일상 언어의 상호성을 더 많이 발견하고 그것을 효과적으로 활용하게 하는 것, 현대 사회에서 학습자들이 경험하는 여러 문화 현상들을 문학 소양과 연계해 참여하고 소통할 수 있도록 하는 것, 예컨대 문학 작품의 인물을 대중문화적 캐릭터로 활용하는 것, 학습자들이 향유하는 현실의 여러 놀이나 장르들을 문학과 연계해 이해하고 개발하는 것 등등이 문학에서 구할 수 있는 새로운 창의 교육의 가능성이라 할 수 있습니다. 요컨대 문학이 학습자의 생활과 현실의 문화 속에서 어떻게 의미 있게 변이되고 재생될 수 있는지를 살핌으로써 문학의 창의 교육 가능 영역을 넓혀나갈 수 있을 것입니다.

이지영 주요 골자를 말씀드리면, 문학을 기반으로 한 프로젝트 또는 체험이라고 할 수 있습니다. 첫째, 고전 문학의 제재를 기반으로 한 축제 기획이 있습니다. 체험을 통한 창의·인성 활동에서도 제시했듯이 고전 문학의 제재를 '지금 현재'에 다시 복원하는 것입니다. 살아 있는 문학의 향유가 될 수 있을 것이고, 문학적 상상력을 요구하는 창의성 교육이라 생각합니다. 둘째, 문학 여행 탐방이 있습니다. 문학적 소재의 대상이 되는 장소에 가서 문학을 향유하고 체험하는 것입니다. 작가의 생가도 좋고 작품이 배경이 되는 곳도 좋습니다. 문학을 읽고 나서 장소를 방문해 문학과 특정 장소의 교감에서 나온 감수성을 표현하는 것입니다. 셋째, 문학을 바탕으로 한 상품 개발 및 광고 전략을 들 수 있습니다. 요즘 문화 산업에서는 스토리텔링적 접근이 주요 흐름입니다. 스토리를 통해 감동도 줄 수 있고 스토리를 통해 기업의 이미지도 바꿀 수 있습니다. '이야기의 힘'이라고 할 수 있습니다. 문학 소재로 특정 상품을 개발하고 광고하는 학습은 문학과 스토리텔링과 창의성 산출을 동시에 하는 작업이 될 것입니다. 문학이 담고 있는 스토리성을 바탕으로 상품의 이미지와 기능을 부각시킬 수 있을 것입니다. 문학을 소재로 또는 문학을 기반으로 또는 문학을 통한 다양한 프로젝트와 체험 활동이 현장에서 많이 개발·확산되기를 기대합니다.

[질문 8] 국어과 창의·인성 교육의 평가에서 가장 큰 문제는 무엇이라 생각하십니까? 그리고 이를 해결할 수 있는 현실적인 방안은 무엇입니까?

우한용 구체적인 평가 상황에서 학습자의 행동을 보고 창의성 요소를 발견하기 어렵다는 점이 평가의 가장 큰 문제입니다. 발상, 문제 해결 과정, 자기가 해낸 일에 대한 평가가 다른 사람보다 조금 우수한 정도라면 그것을 창의성이라 하기 어렵습니다. 창의적이지만 결과의 가치가 낮은 경우도 상정할 수 있습니다. 특이한 소재를 사용하긴 했는데 글의 수준이 낮다면 창의성을 인정받을 수 없습니다. 창의성은 전체 구조와의 연관관계 안에서 드러납니다. 전체 구조 안에서 학습자의 행동이 창의적인가 아닌가를 판단해야 합니다. 문학 작품이 그러하듯이 말입니다.

창의성의 특성을 규정하는 방식에 따라 평가 방식도 달라집니다. 창의성을 일반 지능이나 언어 능력 등과 너무 동떨어진 것으로 간주하는 경향이 있습니다. 창의성의 넓은 규정 가운데 '독창성(참신성)'과 '유용성(적합성)'이 대표적인 요건으로 강조되곤 합니다. 순발력 있는 발상이라든지 특이한 발상을 맥락과 연관짓지 않고 그 자체의 특이성을 들어 창의성으로 평가하는 것은 바람직하지 않습니다.

창의성과 인성을 결합할 때 그 평가는 더욱 어려워집니다. 인성의 변화나 교육 효과는 겉으로 금방 드러나지 않기 때문입니다. 인성을 고려한 평가에서는 종단적인 평가, 포트폴리오를 이용한 평가 등을 고려해야 합니다. 그 가운데 글쓰기를 지속적으로 해서 창의성과 도덕성이 같이 성장하는 양상을 관찰하는 것 또한 의미 있는 일로 생각됩니다.

사회자 우한용 선생님께서 창의·인성 평가가 어려운 원인을 잘 짚어주셨습니다. 그렇다면 구체적인 평가 방안에는 어떤 것이 있을까요?

이지영 창의·인성 교육 평가는 기존의 학교 시스템 평가와 같이 객관화하고 양화해 서열을 매기는 평가와는 본질적으로 잘 맞지 않는다는 생각이 듭니다. 양화된 지표에 끼워 맞추다보면 창의성이 평가되기보다는 양화되기 쉬운 요소들 위주로 평가되어 창의성 평가의 목표에 부합되지 않는 요소를 평가할 수도 있기 때문입니다. 학습자의 창의·인성 능력을 키워주기 위한 순수 목적의 평가로서 원론적인 창의·인성 평가가 되어야 한다고 생각합니다. 교사는 교육을 하기 전에 창의·인성 활동이 가지는 창의·인성 요소가 무엇인지 명확하게 인식해야 하고, 이러한 창의·인성 요소를 주축으로 창의·인성 활동 양상을 기술해주는 평가 방안을 마련해야 한다고 생각합니다. 예를 들어 '역사적 상상력 기르기'와 관련한 창작 활동을 했다고 가정해봅시다. 역사적 상상력 기르기 활동으로 무슨 내용을 어떻게 서술했으며, 특히 어떤 부분에서 창의·인성적 요소가 잘 드러나는지를 교사가 기술해주는 방식입니다. 쉽게 말하면, 학생 추천서를 쓰듯이 학습자들이 보는 창의·인성 활동에서의 특징을 기술해주는 것입니다. 또한 자기 서술 평가 방식도 고려해봄 직합니다. 교사가 창의·인성 활동 기술 평가를 하듯이 학습자들도 자기가 한 창의·인성 활동에 대해 교사와 마찬가지로 평가해 서술하는 것입니다. 활동에 대한 메타 인식을 길러줄 수 있고 자신이 한 활동이 어떤 점에서 창의적인지 설명할 수 있게 됩니다.

박창균 평가 문제는 결국 무엇을 가르칠 것인가의 문제로 환원되는 것 같습니다. 국어과의 창의·인성 수업에서 가장 문제가 되는 것은 바로 무엇을 가르칠 것인가에 대한 확신이 서지 않는다는 점입니다. 즉, 창의·인성의 교육 내용 요소의 타당도가 확보된다면 평가 문제는 그다지 어려운 일이 아닐 수도 있을 것입니다. 하지만 평가에서 타당도 문제가 해결되더라도 신뢰도과 객관도를 확보할 수 있어야 합니다. 그런데 창의·인성 교육의 평가 장면에서 타당도과 확보된다면 평가의 신뢰도와 객관도에 대해서는 다소 유연한 접근이 필요할 것 같습니다.

창의·인성 교육의 내용이 모호하고 복합적인 것이라면 이를 평가할 때 지필 평가 방법이나 정량적인 결과 산출을 고수해서는 안 될 것입니다. 학습자들의 창의적인 언어 활동을 직접 평가할 수 있는 다양한 수행 평가 방식(지필 평가의 경우 서술형·논술형 평가)을 활용하되, 평가 결과도 양화하는 방식에서 벗어나 학습자들의 창의성과 인성적인 자질을 기술해주는 방안이 마련되어야 할 것입니다. 그리고 평가 결과를 학생 선발이나 서열을 매기기 위한 것이 아닌 수업 개선을 위한 피드백 자료로서 인식한다면 공식적이든 비공식적이든 평가는 더욱 활성화되고 수업 장면과 효과적으로 연계될 수 있을 것입니다.

박인기 저는 평가의 어려움과 이에 따른 평가 방안을 대략 세 가지 정도 언급하고자 합니다. 첫째는 창의나 인성의 발달은 그것을 성취하는 목표 지점이 명료하게 확정되지 않는다는 점입니다. 특히 이것을 언어 사용의 과정을 통해서 진단하고 규정해야 하는 상황에서는 더욱 성취 기준점을 포착하기 쉽지 않습니다. 따라서 과정 전체를 놓치지 않고 추적해 그 속에서 창의 성취의 일정한 흐름을 발견할 수 있어야 합니다. 언어적 수행을 지속하고 그 산출물을 살펴보되, 그것의 내적 연속성을 통해 어떤 언어적 창의 발달을 보여주는지를 포착할 수 있도록 수행 평가 과업을 구안하고 적용해야 합니다. 이런 점에서 포트폴리오 평가의 꾸준한 시도와 더불어 이를 국어과 상황에 맞도록 정착시키는 것이 중요합니다.

둘째는 일반 창의와 언어 창의를 명료하게 구분하기 어렵다는 점입니다. 학습자 개인으로 볼 때는 일반 창의와 언어 창의는 모두 학습자 내면에서 왕성한 상호성을 가지고 통합되므로 큰 문제가 아니라고 볼 수 있겠지만 창의 교육을 일종의 국어과 커리큘럼 혁신 차원에서 도모할 때는 국어 교육적 정체와 정합성을 가져야 하기 때문입니다. 국어과 창의 평가로서의 타당도와 신뢰도를 높이려면 '언어적으로 문제를 해결하는 일련의 과정'을 평가 과업으로 만들어주는 것이 바람직합니다. 이럴 경우 문제적 상황과 이에 대응되는 언어 사용의 상황을 풍부하고 현실감 있게 평가 자료로 마련해둘 수 있어야 합니다.

셋째는 창의와 인성에 관한 평가는 평가 문항이 일정한 분량 이상의 평가 내용(과업)과 상당히 긴 흐름을 수반하는 과업으로 구안해야 합니다. 그러나 이렇게 될 경우 교실 현장에서의 평가 활동을 그때그때 탄력적으로 적용하기가 쉽지 않습니다. 의도와 목적은 좋지만 창의 인성 평가는 하기 어렵다는 인식을 가지게 됩니다. 평가가 현장에서 현실적으로 유용성을 발휘하려면 창의 평가에서도 합리적으로 잘 분절된 유형들을 개발할 필요가 있습니다. 특히 언어적 민감성이나 언어 유창성 등과 관련해 쉽고 간편하게 쓸 수 있는 평가 도구들 내지 프로그램 방식의 평가 문항들을 다채롭게 개발해둘 필요가 있습니다. 이 경우 언어 생활 일반의 실질적 언어 자료들을 창의성 평가 자료로 선정해 쓸 수 있도록 해야 합니다.

〔질문 9〕 국어과 창의·인성 교육의 기획, 운영, 실천 등의 국면에서 초등학교 교육만이 지니는 고유한 특성으로 중요하게 고려해야 할 것들은 무엇이라고 보십니까?

우한용 창의성을 표현하는 방식은 발달 단계에 따라 달라집니다. 연령층이 낮을 경우 행동적·동작적 표현이 강한 반면, 연령층이 높아지면서 언어적 반응이 더 발달하고 추상적 표현에 익숙해집니다. 같은 언어 감각을 길러주기 위한 말놀이를 한다고 하더라도 초등학생은 감각어 중심으로 할 수 있을 것이고 중·고등학생은 추상어를 이용한 말놀이를 시도할 수 있을 것입니다. 서사 운용의 연령별·학교급별 특성을 고려할 수 있을 것입니다. 이는 창의성이나 인성의 연구를 위한 기초 과업이 될 터인데, 서사학의 기반 연구가 앞서야 할 것입니다.

이지영 저도 우한용 선생님의 의견처럼 초등학교에서 국어과 창의·인성 교육을 기획할 때 가장 고려해야 할 점은 '학습자'라고 생각합니다. 모든 교육이 그러하듯 학습 주체인 학습자에 대한 이해가 선행되어야 합니다. 특히 초등학생은 만 7세부터 만 12세에 해당하며 발달 단계도 다릅니다. 저학년, 중학년, 고학년에 따라서 창의·인성 교육 활동의 운영이 달라져야 한다는 의미입니다. 국어과 창의·인성의 내용을 추출하는 데에는 2011 개정 교육과정에 따른 학년군제의 성취 기준이 참고가 될 것입니다. 운영 면에서는 다른 교과와의 블록제나 통합화의 방향이 요구됩니다. 다행히 초등학교에서는 교과 간 통합 학습 운영을 계획하는 것이 점차 보편화되고 있습니다. 교과 간 유사 내용을 통합해 창의·인성 활동 프로그램으로 개발할 때 학습자들에게 유의미하게 다가갈 수 있을 것입니다.

박창균 창의·인성 교육의 전체적인 방향에 교육과정의 유연한 접근이 요구되기 때문에 아무래도 지식 중심의 학문적 수월성이 강조되는 중학교나 고등학교에 비해 초등학교가 현장 실천 가능역이 훨씬 크지 않을까 싶습니다. 특히 창의와 인성이 교육 전반에서 추구해야 할 가치와 이상이라면 교과 간의 연계와 통합이 필요한데, 이러한 접근이나 발상은 초등 교육의 성격과도 잘 부합하기 때문입니다. 굳이 국어과의 범교과성이나 도구성을 언급하지 않더라도 주제 중심 학습이나 프로젝트 수업 같은 방식으로 다른 교과 또는 비교과(창의적 체험 활동)와의 연계 및 통합을 전반적인 교육과정 틀 속에서 기획하고 운영할 수 있을 거라고 봅니다. 특히 2011년 개정 교육과정에서 창의성 교육의 한 축을 담당하는 '창의적 체험 활동'과 국어과는 상당히 연계 가능성이 높습니다. 교육과정의 기획이나 운영 단계에서 체계적으로 반영하지 못하더라도 실천적인 국면에서 창의적 체험 활동의 의미를 더하는 부분에서 다양한 언어적·문학적 활동이 동원될 수 있습니다. 역으로 국어과의 창의·인성 수업을 전개할 때도 창의적 체험 활동에서 이루어진 구체적인 경험들이 의미 생산의 중요 매개물이 될 수 있다는 점에서도 의의가 크다고 봅니다.

이지영 박창균 선생님께서도 언급하셨듯이 창의적 체험 활동과 국어과 창의·인성의 연계화 운영도 중요합니다. 운영 방식이 중요한 이유는 실천으로 연결되기 때문입니다. 국어 교과 차원에서만 접근하면 말하고 듣고 읽고 쓰는 활동으로 국한되기 쉽습니다. 초등학생에게는 창의·인성 활동을 놀이나 체험을 통해 다양하게 해보는 것이 필요합니다. 만져보고 만들어보고 발표해보고 친구들이랑 토론해보는 실천 위주의 활동이 되어야 합니다. 구체화된 실천 위주의 활동을 이끌 수 있는 것은 창의적 체험 활동과의 연계 운영, 다른 교과와의 통합 운영이라고 생각합니다.

박인기 박창균 선생님과 이지영 선생님이 말씀하신 초등학교의 교육과정 운영과 실천을 가능하게 만든 것은 근본적으로 교육 시스템 때문이라고 봅니다. 초등학교 교육에서는 대체로 한 교사에 의해서 모든 교과의 지도가 이루어집니다(물론 일부 교과가 전담 교사에 의해서 지도되기도 하지만). 이 점을 잘 살리는 것이 중요하다고 봅니다. 물론 학교 교육은 구체적인 교과들이 각기 구체적인 교육 내용을 조직해 내용의 변별성을 가지고 이루어집니다. 그러나 국어 교과는 다른 교과와 자연스럽게 통섭할 수 있는 가능역이 가장 큰 교과입니다. 어떤 교과이든지 그 교과의 교육 내용을 가르치는 수단은 언어입니다. 과학도 사회도 예술도 언어로 가르치고 배웁니다. 예컨대 언어적 표현 활동과 강한 상호성을 가지도록 하면서 회화적 표현이나 음악적 표현을 연계해 지도한다면 학습자들에게 보다 폭넓은 창의적 감수성을 길러줄 수 있을 것입니다. 그리고 이 지도를 모두 한 분의 선생님이 하고 계십니다. 바로 이런 기제를 교사가 잘 활용한다면 초등학교 교육에서 국어과는 매우 폭넓은 창의 교육 가능성을 개발할 수 있습니다. 모든 창의 활동의 기저에는 융합과 통섭의 작용이 매우 중요하게 전제된다는 것을 유의할 필요가 있습니다.

〔질문 10〕 한때 제6차 국어과 교육과정에서 창의성 또는 창의적 언어 사용을 강조한 적이 있습니다. 현재의 국어과 교육과정은 창의성 함양에 대한 의도적 고려를 어느 정도 하고 있다고 평가하십니까? 마찬가지 차원에서 국어과 교육과정이 인성 함양에 대한 방향과 고려를 얼마나 적절하게 반영하고 있다고 보십니까?

박인기 과거 제6차 교육과정 시기에 국어과 교육의 역할과 관련한 과목의 성격 가운데 하나로 '창의적 언어 사용 기능'을 명시적으로 표방한 적이 있었습니다. 그러나 이 목표를 실제로 실천할 수 있는 구체적인 교육과정 내용과 방법을 현장에서 추동하도록 하는 데로는 나아가지 못했던 것 같습니다. 각 심급의 교육과정 실천 주체들이 그럴 수 있는 국어과 교육과정 정책을 별도로 추구하지 못했던 것으로 알고 있습니다. 다만 선언적 의지를 표방하는 수준에서 그친 것으로 알고 있습니다.

교육에서 창의성을 강조하는 것은 시대적 패러다임으로 보면 탈근대의 징후 내지 요청으로 읽혀집니다. 그 이전의 학교 교육을 지배하던 패러다임이 학문적 지식의 대량 전달이라 할 수 있는데, 이는 산업화 시대의 제도 학교 교육이 감당했던 내용이라 할 수 있습니다. 창의성이 교육 내용으로서 수요가 늘어나는 것은 탈근대의 상황에서 요구이기도 한데, 이는 교육 내용에 대한 가치 인식이 달라지고 학습자에 대한 개인적·사회적 발달과 역할에 대한 인식이 달라지고 있음을 반영하는 것이라 할 수 있습니다.

2009 교육과정을 바탕으로 해서 2011 교육과정으로 정착된 현재의 국어과 교육과정은 창의성 교육에 대한 상당히 적극적인 지향을 담고 있습니다. 제6차 교육과정이 선언적

의미에 그친 것이라면, 현재의 교육과정은 문서 교육과정의 차원에서도 매우 구체적이고 실천성이 강한 창의 교육을 제안하고 있습니다. 교육 방법, 교재(텍스트·담화·작품)의 선정 범주, 평가 등의 차원에서 구체적 안내를 제공하고 있는 편입니다.

그러나 창의의 개념 자체가 계속 확산적으로 논구되고 국어과 교육이 창의를 수용하고 다루는 내용과 방법들이 이제 활발하게 논의되고 있는 실정입니다. 오히려 어떻게 보면 국어과 창의 교육이 국어 교육 현장에서 출발해 국가·사회적 차원의 교육과정에 변화를 일으키는 방식으로 전개되기를 기대해봅니다. 창의성 교육이 학문 체계로서 존재하는 측면도 물론 있지만, 오히려 실천 현상으로서 그것의 국어 교육적 정체성과 영향력을 구축해 갈 수 있는 여지가 많기 때문입니다. 창의성 교육에 대한 인식과 가치를 어떻게 구축해가느냐에 따라서는 종전에는 국어 교육의 범주에 편입되기 어려웠던 것들이 국어 교육으로서의 자질을 새롭게 인정받는 현상도 나타나리라고 봅니다. 개인적으로는 이런 현상 자체가 국어 교육의 미래적 역동성을 보여준다는 점에서 바람직한 것이라 생각합니다.

박창균 저는 현재의 교육과정에 중점을 두어 논의하려 합니다. 국어과 교육 목표가 창의적인 언어 사용이라고 명시적으로 표명하지 않더라도 이미 현재의 교육과정에는 창의성 함양을 위한 목표와 내용이 내재되어 있다고 봅니다. 이는 의미를 구성하고 재구성하는, 즉 텍스트를 수용하고 생산하는 행위 자체가 창의적이기 때문입니다. 실제로 국어과 교육과정의 성취 기준이나 교과서의 학습 목표나 활동을 살펴보면 창의성을 지도하기에 용이한 내용들을 쉽게 발견할 수 있습니다.

반면에 국어과에서 인성에 대한 고려는 창의성에 비해 상대적으로 부족하지 않나 싶습니다. 이는 교과 정체성 확보 측면에서 언어 사용 기능에 대한 인지적 접근 때문이기도 하고, 도덕과와 구별되는 국어과의 특수성을 담보해내기 위해서 애써 외면한 결과이기도 한 것 같습니다. 하지만 '인성'의 문제라도 그것이 언어적인 현상에서 기인한 것이거나 인성의 문제를 언어적으로 발견하고 해결할 수 있다면 국어과의 영역 밖으로 밀쳐낼 필요는 없을 것입니다. 특히 학습자들의 창의적이고 자유로운 발상과 사고가 강조되는 창의성 교육이 인간을 배제하거나 보편적인 윤리에서 일탈하는 문제를 극복할 수 있다는 점에서 국어과에서도 인성 함양에 대한 고려는 좀 더 적극적으로 이루어져야 할 것으로 봅니다.

우한용 저는 창의성, 인성, 국어과 교육과정과 관련해 보다 원론적인 이야기를 하려 합니다. 교육과정에는 항존적 가치와 시대 변화에 따른 강조점이 있을 것입니다. 창의성 자체를 강조하기보다는 창조적 언어 운용과 국어 문화 창조를 강조하고 있는 점은 국어과 교육과정의 항존적 가치라 할 수 있습니다. 인성 교육의 중요성을 강조하는 것 또한 같은 맥락으로 이해됩니다. 교육과정에 명시적으로 표현되어 있지 않다고 해도 국어과의 특성상 인성 교육과는 깊은 연관이 있게 마련입니다. 국어과는 특성상 도구 교과이면서 내용 교과의 특성을 공유하고 있는데, 내용을 구성하는 국어과의 많은 부분을 차지하고 있는 언어 자료가 삶의 문제를 다루기 때문입니다. 「기미독립선언문」에서 선언문의 형식과 언어 특성만을 다루면서 그 글이 나온 동기와 정신 등을 제쳐놓을 수 없습니다. 그리고 그러한 활동에 참여한 선인들의 삶의 자세를 생각하지 않을 수 없습니다. 특히 문학과 연관된 영역의 제재를 다루고 있는 데서는 인성 교육과 창의성 교육이 잘 만날 수 있는 조건이 갖추어져 있다고 할 수 있습니다.

〔질문 11〕 국어과 교육에서 창의 · 인성 활동이 지나치게 문어적 텍스트에 기반하고 있다는 지적에 대해서는 어떤 생각을 가지고 있으십니까? 문학의 경우도 지나치게 순문학주의(또는 문학고답주의, 문학지상주의) 지향의 교육이 창의성 지도와 충돌한다는 지적들이 있습니다. 여기에 대해서는 어떤 생각을 가지고 계십니까?

박인기 그간의 국어과 교육이 구축해온 지배적 전통 중 하나가 문어적 텍스트를 우선하는 데 있었다는 점을 인정합니다. 주지하다시피 언어나 문학에 대한 지식을 익힐 것을 강조하는 국어 교육의 오랜 전통이 있었습니다. 이는 선언적으로는 지양되는 듯해도 국어 교육 분야의 문화적 유전자로 남아서 작동하고 있습니다. 국어 교육이 제공하는 언어나 문학에 대한 지식은 그간의 국어 교육이 중요하게 추구해온 인문적 가치를 인격화할 수 있는 데 기여하는 '지식 도야(陶冶)의 인식'이라는 생각이 그 기저에 있습니다. 그러나 국어 교육이 여기에만 머물러 있어서는 안 된다고 생각합니다.

국어 교육을 받고 삶의 발달을 추구해야 하는 학습자의 삶의 조건 또는 발달의 조건이 심리적 · 사회문화적으로 엄청나게 변화했습니다. 언어 문학에 대한 지식으로 인문 가치에

교화되는 측면 못지않게 소통적 가치를 실천해나가고 동시에 삶의 다양한 맥락에서 당면하는 문제를 언어와 문학의 소양으로 해결해나가는 주체적 자아가 학습자 삶의 총체 속에서 더욱 중요하게 요청받는 맥락에서 창의 문제가 사회적 · 교육적 의제(agenda)로 떠오른 것이라 해야 할 것입니다. 따라서 문어 텍스트를 주축으로 하는 국어 교육의 모습에 대해서는 현 시점에서 상당한 비판이 있어야 한다고 생각합니다. 학습자 삶의 총체를 반영하는 언어라면 모든 종류의 언어, 모든 종류의 변형 장르에 대해서 국어 교육이 관심을 갖는 것이 온당합니다. 이는 교육 내용과 방법에 대한 경직성을 극복하고자 하는 교육적 유연함이라 할 수 있습니다. 국어 교육이 창의를 생성하고 발견하고 확장할 수 있는 바탕이 여기에 있다고 생각합니다.

문학의 경우도 지나치게 순문학주의 경향 내지는 문학고답주의 지향의 교육이 있어 왔다는 비판에서 벗어나기 힘듭니다. 언어 기능 교육이 유연하고 개방적인 요소들을 융통성 있게 수렴해왔던 과정에 비하면 문학 교육은 상대적으로 유연하지 못했다고 생각합니다. 여전히 형식주의 미학이나 구조주의 방법에 서서 학습자보다 텍스트를 훨씬 더 중시해 문학 교육을 설계 · 운영하는 모습들을 쉽사리 볼 수 있습니다. 특히 학교 현장에서 국어과 창의 지도에 관심을 가지고 새로운 실천 노력을 기울이는 교사들은 그런 면에서 어떤 한계를 느끼는 경우도 없지 않은 것 같습니다. 이런 토양에서는 창의의 싹을 키워나가기가 어렵습니다. 국어 교육의 전통에 대한 비판적 성찰과 재개념화의 문제가 국어과 창의 교육을 통해서 다시 검토되기를 기대합니다.

박창균 국어 교육이 지나치게 문어 텍스트에 의존한다는 것은 비단 창의 · 인성 교육만의 문제는 아닌 것 같습니다. 듣기 자료를 읽고 학습하거나 말하기 교육이 쓰기 교육화되는 것은 구어를 구어답지 못하게 교육하는 문제의 한 실상입니다. 창의 · 인성 교육과 관련지어보면 특정 텍스트에 의존한다는 것은 창의성의 본질과도 거리가 멀어 보입니다. 일차적으로 다양한 텍스트(구어 · 문어 · 영상 텍스트, 문학 · 비문학 텍스트)를 활용하는 것은 창발적인 사고의 시발점이 될 수 있으며, 각각의 텍스트에 따라 의미를 구성하는 방식도 달라질 수 있으므로 텍스트 수용과 생산 과정에 창의성의 지도 대상과 범위가 확장될 수 있습니다. 마찬가지로 창의성 신장을 위한 활동들이 문어적 텍스트 산출과 같은 특정 방식으로 국한되는 것은 창의성의 발현 국면과 상치될 수밖에 없습니다. 따라서 창의 · 인성 교육은 다른 어떤 수업보다도 다양한 텍스트를 창의적으로 활용하며, 새로운 의미 생성 활동을 창의적으로 할 수 있도록 수업을 설계하고 운영해야 할 것입니다.

이지영 국어과 교육에서 창의·인성 활동이 지나치게 문어적 텍스트에 기반하고 있다는 지적에 대해서만 논의하고자 합니다. 이 지적에 대해서는 창의·인성 활동의 대상 텍스트와 학습자들에 의해 생산된 텍스트로 나누어서 접근해야 할 것입니다. 우선 학습 대상 텍스트—교사가 제시하는 텍스트나 활동을 위해 학생들이 참고하는 텍스트—는 문어적 텍스트에만 기반하고 있지는 않다고 생각합니다. 초등학교의 경우 문어적 텍스트뿐만 아니라 이미지, 소리, 동영상, 그림 등 복합 매체의 활용이 빈번합니다. 다양한 경로로 자료를 제공받고 공유하다보니 대상 텍스트 자체는 상당히 열려 있다고 판단됩니다. 그러나 학습자들에 의해 생산된 텍스트(결과물)는 지나치게 문어적 텍스트에 기반하고 있다는 지적에 동감합니다. 대다수의 학습자들이 각자 그리고 동시에 산출할 수 있는 형태가 문어적 텍스트이기 때문일 것입니다. 창의·인성 활동을 개별 활동으로 국한하거나 글쓰기로 국한한다면 더욱 두드러지게 나타납니다. 학습자의 결과물이 문어적 텍스트로만 이루어질 경우 지루해하거나 활동에 대한 매력도가 떨어질 수 있습니다. 예를 들어 '새로운 세계 창조하기' 활동을 글쓰기로만 했을 경우 쓰기 자체에 대한 부담 때문에 창의성을 충분히 발휘하기 어려울 수 있습니다. 그러나 같은 활동을 계획 자체는 문어 텍스트로 간단하게 구상하고 컴퓨터를 활용해 글을 쓰고 쓴 내용을 책의 형태로 편집하게 한다고 할 경우 결과물 자체에서 차이가 날 것입니다. 이 결과의 차이는 학습자가 얼마나 몰입해 열정을 가지고 즐겁게 참여하느냐에 따라 창의성 발휘 정도가 달라지기 때문입니다. 따라서 학습자들과 함께 대화하기, 그림으로 표현하기, 영상물로 만들어보기, 몸짓이나 동작으로 구현하기, 연극으로 연출해보기, 컴퓨터를 활용한 결과물 만들기 등 다양한 매체 텍스트로 구안할 필요가 있습니다.

사회자 질문의 기본 전제에 대해서 생각해볼 필요도 있다고 생각합니다. 문어적 텍스트가 가지는 유용성, 순문학주의가 가지는 유용성에 관한 논의도 함께 지적해야 할 것입니다.

우한용 창의성은 통합적 맥락과 일정한 구조 안에서 발현되는 특징이 있습니다. 기발한 은유 하나를 만들어냈다고 해서 시적 창의성이 두드러진다 하기 어려운 것과 마찬가지입니다. 그런 점에서는 언어 활동 전반에 나타나는 창의성을 다루어야 할 것입니다. 그러나 교육의 장에서는 일상을 그대로 도입할 수 없습니다. 어느 정도 계획이 있어야 하고 그 계획이 의미 있는 수행으로 이어지려면 계획에 적절한 자료가 동원되어야 합니다. 그 자료 가운데 정제된 형식과 내용을 갖추고 있는 것을 찾다보면 문어적 자료가 선택되는 게 자연스럽기도 합니다. '순문학주의'니 '문학고답주의'니 하는 용어들은 문학보편주의를 주장하는 이들이 만들어낸 것이라는 측면에 유의할 필요가 있습니다. 문학의 속성을 강조한다든지 문학은 도처에 있다고 주장하는 일은 때로는 범주를 흩어놓아 문학의 속성을 불분명하게 하기도 합니다. 문학은 스스로 장르에 대한 반성을 하는 자성 능력을 가지고 있습니다. 그러한 속성은 저급한 문학에서는 찾기 어렵습니다. 문학의 순수성을 강조하는 것은 문학의 속성에서 멀어지는 것이지만, 문학의 보편주의를 내세워 문학의 경계를 흐려놓는 것이라든지 문학의 가치를 끌어내리는 것도 경계해야 할 사항입니다.

〔질문12〕 학습자들의 언어 환경에 미디어 텍스트들이 등장해서 일종의 생태 환경으로 작용하고 있습니다. 미디어 텍스트와 국어 교육의 미래를 간략히 전망하고, 이와 관련해 국어과 창의·인성 교육의 가능성 또는 문제 인식에 대한 의견을 말씀해주십시오.

이지영 미디어는 사용 주체에 따라 긍정적으로도 부정적으로 사용될 수 있다고 생각합니다. 그러나 미디어 텍스트가 생태 환경으로 자리 잡고 있는 현 시점에서 부정적인 시각보다는 긍정적인 시각으로 접근해야 한다고 생각합니다. 국어 교육에서 미디어 텍스트는 표현과 이해, 소통에 이르기까지 국어 교육을 확장해 지평을 넓혀주었다고 평가할 수 있습니다. 창의·인성 교육에서 보면 미디어 텍스트는 '유용한 도구'를 마련해주었다고 볼 수 있습니다. 복합 매체를 중심으로 한 다양한 창의·인성 활동을 간편하고 접근 용이하게 만들어주었습니다. '사용 가능성'의 개념으로 설명할 수 있을 듯싶습니다. 연필이나 펜의 사용 가능성은 보편적이라고 볼 수 있습니다. 그러나 컴퓨터와 동영상 저작도구 등으로 사진이나 동영상으로 가능한 글쓰기 영역이 확장되었다고 생각합니다. 매체 때문에 '사용 가능성'이 더 중요해진 것입니다. 특히 스마트폰에 주목하고 싶습니다. 매체를 통해 창의·인성 활동물을 손쉽게 만들고 접근 가능하도록 해주었습니다. 10년 전만 하더라도 '사진 찍기'나 '동영상 제작하기'는 학교에서 이루어지기 힘든 과제였습니다. 그러나 스마트폰으로 인해 창의·인성 과제를 매체를 동원해 확장할 수 있게 되었습니다. 유용한 도구로 인해 다양한 활동을 전개할 수 있게 되었다는 의미입니다. 여기에서 더 나아가 매체는 새로운 상상력의 공간을 마련해준다고 생각합니다. 매체는 진화된 도구 이상입니다. 따라서 각 매체에서 잘 구현할 수 있는 창의·인성 활동 등이 분화되어나가야 할 것입니다.

박인기 오늘날 미디어 환경은 매우 기술적인 현상이면서 동시에 자연 현상처럼 당연한 것이 되었습니다. 미디어 환경은 지극히 인공적인 요소, 즉 고도의 첨단 기술 요소들로 개발되어 우리에게 형성된 것이고 계속 진행형 진화를 거듭하고 있지만, 이제는 잠시도 이것을 벗어나서는 어떤 일상의 생활도 영위할 수 없다는 점에서 일종의 자연 현상처럼 되었습니다. 마치 물과 공기를 그때그때 늘 지각하지 않으면서도 물과 공기 없이는 살 수 없는 것처럼 미디어도 그렇게 되어버린 것입니다. 오늘날 우리에게 미디어는 '기술적 자연'이 되었다고 할 수 있습니다.

미디어 현상은 여러 복합적 현상으로 설명될 수 있습니다. 미디어 현상은 언어 현상이고 동시에 소통 현상이며 동시에 문화 현상이고 사회 현상입니다. 미디어 현상에서 어떤 문화 현상이 생성되고 확산된다는 점에서 미디어 현상을 배제하고서는 현대의 대중문화를 설명할 수 없습니다. 또 미디어 공간에서 이루어지는 소통이 강한 공동체적 영향을 가진다는 점에서 미디어 현상은 매우 중요한 사회 현상이기도 합니다. 그러나 미디어의 기능(현상)은 본질적으로 소통 기능(현상)에 있습니다. 소통 현상으로서의 미디어는 언어 기제에 의해서 소통의 내용 실체를 갖추고 있습니다. 따라서 미디어가 언어 현상이라는 점을 주목하지 않을 수 없습니다. 미디어 현상의 본질을 무어라고 설명하든 그 기저에 있는 언어 현상으로서의 본질을 부정하기 어렵습니다. 가령 여기 어떤 특정의 미디어 텍스트가 있다고 합시다. 그것이 아무리 복합적인 요소들, 이를테면 영상, 음향, 첨단 그래픽, 빠른 정보 변환 기술체제 등을 가졌다 해도 이 미디어 텍스트에서 언어를 제거해버린다면 그것에서 소통의 온전함을 기대할 수 없을 것입니다.

미디어 텍스트를 국어 교육에서 의미 있게 주목하는 것은 당연합니다. 언어가 감당해왔던 소통의 기능과 가치를 질적으로 또는 기술적으로 (경우에 따라서는 이념적으로) 확장시키는 데 지대한 역할을 하기 때문입니다. 그런데 미디어 현상 속에서 작용하는 언어(텍스트)는 종래의 국어 교육이 우선시해온 '순정한 문어 텍스트'가 아니라는 점에서 새로운 인식을 요합니다. 미디어 텍스트를 구성하는 기호 질료들에 전통적 언어 기호, 즉 문어와 구어 이외의 다른 기호 요소들이 들어와서 전통적 언어 기호와 융합해 새로운 텍스트의 지경을 한없이 넓혀가고 있습니다. 이 점이 바로 미디어 텍스트를 중심으로 기대할 수 있는 국어과 창의 교육의 가능성을 크게 확장시킬 수 있게 한다고 봅니다. 이 과정이 언어의 이해 및 표현 과정에서 이전보다 훨씬 더 지각의 작용과 영역을 확장하고, 그로 인해 소통의 기능과 전략을 더욱 풍성하게 하고, 텍스트를 통한 문제 해결의 새로운 방법들을 더 많이 개발해줄 것이라 봅니다. 이 모든 과정에서 창의의 요소들이 새롭게 발견될 것입니다. 또 이 과정에서 창의의 작동을 강화시키는 교육적 기제들이 더 많이 생겨나고 활용될 수 있을 것으로 보입니다. 미디어 텍스트의 다변화는 선조적(線條的)이고 수렴적인 사고를 중심으로 이루어지던 국어 교육의 행태를 통섭적이고 확산적인 사고로 이끌어나가는 데 큰 영향을 미칠 것입니다. 이러한 변화에 필연적으로 관여하는 내용 변인에 '창의'가 자리 잡고 있습니다.

사회자 미디어 텍스트가 생태 환경으로 학습자에게 작용하고 있으며 앞으로도 더 강력한 영향을 미칠 것이라는 전제에는 대부분 공감하리라 생각합니다. 이지영 선생님과 박인기 선생님은 미디어 텍스트를 긍정적인 관점에서 검토하고 있다고 생각됩니다. 한편 창의·인성 교육에서 미디어 텍스트를 비판적으로 수용할 필요도 있을 것입니다. 이러한 문제 인식에 대한 의견을 말씀해주시기 바랍니다.

우한용 언어 현상 가운데 창의성이 드러나지 않는 경우는 거의 없습니다. 다만 어느 영역이 보다 두드러지는 특성을 보이는가 하는 점은 인정해야 할 것입니다. 미디어 텍스트로 운용되는 언어에 창의성이 두드러지는 면이 없는 것은 아닙니다. 언어의 추상성을 이미지나 동영상으로 극복할 수 있는 것은 순정한 언어 텍스트만으로 시도하기 어려운 매체 언어의 특징입니다. 그러나 언어가 지니고 있는 메타 언어적 기능까지를 미디어 텍스트가 감당하기는 어렵습니다. 언어에서 본질 요건은 의미입니다. 영상이나 음성과 달리 의미는 추상성을 지닙니다. 그 추상성은 언어의 본질 국면이기 때문에 언어의 추상성에 드러나는 창의성을 매체 언어에서도 감당할 수 있는가를 성찰할 필요가 있습니다. 매체 언어의 철학은 비매체적으로 운용되는 언어를 통해 더욱 효율적으로 추구될 수 있습니다. 그러나 분명한 것은 매체 언어의 수행과 실천이 전제되지 않으면 매체 언어에 대한 철학적 사유는 근거를 잃게 된다는 점입니다.

박창균 미디어 텍스트의 등장에 따른 언어 환경의 변화는 국어과에서 주목해야 할 현상이며, 이에 대한 국어 교육적인 대응은 다각적으로 이루어지고 있는 실정입니다. 국어과의 영역을 '언어'라는 실체에 한정하지 말고 '기호'를 매개로 한 의미 구성 과정으로 본다면 미디어 텍스트의 생산과 수용은 국어 교육 영역으로 포함될 것입니다. 하지만 미디어로 매개된 소통의 힘은 기존의 문자 언어보다 훨씬 강력하기 때문에 감성 중심의 수용은 창의성 교육과 무관해 보입니다. 따라서 미디어 수용에서 창의성 교육은 반드시 비판적 사고가 전제되어야 할 것입니다. 오히려 창작 교육이 창의성과 밀접하게 맞닿아 있는 것처럼 미디어 텍스트 생산 과정에 창의성이 개입할 부분은 크다고 봅니다. 하지만 학습자들의 미디어 조작 능력 여하에 따라 새로운 의미를 구성하는 데 제약이 따른다는 한계도 있습니다. 반면에 미디어 텍스트 환경에서 소통 윤리는 급격히 해체되거나 재편되고 있기 때문에 이에 대한 인성 교육의 필요성은 매우 절실하고도 시급한 당면 과제입니다.

[질문13] 국어과 창의·인성 교육이 국어과 교육 바깥과 상호성을 가지고 그 외연을 넓힐 수 있는 가능성에 대해 말씀해주시기 바랍니다. 물론 그 한계에 대해서도 말씀해주십시오.

박창균 창의성과 인성은 교육 일반의 목표이기 때문에 교과의 구획과 경계를 넘어서 통합하고 융합하려는 발상은 반드시 필요합니다. 그리고 창의·인성 교육을 위해 언어 활동이나 문학 활동을 매개로 한 교과 간의 연계나 통합은 비교적 수월하게 접근할 수 있는 방법이라 여겨집니다. 하지만 이러한 접근은 거시적인 차원의 방향 설정에서는 타당할지 모르지만, 구체적으로 무엇을 어떻게 할 것인가에 대한 답을 제시하기는 쉽지 않은 일입니다. 역설적인지 모르겠지만 다른 교과와의 상호성을 높이기 위해서는 국어과에서 다루는 창의·인성의 요소가 무엇인지를 명확히 밝히는 일이 선행되어야 합니다. 어쩌면 연계나 통합이 자연스러운 일인지도 모르겠습니다. 따라서 국어과에서 창의·인성 교육을 위한 외연을 확장하는 일 못지않게 교과 내적으로 창의와 인성의 결합 모드에 대한 연구가 수반되어야 할 것입니다.

우한용 교과로 논의를 한정할 경우는 국어과가 되지만, 범위를 넓히면 언어 영역이 될 것입니다. 그리고 언어 영역 가운데 가장 종합적이고 구체적인 언어 수행이 구현되는 영역이 서사입니다. 그렇다면 서사 영역에 포함되는 갖가지 사태와 국어과 영역은 연계성을 지니게 됩니다. 역사는 그 자체가 서사 형태로 기술됩니다. 또한 도덕 교육을 위해 어떤 인간이 이러이러한 행위를 했다고 하자 하면서 예를 드는 것 또한 서사입니다. 법학 영역에서 판례를 예로 든다고 할 경우 그 또한 서사 영역에 해당합니다. 정신 분석의 텍스트 대부분은 서사 형태를 지닙니다. 이러한 언어 운용은 교육 그 자체를 하나의 서사 현상으로 볼 수 있게 하기도 합니다. 이처럼 국어과 바깥 영역과 맺을 수 있는 권역이 넓기 때문에 한계를 설정하기 어려운 점이 있습니다. 또한 과도한 영역 확장은 본질을 흐리게 할 수도 있습니다.

사회자 박창균 선생님과 우한용 선생님은 초점이 다르기는 하지만 외연을 확장하기 전에 본질에 보다 충실해야 한다는 입장으로 해석됩니다. 물론 다른 교과나 영역의 통합 가능성을 인정하면서도 통합이 가져올 수 있는 문제점을 지적하셨다고 볼 수 있습니다. 그러나 역으로 외연을 확장해서 얻을 수 있는 이점도 있으리라 판단됩니다. 이와 관련해 말씀해주시기 바랍니다.

이지영 국어과 창의·인성을 중심으로 범교과 창의·인성으로 나아가는 방향이 있고, 범교과 창의·인성에 국어과 창의·인성이 개입되는 방향이 있을 것입니다. 국어과 창의·인성 교육의 외연을 넓힐 수 있는 가능성은 범교과적 창의·인성 교육에 국어과 창의·인성이 개입되는 국면에서 나온다고 생각합니다. 국어과 창의·인성으로만 국한시키는 것은 창의·인성 교육을 협소하게 만들 가능성이 있다고 봅니다. 때로는 창의·인성이 주축이 된 프로그램이 가능하고 이 프로그램의 기획·운영 중에 국어과 창의·인성이 깊게 관여되는 경우가 있을 것입니다. 이것이 국어과 교육이 바깥과 상호성을 가지고 외연을 넓히는 것이라 생각합니다. 박창균 선생님의 견해처럼 국어과에서 다루어지는 창의·인성의 요소를 무엇인지 명확하게 밝히고 이 요소에 따른 지도도 필요합니다. 지나친 외연론자로 분류될 수도 있겠지만 저는 그 역방향의 창의·인성 교육이 함께 진행되어야 한다는 견해입니다.

박인기 저는 이전에도 국어 교육의 새로운 수요 개발과 역할 확충을 위한 노력을 강조했습니다. 국어 교육을 언어 기능 차원에서 요구하는 기본적 수요 이외에도 새로운 시대 변화에 맞는 국어 교육의 사회적·문화적 수요를 국어 교육 내부에서 먼저 개발함으로써 국어 교육의 이론과 실천이 모두 발전할 수 있을 것으로 보기 때문입니다. 창의·인성 교육은 물론 국어과 교육의 고유한 목표와 내용이라 할 수는 없습니다. 그러나 국어 교육이 새로운 수요 개발과 역할 확충을 기할 수 있는 하나의 가능성을 보여줍니다. 국어과 교육에서 창의·인성의 내용(또는 방향) 지형을 상정함으로써 국어과 교육의 새로운 내용 범주, 새로운 사고력 영역을 제안하고 있는 것으로 보아야 합니다. 또 그에 수반하는 국어과 교육 방법에 대한 진화를 요청할 것입니다. 물론 국어과 교육이 그 내부에서 이전부터 지니고 있었던 창의·인성 요소를 재발견하고 재개념화하는 계기로도 작용할 것입니다. 그런데 여기서 중요한 것은 '순언어주의(純言語主義)'에서 좀체 진화되지 못하는 국어 교육의 이론 지형에 일정한 진화 계기를 마련하게 한다는 점입니다.

특히 창의의 작용과 발달은 한 범주의 지식, 경험, 사고, 학문, 문화 등이 다른 범주의 그것들과 상호성을 발휘하면서 제삼의 다른 의미 범주를 만들어내는 것이라 할 수 있습니다. 그렇다면 국어과 교육이 국어과 바깥의 경험, 사고, 지식, 기능 등과 상호성을 발휘하면서 국어 교육 자신의 외연을 발전적으로 확장시켜나가는 일 자체가 국어 교육의 창의성 발현 모습이라 할 수 있습니다. 그리고 국어과가 추구하는 창의·인성 교육의 구현 전략도 이런 인식을 바탕으로 구체적 내용과 방법을 개발해가야 할 것입니다. 언어 기능 영역과 그것이 실제로 사용되는 심리적·사회적 영역 사이의 상호성 확장, 문법 영역과 일반 문화적 규범 영역의 상호성 확장, 문학과 다른 예술 장르의 상호성 강화, 언어 기능 영역 및 문학 영역과 미디어 영역의 강한 통섭 작용은 국어과 창의·인성 교육의 범위와 내용 계열을 발전적으로 재편성하고 도약시키는 원천이 될 것입니다.

국어과가 교과로서의 정체성이 중요하다고 강조하는 사람들은 이렇듯 무한정의 확산과 융합이 국어과 교육의 정체성을 훼손할 것이라는 우려를 합니다. 교과가 일종의 제도처럼 작동하는 기제 안에서는 그런 염려가 없을 수 없습니다. 제도는 권력 작용이라는 불가분의 속성을 지니는데, 교과가 제도와 권력의 순기능을 수행할 때도 있지만 역기능을 드러낼 때도 있습니다. 교과의 정체성이라는 것도 절대불변의 것이 아니기 때문에 교과 정체성을 지나치게 경직되게 고수할 때는 그 교과의 내적 역동성이 떨어지게 되고 그렇게 되면 교과는 자연도태의 길을 가게 됩니다. 국어 교과를 비롯한 현재 우리의 교과의 대부분은 전통적 정체를 견지하는 힘이 너무 강하기 때문에 국어과 교육이 바깥과 상호성을 가지고 그 외연을 넓힐 수 있는 한계를 지나치게 염려할 필요는 없을 것으로 봅니다. 설령 그런 한계를 넘나드는 현상이 나타난다 하더라도 현재의 국어과 정체를 담보하는 힘들이 충분히 조정할 수 있을 것으로 보입니다.

〔질문 14〕 국어과 창의·인성 교육을 실제 수업 차원에서 실천할 때 수업 내용 이외의 교실 상황 맥락의 요인들 중 중요하게 고려해야 할 것들은 무엇이라고 생각하십니까? 또 이와 관련해서 현장 국어 교사들이 당면하는 국어과 창의성(인성) 수업의 실제적 어려움에는 어떤 것들이 있는지 말씀해주시고 이에 대한 기술적 대처 방안까지 말씀해주십시오.

박창균 무엇보다도 교사 변인이 중요할 것입니다. 창의·인성 수업의 중요한 전제는 학습자들의 의견을 존중하고 그들의 반응에 주목하는 대화적 관계를 형성하고 허용적인 수업 분위기를 조성하는 것입니다. 이는 너무나 당연한 명제입니다. 하지만 이러한 수업 분위기가 전제되지 않으면 '끄집어내는' 교육이 아니라 창의와 인성을 집어넣고 전달하는 수업으로 진행될 수 있습니다. 따라서 창의·인성에 대한 교사의 인식이나 수업 방식의 변화가 우선되어야 할 것입니다. 그리고 모든 수업에서 직면하긴 하지만 학습자의 개성이나 수준을 고려하는 일입니다. 일반적으로 교육용 자료는 학습자 수준보다 한 단계 높은 매력적인 과제여야 합니다. 그런데 동일한 과제라도 어떤 학습자에게는 도전적인 과제로 학습 동기를 유발하지만, 어떤 학습자에게는 정상적으로 학습을 전개하기 어려운 과제가 되기도 합니다. 예를 들어 다양한 인물들이 등장해 복잡하게 얽혀진 사건을 풀어나가는 비교적 수준 높은 작품으로 창의·인성 수업을 전개할 때 학습자들이 창의·인성 활동에 제대로 반응하지 못하는 경우가 발생합니다. 이러한 문제는 교사의 안내 부족이나 활동의 모호성에서 기인하기도 하지만, 작품의 내용을 제대로 이해하지 못해서이기도 합니다. 이런 경우 학습자

보다 수준 낮은 작품을 선택하면 학생들은 자신감을 갖고 창의·인성 활동을 비교적 활발하게 전개할 수 있습니다. 작품에 대한 충실한 이해가 다양하고 수준 높은 창의·인성 활동을 전개하는 데 도움이 되는 것입니다. 하지만 동기나 흥미가 반감되는 문제는 여전히 남습니다.

우한용 교실 상황은 여러 가지 요건으로 규정할 수 있을 것입니다. 그 가운데 교사 요인이 가장 클 것이라 생각됩니다. 교사 자신이 창의성이 충분하지 못할 경우도 있을 것입니다. 그러나 교사의 창의성이 학생에게 그대로 전수되는 것은 아닙니다. 교사의 창의성에 대한 태도와 창의성을 이끌어내기 위한 방법이 문제가 될 것입니다. 학생을 긍정적으로 수용하고 인정하는 태도와 '모호성에 대한 수용'으로 상징되는 자세가 필요할 것입니다. 또한 끊임없이 질문하고 같이 해결하고자 하는 교사의 태도가 창의성을 이끌어내는 데 기여할 것입니다. 아울러 창의성에만 몰두해 평범한 교육 내용을 홀대하는 것은 금물입니다. 확산적 사고는 수렴적 사고에 조회됨으로써 의미를 지닌다는 점을 유념할 필요가 있습니다.

박인기 우한용 선생님과 박창균 선생님은 교사 변인을 가장 중요하게 다루고 계시는데 여기에 공감합니다. 저는 기술적 대처 방안에 중점을 두어 논의하고자 합니다. 수업 외적 맥락 중 은연중에 큰 영향을 미치는 요인은 동료 교사들입니다. 따라서 국어과 창의·인성 수업에 대해 동료 교사들과 인식을 공유하는 것이 중요할 것으로 보입니다. 수업의 방법 기술 차원에서의 인식 공유도 중요하지만, 더 중요한 것은 창의·인성 교육의 가치 차원에 대한 인식 공유라 할 수 있습니다. 이는 수업 성공의 중요한 외적 맥락인데, 이런 맥락을 지혜롭게 조정하지 못하면 수업이 학교 현장에 착근하기 어렵습니다. 그런 사례를 1990년대 후반 '열린교육'운동에서 쉽게 발견할 수 있습니다. 창의·인성 교육은 수업 차원에서 돌출적 느낌을 줄 가능성이 있습니다. 창의적 실험정신(또는 실천정신)이 강할수록 더 그러합니다. 더 중요하게 고려해야 할 외적 맥락은 이런 수업에 대한 학부모의 몰이해를 들 수 있습니다. 따라서 실천성이 강한 창의·인성 수업을 시도할 때는 그것의 성공을 위해서 학부모 공동체의 협력을 먼저 확보해두도록 해야 할 것입니다.

교사들이 국어과 창의 교육을 실행하면서 가지는 고충 중 하나로, 국어과 창의 교육 목표를 정교화하는 데 겪는 어려움을 토로하는 경우가 많습니다. 창의 교육의 목표는 정교하게 분절하기가 어렵습니다. 또 정교하게 분절하다보면 창의 자질은 증발하고 다른 이상한 것을 가르치고 있는 상황에 다다르게 됩니다. 이는 그간 언어 기능 교육에서 정교하게 분절·분화된 수업 목표를 운영해왔던 수업 문화에 젖어 있기 때문으로 보입니다. 창의성 지도 수업의 목표는 얼마간 통합적으로 설정되어도 무방할 것으로 봅니다. 통합성 자체가 창의 형성의 중요한 기제이기 때문입니다. 수업 목표에 대한 확실한 자기 파악이 되지 않으면 다른 동료 교사의 수업 지도안을 답습하는 경우가 많습니다. 창의·인성 수업은 교사의 수업 설계 자체가 창의적일수록 성공 가능성, 즉 실제적 효과가 더 높을 수 있습니다. 이는 평가 활동에서도 마찬가지입니다. 성취 수준을 변별하기는 해야 하겠지만 이 부분을 지나치게 예민하게 다룰 일은 아닙니다. 오히려 창의 활동의 수행 과정을 충분히 관찰하고 관찰 내용을 기술하는 데 중점을 두다보면 차츰 평가적 안목이 교사 자신의 내부에서 만들어질 수 있을 것입니다.

창의와 인성에 대한 가장 절실한 효과는 체험 학습의 자질을 강화할 때라는 연구 결과들이 많습니다. 국어과 창의·인성이 창의 체험 교육 또는 인성 체험 교육과 어떻게 융합되어야 할지를 진지하게 모색해야 할 것입니다. 현재 학교 현장에서는 창의 체험 활동과 교과(국어과) 창의 교육을 별도의 교육과정 활동으로 설계해 학습자들에게 제공합니다. 운영상의 편의를 위한 것이기는 하겠지만 최선의 방법이라고는 할 수 없습니다. 국어과 창의·인성 교육도 체험적 자질이 풍부하면 할수록 바람직합니다. 다만 그 체험이 국어과 자질에 잘 호응되는 것이 되어야 한다는 데서 교육 내용 선정과 교육 방법의 최적화가 쉽지 않습니다. 초등학교에서 일반 창의 체험을 실천하면서도 이들과 교과(국어과) 상관성의 문제를 면밀하게 검토하고 그 효과를 잘 살려낼 수 있도록 운영해야 할 것입니다.

이지영 박인기 선생님의 논의와 관련해 지엽적인 사례를 하나 제시하려 합니다. 이것은 초등학교 선생님들과 함께 나누었던 고민으로 비단 창의·인성 교육에만 국한되는 것은 아닙니다. 국어 시간에 인상적인 표현을 찾고 그 이유를 말해보는 수업을 전개했는데, 어디까지 학습자의 답변으로 수용해야 할지 난감하다고 합니다. 교사용 지도서에 나오는 것을 인정하자니 학습자의 창의적 사고가 무시되는 듯하고, 학습자의 모든 답변을 수용하자니 그들이 배운 것이 없을 것 같고 교사 자신도 수업 목표에 맞게 수업한 것 같지 않아 무거운 마음이 든다는 것입니다. 창의·인성도 마찬가지일 것입니다. 학습자들의 사고를 어디까지 수용할 것인가의 문제는 교사의 가치관과도 연결되기 때문에 단정하기 어렵습니다. 그러나 이 책에서 해석 교환 모형의 사례를 제시했듯이 학습자가 제시한 답변에 대한 교사의 일방적인 판단이 아니라 학생 스스로 또는 또래 집단에 의해 점검할 수 있는 수업 방법을 제공한다면 대안이 될 수 있을 것입니다. 교사의 창의·인성 수용 수준과 피드백과 관련된 교사 가치관의 어려움에 해당할 것입니다.

사회자 지금까지 국어과 창의성 교육의 가능성이라는 주제로 지상 좌담을 나누었습니다. 국어과 창의·인성 교육의 이론 층위, 모형 층위, 전략 층위, 실천 층위에 대한 다양한 의견을 들을 수 있었습니다. 나름대로의 철학이나 관점을 갖고 끊임없이 실천하고 반성하는 연구자 공동체나 교사 공동체에 의해 창의·인성 교육은 국어과에서 자리매김할 수 있을 것입니다. 지상 좌담이 창의·인성의 계획과 실천에 대한 화두가 되기를 바라며 이상으로 좌담을 마칩니다.

참고문헌

강원아라리창의·인성연구회, 『국어과 창의·인성 교수·학습 과정안: 초등 국어 4-1』, 2011.
교과부, 『초등학교 교육과정 해설』, 교육인적자원부, 2007.
______, 『초등학교 국어 5-2 교사용 지도서』, 미래엔컬처그룹, 2011.
구명철, 『광고의 언어 유희』, 숙명여자대학교, 2000.
구인환·우한용, 박인기, 최병우, 『문학교육론』, 삼지원, 2007.
국어교육 미래 열기 편, 『국어교육학개론』 제3판, 삼지원, 2009.
Goldman, Daniel, 한창호 옮김, 『EQ 감성지능』, 웅진지식하우스, 2008.
김국태, 「창의적 언어 사용 능력 탐색」, 『청람어문교육』, 청람어문교육학회, 2004.
김대행 외, 『문학교육원론』, 서울대학교출판부, 2000.
김동환, 「소설과 매체 서사교육의 상호작용적 방법의 모색」, 『국어교육학연구』, 제37집, 국어교육학회, 2010.
김미현, 「국어적 창의성의 개념 정의 및 국어적 창의성 관점에서 초등국어교과서의 단원학습목표분석」, 『초등교육연구』, 17-2, 2004.
김미혜, 「국어적 창의성의 구성 요소에 관한 연구」, 『국어교육학연구』, 제20집, 국어교육학회, 2004.
김재봉, 「창조적 국어 사용과 논증 문화」, 『한국초등국어교육』, 한국초등국어교육학회, 2002.
김정섭·강승화·강순희, 『동화를 통한 창의성 교육』, 서현사, 2004.
김준오, 『문학사와 장르』, 문학과지성사, 2000.
______, 『시론』 4판, 삼지원, 2010.
김창원, 「국어교육과 대중가요—대중가요 국어교육론의 필요성과 가능성」, 『국어교육』, 104집, 한국어교육학회, 2001.
______, 「창의성 중심의 국어과 교육과정 구성 방향」, 『국어교육학연구』, 제18집, 국어교육학회, 2003.
김창원·정유진·우주연·함욱·이지영·양경희·김수진, 『국어과 수업 모형』, 삼지원, 2005.
김춘일, 『창의성 교육, 그 이론과 실제』, 교육과학사, 1999.
김태준 편저, 『문학지리: 한국인의 심상공간』, 논형, 2005.
김훈, 『칼의 노래』, 생각의나무, 2010.
나라말마중물교과연구회, 『고등학교 국어과 창의·인성 수업 지도안 개발』, 2011.
남민우, 「은유 교육의 목표와 내용 연구」, 『문학교육학』, 36호, 한국문학교육학회, 2011.
노명완·정혜승·옥현진, 『창조적 지식 기반사회를 대비한 국어, 수학, 정보과학 교과 모형 개발—교육공학적 체제 접근을 중심으로』, 이화여대 교육과학연구소, 2001.
노철, 『시교육의 방법』, 태학사, 2010.
뒤비뇨, 장, 류정아 역, 『축제와 문명』, 한길사, 1988.
드 보노, 에드워드, 서영조 역, 『드보노 생각의 공식』, 더난출판, 2010.
Rodrigues R. & D. Badaczewski, 박인기·최병우·김창원 옮김, 『문학작품을 어떻게 가르칠 것인가』, 박이정, 2007.
로제 카이와, 이상률 역, 『놀이와 인간—가면과 현기증』, 문예출판사, 1999.
로프트스, 엘리자베스, 정준형 역, 『우리 기억은 진짜 기억일까』, 도솔, 2008.
류수열 외, 『스토리텔링의 이해』, 글누림, 2007.
리쾨르, 폴, 김웅권 역, 『타자로서 자기 자신』, 동문선, 2006.

문금현, 「관용표현에 대한 국어교육학적 고찰」, 『선청어문』, 제27권, 서울대학교 국어교육과, 1999.
문영진, 「정전논의에 관련된 몇 가지 문제에 대해」, 『민족문학사연구』, 민족문학사학회, 2001.
문용린 외, 『창의 · 인성교육 활성화 방안 연구』 한국과학창의재단, 2010.
박갑수, 「청소년의 언어 행태와 그 개선 방안」, 『선청어문』, 제30권, 서울대학교 국어교육과, 2002.
______, 「문화콘텐츠 정전 구성을 위한 시론」, 『문학교육학』, 문학교육학회, 2008.
박동근, 「관용표현의 의미 구조와 흉내말 변형 제약」, 『겨레어문학』, 제44집, 겨레어문학회, 2010.
박삼서, 『국어 교육과 생활 문화 철학』, 국학자료원, 2006.
박영목, 『작문 교육론』, 역락, 2008.
박인기, 「문화적 문식성의 국어교육적 재개념화」, 『국어교육학연구』, 제15집, 국어교육학회, 2002.
______, 「스토리텔링과 수업기술」, 『한국문학논총』, 제59집, 한국문학회, 2011.
박인기 외, 『국어교육과 미디어텍스트』 2판, 삼지원, 2003.
______, 『문학을 통한 교육』, 삼지원, 2005.
______, 『교과는 진화하는가』, 지식과교양, 2011.
박인기 · 박창균, 『한국인의 말, 한국인의 문화』, 학지사, 2010.
박인기 · 우한용 편, 『교사와 책, 미래의 힘』, 솔, 2008.
박창균, 「국어 수업의 이해: 수업모델 및 지도안」, 『창의 · 인성교육 심화과정 연수 교재』, 대구교육대학교 교육연수원, 2011.
______, 「국어과 창의 · 인성 수업 지도안 시연 및 조별 실습」, 『동계 창의 · 인성교육 심화과정(초등국어) 연수』, 동남권 창의 · 인성교육 거점센터, 2012.
박창균 · 이지영, 「국어과 창의 · 인성 수업 모형 개발과 적용」, 『국어과 중심의 창의 · 인성 교육 방안』, 제36회 경인초등 국어교육학회 하계연구발표회 자료집, 2011.
Bagwell, Mallory & 한기순, 『창의성의 이해』, 한국교총 영재교육원, 2009.
Buss, Kathleen & Lee Karnowski, 권민균 · 배정혜 · 김영희 역, 『아동문학을 활용한 읽기 · 쓰기 교육』, 시그마프레스, 2009.
부스, 웨인 C., 최상규 역, 『소설의 수사학』, 예림기획, 1998.
서울대학교 국어교육연구소, 『국어교육학사전』, 대교출판, 1999.
슈미트, S. J., 차봉희 역, 『구성주의 문예학』, 민음사, 1995.
슈미트, 빅토리아 린, 남길영 옮김, 『캐릭터의 탄생』, 바다출판사, 2011.
신명선, 「국어적 창의성의 개념정립에 대한 연구」, 『국어교육학연구』, 제35집, 국어교육학회, 2009.
신헌재, 「창의력 사고 신장과 국어과 교육」, 『국어교육』, 73호, 한국국어교육연구회, 1991.
신헌재 · 권혁준 · 곽춘옥, 『아동문학과 교육』, 박이정, 2007.
양호환, 「내러티브와 역사인식」, 『내러티브』, 한국서사학회, 2010.
MBC, 〈TV속의 TV〉, TV로 보는 세상 TV 사극 – 역사드라마의 역사 왜곡 논란, 2011년 12월 2일 방영.
역사신문편찬위원회, 『역사신문』 1-6, 사계절, 1997.
우한용, 『우한용 교수의 창작교육론—삶 읽기, 글 읽기, 글 쓰기』, 태학사, 2009.
우한용 외, 『서사교육론』, 동아시아, 2001.
우한용 · 박인기 · 박창균 · 이지영 · 오윤주 · 홍지연 · 한태구 · 김향연, 『인문영역 창의 · 인성 교육에 관한 연구』, 정책연구 2010-03, 한국과학창의재단, 2010.
유홍준, 『나의 문화 유산 답사기』, 창작과비평사, 1999.

이경화, 「창의성 신장을 위한 국어과 교수·학습 분석」, 『청람어문교육』, 26호, 청람어문교육학회, 2003.
이명섭, 『세계문학비평용어사전』, 을유문화사, 1985.
이상섭, 『문학비평용어사전』, 민음사, 2009.
이성영, 『국어교육의 내용 연구』, 서울대학교출판부, 1995.
이어령, 『생각을 달리자』, 푸른숲어린이, 2009.
이은진, 「고전시가 교육에서의 패러디 활용 방안」, 인천대학교 교육대학원 석사학위논문, 2009.
이인화, 「패러디 기법을 활용한 서사 표현 교육 연구」, 서울대학교 국어교육과 석사학위논문, 2008.
이재승, 「국어과 언어활동과 창의성 증진」, 『창의성 개발 세미나 자료집』, 전북교육청, 2002.
이저, 볼프강, 이유선 역, 『독서행위』, 신원문화사, 1993.
이춘희·장미정, 『아동문학교육 – 창의성 향상을 위한 이론과 실제』, 태영출판사, 2010.
정재찬, 「상호텍스트성을 통한 현대시 교육 연구」, 『국어교육학연구』, 제29집, 2007.
정현선, 「미디어와 교육의 관계를 바라보는 몇 가지 관점과 연구과제」, 2012년도 한국어린이 미디어학회 학술대회 발표 논문.
정혜승, 「국어과 창의성 계발을 위한 교재구성 방안 연구」, 『한국초등국어교육』, 제2집, 한국초등국어교육학회, 2004.
정혜승·전지영·박나현·지인옥·하수민, 『창의성 계발을 위한 국어과 교수·학습 전략』, 사회평론, 2006.
조하연, 「문학의 속성을 활용한 창의적 사고의 교육 방안 연구」, 『국어교육학연구』, 제16집, 국어교육학회, 2003.
진선희·박창균·강정일, 『국어과 수업모델 분석 및 우수 수업지도안 제작』, 대구교육대학교 교육연수원, 2011.
차유철·김병희·이희복, 『생각창고 광고로 배우는 창의 학습』, 대교출판, 2010.
차호일, 『현대시론』, 역락, 2000.
최미숙·원진숙·정혜승·김봉순·이경화·전은주·정현선·주세형, 『국어 교육의 이해』, 사회평론, 2009.
최미정, 「창의·인성 교육을 위한 교사교육 모형 개발」, 『학습자중심교과교육연구』, 제10권 제3호, 학습자중심교과교육학회, 2010.
최용석·정윤혜, 『소설쓰기수업』, 나라말, 2006.
최인자, 「대중 영상 서사물에 나타난 한국적 다문화 담론 양상」, 『국어교육연구』, 26집, 국어교육학회, 2010.
______, 「창의력을 위한 문제 중심의 교수·학습 방법론—서사 표현 교육을 중심으로—」, 『국어교육학연구』, 국어교육학회, 2000.
Kaufman, James C., 김정희 역, 『창의성 101』, 시그마프레스, 2010.
Treffinger, D. J., S. G. Isaksen & K. B. Dorval, 김영채 역, 『CPS: 창의적 문제해결』, 박영사, 2004.
표정옥, 『놀이와 축제의 신화성』, 서강대학교출판부, 2009.
______, 『창의력과 상상력을 키우는 신화여행』, 대교출판, 2010.
하동준, 「속담 패러디를 활용한 국어 표현 능력 신장 방안 연구」, 인천교육대학교 석사학위논문, 2002.
하병학·문정희, 「묘비명에 대한 수사학적 소고」, 『수사학』, 제12집, 한국수사학회, 2010.
한국문학평론가협의회 편, 『문학비평용어사전』, 국학자료원, 2006.
한귀은, 「서사전략 내면화를 위한 집단적 소설 쓰기 수업」, 『문학교육학』, 제9호, 한국문학교육학회, 2002.
한만수, 『마법의 소설쓰기』, 한스앤리, 2011.
한용환, 『소설학 사전』, 고려원, 1992.
허천, 린다, 김상구·윤여복 역, 『패러디 이론』, 문예출판사, 1998.
홍성희, 「국어과 6학년 창의·인성 수업 모형 – 의사결정강화모형」, 『국어과 중심의 창의·인성 교육 방안』, 제36회 경인초등국어교육학회 하계연구발표회 자료집, 2011.

황혜진, 『춘향전의 수용문화』, 월인, 2007.
후설, 에드먼트, 이종훈 역, 『시간의식』, 한길사, 1996.

Gardner, H.(1983). *Frames of Mind: The theory of Multiple Intelligences*, New York : Basic Book, 10th edition.
Ricoeur, P.(1991), *The Rule of Metaphor*, trans. by R. Czerny, University of Toronto Press.
Shortk, K. G.(2007), "Children's Literature: Connecting and Transforming Children's Worlds," B. J. Guzzentti eds., *Literacy for the New Milliennium: vol.2. Childhood Literacy*, Praeger Publishers.
http://blog.naver.com/picasoday

찾아보기